珍藏本
纪念版

汉译世界学术名著丛书

# 中国伊朗编

## 中国对古代伊朗文明史的贡献
## 着重于栽培植物及产品之历史

〔美〕劳费尔 著

林筠因 译

2017 年 · 北京

Berthold Laufer

**SINO-IRANICA**

Chinese Contributions to the History of Civilization in Ancient Iran

With Special Reference to the History of Cultivated Plants and Products

Field Museum of Natural History Publication 201

Chicago 1919

中译本根据菲尔德自然史博物馆馆刊 201 号译出

# 汉译世界学术名著丛书
# （120年纪念版·珍藏本）
# 出版说明

2017年2月11日，商务印书馆迎来120岁的生日。120年前，商务印书馆前贤怀揣文化救国的理想，抱持“昌明教育，开启民智”的使命，立足本土，放眼寰宇，以出版为津梁，沟通中西，为中国、为世界提供最富智慧的思想文化成果。无论世事白云苍狗，潮流左右激荡，甚至战火硝烟弥漫，始终践行学术报国之志，无改初心。

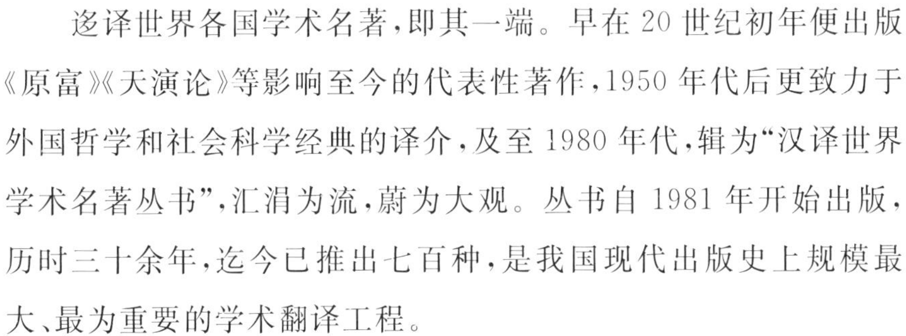

迻译世界各国学术名著，即其一端。早在20世纪初年便出版《原富》《天演论》等影响至今的代表性著作，1950年代后更致力于外国哲学和社会科学经典的译介，及至1980年代，辑为“汉译世界学术名著丛书”，汇涓为流，蔚为大观。丛书自1981年开始出版，历时三十余年，迄今已推出七百种，是我国现代出版史上规模最大、最为重要的学术翻译工程。

丛书所选之书，立场观点不囿于一派，学科领域不限于一门，皆为文明开启以来，各时代、各国家、各民族的思想与文化精粹，代表着人类已经到达过的精神境界。丛书系统译介世界学术经典，引领时代思想，为本土原创学术的发展提供丰富的文化滋养，为推动中国现代学术和现代化进程做出了突出的贡献。

为纪念商务印书馆成立120周年，我们整体推出“汉译世界学术名著丛书”120年纪念版的珍藏本，寄望既利于文化积累，又便于研读查考，同时向长期支持丛书出版的译者、编者和读者致以敬意。

两甲子后的今天，商务印书馆又站在了一个新的历史时间节点上。我们不仅要铭记先辈的身影和足迹，更须让我们的步伐充满新的时代精神。这是商务人代代相传的事业，更是与国家和民族的命运始终紧密相连的事业。我们责无旁贷，必须做好我们这代人的传承与创造，让我们的努力和成果不仅凝聚成民族文化的记忆，还能成为后来人可以接续的事业。唯此，才能不负前贤，无愧来者。

商务印书馆编辑部

2017年10月

# 中译本序

美国东方学者劳费尔（Berthold Laufer，1874—1934 年）所著《中国伊朗编》（*Sino-Iranica*）是他一生著作中较重要的一种，也是欧美东方学很有代表性的作品。著者本人在语言学、人类学、植物学、矿物学方面都受过专门训练。这本书可以说是他探讨东方名物、语言、制度各方面专门问题所得成果的总汇。书的内容首先是中国和古代西域植物的传播关系。其次是关于中亚纺织品、矿物和汉籍著录的伊朗史上萨珊王朝的官制。附录几篇是关于语言学方面的问题，包括中国境内几个民族语言（蒙、藏、维吾尔）里面若干词汇的研究。书名的副标题是《中国对古代伊朗文明史的贡献》，意思就是说，中国载籍中保存着不少关于古代伊朗名物、制度、语言各方面的重要资料，这些资料大可补充伊朗在古代史料方面的不足，同时也可看到两方面经济文化接触的一些实况。这些资料的搜集和诠释，对于研究伊朗古史和中国西域关系史，都很有参考的用处。

劳费尔生于德国科伦，肄业于柏林大学，1897 年在莱比锡大学得博士学位。他受过德国自然科学和考据学的训练，加上法国汉学家沙畹等的影响。1898—1899 年他参加了哲撒普（Jesup）组织的北太平洋探险队，在萨哈连岛和东部西伯利亚一带工作。此后他的活动就和美国分不开了。1901—1904 年他参加了当时热心于向中国扩张的美国资本家席福(Jacob H. Schiff)出资组织的探查队到我国探查,1908—1910 年他参加了美国布拉克司吞夫人(Mrs. Blackstone)组织的探查队到我国西藏高原一带探查。由于美国是一个后起的帝国主义的国家,所以美国的东方学,包括所谓"汉学",一向落后于欧洲。在二十世纪初年,美国虽然已有六七十年侵略中国的历史,但他们所能举出的"汉学家"还只有一个传教士卫三畏(S. Wells Williams)和一个挂着"西藏通"招牌的美国公使柔克义(W. W. Rockhill)。当时美国正在加紧争夺远东的霸权,它的一些学术机关就从欧洲(主要是德国)罗致若干东方学者,希望发展美国的东方学。这些外来学者中最主要的就是夏德(F. Hirth)和劳费尔。劳费尔从 1910 年起在美国芝加哥自然历史博物馆(The Field Museum of Natural History)工作,并从 1911 年起充该馆人类学部主任达二十余年之久。他著作很多,在美国东方学界以淹博著称。但在 1934 年秋突然跳楼自杀,原因不明。这种悲惨的结果在当时曾引起学术界的震动。

劳费尔这本书本身只是一种资料性的汇篇,他也没有企图在这些资料上提出一套完整的理论。但是对于他的观点和方法,还是有作一些说明和讨论的必要。

对于中国古代文明和中亚、西亚的影响关系,欧洲的某些伪装学者曾经提出不少荒谬的说法,其中最骇人听闻的就是法国人拉库普利(Terrien de Lacouperie)的"中国文明西来说"。在十九世纪八十年代之初,这种谬说的出现和风行并不稀奇,因为当时欧洲学术界对中国的文化知道很少。拉库普利大胆地宣称《易经》就是

“古代西亚亚卡地（Accad）的词汇”，因此“中国人源于亚卡地”。同时英国牛津大学的比较神话学教授赛斯（A. H. Sayce）在他的《古代东方诸帝国》（*Ancient Empires of the East*）一书中，也说“亚卡地是西亚的中国”，因为“教育发达，人人皆能书写，用象形文字，字皆直行，谐音会意，兼而有之”。此外还有一个英国的所谓“中国通”达格拉斯（Douglas）在1883年发表研究，宣告老子是中国的黎族人，在滇缅交界建立婆罗门教，老子所谓“道”即“婆罗门教义”。[①] 这类谬论暴露了当时西方资产阶级挂着学术招牌的某些人任意歪曲史料，企图抹煞中国文明的恶毒用意以及他们自己的极端无知。但是这种卑劣的欺骗就在西方学术界中也被看作不值钱的。曾经翻译中国多种经籍的理雅各（James Legge）就在1885年发表文章驳斥拉库普利。因此这些伪装学者在欧洲比较认真研究资料的“汉学界”中，也没有占据重要的地位，但是他们的影响仍在不断散布，特别是在二十世纪初年，拉库普利的著作被介绍到日本，对于亚洲中西部历史不甚了解的中国一些资产阶级学者，居然引为新奇可喜的学说（如章太炎一度也相信这说法）。

有人认为劳费尔受拉库普利的影响很大，这倒是误会。劳费尔这本书所研究的正是中国文明和中亚以至西亚的关系，他并没有接受“中国文明西来说”的捏造。他还认真地驳斥从贝烈史奈德、李希霍芬以至夏德强调中国许多植物，不仅葡萄和苜蓿，都是张骞从西域移植来的错误见解。他主张即以葡萄而论也是经过长

① 详见《北华捷报》（*North China Herald*），1885年，第616页所载英国报纸的消息，和第695页的批评。

期过程才完成了移植的历史，因为一种植物也不是一下子就能搬过来的。他也纠正了一些人（主要是贝烈史奈德）遇到带有“胡”字的植物就断定为外来的（“尤其是亚洲西部来的”——贝烈史奈德说）的看法，如书中第六章关于胡麻的讨论。在序文中，他说“形容词‘胡’字决不能作为标志外国植物的可靠标准。”这些论点应该说是比较审慎的。

就考据方法上说，本书突出的一个缺点是在于过分依靠语言学作为解决问题的工具。古代语言资料的研究是重要的，但这本身有很大局限性。对音和还原工作是必要的，但在没有确切证据之前只能是假定的、不可靠的根据。问题就在于这几十年欧美最流行的东方学往往满足于一些较零碎的语言材料的研究，甚至缺乏根据的虚构而引申出一个牵涉范围很广的结论。这样的结论实际上不可能是确当的。就本书的植物方面而论（那是本书的主要部分），作者以为可以写出关于人工栽种植物的一部最完备的历史。事实上作者没有也根本不可能达到这个目的。固然，夏德及其以前的一些欧洲东方学者认为中国许多植物是由张骞带回的看法是错误的，但是劳费尔自己所主张的一千五百年“植物传播运动”究竟没有得到详细的描写，而更缺乏的是对植物品种的实地调查。所谓“传播运动”，实际上只是等于说中亚和中国或中国国内各地区间有了植物品种的不断传播而已。因此，在这方面，这部书只可以说是作了文献资料的初步整理工作，而对每一植物具体历史的研究还有待中国学者做更切实的调查研究的工作。

书中语言学的虚构很多（主要是中古波斯语），可靠性是有问题的。汉语中也有个别的显然的虚构，例如硬把 Kimkha 的对音

拟为"锦花",这样的杜撰是不应有的。其实 Kimkha 或 Kimkhab 并不是生疏的字,在乾隆朝修的《五体清文鉴》的"回语"(维吾尔语)中,录有此字,相对的汉语作"销金缎"。这就是明代的"金花"缎。

这本书出版于 1919 年,曾经我国学者先后作过一些介绍。书中矿物学方面有地质学者章鸿钊的《中国伊兰卷金石译证》(刊于《地质专报》乙种第 3 号),植物方面有向达先生译的《葡萄考》和《苜蓿考》两篇(载于《自然界》第 4 卷的 3、4 两期)。为了研究的参考以及了解西方东方学的水平及其观点方法上的问题,此书的全部翻译是必要的。原著征引材料范围很广,译者林筠因同志作了很繁重的查对工作,并在译注中改正了原著若干处的错误。这个译本对于即使能直接阅读原书的读者也是十分有用的。

邵循正

1962 年 9 月

# 目　　录

# 序　　言

假若我们所知道的古代伊朗文化有如古代埃及或巴比伦之详，甚或有如印度或中国之详，那么我们对亚洲文化的发展也许会有与目前大不相同的观念。古波斯的碑文和波斯古经里所保存的文稿寥寥无几，如要重新描绘一幅伊朗生活和文明的完整图画，材料实在很不足。古典作家们的记载虽然给这些残稿添上了一些零星的补充，然而即使结合这些材料，要想重新描绘，仍然会难以令人满意。所幸在过去十年左右里，对伊朗的认识大为增加了。在东土耳其斯坦所觅得的史料里发现了丰富的文献，是用两种以前人所未知的伊朗语写的——粟特语（Sogdian）和所谓的东伊朗语。[①] 现在我们才知道伊朗各民族所居住的地区幅员广大，甚至包括了整个东土耳其斯坦，他们有些移居中国，与中国人发生接触，并深深地影响了不同种族的国家，尤其是土耳其和中国。伊朗人在沟通东西文化上起了很大的作用，他们把希腊思想的遗产传播于亚洲中部及东部，又把珍贵的中国植物与商品带到地中海地区。他们所从事的活动对于世界和对于历史都具有重大意义。但

① 参看伯希和（P. Pelliot）著：Influences iraniennes en Asie centrale et en Extrême-Orient（Paris，1911）。

是若没有中国人的记载，我们就无法充分了解当时的情况。中国人是讲求实际的人，对具体事物向来很感兴趣。他们给我们留下大量的有关伊朗植物、产品、矿物、风俗、制度等方面的有用的知识，这些知识对于科学必然会有很大的帮助。

本书讲的是中国对伊朗文明史的贡献，恰好可以弥补我们对伊朗的传统认识上一部分不足之处。有关伊朗各民族历史的中文记载里也有很多古代伊朗语的译音，其中一部分曾令好几位汉学家和史学家费尽心机；但是这些用汉语译音转写的伊朗字极少处理得正确而恰当。虽然研究汉译梵语已经有了一套成功的方法，对汉译伊朗语的研究却太不够重视。把古汉语音韵学的规律运用于中伊问题的研究上，应推哥提欧[①]为第一人。我愿奉献此书以纪念这位伟大的研究伊朗的学者，表示我的敬意。我不但尊敬他之为一位学者，而且也尊敬他的为人，为法国捐躯的一位英雄。[②]哥提欧是一位君子，是孔子所谓的“君子”。他笔下处处表现出思想家和天才的智力。我曾长期抱有这种心愿：希望能有和他共同商讨本文所涉及的各类问题的光荣机会，凭借他的智慧和丰富阅历，必能大为充实本书的内容。——“非夫人之为恸而谁为？”

伊朗的地理名称及种族名称一向是根据史料来鉴定的，有一



① 参看哥提欧（Robert Gauthiot）著：Quelques termes techniques bouddhiques et manichéens，登载在 *Journal asiatique*，1911，II，pp. 49—67（特别从第 59 页起），和他对沙畹及伯希和二人所作补充的一书 Traité manichéen，pp. 27，42，58，132。

② 1915 春发起的阿杜阿（Artois）第一次反攻时，哥提欧任步兵上尉，英勇地率领他的连队向敌人冲击，受了重伤。终于 1916 年 9 月 11 日逝世，享年四十。参看梅叶（A. Meillet）所写的诔文（登载在 *Bull. de la Société de Linguistique*，No，65，pp. 127—132）。

些处理得正确，有一些不正确。但还没有人试把汉语译音还原到正确的伊朗字。在这方面的大量艰苦工作还有待我们去做。[①] 我认为我们首要的目标是按照伯希和和马伯乐所首创和使用的成功的方法，把汉语译音尽可能准确地用它们古代语音记录下来，然后从这个可靠的基础上再进而去求它们所代表的伊朗字。主要是按严格的语音原理把中文字正确地写出，这要比只凭乱猜来鉴定好得多。"木鹿"二字是安息（《后汉书》卷 116，第 8 页）东边疆上的一个城名，被证明和波斯古经里的 Mouru（Muru，Merw）为同一字。[②] 究竟这在历史上是否正确，我不打算在这里讨论。从历史

① 我希望在别处细谈这个问题，因此这里只略举一些例子。达曷水（Ta-hošwi）是波斯首都 Su-li 所在的达曷江（参看《隋书》卷 83，第 7 页）。夏德通过粤语语音 Tat-hot，又加上亚美尼亚语（Armenian）里的 Deklath 和普林尼（Pliny）所提的 Diglito 鉴定此二字（达曷）为"Tigris"。（参看 China and the Roman Orient，pp. 198，313；和 *Journal Am. Or. Soc.*，Vol. XXXIII，1913，p. 197。）然而汉语 ta 音不能还原为 ti 或 te 音，只能还原为 tat，dat，dad，dar 或 d'ar 音。而"曷"代表 hat，kat，kad，kar 或 kal 音。因此我们可得出的音是 Dar-kat，或假定经过音位转换可能成为 Dak-rat。如鉴定为 Tigris，第一音节就产生困难：在古波斯语和巴比伦尼亚语它都是 i 音。古波斯语的 Tigram（由于民间语源而有所改变，参看阿维斯塔语［Avestan］的 tiγriš，波斯语的 tir "箭"）是袭用巴比伦尼亚语的 Di-iklat（即 Dik-lat，Dik-rat），它传至希腊语为 Τιγρης 与 Τιγρις，传至伊剌木语（Elamite）为 Ti-ig-ra（参看 A. Meillet：Grammaire du vieux perse，p. 72）。从上面所说的可以看出除第一音节的元音之外，汉语译音 Dik-rat 符合巴比伦尼亚语的 Dik-rat。目前还不能解释这第一音节的元音是什么理由，不过将来一定可以推原到一个伊朗的方言。——《太平寰宇记》（卷 185，第 19 页）提到四个波斯地理名称，但尚未鉴别出是何地方。第一个是城名"褐婆竭"，Hat(r，l)bwa-g'iat。头两个字 Harbwa 等于古波斯的 Haraiva（巴比伦尼亚语 Hariva），阿维斯塔语 Haraēva，帕拉菲语（Pahlavi）Harēw，亚美尼亚语 Hrew，——现代的哈烈（Herat）。第三字的意义是"城"。波斯东北部一个隘口的名字"竭离别"G'iat-li-b'iet也用这个"竭"字。这里用的 g'iat，g'iar好像是代表粟特语的 γr，γara（"山"）。"番"或"番兜"（《前汉书》卷 96 上）古音为 Pan-tav，Par-tav 与古波斯语 Parθava，中古波斯语 Parθu 完全相同。

② Hirth：China and the Roman Orient，p. 143.

观点看，这种鉴定也许是正确的；但从语音学观点来看，就难以接受了，因为“木鹿”相当于古代的 Muk-luk，Mug-ruk，Bug-luk，Bug-rug，从这些音也许可以还原为 Bux-rux。① 从伊朗所能得到的语言材料极为稀少，这造成了某些限制：本书所主要研究的题目之一乃是伊朗的植物名称，而这方面流传下来的材料极少；因此常常无法进行鉴定的工作。但是我希望伊朗学者能重视中国人在语言上对伊朗语特别是中古波斯语辞典编辑上的贡献，因为正确地译成汉音的原始伊朗语几乎全部都可以很准确地还原为伊朗语。中国学者当时有一套合理的方法和固定的规则来翻译外国字，他们对于研究外语的兴趣很浓，这是人人都知道的。现在随着我们自己的经验日益丰富，我们更钦佩他们这种规则的可靠、稳固和一贯性。梵语、马来语、蒙古语以及西藏语的译音规律也同样适用于伊朗语。我只请求伊朗学者信任我们的久经考验的方法。我相信这种请求对于法国学者是不必要的，他们在汉学这一门的各种广大科目上，和在研究东方的其他门类上，都要算是最先进、最有能力的。我们若能在一章里专门扼要地讲讲中国人所采用的伊朗语译音方法，和从中国的贡献来讨论伊朗语的音韵学，将是很引人入胜的一项工作。不过在我看来，这种尝试在目前还嫌过早，因为我们对于汉译伊朗语的知识只在萌芽的阶段，而且许多新证据迟早会从突厥斯坦原稿里出现，这毫无疑问将使我们重新认识伊朗语各种方言的数以百计的新字，而且将大大地丰富我们目前对伊朗名



① 参看派克（E. H. Parker）的说法（1903 年的 *Imp. and As Quarterly Review*，p.154），他看出所鉴定的字在语音原理上有些讲不通。

词学和音韵学很贫乏的知识。考虑到本书的性质，我认为必须采取同一方法来处理古代汉语和现代汉语的译音，这方法是处理所有东方语都习惯用的。汉语研究之落后，从一件事实就可以看出：我们死守着拙笨过时了的拉丁语拼音法，用两三个字母表示一个单音。我的译音法参阅下面的对照表就可以很容易地掌握：

| 旧符号 | 语音符号 |
| --- | --- |
| ng | ṅ |
| ch | č |
| ch' | č' |
| j | ž（j 是用来表示腭音的浊音，也写成 dž） |
| sh | š |

其他与旧符号不同的小变动如母音方面，都可以不解自明。为了要做许多比较，包括大量的各种东方语言之间的比较，除了梵文仍然袭用老方法之外，我试图尽可能把译音方法规范化起来。在东方语里，x 这个字母从来不指 ks 二音的结合，而是指摩擦的清音，有时写成 kh。在惯用 kh 的专有名词里，我仍然保留着它，也许在其他字里也有时如此。对纯技术的事情，我从不过分要求一致。

语言现象虽然重要，但只属于本研究的一个枝节问题。我的主要任务是探索构成物质文明的一切事物的历史，首先是探索栽培的植物、药材、产品、矿物、金属、宝石、纺织品等从波斯传到中国的历史（《中国伊朗编》或《中伊文化交流》），和其他物品由中国传到波斯的历史（《伊朗中国编》或《伊中文化交流》）。除上面所列举的各项物品之外，还有由波斯传到中国其他种类的东西没有包括在本书里，特别是动物、竞技、乐器等。[①] 关于伊朗动物的稿子我已经写就，将在另外一篇文章里谈，它的目的是要按地理区域，从古代和近代动物地理学的观点，来讨论中国人所知道的一切外国动物。关于中国人采纳波斯的竞技(特别是马球)和乐器，以及汉译伊的地理和种族名称的探讨，也同样要留待他日再发表。我希望关于萨珊王朝政府的官号这一章会受到欢迎，因为中国史书所保留下来的材料是初次在这里得到鉴定。在介绍波斯纺织品那一章里也有新的研究成果。

保存在中国记载里的伊朗植物，我们必须辨别下列数类：(一)确由伊朗传播于中国的人工栽培的植物。(二)中国作家所仅仅注意到及描写过的伊朗栽培植物和野生的植物。(三)原属于菜蔬的药材及香料。本书的材料尽可能照上面的分类，并按年序安排。每项都编号。除五个附录之外，共讨论一百三十五个题目。首先必须说明，这些研究决不想给人以这种印象：以为中国有一部分的物质文明是波斯所赐。我要着重说明的是中国供给我们无限的有用材料，使我们能写出一部细致的关于人工栽培的植物的历史。中国文明的基础有着无限资源，这些植物的输入对之不起什么作用，正如欧洲文明不因输入许多东方植物，和近年输入美国植物而对之起什么作用一样。中国人的经济政策有远大眼光，采纳许多有用的外国植物以为己用，并把它们并入自己完整的农业系统中



① 在 Chinese Clay Figures，Part I 里讨论过在作战、甲胄和战略方面伊朗对中国的影响。

去，这是值得我们钦佩的。中国人是熟思，通达事理，心胸开豁的民族，向来乐于接受外人所能提供的好事物。在植物经济方面，他们是世界上最前列的权威。中国有一独特之处：宇宙间一切有用的植物，在那里都有栽培。当然这些植物的采纳和吸收的过程是一步步进行的。中国人费了数百年的功夫才熟悉了本国植物。他们一系列的本草书籍证明他们对本草种类的知识从唐朝到现在不断在增加，每部书都较前书举出更多的品种。外国植物的输入从公元前第二世纪下半叶开始。两种最早来到汉土的异国植物是伊朗的苜蓿和葡萄树。其后接踵而来的有其他伊朗和亚洲中部的植物。这输入运动延续至十四世纪的元朝。十六、十七世纪美洲栽培植物之输入标志着这种经济发展的最后阶段，我希望在另一篇专论里来谈。除了伊朗之外，中国有不少的栽培的植物是由印度支那、马来亚地区和印度来的。我们必须知道伊朗植物向中国的移植是一个延续一千五百年的过程；现在学术界中竟有这样一个散布很广的传说，说大半的植物在汉朝都已经适应中国的水土而成长了，而且把这事都归功于一个人，此人就是名将张骞。我的一个目的就是要打破这神话。其实张骞只携带两种植物回中国——苜蓿和葡萄树。在他那时代的史书里并未提及他带回有任何其他植物。只是后代不可靠的作者（大半是道家者流）认为其他伊朗植物之输入都要归功于他。日子久了，他成为传说故事的中心人物，几乎任何来自亚洲中部来历不明的植物都混列在他的名下，因此他终于被推尊为伟大的植物输入者。这种事情在任何地方相同情况下都会发生。以后谈到由于幻想或误会而被中国及欧洲作者说成与张骞有关的各种植物时，我还要把这一点逐一加以详细讨论。

关于菠菜，我已证明这蔬菜不可能于第六世纪前在波斯种植，所以张骞也决不会知道有此物。所有附会说成张骞带回的植物都是从第三、四世纪起到唐朝末（公元618—906年）输入中国的。上面所提到的错误的推断主要是贝烈史奈德和夏德两人所主张的。历史植物学这门科学的始祖坎多勒对于一切有关中国的事情都信赖贝烈史奈德一个人，故而也犯了同样的错误。

李希霍芬（F. v. Richthofen）[①]引用贝烈史奈德所开的一张很长的张骞植物的名单说："我们不能假定所有这些植物和种子都是张骞自己随身带回来的，因为他游历的时候需要非常小心，而且被匈奴囚禁了一年。"然而当他又说："但是张骞建立了关系，使得其后几年里能把栽培的植物传到中国来"的时候，连他也胡猜乱测了。



夏德最近作张骞的研究[②]时，也承认栽培的植物中只有葡萄树和苜蓿在《史记》[③]里提到过。但是他接着想维护以前对这问题的论点时，却很不聪明地说："然而，应当公认最先介绍一切西方事物的英雄是张骞。"这最多不过是个人的看法，毫无历史观点或批判的态度。我们读史料，决不允许把其中所没有的意思任意加进去。夏德把石榴、芝麻、大蒜、[④]胡荽都说是张骞输入的，而在夏德

---

① China, Vol. I, p. 459.

② *Journal Am. Or. Soc.*, Vol. XXXVII, 1917, p. 92.《史记》这一卷的新译文非常好，是一个大进步。每一个读者都应当将此文当做本书的引言。我只在某些解释上与夏德持不同的看法。

③ 1916年圣诞周我与这位作者（夏德）谈过一次话。上述这种看法颇像是那次谈话的结果。那时我曾给他指出这件事实，并提到所谓其他植物也是张骞带回的说法乃是后代的传说而已。

④ 这是双重错误（见本书第136页）。

所依据的《齐民要术》里却找不出任何证据来支持他这种论断。此书是在张骞死后至少五百年，大概在第六世纪，才写就的，它不是根据已经失传了的汉朝传说，而只是依赖汉朝以后所编的民间传说。真实可靠的汉朝文献都没提到这些植物。况且目前我们这个版本的《齐民要术》是靠不住的。贝烈史奈德①熟思明智地说："原书共九十二卷，一部分久已遗失。后代作者补充的材料有不少都见于现今流行的版本里，全书只十卷……"据《文献通考》所引的第十二世纪一位作者的说法，在当时尚存的那一版本已经有了新添改的注解。据宋朝另一作者李焘的说法，这些注解是宋朝孙公所加的。② 我真不能了解像这样一部作品能够说明汉代什么实际情况。

我力图把中国资料先和我们从伊朗材料里所获得的知识联系起来，然后再和古典的、闪族的、印度的传说相结合。可惜我们只有零星的伊朗文献。帕拉菲语的古经《创世记》(Būndahišn)第27章里有一篇论植物的文章，③可以代表古波斯如何处理这个问题。从这观点看，此文甚有趣，而且，其中还有不少材料都是我在下面的研究里所要提到的，因此从魏斯特的译本④里节录一段也许是很适宜的：

"全部植物可分为如下几类：树、灌木、谷类、花、芳草、生菜、香

---

① Bot. Sin., pt, I, p. 77.

② 又参看伯希和的文章(*Bull. de l'Ecole française*, Vol. IX, p. 434)。他说："我们所得到的这部古老而珍贵的作品是残缺的。"

③ 参看E. W. West: Pahlavi Literature, p. 98(在Grundriss iran. Phil., Vol. II)。

④ Pahlavi Texts, pt. I, p. 100(Sacred Books of the East, Vol. V).

料、青草、野草、药材、胶树以及一切产油料、染料、衣料之植物。我再说一遍：凡是果实不能供人食，多年生的植物，如柏树、梧桐。白杨、黄杨和其他同属植物，称为树与灌木（dār va diraxt）。凡是果实可供人食，多年生的，如枣、桃金娘、lote-plum（kūnār，一种多刺的树，与枣同科，结的小果实像李子）、葡萄、榅桲、苹果、香橼、石榴、桃、无花果、胡桃、杏仁及其他同属植物称为果（mīvak）。凡需用铲子耕耘的，多年生的植物，称为灌木（diraxt）。凡需要劳动才能有收获的，根子会凋萎的，如小麦、大麦、谷、各种豆子、野豌豆和其他同属的植物，称为谷类（jūrdāk）。凡叶子有香味，手工栽培的，多年生的，称为芳草（siparam）。凡花带甜香，人工种植，按季开放，或根为多年生，按季节发新芽，开甜香之花，如玫瑰、水仙、茉莉、野蔷薇（nēstarūn）、郁金香、柯罗辛（kavastīk）、露儿树（kēdi）、'camba'、牛眼菊（hēri）、番红花、毛茛（zarda）、紫罗兰、'kārda'及其他同属植物，称为花（gūl）。凡花味甜香，果味甜香，按季开花，不需人工种植的，称为野树木（vahār 或 nihāl）。凡可充当家畜牲口之饲料的，称为草（giyāh）。凡可加于糕点（pēspārakihā）中的，称为香料（āvzārīhā）。凡用以佐餐的，如胡荽之芽、水芹（kakīj），韭及其他同属植物，称为生菜（tērak 或 tārak，波斯语为 tarah）。凡类似纺织用之棉纱或其他同属植物称为衣料植物（jāmak）。凡多脂之豆类（mačag）如芝麻、dūšdāṅ、大麻、vandak（此字或许代替 zētō'橄榄'，如安葵提勒所设想，尤斯提所假定的那样），和其他同属植物，称为油籽（rōkanō）。凡可用以染衣者，如番红花、苏木、začava、voha 及其他同属植物，称为染料植物（rag）。凡植物之根，胶（tūf）及木材有香味者，如乳香（巴赞语[Pazand]之 kendri

即帕拉菲语[Pahlavi]的 kundur)、varāst(波斯语为 barghast)、kust、檀香、小豆蔻(巴赞语为 kākura,波斯语为 qaqulah,即小豆蔻或 kākul、kākūl、茉沃刺豆)、樟脑,橘味薄荷及其他同属植物,称为香精(bod)。植物所产之粘性物质称为树胶(vadak)。取之于树的木材,无论干或湿,称为木料(čībā)。所述种种植物能入药的均称为药用植物(dārūk)。

"主要果实有三十类,其中十类内外皆可食,如无花果、苹果、榅桲、香橼、葡萄、桑椹、梨及其他同类果实。有十种仅外层可食,内部不可食,如枣、桃、白杏及其他同类果实。内部可食而外部不可食的有核桃、杏仁、石榴、椰子、[①]榛子(funduk)、栗子(šahbaiūt)、阿月浑子之果仁、vargān 以及任何显然属于此类的果实。

"又说每一种花都是专供一个神(amešōspend),[②]如白素馨(saman)属于 Vohūman 神,桃金娘和素馨(yāsmin)属于 Auharmazd 神,鼠耳草(或柳叶蒲公英)属于 Ašavahist 神;basil-royal 属于 Šatvīrō 神;麝香花属于 Spendarmad 神;百合花属于 Horvadad 神;čamba 属于 Amerōdad 神;橘香薄荷(vādrang-bōd)属于 Dīn-paven-Atarō 神;金盏草(ādargun)属于 Atarō 神;水百合属于 Avān 神;白色 marv 属于 Xūršed 神;桂花(ranges 或作 rand)属于



① 巴赞语的 anārsar 为帕拉菲语的 anārgīl(波斯语 nārgīl)之误,后者来自梵语 nārikela。

② 这些是三十个大天使和天使的名称,用来为祆教徒月份的三十天命名。秩序是按上面书里所列,不过第一天叫做 Auharmazd,第二天叫 Vohūman。

Māh 神；紫罗兰属于 Tīr 神；mēren 属于 Gōs 神；kārda 属于 Dīn-pavan-Mitrō 神；各种紫罗兰都属于 Mitrō 神；红菊花（xēr）属于 Srōš 神；狗蔷薇（nestran）属于 Rašnū 神；鸡冠花属于 Fravardīn 神；siseoar 属于 Vāhrām 神；黄菊花属于 Rām 神；橘香薄荷属于 Vād 神；胡芦巴属于 Dīn-pavan-Din 神；百苞玫瑰属于 Dīn 神；各种野花（vahār）属于 Ard 神；各种白色圣树属于 Āçtād 神；罗勒（bread-baker's basil），属于 Āsmān 神；番红花属于 Zamyād 神；Ardašīr 的花属于 Māraspend 神；三种 angel Hōm 之圣树属于 Anīrān 神。"

从这段摘文里显然可以看出古代波斯人很注意他们的植物。由于他们喜欢把事物系统化，他们有一个植物的分类。但是他们关于植物的文献，即使有过，也都已失传了。



关于制药学的最重要的波斯作品是《药物真性之基础》（Kitāb-ulabniyat'an haqā'iq-uladviyat），是一个名叫阿布·满速儿（Abū Mansūr Muvaffaq bin'Alī alharavī）的医师约在公元 970 年所著。他在一次旅行中也游历过印度。此书是为萨曼王朝（Samanides）满速儿·伊宾·讷黑二世（在位期 961—976 或 977 年）而写成的。这部书不仅是最早的关于制药学的波斯作品，而且也是散文体的新波斯语现存作品中之最古者。原文经过塞利格曼根据 1055 年维也纳的珍本（现存最老之波斯原稿）①加以校订。另

① Codex Vindobonensis sive Medici Abu Mansur Muwaffak Bin Alī Heratensis liber Fandamentorum Pharamacologiae Pars I Prolegomena et textum coutinens（Vienna，1859）.

有一译本是巴库的波斯医师阿洪多夫所翻译的。[①] 这译本大体上还不错，而且附有详细的注释。可是因为这部作品很重要，另外再出带有批判的新版本还是相宜的。阿布·满速儿那些材料的出处尚须细考。我们很愿知道他哪些材料得之于阿拉伯人，哪些得之于叙利亚人，哪些得之于印度人，哪些是他从自己观察所得。总之，阿拉伯的影响是最显著的。参看附录三。

许多由伊朗移植于中国的植物都在汉语名称的头上加着“胡”字。“胡”是中国对某些外国部落的通称，并不特别指某些种族。在汉朝它似乎主要指的是突厥系部落，因此在《史记》里匈奴都称为“胡”。从公元第四世纪以后它指亚洲中部，特别是伊朗血统的民族。[②] 贝烈史奈德注释[③]说：“假如‘胡’字见之于植物名，那就可以假定这植物是从外国来的，尤其是亚洲西部来的，因为古代汉人指亚洲西部的民族为‘胡人’。”这话只有一部分正确。形容词“胡”字决不能当作标志外国植物的可靠标准，名字上带有“胡”字的植物即使是从外国来的，也不见得指亚洲西部的或伊朗的植物。

（一）“胡”字见于许多本国植物或野生植物的名字里，它和作

① Die pharmakologischen Grundsätze des A. M. Muwaffak，引录在柯伯特（R. Kobert）著的 Historische Studien aus dem Pharmakologischen Institute der Universität Dorpat，1873。引文标题为“Achundow，Abu Mansur”。作者的名字是'Abdu'l-Khāliq，为 Akhund（小学教员）之子。参看 E. G. Browne：Literary History of Persia，pp. 11，478。

② “这‘胡’字大约在公元 800 年开始成为伊朗人之称，特别是康国（粟特）人之称。”（沙畹和伯希和所著：Traité manichéen，p. 231）。总的说来这话是正确的，然而我们可以找到早在第四世纪带有“胡”字的伊朗植物的名称，证据很可靠，那“胡”字只能是指伊朗。

③ *Chinese Recorder*，1871，p. 221.

为部落名称的“胡”并没有什么显著的联系，也并不指它们的出处是胡地。公元前第四世纪屈原的名著《离骚赋》里提到一种植物名唤“胡绳”，据说是一种芳草，可用之制长绳。这植物还未经鉴定。[①]

（二）一种带酸味的柚（Citrus grandis）叫做“胡甘”，[②]这显然是一个带讽刺的别名，可解释为“甘如胡人”。这种树是中国所产。

（三）“胡苋”这名字只见于十一世纪苏颂所著的《图经本草》，是指一种中国土产的苋（Amarantus）。书里没说这种苋来自外国，它究竟是什么植物，也无人知道。

（四）“胡面莽”是一种 Rehmannia，[③]出产在中国及日本。这名字的意义可能是“像胡人面孔的莽”。[④] 唐朝陈藏器说此草生长在岭南（广东省），样子很像地黄（Rehmannia glutinosa）。

（五）名叫“骨碎补”（Polypodium fortunei）[⑤]的植物是中国土产的，据陈藏器说，江西人呼之为“胡孙姜”，这纯粹是当地的名称，它与胡人丝毫无关。

（六）还有一种植物，名字上的“胡”字也与胡人无关，那就是“搥胡根”，是一种遍布中国各地的野生植物，尚未经鉴定。最早提

---

① Bretschneider, Bot. Sin., pt. II, No. 420；和宋朝吴仁杰所著《离骚草木疏》（卷2，第16页，知不足斋丛书本）。亦参看《太平御览》（卷994，第6页）。

② 贝烈史奈德，见同书 No. 236；施温格（W. T. Swingle）：Plantæ Wilsonianæ, Vol. II, p. 130。

③ 司徒亚特 Stuart：Chinese Materia Medica, p. 372。

④ 参考类似英语中之 Jews-mallow, Jews-thorn, Jews-ear, Jews-apple 的植物名称。

⑤ 司徒亚特（Stuart：Chinese Materia Medica, p. 345）说，此物原名“猴姜”，唐开元皇帝（公元713年）因它能补碎骨，故改名“骨碎补”。

到它的是陈藏器，说它生长在江南的江河流域。[1]

（七，八）“茈（柴）胡”[2]和“前胡”[3]也如此。茈胡（Bupleurumfalcatum）是一种北方各省都有的野生植物，《别录》里已有过描写；前胡（Angelica decursiva）生长在华中与华北土质潮湿的地区。

（九）“蜀胡烂”是一种未经鉴定的植物，为陈藏器所最早提到，[4]也只有他一人提过。它的种子像 Pimpinella anisum 的籽，可以吃，也可供医药之用。生长在安南。这名字很容易被人解释为“蜀地（四川）之胡兰”。但是“蜀胡烂”也可能是一个外国字的译音。

（十）“马蔪”或“牛蔪”（Viola pinnata）是一种野紫罗兰，在郑樵（1108—1162 年）的《通志》和苏颂的《图经本草》[5]里都称之为“胡芹”。这“胡”字作何解释，未见有何记录。

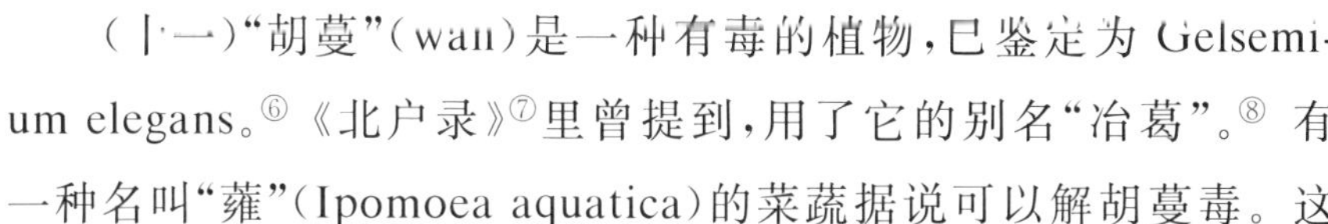

（十一）“胡蔓”（wan）是一种有毒的植物，已鉴定为 Gelsemium elegans。[6]《北户录》[7]里曾提到，用了它的别名“冶葛”。[8]有一种名叫“蕹”（Ipomoea aquatica）的菜蔬据说可以解胡蔓毒。这

① 《本草纲目》卷 16，第 7 页。

② 同上书，卷 13，第 6 页。

③ 同上书，卷 13，第 7 页。

④ 同上书，卷 26，第 22 页。

⑤ 《本草纲目》卷 26，第 21 页；《植物名实图考》卷 14，第 76 页。

⑥ 参看 C. Ford：*China Review*，Vol. XV，1887，pp. 215—220。司徒亚特（Chinese Materia Medica，p. 220）说此植物尚未鉴定，可是在第 185 页却有一段描述。

⑦ 《北户录》卷 2，第 18 页（陆心源本）。

⑧ 按松村任三（《日本植物名汇》No. 2689）所说，乃 Rhus toxicodendron（日语读作 tsuta-uruši）。

种说法是以陈藏器的话为根据的。《岭表录异》[①]上用的是“野葛”这个名字，解释为一种毒草，俗名叫“胡蔓草”。此书又说“野葛，毒草也，俗呼胡蔓草。误食之，则用羊血浆解之。或说此草蔓生，叶如兰香，光而厚。其毒多著叶中，不得药解，半日辄死。山羊食其苗，则肥而大。”范成大（1126—1193 年）在《桂海虞衡记》[②]里称此草为“胡蔓藤”，说它是一种有毒的药草，若把它搓了浸在水里，这水一进口中就立即令人送命。此植物为华南土产。为何加上“胡”字，原因不详。

（十二）“胡颓子”（依照字义是“胡人的下颚”），是一种经冬不凋的树或灌木，中国各地皆产之，安南亦有。这名称没有人加以解释，中国的记载中也没有文章证明它是从外国移植来的。[③] 陈藏器说它生长在平林。据说《宋书》的《五行志》那一章里也曾提到。它的别名“雀儿酥”（因雀儿喜贪此果）最初见于第五世纪雷斅所著的《炮炙论》。越人称之为“蒲颓子”，南方人称之为“卢都子”。据明朝刘绩在他所著的《霏雪录》里所说，“卢都子”一名来自蛮人语言。吴人呼此树为“半含春”，因为它的果实成熟得很早。襄人称之为“黄婆奶”（“黄色妇人的乳”），因为那果实颇似乳头。

（十三）“胡”或“葫芦”（Lagenaria vulgaris）的“胡”或“葫”字，乃代替“瓠”字。

---

① 《岭表录异》卷下，第 2 页（武英殿本）。

② 《桂海虞衡记》知不足斋丛书本，第 30 页。

③ 司徒亚特（Chinese Materia Medica，p. 161）误谓此植物的几个名称“可能是突厥或蒙古名称的译音。”这些名称未见于记载。此树已鉴定为 Elœagnus longipes 或 pungens。

（十四）“回回豆”（按字义为“回人的豆”）是一种田间遍地野生的植物。[①] “胡豆”亦然。胡豆为一种豆子，可焙炒或磨成粉。《本草拾遗》说它是生于稻田里的一种野草。《植物名实图考》的作者吴其浚说：“而胡豆则田野旅生，诚不能定古之胡豆为今胡豆也。”

（十五）“延胡索”指 Corydalis ambigua 的球根，是小而硬、黄色的球根，扁圆形，直径平均半寸长，是西伯利亚，堪察加，黑龙江地区的土生植物，初春融雪时期开花。[②] 据《本草纲目》（卷 13，第 13 页）所说，唐朝的陈藏器最早提到这植物，说它生于奚国，从安东（在朝鲜）来的。李时珍的注解说“奚”乃东北夷也。第十三世纪的一位医师王好古说这植物本名“玄胡索”，但为了避宋真宗讳，改“玄”为“延”也。这个解释是不正确的，因为在唐朝陈藏器已经给它起了“延胡索”这个名称。这上面的“胡”字不知是否指这植物来自朝鲜。但是下面的例子里“胡”显然是指朝鲜。

“薄荷”bak-xa（Mentha arvensis 或 aquatica）在中国天然的和栽培的两种都有。中国人认为这植物是本国产的，但是此外还有一种外国产的叫作“胡菝蔄”。[③] 十五世纪出版的《食性本草》作者陈士良采用了“吴薄荷”这个名字（“吴”指苏州，那地方种植最好的薄荷），以别于“胡薄荷”（胡人的薄荷）。十一世纪末苏颂所著《图经本草》确定这外国薄荷与本国产的相类似，唯一不同之处就

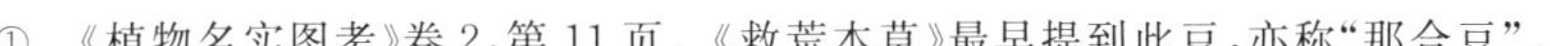

① 《植物名实图考》卷 2，第 11 页。《救荒本草》最早提到此豆，亦称“那合豆”。

② Hanbury：Science Papers，p. 256.

③ 薄荷乃中国名称，非外来词。波斯语称“薄荷”为 pūdene，pudina，budenk（库尔德语 punk）；印地语 pūdīnā 或 pūdinēkā 来自波斯语。藏语（拉达克［Ladākh］地区）为 p'o-lo-liṅ；藏语书写时为 byi-rug-pa，因而有了蒙古语 jirukba；满洲语为 farsa。

是外国薄荷味道稍甘，生江浙间，当地人多以制茶饮之，俗呼“新罗薄荷”（新罗即 Sinra，在朝鲜）。由此说来，这种薄荷可能在宋朝由朝鲜传入；“胡”字所指可能即朝鲜。

李时珍说孙思邈在他所著的《千金方》里用了“蕃荷”二字，但是他说这是由于方音之讹。换言之，这话的意思是说前面这个“蕃”字是“菝”字的变体，[①]它和“菝”一样都读作 bwat，bat 音。[②]

在下面一例里，“胡”字究作何义，没有确实的证据。“胡王使者”是“独活”[③]（Peucedanum decursivum）的别名。这植物亦名“羌青”“羌活”“护羌使者”，“羌”字指藏族人，故可由此推断“胡王”也是指藏人。但是一般说来，“胡”字不包括藏人在内，此处这例子也不确切地证明“胡”字包括藏人。在本书讨论胡桃那一章里可以看到有两种外国传来的品种——伊朗种（胡桃）和西藏种（羌桃）。

① 孙思邈为第七世纪人，此时期朝鲜薄荷尚未输入中国，因此他的“蕃荷”这个名称不能解释为“外国薄荷”。

② 伯希和在《通报》（1915，p. 18）里企图依据《康熙字典》证明“蕃”字从来不读作 po 音，而且其字尾不可能是辅音；因此他说吐蕃（西藏）的“蕃”字不能像人们过去所想的那样用来翻译藏字 bod。的确，在《康熙字典》的“蕃”字下面没有提到 po 音，但与“蕃”同音和通用的“番”字，《康熙字典》很清楚地说：根据《集韵》和《正韵》，“番”字作为地理名称应读为“婆”（蒲波切）（古音 bwa）；又说根据《释文》，“番”字亦读为“婆”，“蒲”或“盘”（又参看 Schlegel：Secret of the Chinese Method，pp. 21—22）。古波斯语 Parθava 的古译音为“番”或“蕃兜”（par-tav），“番”字很恰当地符合 par 或 bar。如果“番”能与“拔”bwat，bwar 音相通用的话，我们可以和伯希和的理论相反地证明“番”字的尾音是一个辅音，至少在一些方言里是如此，而读作 bwat 或 bwar 音。因此“番”字很可以用做藏语 bod 的译音。从语音的另外一个角度来看这个问题亦是有趣的：薄荷的古名称有 bak-xa 和 bwat-xa，这证明第一字的末尾辅音是不固定的，或在不同的方言里这辅音是不同的。（参看《通报》1916，pp. 110—114。）

③ 《通志》卷 75，第 12 页。

在“胡菜”(Brassica rapa)一词里的“胡”字,按中国的传说,指的是蒙古,而很可能这蔬菜本身只是由伊朗传到蒙古的。[1]

还有其他植物都与“胡”字多少有些关系,然而究竟是什么关系,“胡”字包括哪些种族,却无所知。

有一种植物叫“胡黄连”,意思是“胡人的黄连”(Coptis teeta),李时珍说这是因为它的性、味、功、用都和黄连一样。这植物已鉴定为 Barkhausia repens。从它的形容词“胡”字看来,它或许是从外国来的,它的外国名字叫“割狐露泽”(kat-wu-lou-dzak)。可惜没有人说明在什么时候采用了这译音,李时珍也没说明它的出处。唐朝唯一提到这植物的作者苏恭没有提这个外国名字。总之,这名字不像是唐朝的译音,相反地,它却带着元朝译音的特征。苏恭说:“胡黄连出波斯国,生海畔陆地。苗若夏枯草(Brunella vulgaris),根头似乌嘴,折之内似鸜鹆眼者良,八月上旬采之”。宋朝的苏颂说当时这植物在南海(广东)和秦陇(陕西,甘肃)亦有见之。记载里所讲的只此而已。[2] 我不知道是否波斯出产 Barkhausia,至少史利默尔(Schlimmer)在他广博的波斯植物辞典里没有提到它。

① 胡燕的“胡”字似指蒙古,这从满洲语所译的 monggo čibin和突尔吉语里的同等词 qalmaq qarlogač可以看出来。(蒙古语 xatun xariyatsai,藏语 gyi-gyi k'ug-rta;参看罗斯[Ross]:Polyglot List of Birds,No. 267)。此鸟不仅出在蒙古,浙江省亦有之。(见《会稽三赋注》卷 2,第 8 页,惜阴轩丛书本)。

② 司徒亚特(Chinese Materia Medica,p. 65)对此植物的描述非常不正确。他武断地把“胡”字鉴定为 Kukunor(青海),而把苏恭的话误当做陶弘景所说。他说:“据说此药品现在产于南海、陕西和甘肃。”这话是会引起误解的,因为“现在”一词是出自宋朝作者之口,不一定仍然适用。

陈藏器说"数低"酷似"蘹香"(Pimpinella anisum)是一种植物(尚未鉴定),籽甘温,无毒,生西番(西部的外国地区或西藏)和北土(指华北)。胡人用它的种子做汤喝。[①] 这里的"西番"也许等于"胡",不过中国博物学家们把"西番"这字眼用得很随便,不一定就专指西藏。[②]

"芎䓖"(Conioselinum univittatum)是一种中国产的伞形科植物。早在第三世纪的《吴氏本草》[③]里就已说过这植物有几种,生长在胡人地区。李时珍注释说以在胡人地区和戎人地区的那些品种为佳,因此取名"胡䓖"。[④] 据说欧洲中部,西伯利亚及美洲西北部都有这植物。[⑤]

"胡椒"的"胡"字很明显指的是印度。[⑥] 另外一个相同的例子是:"胡干姜",那是"天竺(印度)干姜"的别名,产于婆罗门国。[⑦]

在"胡粉"一词里(胡粉是一种白铅制的擦面粉),"胡"字与胡人无关,虽然也有说它是龟兹(库车Kuča)的产物,[⑧]后来又有说是伊犁(伊犁-八里)的一个城所产的。[⑨] 其实中国的传说里从来也



---

① 《本草纲目》卷26,第22页。

② 参看本书第167页"甘露蜜"章。

③ 参看 Beginnings of Porcelain,p.115。

④ 他又从《金光明经》里得出一个梵语名称"阇莫迦"(ja-mak-gia)。此属植物未见于 Watt's Dictionary。

⑤ Treasury of Botany, Vol.I,p.322.

⑥ 见本书第215页。

⑦ 《证类本草》卷6,第67页。

⑧ 《周书》卷50,第5页;《隋书》卷83,第5页。

⑨ 《大明一统志》卷89,第22页;《广舆记》卷24,第6页。

没说过此物来自胡国。[①] 史密斯[②]谈到这问题时曾这样说："这'胡'字并不说明这东西得自外国，它只是由于写错了字。"这话显然是指汉朝刘熙所著的字典《释名》里的定义，刘熙云："胡者糊也，和脂以糊面也"。用铅制粉完全是中国人自己的方法。

在"胡盐"一词里，"胡"字指的是中国西部的种族，主要是藏族，因为此外还有同义字"戎"和"羌"。"戎"字在《别录》里出现过。第七世纪的苏恭把"戎盐"和"胡盐"视为一物，他也提到沙洲所用的名称"秃盐"。公元970年大明著书说这种盐是西藏人(西番)吃的，故称"戎盐"或"羌盐"。但是其他著作里却似乎把"胡盐"与"羌盐"区别开。《魏书》李孝伯传里说"胡盐治目痛，羌盐治诸疮"。

上面这些例子足够说明我们对待植物名称里的"胡"字需要小心，各个都要按它的真义来判断，不可作出固定不变的规则，如贝烈史奈德所推断出来的那样。单单加上一个"胡"字既不证明这植物是来自外国，也不证明它是亚洲西部或伊朗的。本国产的植物也有带着"胡"字，来自朝鲜、印度或亚洲中部某些不很明确的地方的洋植物也有带这个"胡"字的。但是的确也有不少带有"胡"字的栽培的植物是由伊朗国土传播到中国的，这事实仍然不可抹煞。遇到这种情形，我每次都尽力去找证据，来证明那些植物确实代表伊朗的栽培植物。除了胡桃的历史还可以追溯之外，其他那些带"胡"字的植物都没有清楚的记载，其中没有一种有着明确的关于它如何传播入中国的记述。看出这些植物是移植来的只是由植物

① 《本草纲目》卷8，第6页；纪尔兹(Geerts：Produits，pp. 596—601)译成"蛮国的粉"是错误的。

② Contributions towards tha Materia Medica of China，p. 231.

学原理推论出来的，而非用历史材料断定的。因为历史传说都含糊不清，使人无法把这些植物和张骞联系起来；而且也无法肯定地证明带有“胡”字的任何植物或产品的名字是在汉朝就有了。唯一的例外要算是“胡菜”，可是说它在汉朝的《通俗文》里出现过，这话也并不见得靠得住，而且按中国传说，这个“胡”字指的是蒙古，而非伊朗。另外还有一个好像也算例外，那就是“胡桐泪”，但是这却是一种野生的树木，而非栽培的，而且这上面的“胡”字具有地理的意义，而非种族的意义。在突厥斯坦所发现的木简里有一个很好的可推定年代的胡国产品，那就是“胡铁”（胡人的铁，或用这种铁制的工具）。这些木简都是属于晋朝的（公元265—419年），[①]而在汉朝的木简上至今还没有见到用“胡”字组成的复合词。所有的证据都说明这些带“胡”字的植物不是在晋朝以前传播来的，或者可以说不是在汉室灭亡到唐朝兴起之间的所谓六朝时期传播来的。值得注意的是这些植物都没有记录下伊朗名字。

在少数例子上，“胡”字也作为译音。在“胡荽”这名字上可能如此，在“胡芦巴”这名字上显然是如此。[②]

有许多国家进口的水果和产品命名时就用它的输出国的名字，或用最早携带人的名字。希腊人有他们的“波斯苹果”μῆλον Περσικόν（桃），“米地克苹果”Medic apple μῆλον Μηδικόν（香橼）、“米地克草”Μηδικὴ πόα（苜蓿）、“亚美尼亚苹果”μῆλον Ἀρμενιακόν（杏）。刺伯雷[③]对这问题曾说过下面这些公正的话：



① Chavannes: Documents chinois découverts par Aurel Stein, pp. 168, 169.

② 地理名称里也有这种情况，如胡查剌（Guzerat）；见夏德与柔克义所译的《赵汝适》第92页。

③ Le Gargantua et le Pantagruel, Livre III, chap. L.

“有些植物因为由某一地区运来而带上了该地区的名字。如 pommes medices 指米地亚(米太,Media)的苹果,此果原产于此地;pommes puniques 指石榴,来自浦尼克,即迦太基;Ligusticum 指‘独活草’,来自力究立亚,即热内亚海岸;‘大黄’(rhabarbe)来自巴巴尔河(Barbare),即阿米安努所说的剌河(Rha);圣通尼克的‘茵蔯蒿’;希腊的‘胡芦巴’;卡斯旦尼亚的栗子;波细克的桃子;萨宾的‘杜松’;Stoeche 指一种‘薰衣草’,来自喜尔岛(古名称为斯多伊恰慈岛);居尔特卡的颉草;以及其他等等。”我曾经说过[①]西藏人用 Bal(尼泊尔),Mon(喜马拉雅地区),rGya(中国)和 Li(于阗或和阗)组成许多植物和产品的名字。

同样地我们英语里有许多植物学名词前面有着“美国、印度、突厥、土耳其、基尼”等字眼。

除了通用的“胡”字之外,中国人也用“波斯”来表示伊朗植物,例如用“波斯桃”(波斯枣)来作为枣子的名称。“波斯”二字使用需要十分小心,因为它指两个不同的国家:古波斯国和马来亚某地区。这个双重名字给中国及欧洲学者们引起不小的混乱,因此我不得不用一章来专门研究这问题,把有关马来亚波斯和它产品的一切材料都讨论一下。另外有一个种族名称时常和伊朗植物名称联用在一块,那就是“西戎”。早在《诗经》和《书经》时代就出现过这个种族的名字,似乎是匈奴的后裔。公元后“西戎”发展为一个通称,不含什么种族的意义,含糊地指亚洲中部地区。当它和植物

① 《通报》1916,pp. 409,448,456。

名词结合时，它就像是“胡”字的同义字。[①] 当然，植物名称里所有这种指地理和种族的字眼都只有相对的而非绝对的意义，那就是说，如果中国人给一种植物命名时用上了“波斯”或“胡”，那就意味着从他们的观点看，这植物是来自伊朗，或是多少和伊朗各民族的活动有关；但是它不意味着这植物本身是伊朗所特有的，或栽种这植物只限于伊朗或应归功于伊朗。事实也许是如此，也许不如此，然而每一种植物的真相如何须要作一番特别的调查之后才能决定。我们可以看出中国人对于重要植物的历史知道得比亚洲其他任何国的人都多（我甚至于应该大胆地说比欧洲任何国家的人都知道得多），然而要写一部植物种植的正确而精密的历史必须参考各方面收集的材料和来源。塞姆族、埃及、希腊和罗马、阿拉伯国家、印度、柬埔寨、越南、马来亚群岛、日本等地的材料，都要找来参考。只有这样全面参考才有希望得到真实可靠的结果。



读者如想知道本书里所用的中国的科学文献，可以参阅贝烈史奈德所著的《中国植物》(Botanicon Sinicum)第一部。[②] 很可惜还没有发现唐朝的《本草》（植物志），我们只能从见于后期书上的摘录。《胡本草》（胡国的药物学）和《诸胡国方》（胡国的药方）二书的遗失尤其令人可惜。我直接参阅了唐慎微在1108年所著的《证类本草》（1521年和1587年版），寇宗奭在1116年所著的《本草衍义》（陆心源本），和李时珍在1578年所完成的那部包罗万象的有名的《本草纲目》。尽管这书有许多错误和不正确的引证，它仍然

---

① 要找这类例子可以参看原书索引。

② 我们却需要一部更完善而且带有批判性的中国科学文献史。

不失为一部不朽的巨著，学识很渊博，内容充实。日本的本草书籍，我用了贝原益轩在1709年所著的《大和本草》，和小野兰山所著的《本草纲目启蒙》。只要能用原文史料，我总尽可能地使用。植物学书籍，我用了《广群芳谱》《花谱》《植物名实图考》和一些日本著作。《酉阳杂俎》提供了许多关于波斯和拂林（即叙利亚）植物很有用的材料。有些过去未经解释过的拂林植物名称，我都能够用它们阿剌迈克语（Aramaic）[①]的名称来鉴定。虽然这些不属于中伊研究这个题目的范围以内，而是属于中国和闪族的研究，但是在这里论述它们还是可以的，因为拂林名字和伊朗名字常是相提并论的。不用说，中国史书里所有关于波斯和亚洲中部的伊朗各族的记载，我都仔细读过了，从那里面所吸取的材料构成我这研究的基础和骨干。[②]

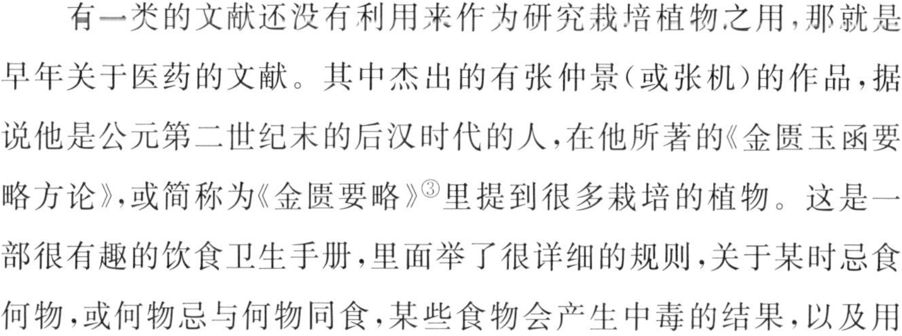

有一类的文献还没有利用来作为研究栽培植物之用，那就是早年关于医药的文献。其中杰出的有张仲景（或张机）的作品，据说他是公元第二世纪末的后汉时代的人，在他所著的《金匮玉函要略方论》，或简称为《金匮要略》[③]里提到很多栽培的植物。这是一部很有趣的饮食卫生手册，里面举了很详细的规则，关于某时忌食何物，或何物忌与何物同食，某些食物会产生中毒的结果，以及用



① 即叙利亚语。——译者

② 非研究汉学的读者可以参看派克（E. H. Parker）所著的Chinese Knowledge of Early Persia（*Imp. and Asiatic Quarterly Review*, Vol. XV, 1903, pp. 144—169），以了解有关波斯各文献的一般内容。大部分植物及其他产品在派克的文章里都略而不提。

③ 重刊于《御纂医宗金鉴》（Wylie：Notes on Chinese Literature, p. 101）。浙江书局出版的《医统正脉全书》里根据宋版印了这位作者上述的这本书和他的其他作品。

何药来解毒。这位作者和其他医药书籍的作者都没有详细讲述植物本身或记述植物传入中国的始末，他们仅仅在处方的本文内把植物列举出来而已。显而易见，如果这种作品的年代能够确定的话，可以有助于确定某种植物在那年代有没有。譬如张机提到了胡桃、石榴、香橼和胡蒜，这些与我们现在的研究有关。但是可惜我们不知道现在所看到的此书是否保存着原来的真面目，中国学者们承认这作品由于添改而无法看出哪些是原文。如要利用这么一本书里的材料，那么遇到强调年代时必须特别小心。谁都想给张机原有的处方加以增补，后来的版本无疑地把原始正文和后加的评注搀混起来。最早作评注的是晋朝的王叔和。假如我们发现某某植物在汉朝其他书籍里没有提到，而只在几百年后其他的书上才有记载，我们不禁要深深怀疑张机是否知道有这些植物。批判地研究早期中国医药文献的书目是我们迫切的要求。



坎多勒的巨著《栽培植物之由来》仍然是目前唯一全面处理这个问题的书籍。在当时这书要算是杰作，在现在仍值得视为这种研究的基础和出发点。坎多勒具有真正批判的精神和历史观念的精神，这一点是其他试图步他后尘而作历史研究的植物学者所欠缺的。他正确地概述了许多栽培植物的历史。关于他对另外某一些植物的了解，我们现在却和他有不同的看法。尤其应该说明：从他那时以后东方问题的研究有了非常迅速的进步，他的有关印度、中国、日本的著述都完全过时了。他对于中国所知道的只限于贝烈史奈德在《中国植物学作品之研究与评价》[①]一书里所说的那些

① 刊登在 *Chinese Recorder*，1870 和 1871 年。

肤浅的话，而这书是充满了误解和错误的。[①] 坎多勒对中国事物所下的结论已不再能令人满意了。他对印度或埃及和亚洲西部的结论也是如此。说到方法，坎多勒给植物学者树立了很危险的榜样，至今在他们的文章里还看得出这个坏影响，那就是把语言材料估计得过高了。一个植物有着本国语的名称，对证明这植物的历史往往并不能起多少作用。植物的历史必须根据文献或植物学上的证据来确定。谁都知道名字常常是靠不住的，能引起误解的。它们在一系列证据中可以起一些辅助的作用，但是不能单独依靠它们。当然，中国所提供的植物名字，如能证明为来自伊朗，那又当别论了。我有时不得不支持亨因，向他的植物学批评家恩格勒抗争；但是不应为此而把我看成一个亨因的绝对崇拜者。相反地，我是非常了解他的短处和他的方法上的缺点的。但凡我估计他是正确的地方，我就有义务说他是正确的。从约勒所著的《古代及中世纪之植物》（两卷，1897 及 1904 年，巴黎版），我获得了不少知识。这部书对于古代伊朗植物有着切实清楚的记载。[②]

有一部书给了我莫大的帮助，它是史利默尔所著的《法－波（斯）对照医药与人类学术语》（Terminologie médico-pharmaceu-

① 此乃匆忙地、不求甚解地、不加批判地阅读《本草纲目》后所写的一部书。阅读中国文献时我们要参考和研究与问题有关的一切文稿，才能作出结论。研究汉学的人经常引证贝烈史奈德著的 Botanicon Sinicum，那些不能掌握这书中材料的人把它当作圣典，然而此书从植物学或汉学观点来看，都不能令人满意。作者只不加批判地翻译了《本草纲目》里有关植物的那一部分，错误很多，而且把最有意义的植物都遗漏了。

② 约勒于 1914 年 12 月 26 日在巴黎逝世，享年八十五岁（参看高第写的讣告，刊于 *La Géographie*，1914，p.239）。

tique et anthropologique française-persane),1874年德黑兰石印版。[1] 这部六百多页对开本的广博著作体现着波斯工艺学院这位教师一生的劳动,它按字母的次序论述动植物产品、药物、矿物、矿水、疾病及其土法治疗,这书有着丰富可靠的资料,是我们科学尚未加以利用的。

我希望我这个研究主要能使植物学者和研究人类文明的学者引起共鸣;但是我们不能希望每一位植物学者对这里所讲的每一种植物历史都同样感兴趣,所以每一个题目都自成一个单位,作为一篇独立的文章来处理,为的是各人可按自己的爱好选读他所愿读的那一章。因此重复在所难免,前后参照的注解也不少。可是要记住:我的目的不是概述某一个植物的历史,我是希望介绍一幅综合广泛的图画,说明伟大而独特的植物移植也是一种文化运动。同时也试图确定伊朗对中国文明的影响。要把植物学知识、东方学知识、语言学知识和历史知识通通结合起来,是一件不容易的事情,但是我对每个问题都不遗余力地将其植物和历史两方面加以充分阐述。所有的资料,无论它的出处是中国、日本、波斯、阿拉伯或古典史料,都经过精密的审查,决不信任间接或教条式的记载。对坎多勒、恩格勒、贝烈史奈德以及其他著名的植物学权威,我所作的各种批评,都出于我对这题目所持的批判的态度,目的只是为了更促进这种研究。

在这里我感谢华盛顿农务部工业植物课的田中长三郎博士,



---

① 引证时简称为“Schlimmer: Terminologie”,华盛顿的 Surgeon General’s Library 借给我这部珍贵的书,特此表示谢意。

他从日文材料翻译了关于胡桃和葡萄树的记载。他的译文附在论述这两植物历史的那两篇文章后面。本书初稿在 1918 年 4 月完成。

布拉克司吞夫人和克伦先生捐款出版此书，谨此致谢。

# 中国伊朗编

## 苜　　蓿

1. 在现存文学作品中最早提到苜蓿(Medicago sativa)[①]的是亚理斯多芬所著的《骑士》,他说:

“马食科林斯之山查子以代苜蓿。”

Mēdikē 这个字是从国名米地亚(Media,米太)而来的。斯特拉波(Strabo XI. xiii,7)描写米地亚的时候,说这植物是马类的主要食料,希腊人称之为 Mēdikē,因为在米地亚盛产此草。他又说 silphion 亦米地亚产物,从中可提取 Medic 汁。[②] 普林尼(Pliny xiii,43)说 Medica 原非希腊产,而是在大流士一世时期历次波斯战争而从米地亚传入希腊的。迪欧斯柯利兹(Dioscorides ii,176)叙述过这植物,但没提到地区。他又说饲牛的人常用它当饲料。公元



① 我按美国农业部的习惯采用 alfalfa 这个字(而不用 lucerne),美国人也认识此字而且通常用之。此字出自阿拉伯语,为西班牙人所采用,西班牙人在十六世纪时把这植物和它的名字一同输入墨西哥与南美洲。在 1854 年由智利带到旧金山(J. M. Westgate: Alfalfa, p. 5, Washington, 1908)。

② 提奥夫剌斯塔(Theophrastus: Hist. plant. VIII. vii,7)只偶然地提到了苜蓿,说羊的粪便能使苜蓿枯死。有关 silphion 可参看本书第 195 页“阿魏”章。

前第二世纪中叶到公元后第一世纪中叶一段时期此植物在意大利传播[①]——与在中国传播约在同时。亚述研究家说苜蓿的伊朗语名称 aspasti 或 aspastu 在大约纪元前七百年的一部巴比伦尼亚经书中[②]曾提过。当马匹由伊朗输入美索不达米亚的时候，马所喜食的粮草也随着输入，这事不见得不可能。坎多勒说[③]苜蓿完全像本国土生植物，野生于安那托里亚的几个省份，高加索以南、波斯各部、阿富汗、俾路支斯坦、喀什米尔[④]等地。他推断希腊人不但由小亚细亚输入此植物，而且也从绵亘于波斯北面的印度输入。这理论在我看来，很难令人接受，而且也嫌多余。因为希腊人关于此草只提到米地亚，而没提印度，何况印度种植此草不在古代，而是在近年；而且种植此草对印度的农业和经济没有起过什么作用。

在古代伊朗，苜蓿是极重要的农作物，与饲养良种马匹有密切关系。帕拉菲语称之为 aspast 或 aspist，新波斯语称之为 aspust，uspust，aspist，ispist 或 isfist（普什图语或阿富汗语为 spastu，špēšta），可以追溯到阿维斯塔语或古伊朗语的 aspō-asti（由词根 ad“吃”派生而来），照字义是“马的饲料”。[⑤] 这字也进入叙利亚古语中，作 aspestā 或 pespestā（后者见于 Geoponica）。萨珊（Sasa-

① Hehn：Kulturpflanzen，8th ed，p. 412.

② 史剌德（Schrader）的话，在亨因的书里第 416 页；约勒（Plantes dans l'antiquité，Vol. II，p.68）附和阿雷维（Halévy）说巴比伦王马尔笃克巴剌丁（Mardukbalidin 或 Merodach-Baladan）把 aspasti 列入他的记录里。这个巴比伦王与犹太王艾则乞亚斯（Ezechias）同时代。

③ Origin of Cultivated Plants，p. 103.

④ 我们将根据一份古代中国文稿再证实它在喀什米尔为土生的。又参看 G. Watt：Dictionary of the Economic Products of India，Vol. V，pp. 199—203。

⑤ Neldeke：ZDMG，Vol. XXXII，1878，p. 408. 关于同类的植物名称，参看 R. v. Stackelberg，同书，Vol. LIV. 1900，pp. 108，109。

nian)王朝的霍司鲁一世(公元531—578年)把苜蓿也列入新兴的土地税内。[①] 苜蓿税七倍于小麦及大麦,可见对这饲料估价之高。此草也用于处方配药,阿布·满速儿在他的药书里曾经讨论到此草。[②] 苜蓿籽至今仍作医药上之用。[③] 阿拉伯人从波斯语中得来isfist这字,把它阿拉伯化,成为fisfisa。它的阿拉伯原名是ratba和qatt,前者指鲜苜蓿,后者指干苜蓿。[④]

希腊人从波斯人得来苜蓿,命名为"苜蓿草",这事一开头并不足以证明苜蓿就是地道的伊朗栽培的植物。我们知道名称常有错误:希腊人称桃为"波斯苹果",称杏为"亚美尼亚苹果",其实桃和杏的原产地都不是波斯或亚美尼亚,而是中国,伊朗人和亚美尼亚人在此一事上只不过充当远东和地中海之间的媒介者而已。但在苜蓿一事上,问题有所不同。大量种植苜蓿的中国人并不认为此物乃本国土产的农业品。关于此草在公元前百余年如何得自伊朗地区,究竟何时得来,中国人却有附带的传说。印度和其他阿拉伯国家既然没有关于这植物由来多久的记载,那么原始种植苜蓿的中心地区当可断定为伊朗无疑。中国人对于阐明苜蓿的来历有很重大的贡献,使人对这问题能有一个新的看法。其实在栽培的植物中只有苜蓿有着这样确实可靠的历史。

百泄波里城(Persepolis)的碑上刻着大流士一世的话:"欧拉玛司达神赐我的波斯国,土地美丽,人口稠密,产马甚多,虽大敌当



① Nöldeke: Tabari, p. 244.

② Achundow: Abu Mansur, p. 73.

③ Schlimmer: Terminologie, p. 365. 他提到一个波斯名字yondže,然而此字出自突厥语(yont,"马")。在小亚细亚有一地方名叫Yonjali("盛产苜蓿")。

④ Leclerc: Traité des simples, Vol. III, p. 35.

前而无惧——此乃欧拉玛司达神之意,亦朕意也。"在我本书序言里我曾提到张骞将军著名的远征亚洲中部有何收获。汉武帝(公元前140—前87年)欲得伊朗的纯种骏马,因为它体格比蒙古种的小马魁伟,全身匀称,四足纤细,胸、颈、臀部都很发达。武帝常派遣使者到伊朗诸国,逐渐进而和大宛(Fergana)[①]与安息(帕提亚)经常用驼队进行贸易,他主要的动机是在于得马。一年之中派遣这种使节多则十余次,至少也不下于五六次。最初这种良马是得自乌孙,后来张骞发现大宛的马种更优良,名叫"汗血",[②]相传是"天马"的后嗣。这种贵马所嗜的饲料就是苜蓿。张骞为人重实际,处理经济事务非常有见地,他断定这渴求已久的马若要在中国保持壮健,非把它们的主要食料一并带来不可。于是他在大宛获得苜蓿种子,[③]于公元前126年献给武帝。帝命人于宫旁广阔地面遍植这新奇植物,颇以拥有很多天马以自娱。[④] 不久,这饲草由宫中迅速地蔓延到了民间,遍布华北。据颜师古(579—645)所说,在汉朝年间已经如此。早期作品《别录》[⑤]里把苜蓿当做药草。第六世纪的《齐民要术》载有苜蓿的种法。陶弘景(公元451—536年)说:"长安(在陕西的古都)中乃有苜蓿园,北人甚重之,江南不

① 唐时译拔汗那。即汉之大宛。——译者

② 此名字无疑地与伊朗神话有关系,但是至今我尚未在伊朗神话中找到此字。

③ 在大宛(拔汗那)和俄罗斯突厥斯坦仍然大量种植苜蓿,它是该地的唯一饲料植物,为该地区经济上所不可缺的,因为那里缺少牧场和干草。苜蓿每年可收四五次,鲜的或干的都可以喂牲畜。在山区种植到海拔五千英尺的高处。野生的或因种植而无意中传播的苜蓿可在海拔九千英尺之高处找到。参看S. Koržinski:Vegetation of Turkistan(俄文版),p.51。俄罗斯突厥斯坦出口最大量的苜蓿子。(E. Brown:Bull. Dep. of Agriculture, No. 138, 1914)。

④ 《史记》卷123。

⑤ 参看Chinese Clay Figures,p.135。

甚食之，以无味故也。外国复有苜蓿草以疗目，非此类也。”[①]

武帝派遣张骞去寻月氏，和它缔结联盟以抵御土耳其的匈奴。我认为月氏是一个印欧民族，讲的是北伊朗语，这种语言和司乞特语，亚诺比语和欧塞提克语同属一语系。张骞出使期间，遍游大宛（拔汗那）、粟特、大夏（巴克特里亚）等地，都是伊朗人的要塞。他回国对国人谈到“西方”，使国人乍听大为惊愕，其实那就是伊朗的文明。他所带回的产品也是纯粹地道的伊朗产品。他所介绍到中国的两种栽培植物（只此两种）都是从大宛（拔汗那）来的。大宛语为一种伊朗语。张骞在大宛把苜蓿和葡萄的本地名字抄下，携带着这新奇植物和它们的名称一同归国。这几个字是大宛语，亦即伊朗语。[②] 张骞自己也知道大宛人所讲的语言即伊朗语，因为他

① 《证类本草》卷27，第23页。此外国种不知何所指。

② 夏德说（Hirth：*Journal Am. Or. Soc.*，Vol. XXXVII，1917，p.149）大宛的“宛”字在语言学上乃Yavan（印度人称希腊为Yavana）的一个“很好的等同词”，这理论早由爱德金斯（J. Edkins）所提出（*Journal China Branch Roy. As. Soc.*，Vol. XVIII，1884，p.5）。在我看来，这有一点离奇，我不能接受这个说法。在唐朝玄奘把Yavana这个名字译为“阎摩那”Yam-mwa-na（Pelliot，*Bull. de l'Ecole française*，Vol. IV，p.278）。在汉朝仿照“叶调”Yap（Džap）-div（Yavadvīpa，Java）的译法应把Yavana译成“叶那”Yap-na。“于越”Yu-vat（var）一词并非Yavana的译音，如沙畹所假设的那样（Mémoires historiques de Se-ma Ts'ien，Vol. IV，1901，pp. 558—559），而是Yu̯an（Yuvar，Yu̯ar）一词的译音。占族（Čam）和其他印度支那族迄今仍用这个名字来称呼安南和安南人。（参看占语“Yu̯an”或“Yu̯ōū”；巴那语［Bahnar］“Juŏn”，吉蔑语［Khmer］“Yuon”；斯蒂恩语［Stieṅ］语“Juôn”）。这个本地名字却改为Yavana或与梵语的Yavana同化了，因为在占婆（Campā）的梵语碑文里，特别在1092年阇耶·卢达罗·跋摩王朝（Jaya-Rudra-varman）时的碑文里，称安南为耶槃那Yavana（A. Bergaigne：L'Ancien royaume de Campā，由Journal asiati ue，1883年复印，p.61）。1365年完成的古爪哇语的诗纳格拉塔格马（Nāgarakrt gama）里耶槃那作为安南的名称出现两次（H. Kern：*Bijdragen tot de taal-land-envolkenkunde*，Vol. LXXII，1916，p.399）。柯厄（Kern）说还没有人提出过或解答过为何希腊名称会用来称呼安南的问题。其实博甘那（Bergaigne）讨论过这问题，而柯厄没有读到他的论著。

在报告里说起由大宛西行直抵安息的一片广阔土地，虽有各种不同方言，然而都很相似，居民可以互相达意。[①] 这话显然表示：伊朗语既有差别，而又统一。[②] 倘若大宛人能懂安息人的话，那么他们交谈时所用的语言不外是伊朗语，决不是希腊语或突厥语，如某些心存偏见的理论家所想象的那样。

张骞所带回的那植物名字"目宿"，今日中国各地仍然沿用，是由两个单音素组成的，[③] 在古代读作 muk-suk（日本语为 mokušuku），其后加上草字头成为"苜蓿"。最近我曾指出这个中国字的古西藏语译音 bug-sug，[④]这字似乎和我所要还原的伊朗字颇相似。伊朗语的原字为 buksuk 或 buxsux，或作 buxsuk。对这个词所下的解释，唯有汤玛薛克[⑤]的为最近情理，可惜没有引起汉学家的注意；汤玛薛克把这个词和吉拉奇语（Gīlakī 一种里海的方言）的 būso（苜蓿）相比。倘若能够证明这 būso 是由 bux-sox 或同类字演变而来的，那么这说法就可以令人满意。等我们对伊朗方言学的知识再进一步提高时，一定能把这个词按正确的写法写出。但是有一件事必须注意：东伊朗各种族，也就是伊朗本部的前卫，

① 斯特拉波（Strabo）（XV，II，8）说："Ariana 这名字已扩大到包括波斯和米地亚的一部分地区，及巴克特里亚和粟特（康国）的北部，因为这些地方的人所讲的语言差不多一样。"

② 哥提欧在他的遗著 Trois Mémoires sur l' unité linguistique des parlers iraniens（在 *Mémoires de la Société de Linguistique de Paris*，Vol. XX，1916，复印）里强调了这一点。

③ 在《汉书》里这两个字的确不带草字头。郭璞所写的"牧蓿"muk-suk 和《尔雅翼》的作者罗愿的"木粟"muk-swok（他们只想把这两个字写成含有意义）在语音上是一样的。安南语里是 muk-tuk。

④ 《通报》1916，p. 500，No. 206。

⑤ Pamir-Dialekte（*Sitzber. Wiener Akad.*，1880，p. 792）.

是中国人最早所接触到的，他们的语言向来没有记录，所以几乎失传。只有在偏僻的土话里或许还可能保存一些珍贵的语言材料。我们更应该感谢中国人，因为他们把已经绝迹了的方言保留下来几个字，把 buksuk 或 buxsux 作为古拔汗那语对苜蓿的名称记录下来。这个词的第一个音素也许还存在于萨里郭勒语(Sariqolī，一种帕米尔语)的 wux(草)中。另外一个帕米尔方言瓦赫(Waxī)语称苜蓿为 wujerk；称草为 Wüš。在瓦赫语里“马”是 yaš，而在萨里郭勒语是 vurj。①

贝烈史奈德②只说苜蓿不是中国名字，或许是外国名字，但是没有去深究来源。瓦特尔斯讨论汉语中的外来词时，避谈此字；金斯米勒③的臆说是：苜蓿和斯特拉波的 Μηδικὴ βοτάνη 有关。翟理士的汉语辞典④采录了这句话。这个希腊名字断然没有传到大宛，伊朗的大宛人也未曾用希腊字作为本国产的植物名称；而且我们也看不出 muk-suk 或 buk-suk 和 mēdikē 之间语音上有什么关系。

对苜蓿的解释最不令人满意的是最近夏德的说法，⑤他把苜蓿和突厥语的burčak看作一个字，而burčak是突厥的一种方言奥



---

① 参看 R. B. Shaw：On the Ghalchah Languages（*Journal As. Soc. Bengal*，1876，pp. 221，231）。按汤玛萨克所说(见前书，p. 763)，此字是从 bharaka 演变而来；欧塞提克语 bairāg(“好小马”)。

② Bot. Sin.，pt. III，p. 404.

③ *Journal China Branch Roy. As. Soc.*，Vol. XIV，1879，p. 19.

④ No. 8081 误印为 Μεδιλή。βοτάνη 一字与这植物的名字无关，但在斯特拉波的文里与 Μηδικήν 相隔十一个字。Μηδική 应解释为 πόα，“Medie 的草或饲料”。

⑤ *Journal Am. Or. Soc.*，Vol. XXXVII，1917，p. 145.

斯曼利语，指的是豆类[①]。大家都知道第二世纪还没有像奥斯曼利语这样的语言，这语言是突厥语的较新形式。张骞的时代在大宛还没有突厥人，他怎能找到一个奥斯曼利字或其他突厥字来为大宛的伊朗植物命名，这实在令人难解。这种牵强附会的鉴定在语音学上也不正确。汉语的“目”，muk，buk 音不能代表 bur 音，而 su，suk 音也不能代表 čak 音。[②] 所以这种推测完全不得当。即使要我们接受这种看法，认为在过去二千年中这个字或许原义有所改变，但并无迹象可以证明这个奥斯曼利字能存在那么久，而且一个字的意义会从“豆”变为“苜蓿”，也不合乎情理。在亚洲中部，苜蓿通称为 bidā[③] 或 bēdä，[④]察合台语为 bidä，它的意思是“秣，马草，粮草”。[⑤] 据汤玛薛克说，[⑥]这个来自伊朗语，（波斯语为 beda）。萨里郭勒语（一种帕米尔语）里也有这字。[⑦] 这可以证明苜蓿是波斯人传播到突厥斯坦（而且决不可以得出其他的结论）。

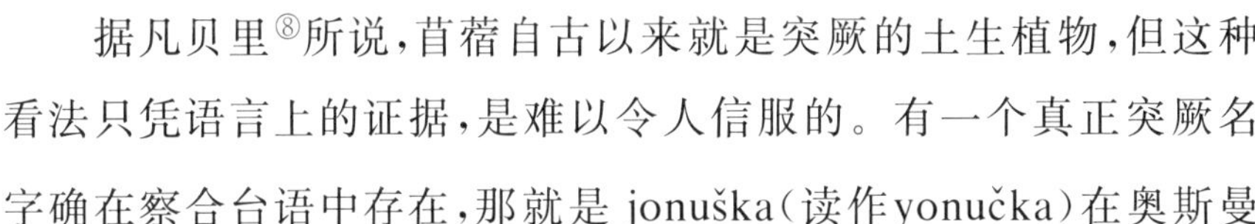

据凡贝里[⑧]所说，苜蓿自古以来就是突厥的土生植物，但这种看法只凭语言上的证据，是难以令人信服的。有一个真正突厥名字确在察合台语中存在，那就是 jonuška（读作yonučka）在奥斯曼

① Kara burčak的意思是“黑豆”，指的是野豌豆。

② 译音末尾的 k 不能等于 r，只能等于 k，g 或 x。（又参看伯希和文，载于《通报》1912，p.476）。

③ A. Stein：Khotan，Vol.I，p.130.

④ le Coq：Sprichwörter und Lieder aus Turfan，p.85.

⑤ I. Kunos：Sulejman Efendi's Čagataj-Osman. Wörterbuch，p.26.

⑥ Pamir-Dialekte，p.792.

⑦ R. B. Shaw：*Journal As. Soc. Bengal*，1876，p. 231.

⑧ Primitive Cultur des turko-tatarischen Volkes，p. 220.

利语为 yondza[①]（再加上哈萨克吉尔吉思语［Kasak-Kirgiz］的 yonurčka），它的意思只是“青秣”，“马草”而已。然而上述种种方言都代表突厥语的近代形式。至于推溯远古的结论就不能以此为根据。照我所知道，在较古的突厥各种语言里尚未发现有指苜蓿的字。

李时珍[②]指出梵文“塞鼻力迦”是苜蓿的名称，并且说这字在《金光明经》（Suvarnaprabhāsa-sūtra）里作苜蓿解。这话颇令人惊讶，因为我们没听说梵文里有指这种草的字眼。[③]而且这草由伊朗传到印度必定在较近代无疑。贝烈史奈德说[④]在喀不勒语（Kabul）里 Trifolium giganteum 叫做 sibarga，苜蓿叫做 riška，这说法也不能令人满意。sibarga 的意义是三叶植物（si 者，“三”也，barga 即波斯语之 barak，varak，“叶”也）。这是伊朗文，而不是梵文。相等的梵文是 tripatra 或 triparṇa。riška 是阿富汗文，也就是伊朗文。[⑤]早期印度史料中既然没有听说有这种植物，由此看来，《金光明经》之类的佛经中亦决不能提到它。李时珍说他在此经里曾见过这草名，我想他一定是误解了这个字的意义。

上面所讲的译音也出现在《翻译名义集》卷 27，相当于梵文的 çāka-vṛika。çāka 这个字指一切可以吃的草木与菜蔬，vṛika（或



---

① Vámbéry 所提的语原很离奇，难于接受。

② 《本草纲目》卷 27，第 3 页。苜蓿列在“菜”的项下。

③ A. de Candolle（Origin of Cultivated Plants，p. 104）已提到这点。华特也提出现代印度方言里的一些名称，其中 Spastu，sebist 和 beda 三个出自伊朗语。

④ Bot. Sin.，pt. III，p. 404.

⑤ 还有阿富汗语的 sebist（与波斯语里的 supust 有联系）及 durešta。

baka)指某种尚未鉴定的植物(参看按同法构成的字 çāka-bilva “茄子”)。究竟什么药草叫做 çāka-vṛika还不知道。中国的译名“苜蓿”或者是权宜之计,虽然这梵文复合词也未尝不可能指某种的苜蓿。我们不可以忽略一件事:汉梵辞典里所下的等式定义大半都由学术或辞典学的角度定的,不涉及植物的输入。佛学译者只想寻找与印度语相等的汉字。这方法与把伊朗、印度、东南亚等地区的植物名称随同植物一并输入,大不相同:一个是结合实物,一个只是文艺作品问题。再举两个例子就足以说明了。《翻译名义集》里有一个植物的梵文名词“镇头迦”,古代读若 tsin(tin)-du-k'ie,相当于梵文的 tinduka(Diospyros embryopteris),是一种枝叶浓密的常青小树;在印度和缅甸到处都有。中文注释里把这印度字解释为“柿”,但是“柿”是中国和日本著名的油柿,为古代印度所没有的,最近才由启德上校带到加尔各答的植物园,那园里所雇的中国园丁叫它做“秦”čin(“中国的”)。[①]在此一例上,“柿”只表示印度的 Diospyros embryopteris 而已。李时珍把《金光明经》中的梵文名字“苦弥哆”ku-mi-či列在“甘松香”项下,甘松香指一种败酱科植物(学名叫 Nardostachys jatamansi)。苦弥哆相当于梵文 kuñci 或 kuñcika,这字可应用于三种不同的植物:(一)相思子,(二)indica 黑种草,(三)Trigonella fœnum graecum。在这个例子上,这种折衷的说法终归失败,把 kuñci 和甘松当做一个字,也是出于错误。梵文中甘松香是gandhamāṁsī。

关于中国植物的来源,我们也不可只从梵文语词来推断,除非

① W. Roxburgh: Flora Indica, p. 412.

有更可靠的证据。譬如司徒亚特[①]在“李”(Prunus domestica)项下写道:“李”的梵文同义词是“居陵迦”,这证明这种李子或许是由印度或波斯传到中国。但是“李”是中国的土产,《诗经》、《礼记》、《孟子》里都提到过这字。这个汉语译音的印度字在《翻译名义集》(卷24)里的译音为li。唯一相等的梵文词是kuliṅgā,是指一种五倍子。这里的问题只不过是用汉语向中国人解释梵文名词,这类名词对于中国品种并没有植物学上和历史上的价值。

可喜中国人关于苜蓿的记载补充了古人记载之不足,使苜蓿的来历得到正当的看法;我们因此知道了这个有用的经济植物如何和为什么能繁殖于全球。[②]汉朝的中国人除了大宛之外也在罽宾(喀什米尔)[③]发现苜蓿。这事情很重要,因为和这植物早期地理上的分布有关:在罽宾,阿富汗、俾路支斯坦,这植物或者都是天然产的。[④]

《晋武帝(公元265—290年)传》里提到了苜蓿园。唐朝驿马也以苜蓿为饲料。[⑤]

唐朝以苜蓿充当人类食粮的事,我们从薛令之的故事里看到。薛是玄宗皇帝(公元713—755年)宫里的教师,曾作诗怨叹配给的



① Chinese Materia Medica,p. 358.

② 坎多勒在他所著的Origin of Cultivated Plants里很谨慎地把贝烈史奈德所误列于张骞名下的植物一一抄下;但是很奇怪,他谈到苜蓿(pp. 102—104)时却没提起中国。事实上苜蓿的历史从来没有人叙述得正确。

③ 《前汉书》卷96。

④ 坎多勒,同前书,p.103;G.T. Vigne: Travels in Kashmir, Vol. II,p.455。

⑤ 松田定久:On Medicago sativa and the Species of Medicago in China(《植物学杂志》,东京,Vol. XXI,1907,p.243)。这是用日文写的一篇很有趣且有价值的研究。

粮食不足，其中以带着长茎的苜蓿为主要成分。[①]这位教师爷当然不知道此草的营养价值之高。

据第六世纪初任昉所著的《述异记》所说，“张骞苜蓿园在今洛中，苜蓿本胡中菜，骞始于西国得之。”另外一书《仇池记》[②]谓京城之东有苜蓿园，其中有三具水力推动的杵槌。

《西京杂记》[③]曰：“乐游苑中自生玫瑰树，下多苜蓿，一名怀风，时或谓光风，[④]茂陵[⑤]人谓为连枝草。”[⑥]

公元547年或其后不久，杨衒之著《洛阳伽蓝记》，记载京都洛阳的佛寺，曰“宣武场在大夏门东北，今为光风园，苜蓿出焉。”光风是苜蓿的别名，见《西京杂记》。

寇宗奭于公元1116年所著的《本草衍义》[⑦]说苜蓿盛产于陕西，用以饲马牛，人亦有食之者，但不宜多吃。在元朝种植苜蓿的事很受赞许，尤其为了防免饥荒。[⑧] 有园圃种苜蓿以喂马。[⑨] 据李时珍（第十六世纪下叶）说[⑩]，当时苜蓿是处处田间常见的野草，但在陕西和甘肃也有人工种植的。他所指的显然是 Medicago den-

① 参看 C. Pétillon, Allusions littéraires, p.350。

② 《太平御览》卷824，第9页。

③ 即公元第六世纪吴均所著《西京杂记》，西京为陕西的长安。

④ 这些名字的解释如下：风在其间，常萧萧然。日照其花，有光彩。故名怀风，又名光风。

⑤ 此为陕西省西安府兴平县之古名。

⑥ 《太平御览》卷996，第4页。

⑦ 《本草衍义》卷19，第3页（陆心源本）。

⑧ 《元史》卷93，第5页。

⑨ 同上书，卷91，第6页。

⑩ 《本草纲目》卷28，第3页。

ticulata，一种中国产的野生植物。福尔布斯和亨穆斯累[①]认为 Medicago denticulata，falcata[②] 和 lupulina（黑色 Medick 或红色剪夏萝），天兰都是中国产。他们说此物显然很普通，遥远偏僻地区都有。他们提到苜蓿时说这草在华北栽培，也有野生的，虽未必是本地产。这种野苜蓿也许是由栽培的苜蓿变成为野生植物。凡野生的都叫做野苜蓿，由此可见中国人是在外国栽培的苜蓿输入以后才注意到这些野苜蓿，[③]这事很有趣。吴其浚[④]图解苜蓿之后，接着又图解两种野苜蓿——一种是 Medicago lupulina，一种是 M. denticulata。

日本人称苜蓿为“uma-goyaši”（马料）。[⑤] 松村任三[⑥]列举四种：M. sativa：紫苜蓿；[⑦]M. denticulata：苜蓿；M. lupulina：米粒苜蓿；M. minima：小苜蓿。



西藏的拉达克称苜蓿为 ol，这字指喀什米尔土生的或由伊朗输入的苜蓿。西藏本部未闻有此草。亚美尼亚有苜蓿，野苜蓿，M. agrestis 和天兰。[⑧]

---

① *Journal Linnean Soc.*，Vol. XXI. II，p. 154.

② 美国正在试验种植和传播这种苜蓿（参看 Oakley and Garver：Medicago Falcata，U.S. Department of Agriculture，Bull. No. 428，1917）。

③ 谈葡萄和胡桃时会再谈这种事情。

④ 《植物名实图考》卷 3，第 58、59 页。

⑤ 满洲语的 morxo 同样地由 morin（马）和 orxo（草）构成的。

⑥ 《日本植物名汇》Nos. 183—184。

⑦ 这一种类的花是紫色。

⑧ A. Béguinot and P. N. Diratzsuyan：Contributo alla flora dell'Armenia，p. 57.

1864年巴黎出版一篇十六页的短文，是由《东方评论》[1]转载的，标题是《中国紫花苜蓿杂记》，司卡慈史科夫著，此文乃继另一篇波提尔译自汉语关于此草的论述之后所写的。司卡慈史科夫居住北京七年，其后在准噶尔地区任俄国领事。他供给了关于那地区种植苜蓿的可贵的材料。据说这草籽是1840年初次由中国运到俄国，他本人在俄国、里窝尼亚、爱沙尼亚及芬兰各地曾积极传播此草达六年之久。这事情原无可怀疑。但若说俄国在1840年以前未听说过此草，我实在不能相信。我们不但在俄语里发现medunka（来自希腊语）与欧洲的l'utserna（lucerne）等苜蓿的名称，而且也发现krasni（红）burkun，lečuxa，lugovoi v′azel（草原之Coronilla）等字；burkún，burundúk指野苜蓿（亦称yúmorki）；burunčik指天兰。如果说这些名词都在1840年以后突然发现，而俄国人未曾从欧洲人、伊朗人或土耳其人听到这个有用的植物，实在令人难以理解。坎多勒说[2]："在俄国南部，即有些作者常提到的地区，这种植物也许像在欧洲南部一样是由于栽培而生的"。由汉森的报告[3]看来，三种苜蓿（M. falcata，M. platycarpa和M. ruthenica）好像都是西伯利亚土生的。

美国农务部对促进和改良苜蓿的种植曾作了不少的努力，为

① 波提尔（Pauthier）只翻译了《植物名实图考》里有关此植物的那一部分。他的作品中屡屡出现"雩娄农"。波提尔以为这是一部农书的名字，其实它是《植物名实图考》的作者吴其浚的笔名。

② Origin of Cultivated Plants, p. 103.

③ The Wild Alfalfas and Clovers of Siberia, pp. 11—15(Bureau of Plant Industry, Bull. No. 150, Washington, 1909).

此目的，也从中国输入种子。阿根廷的畜牧业主要依赖苜蓿。[1]

## 葡　萄　树

2. 葡萄树（Vitis vinifera）是亚洲西部和埃及的一种古代的人工栽种的植物。这植物不能算是最古老的，因为谷类和许多豆类无疑地都比它要早得多，但是它也算够古老的了，它的发端在最早的历史都无迹可考了。葡萄的栽培意味着错综复杂的看法，然而在整个古代世界这些看法较为一致和持续地存在着，因此可肯定它只能是从一个中心地区播传出去的。关于它的中心地区在哪里的问题，当然看法是很分歧的，我们目前对这问题所掌握的知识只能允许我们在理论上做一些推测。葡萄的原产地肯定是在东方，从东方传播到希腊和意大利，而罗马人（或说是希腊人）又把葡萄移植到高卢[2]和莱茵河两岸。[3] 坎多勒[4]从植物学观点出发，认为高加索以南地带是葡萄树的"中心产地，或是最古老的产地"。圣经传说诺亚在阿剌拉（Ararat）[5]附近种植葡萄树，由此人们容

① 参看 I. B. Lorenzetti：La Alfafa en la Argentina（Buenos Aires，1913，p. 360）。

② 相当现在法国地方的罗马时代旧称。——译者

③ 参看 G. Curtel 的杰出研究 La Vigne et le vin chez les Romains（Paris，1903）。又参看 A. Stummer：Zur Urgeschichte der Rebe und des Weinbaues（*Mitt. Anthr. Ges. Wien*，1911，pp. 283—296）。

④ Origin of Cultivated Plants，p. 192.

⑤ 《创世记》（Genesis），IX，20。

易会把亚美尼亚揣测为最早发现葡萄的国家。[①] 但是有一事也不可忽略:葡萄树和葡萄酒至少在公元前三四千年在埃及就已经有了,[②]在美索不达米亚也同样在很早的年代就为人所熟知了。本文不准备讨论史刺德的理论,[③]他说葡萄是前亚细亚(anterior Asia)的印度·欧罗巴族人栽种的,名字也是他们起的。作为"酒"讲的那个字尽管很可能来自印欧语,或者更明确地说,来自亚美尼亚语,但是这并不足以证明葡萄栽培的发端可以追溯到印欧人。在我看来,它来自闪族(Semitic)的可能性更大。中国人在历史后期从一个伊朗国家大宛(唐译拔汗那)得到葡萄树,那是早期中国人所完全不知道的植物。这可以使我们充分地强调说:各种各样的葡萄栽培在当时亚洲西部,包括伊朗在内,已经是普遍的现象了。

中国人最初知道栽种的葡萄树(Vitis vinifera)和用葡萄所制的酒是由于公元前128年张骞将军出使月氏,他路经大宛和康国(粟特),并在大夏(巴克特里亚)住了一年。他的报告讲到大宛人的时候说大宛人有葡萄制成的酒。他听说安息(帕提亚)也有此酒。《史记》里记述这事的那一章又说大宛的富人大量贮藏葡萄酒,达一万石之多("石"为衡量固体的单位),久藏至数十年而无酒败之虞。他们喜欢饮酒有如他们的马喜食苜蓿。中国的使者把这



① 参看 R. Billiard:La Vigne dans l'antiquité,p. 31(Lyon,1913)。这是一部很美观带有插图的书籍,共560页,为专门论此题的书中最好的一部。法国人是栽培葡萄的专家,因此也著出栽培葡萄和酿酒科学的最好的文献。关于植物学方面的著作,当推 J. M. Guillon 所著的 Étude générale de la vigne (Paris,1905)。

② V. Loret:Flore pharaonique,p. 99.

③ 在亨因(Hehn)所著的 Kulturpflanzen,pp,91—95。

两种植物的种子带回国去，最早把苜蓿和葡萄种植在肥沃的土地上的人是“天子”。当外国使节朝觐的时候，他们看见离皇宫不远的大片土地满种着这两种植物。葡萄树的传入中国和苜蓿的传入同样被证实了。主要应该注意的事情是：葡萄和苜蓿，以及制酒术都是中国人纯粹从亚利安族的人那里得到的；主要是伊朗族，而不是从突厥族那里学来的。

据《汉书》所说，隶属于康国（粟特）的粟弋王国产葡萄，这个国家的水极好，因此它出产的酒也特别有名。[①]

《晋书》[②]把葡萄归功于康国（粟特）。那里也盛产葡萄酒，富人藏酒多至一千石。[③] 康国人嗜酒，也喜歌舞。[④] 在石国（塔什干）葡萄酒亦为人们所喜爱的饮料。[⑤] 当康国的康艳典于第七世纪上半叶在罗卜诺尔以南设立粟特殖民地时，他建了四个城市，其中之一就名叫“葡萄城”，因为市中心种植着葡萄树。[⑥]

梁朝元帝（公元 552—555 年）所著的《金楼子》（卷 5，第 23 页）里有一篇很稀奇的文章，说伊朗的大月氏人或印度·司乞特人也有葡萄树。他说：“大月氏国善为葡萄花叶酒，或以根及汁酝之。[⑦] 其花似丁香而绿荣碧须，夏春之时万顷竞发如鸾翼，八月中风至，吹叶上伤裂，有似绫纨，故人呼风为葡萄风，亦名为裂叶风。”



① 《后汉书》卷 118，第 6 页。（参看 1907 年《通报》，第 195 页上沙畹的文章）。

② 《晋书》卷 97，第 6 页。同页：大宛（拔汗那）的葡萄酒。

③ 《隋书》卷 83，第 4 页。

④ 《唐书》卷 221，第 1 页。

⑤ 《太平寰宇记》卷 186，第 7 页；亦在焉者，《周书》卷 50，第 4 页。

⑥ Pelliot, *Journal asiatique*, 1916, I, p. 122.

⑦ Strabo（XI. xiii, 11）说米地亚北部山区的居民将一种树根制酒。

最后我们也知道以能歌善舞著名的库车国的亚利安族人也是爱好葡萄酒的，有些人在家储藏一千斛的葡萄酒。这一事似乎记载在吕光将军的报告里，他于公元 384 年出征库车。①

中国人在罽宾（喀什米尔）发现了苜蓿，在同地他们也发现了葡萄树。② 此外他们在且末国③和难兜国也发现了葡萄。

在唐朝中国人也听说拂林（叙利亚）人嗜葡萄酒，④阿拉伯国家（大食国）产葡萄，最大的如鸡蛋。⑤ 在其他著述里也说波斯有这种葡萄。⑥ 在那时代突厥斯坦已落在突厥族的手里，他们吸取了他们的前辈伊朗人的文化，中国人也知道了回鹘（Uigur）人有葡萄树和酒。

葡萄的栽种在古代伊朗非常发达。有一种葡萄树干有两人合抱那么粗，一串串的葡萄有两腕尺长，斯特拉波（II. i，14；XI. x，2）认为是马吉安那（在今之呼罗珊省）所产。他又说阿里亚据说也同样富饶，酒也更芳烈，放在未涂松脂的桶子里可历三代而不败。



---

① 其他材料确定其年代为公元 382 年（参看烈维［Sylvain Lévi］所撰文章 Le "Tokharien B."langue de Koutcha，刊登在 *Journal asiatique*，1913，Ⅱ，p.333）。上面所提的事实来自《太平御览》（卷 97，第 3 页）所引的《后凉录》；此外又参考《唐书》卷 221，第 8 页。烈维证明了库车（龟兹）人属于印欧系，并证明他们的语言和从突厥斯坦所发现的文稿所提的称为乙种吐火罗语（Tokharian B）为同一语言。

② 《前汉书》卷 96，第 5 页。直至阿克巴尔王朝，罽宾仍以葡萄闻名（参看布洛克曼 H. Blochmann 本《阿克巴尔皇帝的言行录》［Ain I Akbari，Vol. I，p.65］）。但现在该地栽培葡萄渐趋落后。（参看 Watt：Commerical Products of India，pp. 1112，1114）。

③ 关于此名，参看沙畹所写的 Les Pays d'occident d'après le Wei lio（登载在 1905 年《通报》第 536 页）。

④ Hirth：China and the Roman Orient，pp. 58，63.

⑤ 《太平寰宇记》卷 186，第 15 页。

⑥ 例如《本草衍义》卷 18，第 1 页（陆心源版）。

与阿里亚相毗连的巴克特里安那也有很多同样的产物，只是没有橄榄。

古代波斯人很爱喝酒。皇帝进餐时都有最精选的葡萄酒。[①] 大流士一世的卧榻上有一株金色葡萄树遮着，为吕底亚人名叫毕提阿司[②]所贡献的。百泄波里(伊朗首都)的碑文上说每天有五十康格斯[③]的甜酒和五千康格斯的普通酒途到宫里去。[④] 在宫里捧酒杯是很重要的职务。[⑤] 小居鲁士每逢得到味道特别芬芳的美酒时，常把喝剩下的半瓶酒送给一些朋友，附上这样几句话："居鲁士久未尝如此美酒，分赠些许，请与所欢共饮。"[⑥]

斯特拉波(XV.ii,14)说喀马尼亚的农产物和波斯农产物相同，其中有葡萄树。"我们称为喀马尼亚的葡萄者常结每串达两腕尺长的葡萄，子多且大，此植物在本土或颇茂盛。"然而波斯的国王却不满足于本地产的葡萄所制的酒。当叙利亚和波斯帝国合并时，叙利亚的沙利波尼亚酒变成了他们专有的酒。[⑦] 据波西多尼厄说，这酒是在叙利亚的大马士革城酿的，是用波斯人在那里种植的葡萄酿制的。[⑧]



---

① 旧约以斯帖记第1章，第7节(Esther,I,7)"用金器皿赐酒。器皿各有不同，御酒甚多，足显王的厚意"。

② Herodotus vii, 27; Athenaeus,xii, 514 f。按 G.W.Elderkin：(*Am.Journal of Archaeology*,Vol. XXI,1917,p.407)，这种装饰起源于亚述人(Assyrian)。

③ 一种容量单位，等于六品脱。

④ Joret：Plantes dans l'antiquité,Vol.II,p.95.

⑤ Xenophon：Cyropædia,I. iii, 8—9.

⑥ Xenophon：Anabasis,I.ix, 25.

⑦ Strabo XV.iii,22.

⑧ Athenaeus,I.

希罗多德(I,133)说波斯人很爱喝酒,而且是大量地喝。他们习惯于在陶醉的状态中讨论重要的事情;第二天早晨房主人把决议放到他们面前。假如他们在清醒的时候赞成这决议,他们就按它去执行,如果不赞成,就置之不理。如果在第一次讨论时他们神志是清醒的,他们常常要喝醉了酒再重新考虑这事情。斯特拉波(XV. iii,20)说,他们商量最重大的事情时也同样一面喝酒一面谈,他们认为在那时候所通过的决议比在清醒时所作出的更可靠。在波斯的叙事诗《王纪》(Šāhnāmeh)里讲到讨论问题总是在酒席间举行的,但是决议要延迟到第二天才通过。[①] 冈比西斯王以嗜酒而声名狼藉。[②] 色诺芬[③]为波斯人的堕落腐化而叹息,说"他们继续不断地吃喝,直到熬夜最晚的人也去就寝了才停止。他们有个规矩:不能把大酒杯带到宴会上来,显然他们觉得有节制地不过度饮酒可使身心少受损害。现在这禁用大酒杯的习惯还继续存在,但是他们纵酒过于厉害,即使不带进大酒杯,也要喝到烂醉直不起身子,才被抬了出去。"第六世纪拜占庭的历史学家普洛科匹[④]说:在所有的人们当中要算玛赛基特人(一个伊朗种族)最为纵酒。塞族人(Sacae)也如此,他们因喝得狂醉而被居鲁士[⑤]击败



① F. Spiegel: Eranische Altertumskunde, Vol. III, p. 672. 参看 John Fryer (New Account of East India and Persia being Nine Years' Travels 1672—1681, Vol. II, p. 210, ed. of Hakluyt Society)所说有关现代波斯人的话:"他们欢宴时饮量之大令人难以相信;而第二天他们若无其事地又能照常办公,他们可以一连整星期这样狂饮。"

② Herodotus, iii, 34.

③ Xenophon: Cyropædia, VIII. viii, 9—10.

④ Procopius: Historikon, III, xii, 8.

⑤ Strabo XI. viii, 5.

了。在同一段里斯特拉波讲到波斯人的一个闹酒节，男女都穿着司乞特的服装，日夜喝酒狂欢。在另一方面说来，我们也不可忘记，一个国家对另一个国家所下的判断常常是加以渲染的或言过其实的，需要大打折扣才能听信，而且古代波斯也劝人节制饮酒，酗酒要受重罚的。[①] 历史家的责任是描写和说明事实真相，尽管纵酒会造成种种罪恶和危害社会，但是他也不可忽视：酒在经济、社会、文化上有它的价值。在改良和加强社会风俗，提高人们的交际，和促进诗歌、音乐、舞蹈这几点上，酒起了很大的作用。它已变成人类文明的一个不可低估的因素。提倡节制的文学固然是很好的，但是谁又舍得不读阿那克里温、贺拉西或哈菲兹等人的诗歌？

张骞所带回的那个植物名叫“蒲桃”bu-daw，这名称至今在中国和日本还通用。（“蒲桃”是汉书里的古代写法，后来写成“葡萄”[②]。）既然张骞是在大宛（拔汗那）见到葡萄，把它的种子带回中国，他必然也是在大宛学来这个名字；因此我们不得不假定budāw是大宛语，相当于伊朗语的budāwa，或buδawa，是词根buda再加上词尾wa或awa而组成的，我认为这词根buda可以和新波斯语bāda（酒）及古波斯语的βατιάκη（酒具）= 中古波斯语bātak及新波斯语bādye[③] 联系起来看。这个汉语转写的伊朗字



① 参看Jackson，在Grundriss der iranischen Philologie，Vol. II，p. 679所写的文章。

② 字形的发展同苜蓿一样，参看本书第36页。

③ 参看Horn：Neupersische Etymologie，No. 155。中国人喜欢解释字源。李时珍是这样解释此字的：“人酺之则醄”。这个玩笑不错，但只是玩笑而已。

也可以看作波斯古经里的 *maδav*（浆果制的酒）变化出来的方言体。

我们知道有人试图从希腊字 βότρυς（一串葡萄）派生出这个中国词“葡萄”。汤玛薛克[①]是第一个提出这说法的人，金斯米勒[②]在1879年也附和这个说法，夏德[③]跟金斯米勒表示同意。但没有一个人真正证明这事。汤玛薛克说葡萄在亚洲中部的播种与马其顿希腊的统治及希腊的影响有关。这话绝对是错误的，因为葡萄在所有伊朗北部地区都是天然产生的，在伊朗葡萄的种植可以追溯到久远的古代，无疑地要比在希腊栽种还要早。希腊人从亚洲西部得到葡萄树和酒。[④] 希腊字 βότρυς 十之八九是从闪族语来的。[⑤]大宛人决不可能用一个希腊词作为他们领土上久已栽种的植物的名字，而且也没有证据可以证明在张骞游历的时代大宛已经有人

① Tomaschek 所著 Sogdiana 1877 年 *Sitzungsber. Wiener Akad.* 1877，第 133 页。

② *Journal China Branch Roy. As. Soc.*, Vol. XIV, pp. 5, 19, T. Kingsmill 的文章。

③ 夏德所著 Fremde Einflüsse in der chin. Kunst，p. 28 和发表在 1917 年 *Journal Am. Or. Soc.*, Vol. XXXVII，p. 146 上的文章。夏德的论点是以未证实的假定为依据。所谓葡萄镜上的葡萄图饰与希腊或巴克特里亚的艺术毫无关系，而实出于伊朗萨珊（Iranian-Sāsānian）艺术。汉朝未制有葡萄镜，而是六朝时期（即第四至第七世纪）出的。说成“汉”制的理由不过是根据《博古图录》的幼稚假定，此书认为葡萄既是张骞带回来的，那么葡萄的艺术图饰也必然是在同时进来的。

④ 只有“汉学家”能断言葡萄“最初是在公元前 130 年由希腊经过大夏（巴克特里亚）传来的。”（参看翟理士 Giles 所著的汉语词典第 9497 条。）

⑤ Muss-Arnolt 文，登载在 1892 年 Transactions Am. Phil. Assoc. Vol. XXIII，1892，p. 142。βόστρυχος 与 βότρυχος 等的不同拼法显然说明它是从别的语言借用来的词。在 Dioscorides（iii，120）书中，它所指的是完全不同的植物——Chenopodium botrys。

懂得或能讲希腊语,虽然这说法是被默认了的。希腊语在伊朗领土的影响是微而又微的;突厥斯坦的古代文稿里也未曾发现过任何与希腊有关的事物。在我看来葡萄和 βότρυς 没有关系,βότρυς 和伊朗语的 budawa 也没关系。

大家都知道在中国黑龙江地区和日本[①]都发现过几种野生的葡萄。古代作品《别录》说葡萄生长在陇西(甘肃)、[②]五原(在鄂尔多斯以北)和敦煌(在甘肃)。所以李时珍认为从这事看来古时葡萄树一定是在汉朝以前在陇西就有了的,但尚未进入陕西。我们实在不懂贝烈史奈德[③]怎么会说张骞带回葡萄的说法与最早中国药物书里关于葡萄的记载不符合。其实这没什么可大惊小怪的:根本这是不同的植物,野生葡萄树是华北的土产,从来没有成为栽培的植物;栽培的那一种葡萄(Vitis vinifera)是由伊朗传播来的,和中国野生的那一种(Vitis bryoniaefolia)也向来没有关系。现代一部作品《蒙泉杂言》[④]很聪明地讨论了这个问题,它所得的结论是:从大宛来的那种葡萄与中国土生的葡萄确是不同。唯一奇特之处是《别录》里提到本国产的葡萄时用的是大宛语"葡萄",但这不是年月的错误,因为《别录》是在公元后写的,离张骞几百年之久;很可能外国传入的那葡萄促使人们去发现野生葡萄,所以野生



① 云南省的彝族认识一种野葡萄名叫 Ko-p'i-ma,果实黑而大,椭圆形(见于 P. Vial 所著的 Dictionnaire français-lolo,p.276)。这种葡萄在泥语里叫做 ze-muse-ma,在阿西语叫做 sa-lu-zo 或 sa-žo-zo。

② 《本草纲目》卷 33 第 3 页。

③ Bretschneider 所著 Bot. Sin.,pt. III,p. 438。

④ 《图书集成》第 20 册,卷 113。

的也用了同样的名字。①

另外一种野葡萄树名叫蘡薁（读如 yiṅ-yü，Vitis bryonlaefolia 或 V. labrusoa），见于陶弘景（公元 451—536 年）的作品和苏恭的《唐本草》里，但这名称只是指华中和华北的一种野生葡萄树。颜师古（公元 579—645 年）在他所著的《刊谬正俗》（卷 8，第 8 页，湖北农书本）里讽刺地说：把蘡薁当做葡萄就有如把华北的“枳”（Poncirus trifoliata）和“橘”相比；他说蘡薁虽是一种葡萄，却与葡萄大不相同；又说江南的蘡薁也和华北的蘡薁有别。夏德以为这个词也许代表新波斯语 angur 的对音，②这理论令人难以接受。我们没有道理把中国字说成是来自外国，除非是经过向来注意这类外来语的中国语言学家明确地证明。否则必须举出明确有力的理由才可以断定某个成问题的字不是中国字。而现在还没有任何传说记载能证明“蘡薁”为伊朗字或外国字。与此相反的论证缺乏任何可靠的根据：新波斯语在第十世纪末才开始，故与此问题无关，充其量这词也只是中古波斯语，而 angur 则纯粹是一个新波斯字，像 angur 这样的字一定会被中国人分开成为 an + gut(gur)，却不会分开成为aṅ + uk。至于认为 r 尾音③可以译为 k 尾音，这也是很错误的。在伊朗语的译音里，汉语的尾音 k 相当于伊朗语的 k，g 或摩擦音 x。中国人决不会把波斯语中人工栽种的葡萄的名称用于他们本国土产的葡萄上，特别是用于华东江浙二省野生的

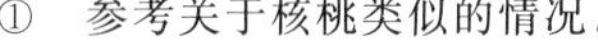

① 参考关于核桃类似的情况。

② Fremde Finflüsse in der chinesischen Kunst，p. 17.

③ 参看本书第 37 页。

葡萄上。《苏州府志》(卷 20,第 7 页)说得很清楚:“山葡萄”在江浙两省称为蘡薁。因此它也许是吴语的古字。《本草纲目》(卷33,第 4 页)把蘡薁列在另外一项,李时珍注解说这词的意义未详。在我看来,目前我们只好勉强接受这个意见。他又举出从《毛诗》和《广雅》所引的“燕薁”和“婴舌”作为“蘡薁”的别名,而“野葡萄”是俗名(还有“藤名”或“木龙”也都是俗名)。说起来很有趣,关于这植物最早的著述是唐朝的苏恭和陈藏器所写。换言之,是在栽种的葡萄来到中国七百多年以后,中国的博物学家们才注意到它,——这就足够证明这两种植物无论如何彼此没有关系。

我们也不应认为张骞的事业一结束,葡萄树在中国的传播也就完成了;其实葡萄的种子后来还陆续不断地传入内地,康熙还从新疆将新品种的葡萄输入内地。在中国葡萄种类甚多,若说都是由一个人在同时带回来的,那是难以令人置信的。《汉书》说贰师将军李广利征服大宛之后;取得葡萄,携之归国。



公元 527 年以前所著的《广志》[①]里指出三种葡萄——黄,黑,白。《酉阳杂俎》里所举的也是这三种,而李时珍却谈到四种——圆的叫“草龙珠”,长的叫“马乳葡萄”(阅下面),白的叫“水晶葡萄”,黑的叫“紫葡萄”,——绿葡萄是四川产的,一种其大如枣的葡萄是云南产的。[②] 宋朝的苏颂提到一种无子葡萄。

在杭州,黄色和鲜明白色的葡萄称为“珠子”,另外一种叫做

① 《太平御览》卷 972,第 3 页。

② 檀萃在他叙述云南的宝贵材料里(《滇海虞衡志》,1799 年问影楼舆地丛书版,卷 10 第 2 页)说云南南部的葡萄非常好,但不能晒干运到远处去。

"水晶"，其甜为他种葡萄所不及。紫色和玛瑙色的葡萄成熟较晚。[①]

突厥斯坦出产一种特别的葡萄叫做"琐琐"，大若五味子，无核。《本草纲目拾遗》[②]里有一篇很长的文章论述这果子。要点如下：这种果子是吐鲁番（高昌）所产，出售于北京，状似胡椒子，乃特种葡萄，色紫。据1610年出版的《五杂俎》所说，小儿若吃此果，可以解天花毒。它的名字"琐琐"并非外国语译音，只不过是"小"的意思而已。这点在《本经逢原》上面说得很清楚，它说琐琐葡萄与普通葡萄相似，只不过较小，较细，所以叫做"琐琐"。但是于文定所著的《笔尘》注释说"琐琐"是"驳娑"（读如sa-so）之误，他却说明持有这看法的理由。驳娑是汉朝帝王的宫殿，用这个名字来代替葡萄是不可思议的。究竟"琐琐"是否真是一种葡萄，似乎还很可疑。据说在中国到处都种植"琐琐"，晒干了出售，在江南称为"番葡萄"（外国的葡萄）。[③]

康熙皇帝（1662—1722年）深知葡萄来自西方，他讲述曾派人由哈密和邻近地区携带三种葡萄到内地来，——一种红色或带绿色，长形似马乳，一种不很大，但是味香俱佳，还有一种其小如豆，最为鲜美，最为芬香，最为甘甜。这三种在南方各省都退化了，失去了香味。在北方只要种在干燥多石的土壤里就会生长得很好。康熙皇帝最后说他给他的臣民取得新种的果类或谷类，比给他们

① 宋朝吴自牧所著《梦粱录》（卷18，第5页，知不足斋丛书版）。

② 卷7第69页。这部补充《本草纲目》的书是很有价值的，它是杭州赵学敏（号恕轩）所著，1650年初版，1765年再版附在儿部现代版的《本草纲目》后面。

③ 《图书集成》第20册，卷130所引的《蒙泉杂言》。

建筑一百座瓷窑还要好。[1]

中国人熟知新疆出产很多品种的葡萄。据两个满洲官员福森布和苏尔德著的《回疆志》所说："其实有紫、白、青、黑数种；形有圆长、大小；味有酸甜不同。一种色绿而无核，较黄豆微大，味甘美者。一种色紫而小，如胡椒者，即琐琐葡萄。一种色黑形长，有寸许者。一种白而大者。皆七八月熟，晾干可致远。回人多以酿酒。"前面所引的《五杂俎》说新疆有一种无子葡萄名叫"兔眼"。

勒苛克[2]在 sōzuq saivī 名目下面提到一种圆柱形带白黄色的葡萄，以托约黑和布拉亦克两地所产为最佳，另一种红色的，形状与白色相同，出产在玛纳斯和石丘。斯坦因[3]说在东突厥斯坦全境，葡萄藤都排列成行，攀缘在矮架上，晒干的葡萄和乌牙特地区的葡萄干运到阿克苏，疏勒（喀什噶尔）和吐鲁番等遥远地方的市场上去卖。

凡在北京住过的人都知道中国人有保藏葡萄的秘诀。在北京夏天可以买到貌似新鲜的葡萄，是头年秋收保藏下来的。已故的F. H. 金氏[4]在研究中国农业上可算首屈一指的，他关于这一点曾说过下列这段话："这古国的人民学得了贮藏易腐的水果如梨和葡萄之类的技巧，为的可以终年不断地在市场供应。梨在六月下旬很多，总领事威廉兹告诉我说葡萄经常到七月还有。我和我的翻译员谈起他们所用的方法，他只告诉我植果树的人只靠干燥的土

① Mémoires concernant les Chinois, Vol. IV, 1799, pp. 471—472.

② Sprichwörter und Lieder aus Turfan, p, 92.

③ Stein: Sand-Buried Ruins of Khotan, p. 228.

④ Farmers of Forty Centuries, p. 343(Madison Wis., 1911).

窖来贮藏，窖里保持一定不变的温度，果子都个别用纸包裹起。凡是我们曾与之交谈过的外国人没有一个知道他们的贮藏方法。”《齐民要术》讲过这方法，此书是一部关于耕作的古老著作，约在第六世纪所写，[1]其中已有许多增补之处。它说是在农舍的室内挖一大坑为贮藏葡萄之用，墙上靠近地面之处都钻了孔，孔内塞上树枝，或填满泥土，以防屋子倒塌。藏葡萄之坑复以土。如此可以全冬保持一定不变的温度。[2]

十八世纪耶稣会会士们盛赞怀来县[3]的葡萄，以其粒大。他们说：“吾人凭亲眼所见，此葡萄粒大如李子，串长且大，乃因气候使然，倘书中所言属实，此葡萄原为枣树上接枝者。其皮之厚使吾人深信此言。”[4]

第九世纪初之作品《云南记》[5]最先提到云南多葡萄干。李时珍说葡萄干是西域和山西省的太原及平阳等地所制，从那里再运到全国各地。东突厥斯坦的哈密运送大量的葡萄干到北京。[6] 华北某些地区都知道突厥语 kišmiš 这个字，它是一种小葡萄干的名字，是从一种无子的葡萄制成的，据说最早这种葡萄来自不花剌，



① 参看 Bretschneider 所著 Bot. Sin., pt. I, p. 77；Hirth 所撰文章在 1895 年《通报》p. 436；Pelliot 所撰文在 *Bulletin de l'Ecole française*, Vol. IX, p. 434。

② Mémoires concernant les Chinois, Vol. IV, p. 489 有描写储藏橙子的类似的方法。

③ 我推测所指的是河北省正定府的获鹿县。

④ Mémoires concernant les Chinois, Vol. III, 1778, p. 498.

⑤ 《太平御览》卷 972，第 3 页。

⑥ 在 Mémoires concernant les Chinois( Vol. V, 1780, pp. 481—486)有一篇关于哈密葡萄干的文章。此文的序言有些奇怪，它企图证明从上古时期中国就有了葡萄。这种错觉的产生是由于把野生葡萄和栽培的葡萄混淆了起来。在同一书 Vol. II, p. 423 里正确地提到在武帝时人们才知道葡萄和葡萄酒。

从那里又移植到叶尔羌。乾隆年间征服新疆之后，又把它传播到热河，现在那地方还种植着。①

虽然中国人很快获得了葡萄，但是他们接受伊朗的制酒和饮酒的习惯却很迟缓。② 阿拉伯商人苏来曼（或不管是谁说的）于公元 851 年写道："中国人喝的酒是米制的，他们不用葡萄制酒，也没有从外国输入葡萄酒；他们不知有此酒，因此也未用此酒。"③在华南确系如此。阿拉伯航海者对中国的知识，都得自华南。但是葡萄主要还是华北所产，④在苏来曼的时代北方已知制造葡萄酒术。关于这个问题的主要文件唐朝历史上还有。

公元 647 年突厥的叶护进贡太宗皇帝一种很特殊的葡萄名叫马乳葡萄，串长二尺，色紫。⑤《唐书》又说："蒲萄酒西域有之，前代或有贡献，人皆不识。及破高昌，收马乳蒲萄实于苑中种之，并得其酒法。太宗自损益造酒。为凡有八色，芳辛酷烈，味兼醍盎，既颁赐群臣，京师始识其味。"⑥

---

① 参看 O. Franke：Beschreibung des Jehol-Gebietes，p. 76。

② Giles（在 Biographical Dictionary，p. 12）和 L. Wieger（在 Textes historiques，p. 499）说张骞教本国人民酿酒法，这话是错误的。《史记》和《汉书》都没有提到这一点。

③ M. Reinaud：Relation des voyages faits par les Arabes et les Persans dans l'Inde et à la Chine，Vol. I，p. 23.

④ 我的印象是在南方只有个别地方产葡萄。例如广西太平府上思州有三种葡萄：绿、紫和水晶。此外还有一种不能吃的野葡萄（《上思州记》卷 14 第 8 页，1935 年版）。戴维丝（J. F. Davis）所著的 China，Vol. II，p. 305 说："广州附近不能种植葡萄，因为过于干热，或雨水过多，并且飚风有时又将葡萄蔓吹断。"福建和舟山群岛出葡萄（参看《图书集成》第 6 册，卷 1041）。

⑤ 《唐会要》卷 200 第 14 页；又见唐朝封演所著《封氏闻见记》卷 7 第 1 页（畿辅丛书版）。

⑥ 见同书，第 15 页。

早年以酒进贡的事在第八世纪的诗人李白的诗里曾提到:“胡人岁献葡萄酒。”[①]第三世纪或其后的作品《汉武帝内传》里讲西王母献葡萄酒与汉武帝的事,此事毫无历史根据,只是后人追加的传说。

甘肃省敦煌县有一个名叫张洪茂的人,据说曾写过一首很别致的咏葡萄的诗[②]。敦煌的位置很重要,在通往突厥斯坦的大路上,乃伊朗思想在中国散布的中心。

奇怪的是中国人既于汉朝就从一个伊朗国家获得了葡萄,而且也见到一般伊朗人喝酒的习惯,却迟至唐朝才从西域的一个突厥族学得制酒术。汉朝的突厥人当然不知有葡萄和酒,因为那时他们限居在现今的蒙古,那地方的土壤和气候都不适宜种葡萄。只有安居不动的生活方式才合宜种植葡萄。突厥人直到在突厥斯坦安居了下来,夺取了前人伊朗人的遗产之后,[③]他们才认识了伊朗人所传下来的葡萄和酒。据凡贝里[④]推测,突厥语的葡萄回鹘语[⑤]为özüm(其他方言为üzüm)[⑥]一词,不足以证明历史上的事实,甚至于到底这个字原意是不是“葡萄”还很可疑;相反地,它的意思似乎是任何浆果,因为现今这字还是指浆果和各种植物的种子。突厥人是后来者,是篡夺者,他们对于种植葡萄的事业没有任

① 《本草衍义》卷18第1页。

② 此文引自《十六国春秋》(《太平御览》卷972,第1页)里的一部晋代作品《前凉录》。

③ 夺取伊朗遗产的事在公元第四世纪完成了。

④ Primitive Cultur des turko-tatarischen Volkes, p. 218.

⑤ 即维吾尔族语。——译者

⑥ 即明初《华夷译语》中蒙古语部分的“玉遵”(葡萄)。——译者

何新贡献。

葡萄酒的制造法传入中国，第七世纪中叶出版的《唐本草》[1]里记述了这事；此外，第七世纪后半孟诜所著的《食疗本草》和陈藏器在开元年间（713—741 年）所著的《本草拾遗》里也都有记载。《唐本草》也讲到用葡萄制醋[2]。1116 年出版的《本草衍义》也把葡萄酒列入各种的酒类里。

张说（667—730 年）所著的《梁四公子记》[3]里有一段有趣的轶事，大意说高昌献葡萄干冻酒，杰公对这事说了这样的话："蒲桃皮薄者味美，皮厚者味苦。八风谷冻成之酒，终年不坏。"[4]

论述各种酒类的《北山酒经》[5]里有一个制葡萄酒的秘方。此书是号称大隐翁的朱翼中在二十世纪初所著。"酸米入甑蒸，用杏仁五两（去皮尖），蒲桃二斤半（浴过，干去皮子），与杏仁同于砂盆[6]内一处研末并滤过。三斟熟浆泼饭，入麴搜拌，摊于案上。"我



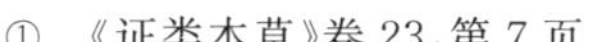

① 《证类本草》卷 23，第 7 页。

② 同上书，卷 26 第 1 页。

③ 参看我所著的"钻石"一文。

④ 《本草纲目》卷 25，第 14 页。《太平御览》（卷 845 第 6 页）引述了这件事情的另外一种说法。

⑤ 《北山酒经》卷下，第 19 页（知不足斋丛书版）。Wylie 提到此书（Notes on Chinese Literature，p. 150）。

⑥ "砂盆"是一种薄陶器（俗称砂锅），中国所特有，产于获鹿（河北），平定州与潞安（山西），耀州（陕西）。砂盆是用粘土、砂掺和煤渣做成的。因此颜色黑亮，极轻且易碎。因为它很薄，只要用一点燃料就可以将盆中水煮沸，又省钱，又省时间，穷人喜用之，因为他们是用稻草和干草烧饭的。这种砂盆小心使用可以很经久。谚语说："砂锅不打，一辈子不漏。"还有一个俗语说："砂锅捣蒜，一椎子的买卖。"（A. H. Smith：Proverbs and Common Sayings from the Chinese，p. 204）。耀州产的可在菲尔德博物馆（Field Museum）看到；获鹿产的可在美利坚博物馆看到（亦由本作者所蒐集），前面宋朝一文是我所发现的第一篇提到这种陶器的文章。

想这些东西是用来使葡萄汁发酵的，但是书上讲得太简单，非常不清楚。我们可以肯定地说这只是很粗糙的发酵法，而不是蒸馏法。

南宋理宗(1224—1263年)在位年间，徐霆到蒙古大汗窝阔台的宫里为使节。他的笔记是记述蒙古风俗习惯最早的作品，经宋朝彭大雅校订，题为《黑鞑事略》，1908年由李文田与胡思敬刊印于《问影楼舆地丛书》里。[①] 徐霆说在蒙古可汗的金帐中可看到"回回国贡来"用玻璃瓶装的葡萄酒；"一瓶可得十余小盏，其色如南方柿漆(Diospyros kaki 在中国叫做日本柿子)，味甚甜。"可见它是一种红葡萄酒。他们告诉这位中国使节说这酒喝多了会醉。

伯希和在他有趣的著述《欧多利克游记中酒的突厥名称》(Le Nom turc du vin dans Odoric de Pordenone)[②]里特别说明 bor 这个字是突厥语葡萄酒的名称，他又说在吐鲁番发现的一封1398年所写的蒙文信里见过这个字。[③] 我可以补充一些材料证明 bor 是一个蒙古字，意思是酒，虽然它也很可能是来自突厥语。在用蒙文所写的格色尔(Geser)或格撒尔(Gesar)王的传奇史诗里列举了八种酒名。据说都是很神妙地用阿剌吉[④](araki，亚力酒，白兰地)蒸馏而成的。那八种酒是：aradsa(araja)，xoradsa 或 xuradsa，

① 我们的科学家尚未注意到这一部重要的著作。我希望将来我能把它全部翻译出来并出版。

② 1914年《通报》，pp.448—453。

③ 罗木斯忒德(Ramstedt)企图用 beaver(海狸)来解释此字，犯了双重错误。第一，蒙古无海狸，蒙古人不识这动物。蒙古东边疆只到叶尼塞河(Yenisei)，其次，bor 作为动物名时指的是 an otter cub(水獭子)，而海狸和水獭是完全不同的两种动物。

④ 此从元代旧译，即烧酒。——译者

širadsa，boradsa，takpa，tikpa，marba，mirba。[①] 这些名词从来没有人研究过，除了第一和第三之外，都没有列入科发列夫斯基的蒙文字典和哥义斯东基的蒙文字典内。后面四个名字的藏语词尾 pa 或 ba 显然表明它们是藏字。Marwa（字义相当于藏语č'aṅ）是在锡金[②]全境和其他喜马拉雅地区所熟知的一个字，通常指一种酒。[③] 至于 tikpa，它似乎是摹仿藏语 tig-č'aṅ而组成的，tig-č'aṅ是一种酒，在举行订婚仪式时未来的新郎用以献给未婚妻的父母。[④]

Aradsa，xoradsa 或 xuradsa，siradsa 和 boradsa 这些字都有着相同的词尾。第一个字按科发列夫斯基字典[⑤]里的定义是"烈性的乳酒，酒精"。满洲语有一个相等字arčan（乳制的酒），而满洲语的arjan指的是任何酒类。Xoradsa 或 xuradsa 也许是来自蒙古语 xuru-t（-t 是复数的词尾），相当于满洲语的 kuru，指"发了酵的马乳所制的一种干酪，或是牛羊乳加糖制成的干酪，有时压成各种形状。" širadsa 这个字，史密德（Sohmidt）和科发列夫斯基二人都采纳到他们各人的字典里去，它的意思是"蒸馏了四次的酒"。不过这些解释都只是根据上面那一段关于格色尔王的事情，那里面说一种酒由另外一种酒蒸馏而成。当然，这种制法纯粹是臆想，说



① 史密德（J. Schmidt）编纂本第 65 页；译本第 99 页。史密德把它音译为 arasa，chorasa 等，然而颚嗞音更好一些。

② 即哲孟雄。——译者

③ 参看 H. H. Risley：Gazetteer of Sikkim，p，75，此书也描述了做法。

④ Jäschke：Tibetan Dictionary，p.364.

⑤ Dictionnaire mongol，p. 143.

得像变戏法一般，完全没有事实根据。

照我看来，boradsa 这个字是从伯希和所谈到的突厥字 bor 来的，不能用任何蒙古字来解释它的来源。关于此，上面所引的记述蒙古人饮用外国葡萄酒的中国材料有了新意义。葡萄酒在蒙古自然是一件稀有的东西，因此不常听见提到。在西藏也很少人喝葡萄酒，它只限于庙里祭神时才用。[①]

上面所提到的格色尔王的传奇故事从另一观点看也很重要。其中有一个外来词 ariki[②] 来自阿拉伯语'araq，此词迟至元朝才在亚洲东部出现。所以我们的研究受到这时期的影响，这在其他例子里也可看到。[③] 目前的这个校订本是 1716 年在北京印的，它的根据可以追溯到第十三和十四世纪；当然有许多传说和主题都是年代更老的。

马可・波罗讲到山西省会太原府（他写作 Taianfu）时，说"这里生长着许多优良的葡萄树，供应大量的酒；在全中国只有这地方出产酒，运到全国各地。"[④]现代中国作家都支持马可・波罗的说法。元典章[⑤]里也提到葡萄酒。1331 年和斯辉所著的《饮膳正要》



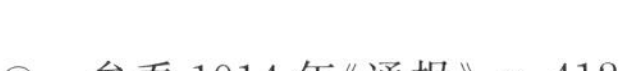

① 参看 1914 年《通报》，p. 412。

② 即"阿剌吉"的藏译。——译者

③ 参看 1908 年《通报》，p. 436。

④ Yule and Cordier：The Book of Ser Marco polo，Vol. II，p. 13. Klaproth（参看同书 p. 16，Yule 的注解）正确地说唐朝这个地方的酒很有名，用来进贡与帝王。在元朝饮用此酒更为广泛。1373 年明朝开国皇帝明太祖接受了太原所献的酒，但禁止再进献。此事载于《明书》（参看 L. Wieger：Textes historiques，p，2011）。

⑤ 《元典章》卷 22，第 65 页（1908 年版）。

里有一段记载说[①]："酒有数等，出哈喇火[②]者最烈，西番者次之，平阳太原者又次之，或云蒲萄久贮，亦自成酒，芳甘酷烈，此真葡萄酒也。"[③]1378 年叶子奇所著的《草木子》云："元朝于冀宁等路造蒲桃酒，八月至太行山，[④]辨其真伪，真者下水即流，伪者得水即冰冻矣，[⑤]久藏者，中有一块，虽极寒，其余皆冰，独此不冰，乃酒之精液也，[⑥]饮之令人透腋而死，酒至二三年，亦有大毒。"

在作者中以十六世纪的李时珍为第一人有条理地叙述和有见识地讨论葡萄酒。[⑦] 他熟知这种酒在古代只有西域国家制造，唐朝破高昌之后；制酒术才传到中国来。他把酒分两类："酿成者，味佳，取汁同麹，如常酿糯米饭法（无汁用葡萄干亦可。）"还有一类为烧酒："烧者，取葡萄数十斤，同大麹酿酢，取入甑蒸之，以器承其滴露，红色可爱。"但是有一个问题李时珍没有解决。在论述烧酒里他说这不是古法，而是从元朝才用的，他继而叙述应用制葡萄酒法

① 《本草纲目》卷 25，第 14 页。关于这部作品，参看《四库全书总目》卷 116，第 27 页。

② 关于这个名字和它的来历，参看伯希和的文章刊登在 1912 年的 *Journal asiatique*，Vol. I，p. 582。Qarā-Khoja 以盛产葡萄而出名（见 Bretschneider：Mediæval Researches，Vol. I，p. 65）。J. Dudgeon（The Beverages of the Chinese，p. 27）误读了 Ha-so-hwo，误认为是一种酒。司徒亚特（Chinese Materia Medica，p. 459）误认为是"hollands"或者"alcohol"、（酒精）的译名。alcohol 这个字无论哪个形体都从来没有来到中国。汉语 a-la-ki（阿剌吉）不代表 alcohol，如一些作者所想的，像 J. Macgowan（1873 年 *Journal China Branch Roy. As. Soc.*，Vol. VII，1873 p. 237）等。参看下面的注解。

③ 这部作品最早提到"阿剌吉"，此字来自阿拉伯语的'araq（参看 1916 年《通报》，p. 483）。

④ 太行山在山西与河北、河南交界。

⑤ 这大约是一种幻想，令人摸不着头尾，因为没有说明伪酒是如何掺制的。

⑥ 这可能是最早提到 alcohol（酒精）的中国作品。

⑦ 《本草纲目》卷 25，第 14 页。

于制米酒，蒸馏法肯定是西方人发明的，为古代中国人所不知。[①]李时珍却不能告诉我们葡萄酒的蒸馏法是什么时候开始有的。如果用这个方法制葡萄酒在唐朝已经传到了中国，那就很奇怪中国人怎么没有用这方法来制本地酒，而要等到元朝又一次由外来力量来推动。反之，如果回鹘人所传来的这方法在唐朝只用于酿制葡萄酒，我们就要觉得奇怪为什么这么简单的事情中国人还要跟回鹘人学，他们在几百年前一定早有机会看见许多伊朗人用这方法了。所以如果能获得一个文件更详细地说明唐朝历史所如此重视的这个制酒法究竟是什么方法，那倒是很有趣的。大概总不是蒸馏法，因为现在大家都承认阿拉伯人不知道酒精这个东西。在十至十三世纪的阿拉伯及波斯任何有关的文献里都没提到蒸馏法。[②] 李时珍说蒸馏法是蒙古人统治时期才使用的，这说法从历史上看是合理的，也符合于我们目前对这问题的认识。所以，认为中国在元朝之前没有制过蒸馏的葡萄酒，也很合理（至少在目前看是合理的）。唐朝的孟诜正确地说葡萄可以酿成酒，而且宋朝的秘方不是指蒸馏法而言。

十八世纪欧洲的酒到了中国。1716年康熙皇帝六旬寿辰时，耶稣会士纪理安、苏霖、白晋和巴多明等所献的寿礼中就有一箱葡

① 参看 Bretschneider：Bot. Sin.，pt II，p. 155；J. Dudgeon：The Beverages of the Chinese，pp. 19—20；Edkins：*China Review*，Vol. VI，p. 211。酿酒法在 H. B. Gruppy：Samshu-Brewing in North China（*Journal China Branch Roy，As. Soc.*，Vol. XVIII，1884，pp. 163—164）中有叙述。

② E. O. v. Lippmann：Abhandlungen，Vol. II，pp. 206—209；又参看 1917 年 *American Anthropologist*，p. 75 里我所说的话。

萄酒。[1]

林聂的学生欧斯别克[2]在论欧洲酒输入中国时说过这些话："我们东印度商人所谓中国酒是从一种名叫 Pausio（显系葡萄之误）的水果榨出来的，这水果与我们的葡萄一样。所制的酒很难喝，我们谁也不喝。东印度的船只总是运酒到中国，在那里高价畅销。雪利酒在加的斯每桶卖十三皮雅斯忒，在中国每桶可卖三十皮雅斯忒，不过，在航行中酒桶会因天气热而破裂。后来有人告诉我说 1754 年广州酒价大跌，我国人很不容易才赚够本钱。西班牙人运到马尼拉和澳门的酒，大量为中国人所获得，特别为北京皇宫之用。这里的雪利酒比别种酒都好喝，由于它很醇烈，也因为不易因受热而败坏。中国人在喝酒这件事上是很有节制的，有许多人不敢干杯，至少不敢一次干杯，但是有些人跟外国人学会纵酒无度，尤其是当他们跟外国人在一块喝酒的时候；"



中国人认为葡萄酒是阿拉伯人所制。[3] 阿拉伯人在伊斯兰教时期之前种植葡萄并制酒。哲刻布[4]对这问题有很详尽的叙述。

提奥夫剌斯塔[5]说在印度只有山地里才有葡萄树和橄榄树。他所指的显然是一种野葡萄树。斯特拉波（XV.i,8）也这么说，他附和亚理斯多布勒斯说在木斯堪那斯或西纳（Sindh）地方有一种

---

① 参看《万寿盛典》卷 56，第 12 页。

② A Voyage to China and the East Indies, Vol.I, p.315(London,1771).

③ Hirth：Chao Ju-kua（赵汝适），pp. 115, 121。

④ Altarabisches Beduinenleben, 2d ed.,pp. 96—109.

⑤ Hist. plant., IV.iv,II.

很像麦子的天然产谷物，和一种制酒的葡萄，而其他的作家们肯定地说印度没有酒。此外他又说(XV.i,8)巴库斯[①]所建的尼沙城附近的墨隆山上有一种不会熟的葡萄树，由于雨水过多，葡萄未熟就掉落了。他们又说叙德拉西人(Sydracae)或奥叙德拉西人(Oxydracae)是巴库斯的后裔，因为他们的国里有葡萄树。这字里所含的-dracae也许与梵文的drākṣa(葡萄)有关。古人的材料很含糊，不足以证明自太古以来印度就种植葡萄，如约勒[②]所推断的那样。在地理方面，那些材料只是指邻接伊朗的地区。古代中国人只知道罽宾(喀什米尔)的葡萄。《魏书》(卷102，第8页)说葡萄是由印度南部拔赖(Bwat-lai)输入的，玄奘[③]把葡萄和梨、山查子、桃、杏[④]列在一起，认为都是喀什米尔以南印度各地种植的果子。因此在他那时代(第七世纪)葡萄决不是很常见的。

吠陀梵语的文学里没有提过葡萄，我和史悲格[⑤]都认为梵文drākṣā是一个外来词。在印度农业中葡萄栽种向来不是很广泛的。记述伊斯兰教征服印度之前葡萄树的种植的材料很少，而且不正确，种葡萄是阿克巴尔皇帝极力提倡的。在现在只有在喀什米尔所种植的还有一些成功。

玄奘[⑥]说在印度有几种含酒精和不合酒精饮料，不同的社会

① 巴库斯，希腊酒神名。——译者

② Plantes dans l'antiquité, Vol. II, p. 280.

③ 《大唐西域记》卷2，第8页。

④ 不是杏仁树，如儒莲 Julien 所误译(Mémoires, Vol. I, p, 92)。

⑤ Arische Periode, p. 41.

⑥ 《大唐西域记》卷2，第8页。

阶级喝不同的饮料。“刹帝利”[1]饮葡萄酒和甘蔗酒。“吠舍”饮用酵母酿成的醇酒。佛教徒和婆罗门教徒喝葡萄汁或甘蔗汁，性质和任何酒都不同。[2]《佛本生经》(Jātaka)第 183 节里提到了能醉人的葡萄汁(muddikāpānam)。

元应[3]举出三个梵文字，指各种酒类：

(一)窣罗 suδ-la，梵文为 surā，解释为米酒。[4]

(二)迷丽邪 mei-li(ri)-ya，相当于梵文的 maireya，是一种用根、茎、花、叶混合制成的酒。[5]

(三)末陀 mwaδ-do，梵文为 madhu，解释为“葡萄酒”。我们都知道最后这个字与波斯古经里的 maδa(中古波斯语 mai，新波



① 《大唐西域记》卷 2：“若夫族姓殊者有四流焉。一曰婆罗门，净行也守道居贞，洁白其操。二曰刹帝利，王种也。奕世君临，仁恕为志。三曰吠奢，商贾也，贸迁有无，逐利远近。四曰戍陀罗，农人也，肆力畴垅，勤身稼穑。”——译者

② 儒莲 S. Julien：Mémoires，Vol. I，p. 93 误译为“与酿酒完全不同”。那时中国与印度并无酿酒，而“酿”这个字亦未出现于此书里。沙克尔(B. K. Sarkar)在他所著 The Sukraniti，p. 157；和 Hindu Sociology，p. 166 认为酒的酿制曾在 Çukraniti 中提到，此书断然没有提。

③ 《一切经音义》卷 24，第 8 页。

④ 这个定义有一定的重要性，因为在波页特林克(Boehtlingk)的梵语词典里这字的定义为“古代的一种啤酒，后来多半指白兰地”。这显然是错误的。因此史剌德(O. Schrader)的猜测(Sprachvergleichung，Vol. II，p. 256)把这字与芬族·回鹘语系的 sara，sur 等(啤酒)联系起来必然也是不能成立。麦克唐内勒(Macdonell)和济次(Keith)(Vedic Index，Vol. II，p. 458)承认“surā 的确切性质尚未定，可能如艾格林(Eggeling)所说它是一种用植物和发酵的粮食酿成的烈酒。或者如惠特尼(Whitney)所想象的它是一种啤酒或麦酒”。从《佛本生经》第 512 节也可看出 Surā 是用米酿成的。科斯玛司(Cosmas)著的 Christian Topography (p. 362，Hakluyt Society 版)里有 ῥογχοσοὺρα(椰子酒)这个字。此字里的 sura 指的是酒，而这个字的前半与阿拉伯语的 ranej 或 ranj(椰子)有关。

⑤ 参看前面第 46 页所述月氏的酒。按波页特林克说，maireya 是一种用糖和其他原料酿成的烈酒。

斯语 mei)，希腊文 μέθυ，拉丁文 temetum 都有关系。对葡萄酒的知识是从西方传到印度的，《环游记》(Periplus)和塔弥勒的诗里都提到希腊(耶槃那)酒的输入。[①] 在《罗怙世纪》(Raghuvaṁça第四章第六十五节)里，无疑地 madhu 是指葡萄酒，因为剌古(Raghu)王征服了耶槃那国，他的兵士在耶槃那产葡萄地区畅饮葡萄酒以减轻疲劳。

据安斯理[②]所说，尽管加尔那的地区气候非常炎热，在本第舍利的法国人种植葡萄特别成功；但是印度不制酒，也不制像欧洲和波斯那样葡萄干。阿拉伯人和波斯人，尤其是波斯人，虽然可兰经禁止教徒喝酒，却苦心费力地种植葡萄，他们认为不同种的葡萄有着显然不同的药性。酒是从波斯运到印度的，据塔弗尼尔(1605—1689 年)说波斯制造三种酒：叶兹德产的酒，味美；亦思法杭产的酒，不很好；失剌思酒最好，又芳醇，又甘美，又性烈，因为是用名叫 kišmiš 的小葡萄所制成的，这种葡萄晒干了运到印度斯坦出售。[③] 失剌思酒有两种，一种红色，一种白色，两种都极好，在印度极容易推销。据说每年由波斯运往世界各地的失剌思酒不下四千桶[④]。

① V. A, Smith：Early History of India p. 444(第三版)。

② Materia Indica, Vol. I, p. 157.

③ 参看第 57 页本章关于小葡萄干的介绍。

④ "亦有四海之美酒兮，
五光十色光辉夺目；
萝苏莉(Rosolli)酒如琥珀兮，
绿海葡萄园之晶露；
芳醇之失剌思(Shiraz)酒兮，
如罕世奇珍之宝石，
忽必烈倾城以获兮，
赧然溶化于酒杯中！"

Thomas Moore：Lalla Rookh.

本得米儿[1]村附近的科尔巴勒地区产量最大。塔弗尼尔[2]说在阿撒姆有大量的葡萄，但是没有酒，因为葡萄都晾干了提取酒精。北暹罗和马来半岛也产野葡萄，据说能制一种很不错的酒。[3]

第四世纪的崔豹在《古今注》[4]里描写亚洲中部的一种产酒的植物，它说："酒杯藤出西域。藤大如臂，叶似葛花，实如梧桐。实花坚，皆可以酌酒。（自有文章，暎彻可爱）实大如指，味如豆蔻。香美消酒。土人提酒来至藤下摘花酌酒，仍以实消醒。国人宝之，不传中土。张骞至大宛得之。事出张骞出关志。"[5]这段纪事只见于《古今注》，其他书未加以证实。唯有李时珍的《本草》里节录了这段文字。[6] 由此可见这植物本身从来没有传到中国，这就足以证明张骞不可能带之回国。他如果带之回国，这植物一定会传播于全中国，早年的各本草里也一定都会提到，我们的植物学家们也一定会探索它的由来并加以鉴定。也许所说的这植物是一种野葡萄，也许是属于另外一科。这段叙述虽然在细节上不清楚，但也够明确的，不至于被人当作是一种臆造。

在中国葡萄树的历史，对研究法上是很有价值的。我们正确

---

① Ainslee，见同处 p.473。

② Tavernier：Travels in India，Vol. II，p.282.

③ Dilock Prinz von Siam：Landwirtschaft in Siam，p. 167.

④ 卷丙，第 2 页。《续博物志》（卷 5，第 2 页）采录此篇，而《酉阳杂俎》（卷 18，第 6 页）只简单节录。《本草纲目》中并无此篇，但《本草纲目拾遗》里却有之（卷 8，第 27 页）。

⑤ 夏德（1917 年 *Journal Am. Or, Soc.*，Vol. XXXVII，p.91）说隋朝书目提到此书，但其后备朝代的书目中并没有提。我们不知道所说的这部书是何人在何时代写的；它可能是一部历史演义，但决不是张骞本人所写。

⑥ 参看《图书集成》第 20 册，卷 112。此书未引论述此事的其他文件。

地知道它传入的日期和传入时的情况。我们也查明了中国人在公元 640 年以前还没学会制葡萄酒。在中国有几种野生葡萄与外国传播来的栽培的葡萄没有任何关系。假设我们得不到中国人的记载,那么像恩格勒之流的植物学家们就会把栽培的葡萄和野生的葡萄结合起来,而且会很自信地告诉我们说中国人是自己最早栽植葡萄的。事实上他确实说过①在日本、朝鲜和中国的一种野生葡萄(Vitis thunbergii)似乎对日本葡萄的发展有影响,还说华北的 Vitis filifolia 似乎对中日两国的葡萄树都有影响。这类事从中国的记载里推断不出来,也没人以亲身的观察来证实。恩格勒完全不知道栽培的葡萄传播到中国的事情。他在亨因著的葡萄史一书里所附加的植物学的注解②也和这栽培葡萄的历史没有任何关系,而是单单指野生葡萄。只有历史的研究,而非植物学,才能解决与我们这栽培的植物历史有关的问题。



华盛顿美国农务部工业植物课田中博士给了我们下面这段关于日本葡萄史的笔记:

"葡萄在日本种植的早期历史很不清楚,早年日本医药和植物学的著作里大半称葡萄为 ebi,这名字在《古事纪》(公元 712 年编纂,1644 年初版)里称为葡萄葛(yebikadzura)。③ 松村任三④鉴定它为 Vitis vinifera。葡萄在今日只有栽培的,怎会早在公元前 660 年的神话时代就有了,真是一件令人不能理解的事情。《本草

① Erläuterungen zu den Nutzpflanzen der gemässigten Zonen, p.30.

② Kulturpflanzen, pp. 85—91.

③ B. H. Chamberlain: Ko-ji-ki, p. xxxiv.

④ 1893 年东京出版 *Botanical Magazine*, Vol. VII,p.139。

倭名》(897—930 年期间编纂,1796 年初版)把 ō-ebi-kadzura 叫做葡萄树,以别于普通的 ebi-kadzura,但是前者已不再常用以区别于后者。按小野兰山[①]的说法 ebi-dzuru 原应正确地叫做 inuebi(假 ebi 植物),在日本却普遍地被用来称呼中国的蘡薁;通常鉴定为 Vitis thunbergii,但是它实在是一种完全不同的植物,叶子小,成凹形,底下有很丰盛的绒毛。《和名类聚钞》(公元 923—931 年期间编纂,1617 年初次校订)里也提到 Ebi-kadzura。此书说 budō 是 šikwatsu 或 Vitis ooignetiae 的果实,[②]野生于日本北部。

"新井君美[③]指出,这三种植物在日本早期文献里显然是被混淆起来,《本朝食鉴》(卷 4,第 50 页,1698 年本)把 budō 说成是一种食品植物,说这果实在古代人们不大喜食,故而皇家历史志略里没有提到它,也没有创造出适当的日文新字来为葡萄命名。

"在日本的主要产葡萄区山梨县(以前叫做甲斐国)发现了一些旧纪录,福羽子爵在他论果实学[④]的卓越的论述里阐述了这纪录。窦特里墨[⑤]也发表了一篇文章讨论这事。讲述一段传说,关于一个名叫雨宫荫勇的乡下人于 1186 年(窦特里墨误为 1195 年)在离甲府不远的上岩崎的山上无意中发现了葡萄。必定就在其后不久种植起葡萄来了,因为在 1197 年就有以精选的葡萄果献给源赖朝将军(1147—1199 年)的事。在武田晴信时代(1521—1573



① 《本草纲目启蒙》(日本,1847 年版)卷 29,第 3 页。

② 松村任三:《日本植物名汇》第 380 页。

③ 《东雅》(1719 年完成),1906 年版,第 272 页。

④ 《果树园艺论》(1892 年私人出版)。

⑤ Situation de la vigne dans l'empire du Japon, *Transactions Asiatic Society of Japan*, Vol. XIV, 1886, pp. 176—185.

年)赠送一柄宝剑与雨宫荫勇家,酬谢他们向君主献了精良的葡萄。福羽子爵看见过有关赐剑的正式原文,上面载着的日期为1549年。[①] 历史上的葡萄树传下的这个种仍然在原地区原树丛周围生长得很茂盛,园艺家们普遍认为那是真正的葡萄。据福羽后来发表的一篇文章所说,[②]这葡萄只有一种。在明治朝代(由1868年开始)的初期,多次由欧洲和美洲移植葡萄到日本。

“梅村著的《欲食界之植物志》(Vol. 4,1906)提到下面几种葡萄是可以吃的:

“Yama-budō(紫葛):果实可生吃,也用以制酒,叶子可代替烟草。

“Ebi-dzuru(蘡薁):果实可生吃,叶子洗净煮熟了也可吃;茎内虫子烤熟了,小儿食之可治惊风。

“Sankaku-dzuru(葛藟):果实可生吃。

“Ama-dzuru (V. saccharifera):果实可生吃,儿童喜食树叶,以其含有糖质。”

# 阿 月 浑 子

3. 阿月浑子(Pistachio)是漆树科的一种树或灌木,大约有六种,产于伊朗和亚洲西部。也有移植到地中海地区。波斯土产的至少有三种(阿月浑子,笃薅香和 P. acuminata),自古以来它在伊

① Fukuba,见前书,pp. 461—462。

② 《果树栽培全书》卷4,1896年版,第119—120页。

朗人的生活里占着一个显著的地位。现在仍然有大量的阿月浑子的坚果由阿富汗运往印度，作为有钱阶级一种普通的食品。阿富汗和俾路支斯坦所产的品种在印度境内没有。[①] 阿月浑子的果实是古代粟特和呼罗珊[②]的特产，目前在西突厥斯坦[③]仍然是一种很重要的树。

当亚力山大翻山越岭进入巴克特里亚（大夏）的时候，路上没有树木，只有几棵密茂的笃藕香树。[④] 按亚力山大手下从事科学工作的人员所供给的材料：提奥夫剌斯塔[⑤]书里曾提这种树生长在巴克特里亚，它的果实大小和形状都很像杏仁，可是比杏仁味道好，也比杏仁甜，所以这个国家的人们喜欢它甚于杏仁。柯罗芬城人尼堪德剌斯[⑥]（公元前第三世纪）称这果实为 βιστάκιον 或 φιττάκιον，这个字来自一种伊朗语，他说这树生长在苏细安那的佐阿斯佩司山的山谷里。波西多涅斯、迪欧斯柯利兹、普林尼和盖冷纳斯等人在叙利亚也见过这树。韦特里阿斯把这种树移植到意大利，和他共职的彭培阿斯同时把它传到西班牙。[⑦]

波斯的青年们都受过训练，能忍热，忍寒，忍受雨淋，渡急流而保持兵器衣服不湿；放牛牧羊，露天守夜，以笃藕香果、橡子、野

---

① Watt：Dictionary of the Economic Products of India，Vol. VI，p.268.

② Joret：Plantes dans l'antiquité，Vol.II，pp. 47，76.

③ S.Koržinski：Vegetation of Turkistan（俄语本），pp. 20，21.

④ Strabo，XV. ii，10.

⑤ Hist. plant.，IV. iv，7.

⑥ Theriaka，890.

⑦ Pliny，xv，22，§ 91.坎多勒（Origin of Cultivated Plants，p.316）只探索出 Pistacia vera 出产在叙利亚，而没提在波斯也有出产。

梨[1]之类的野果为食粮度日。在古代人的眼中看来，波斯人是以笃薅香为主食的，渐渐他们就得了一个外号：当米地亚（米太）的国王阿斯提亚治坐在他的宝座上，望着他的士兵为居鲁士王的军队所败时，他喊叫起来："哎呀！这些吃笃薅香的波斯人多么勇敢呀！"[2]据波利欧纳斯[3]所说，波斯国王餐桌上每天必有笃薅香油。按帕拉菲语的古经《创世记》中所说阿月浑子的果实常和其他只有果仁可吃而外壳不可吃的果类[4]相提并论。"这个国家所产的果实有枣子、阿月浑子、乐园苹果，和其他在我们这寒冷气候所没有的果子。"[5]

段成式在大约公元860年所写的《酉阳杂俎》里提供了许多关于波斯和拂林植物的很有用的材料，他说："胡榛子（Corylus heterophylla）阿月生西国，[6]蕃人言与胡榛子同树，一年榛，二年阿月。"[7]

陈藏器在开元年间写的《本草拾遗》里说："阿月浑子气味辛温，清无毒。主治诸痢，去冷气，令人肥健。阿月浑子生西国诸番，与胡榛同树，一岁胡榛子，二岁阿月浑子也。"

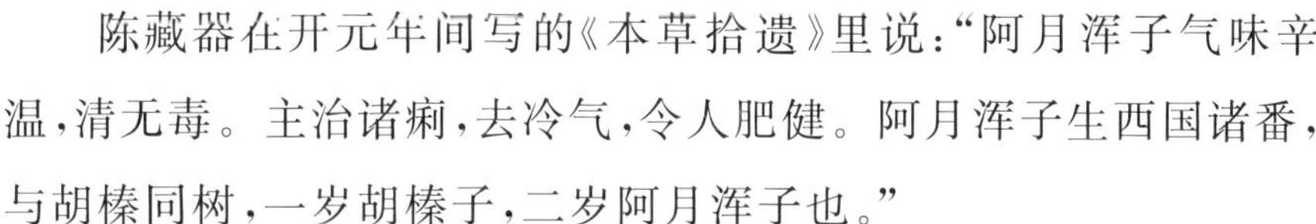

① Strabo, XV. iii, 18.

② 此为 Nicolaus of Damaskus（公元前第一世纪）所说的话。亨因（Hehn）在他所著的 Kulturpflanzen 第424页引证了。

③ Strategica, IV. iii, 32.

④ 这些果实有胡桃、杏仁、石榴、椰子、榛子、栗子。参看 West 所著 Pahlavi Texts, Vol. I, p.103。

⑤ Marco Polo, Yule 版, Vol. I, p.97。

⑥ 《酉阳杂俎》各版本写作"西园"，但是《图书集成》（植物部，卷311）和《植物名实图考》录此文时写作"西国"，我认为这比较好。

⑦ 《酉阳杂俎续集》卷10，第3页（津逮秘书本）。

李珣在他所著的《海药本草》(第八世纪后半)里说:“按徐表《南州记》[①]云:无名木生岭南山谷,其实状若榛子,号无名子,波斯家呼为阿月浑子也。”[②]有同时代的阿拉伯商人苏来曼为我们作证,他在公元851年著书说过阿月浑子生长在中国。[③]

《酉阳杂俎》里的“阿月”,和《本草拾遗》及《海药本草》的“阿月浑”,这两种称法证明这东西的全名一定是一个复合词,包含“阿月”和“浑”两个成分。为了解“阿月”这个译音,我们有必要考虑下面这些事实。

古伊朗语里作胡桃解的那个字没有流传下来,但是我们有着有力的证据可以推断它一定是 agōza 或 aṅgōza 这种形式的字。拿新波斯语的 kōz 和 gōz 对照来看,一方面,有亚美尼亚语的 engoiz,欧塞提克语 ängozä 或 ängūz,和希伯来语 egōz;[④]另一方面,在乌茶语(一种印度库什语 Hindu-Kush)里,有 ogūzo,而新波斯语却是 kōz 和 goz。[⑤] 这个字的意义是一般的坚果(nut),特别指

① 后魏(公元386—534年)贾思勰所著的《齐民要术》里引证了《南州记》中的话。

② 如果“阿月浑”这个译音确是已见于《南州记》中(我们没有此书,故无法证明),那么这译音必定是根据早期萨珊王朝的原字,或根据中古波斯语的字,其实这个汉译伊朗字本身就已证实这点,它仍然保存着 a-的首音,这首音到新波斯语里就消失了。因此可以推断李珣的话是正确的,“阿月浑”这个译音或许在《南州记》里有过,因此它是唐朝以前传来的。

③ M. Reinaud: Relation des voyages faits par les Arabes et les Persans dans l'Inde et à la Chine, Vol. I, p. 22.

④ 我不能肯定这里说的是不是佐治亚语(Georgian)“nigozi”和托勒密(Ptolemy)的本地名字 Νίγουζα(W. Tomaschek: Pamirdialekte, Sitzber. Wiener Akad., 1880, p. 790)。参看 Hübschmann: Armenische Grammatik, p. 393。

⑤ 关于新波斯语里首音 a 的省略,参阅 Hübschmann 所著 Persische Studien, p. 120。

核桃。此外,梵文里有一个出于伊朗语的词ākhōṭa,akṣōṭa或akṣōḍa,一定是在早年借用来的,akṣōḍa在包尔的写本(Bower Manusoript)[①]里出现过两次。在印度斯坦语里它还存在着,是axrōt或akrōt。带有古代当头音a-的东伊朗字在汉语译音"阿月"里证明它确是存在。因为"阿月"符合于古代的a-ṅwieδ(ṅw´eδ)或a-gwieδ a-gwüδ;[②]我认为这是用来代表上述带有当头音a-的伊朗字"坚果",那就是aṅgwīz,aṅgwōz,agōz。

汉语"浑"相当于古代字γwun或wun。关于这个伊朗字,下面的材料可能有些帮助。坎弗尔[③]讲到笃薅香或Pistacea sylvestris,说过这样的话:"提奥夫剌斯塔把生长在园里的阿月浑子称之为印度笃薅香。它在形状和大小方面,与之完全相同。所不同的是它结一种小香花,而这花其实是一种无味的坚果。我们不准备在这里作植物学上的描写。此树性耐寒。盛产在米地亚的沙马其亚、波斯的失剌思、鲁里斯坦和拉伦斯周围的山坳、石地和砂地。此果在著名的玛金地区周围的石山上最为丰盛。在息剌索它是作为一种食物而种植的。这里所指的树有两种,普通的一种叫做Diraḍcht[diraxt,"树"]Ben或Wen;另一种较罕见,叫做Kasudaan[kasu-dān],或按当地人的发音叫做Kasudèn。它与前一



① Hoernlc版,pp. 32,90,121。

② 关于"月"字在语音上的重要性,可参阅伯希和的详细研究(*Bull. de l'Ecole française*, Vol. V,p. 443)以及伯希和本人所著的Language of the Yüe-chi or Indo-Scythians。

③ Amoenitatum exoticarum fasciculi V,p. 413(Lemgoviae,1712).

种不同，它的花是红色的。"罗迪格和波特[①]给这个 ben 或 wen 又加添了一个中古波斯语的 Ven（"野阿月浑子"）。在斯坦格司编订的《波斯辞典》里（第 200 页）这个字是写成 ban 或 wan（或作 banak），翻译为"波斯的笃薅香籽"。[②] 弗勒司[③]写为 ban。史利默尔[④]转写这字的音为 beneh。他鉴定这树就是 Pistacia acuminata，而且说："在波斯此树出一种产物，极像 trémentine，但软得多，如流质一般。在树上划口以取之。天气最热的时候把这产物集聚在树下的土坑里，如此在取出之前液中的油质大部分消失掉了。在起儿曼是把皮囊挂在树上以取之，囊满时即取下，它也很像流质，和维尼司的笃薅香一样。……Pistacia acuminata 在波斯和布石（Buhse）附近为野生的，在列什木、达木干和德列古姆（在叶兹德省）亦野生。豪司克内特曾在库基鲁和鲁里斯坦山中见到过此树。"

这同一个字在库尔德语里也遇见过：dariben，dar-i-ben（"ben 树"），大概在希腊语是 τερέβινθος，古体为 τέρμινθος 和 τρέμιθος。[⑤] 最后华特[⑥]提供一个俾路支语（Baluči）字 ban，wan，wana，gwa，gwan，gwana，指的是钝黄连木（或笃薅香）；这与汉语译音最相近。

就我所知，agoz-van（"阿月浑的坚果"）这个复合词在伊朗语



---

① *Zeitschr. Kunde d. Morgenl.*，Vol. V，1844，p. 64.

② banāsīb 一字也表示这个概念（参看 bināst，"松节油"）。

③ Lexicon persico-latinum，Vol. I，p. 184.

④ Terminologie，p. 465.

⑤ 所以希腊语的词尾是-θος，而不是如史剌德所说的-νθος（在 Hehn 所著 Kulturpflanzen，第 8 版，p. 1221），n 是附在 tere-bin-θος 的词根上的。

⑥ Commercial Products of India，p. 902；Dictionary of the Economic Products of India. Vol. VI，p. 271.

里还不能直接寻到，这个字还是从中文记载里追溯出的。库尔德语有一个和这复合词类似的字 kizvan，kezvān，kazu-van，kasu-van（“阿月浑子”或“笃藕香树”）。①

小野兰山所著的《本草纲目启蒙》（卷 25，第 24 页，1804 年初版，1847 年经他的孙子井口望之校订。）提到这植物阿月浑子，日语读作 agetsu-konši。他也把这名字用日语拼音写出：fusudasiu 或 fusudasu，②他说：“在日本没有听说这植物有野生的。从前它是来自外国，现在不再来了。一本叫做《象教皮附录》的书谈到这植物，说 agetsu-konši 是栅木树的果实（日语叫做 sakuboku）。”③

① A. Jaba：Dictionnaire kurde-français，p. 333。参看前面 Kaempfer 所提的 kasu-dān。

② 日本著名植物学家松村任三所著的《日本植物名汇》（No. 2386）里举出这些名词，并附有 Pistacia vera 的鉴定。

③ 这个传说确起源于中国古代记载，见于 1108 年的《证类本草》（卷 12，第 55 页，1583 年版本）。这里所谈的是“栅木皮”。早在第六世纪郭义恭的《广志》里已提到，说它生长在广南（今之广东省及广西一部分）的野地，《尔雅》的一个注解上说它的样子像桑树，当然这是华南某地区土产的野生树木，但是就我所知，它的科属尚未鉴定，大概它的古名已废而不用，徐表著的《南州记》里说这树的果实叫做“无名字”，因此《证类本草》的作者唐慎微得出结论说此树即波斯人所称为“阿月浑”也（即一种栽培的 Pistacia）。这推断显然是错误的，因为阿月浑是在唐朝或早一两个世纪由波斯移植到中国的，而栅树在中国植物中早就已是天然产生的。他这个大胆的鉴定只是根据“无名”这两个字，假若我们还记得有一种中国土产的野 Pistacia chinensis，若把它鉴定为栅树，这问题就可以解决了，野生的和来自国外栽培的二者联系起来，用一个共同的名字这是很可以想象得到的，松村任三（见前书 No. 2382）用日语称 P. chinensis 为 ōrenju，加上“黄楝”二字。在中国“楝”字是指 Melia azedarach。我不知道在现代汉语里 P. chinensis 叫做什么。这种树异常美观，寿命很长，因此引起了美国农业部辛勤的工作人员们的注意，他们在全国各地的公园里分植了几千株树苗（见 1916 年美国农业部年报 140 页，华盛顿 1917 年出版）。在英华标准字典里 pistachio，这个字译作“榧”，而“榧”字其实是指一种大不相同的植物 Torreya nucifera，如果中国人能把他们语言里古老而有用的名词恢复了，那么不但对这个植物，而且对许多其他事情上都会有很大好处。

司徒亚特[①]把阿月浑子[②]和 Pistacia vera 鉴定为同一物，这话松村任三加以证实。

日语的名字 fusudasiu 或 fusudasu 无疑地是和波斯语 pista 有关，是来自古伊朗语 pistaka 和中古伊朗语 pistak，[③]从这字引出了希腊语的 βιστάκιον，φιττάκιον，πιστάκιον 或 ψιστάκιον，拉丁语的 psittacium 和英语的 pistacia 或 pistachio。但是我不知道这个日本字从什么年代开始有的，它是通过什么途径得来的。多半它是近代由欧洲人把它传到日本。

在中国文献里，明朝地理[④]中曾出现过这个波斯字，它的译音为〔阏〕苾思檀，据说是撒马尔罕的产物，此树的叶子像山茶（Camellia oleifera）的叶子，果实像银杏（Salisburia adiantifolia）。

此外，这个波斯字在《广舆记》的新版《增订广舆记》里也见过。老本《广舆记》是陆应旸[⑤]所著，在 1600 年万历期间出版，增订本是蔡方炳（号九霞）在 1686 年所编，1744 年四美堂重印。这版本和最早的原版我手边都有，老版本（卷 24，第 6 页）里在撒马尔罕标题下面只提了三种产品：珊瑚、琥珀和花蕊布。而新版里增添了十五项，第一项就是上面所说的"〔阏〕苾思檀"，[⑥]说它是撒马尔罕

① Chinese Materia Medica，p. 334.

② 他误译为 o-yüeh-chün-tzŭ。

③ 根据伊朗语音史构成这些字是合乎逻辑的，而且必需这样做，因为有着这个希腊外来字，可再参考拜占庭语"pustux"和"fustox"，可曼尼亚语（Comanian）"pistac"。史利默尔把波斯语的 pista 鉴定为 Pistacia vera（Terminologie，p. 465）。

④ 《大明一统志》卷 89，第 23 页。

⑤ Wylie：Notes on Chinese Literature，p. 59.

⑥ 加上"阏"字是由于错误（Schott 也写作"苾思檀"，这或许是他在他的文里发现的；见下面的注解）。

地区生长的一种树,并说:“树叶类山茶(Camelia oleifera)。实类银杏(Salisburia adiantifolia)而小。”苾思檀这个名称无疑地代表伊朗语译音 pistān(“盛产阿月浑子果实的地方”)。[①] 此外,在赵学敏所著的《本草纲目拾遗》[②]里也出现过这个波斯字的译音“必思答”,赵学敏说这植物出产在伊斯兰教国家,并引证了 1331 年出版的《饮膳正要》,[③]他说这书是元世祖忽必烈所著。但是我们知道这书是 1331 年和斯辉著的。[④] 我因得不到此书,不能说究竟它有没有提到“必思答”,也不知道 1765 年第二版里赵学敏的文章是否在 1650 年此书的初版里也有。这个译音“必思答”,正符合于波斯语 pista,未尝不可能是元朝译的,因为它很像元朝的译音法。

这个波斯字 pista(或作 pasta)流行得很广,在库尔德语为“fystiq”,亚美尼亚语为“fesdux”和“fstoül”,阿拉伯语“fistaq”或“fustaq”,奥斯曼利语“fistiq”,[⑤]俄语“fistaška”。



中国人在元朝初知有乳香,那就是乳香树[⑥]所产的树胶。1331 年出版的《饮膳正要》是用它的阿拉伯名字 mastaki 译音为

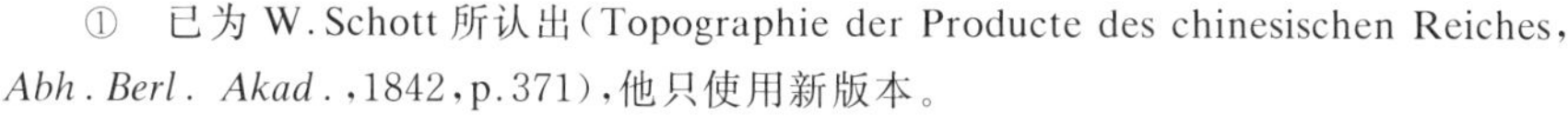

① 已为 W. Schott 所认出(Topographie der Producte des chinesischen Reiches, *Abh. Berl. Akad.*, 1842, p. 371),他只使用新版本。

② 卷 8,第 19 页,1765 年版。

③ 参看前面《葡萄》章里对《饮膳正要》的介绍。

④ Bretschneider, Bot. Sin., pt. 1, p. 213.

⑤ 因而有了斐各勒提(Pegoletti)著录的 *fistuchi*(参看 Yule 所著 Cathay, new ed. by Cordier, Vol. III, p. 167)。

⑥ 希腊语 σχῖνος(Herodotus, iv, 177)。

"马思答吉"。[1] 李时珍只知道这产品的药性，但是他承认他不认识这植物，所以他把关于这东西的评价放在莳萝（小茴香 cummin）的附录里面。著于1610年的《五杂俎》说 mastaki 是突厥斯坦所产，很像椒（Zanthoxylum，它的果实能制像胡椒似的调味品），味道很强烈，在当地作为调味品，像胡椒一样，能帮助消化。[2] mastic 的波斯语除了借用阿拉伯语 mastakī 或 mästäkï[3] 之外为 kundurak（从 kundur"供香"引来的）。波斯化了就成为 Masdax；在库尔德语里是 mstekki。"这些山上的 Mastich 树出产大量的胶，乡下人从它获利不小……至于 Mastick 树，它结红色浆果，若是有了创口，从树枝里就流出红色树胶。这些树不很高，像我们的山榄科的树那么大：它们能不能结出荚来，在本季没有法子知道。我也不能说它在各方面都和克罗西厄斯地方的乳香树（Lentisk Tree）一样。[4] 这树胶（mastic）呈泪珠状，细小，不齐，带黄色，很脆，像玻璃，但是咀嚼了就柔软易拉长。印度的地位高的人常咀嚼它以保护牙齿和使气息芬香，也用以制香水。[5] 现在它在印度还



---

① 这个阿拉伯字本身是来自希腊语 μαστίχη（由 μαστάζειν 而来，意思是"咀嚼"），因为这种树脂是供咀嚼用的。由此有了亚美尼亚语的"maztak'ē"。西班牙语"almáciga"是从阿拉伯语来的，这可从阿拉伯语的冠词 al 看出，而西班牙语"másticis"却是根据拉丁语 mastix。

② 《本草纲目拾遗》卷6，第12页引了这段话。迪欧斯柯利兹已着重提过它的助消化的功用。

③ Achundow：Abu Mansur，pp. 137，267.

④ John Fryer：New Account of East India and Persia，Vol. II，p. 202（Haklulyt Soc.，1912）.

⑤ Watt：Commercial Products of India，p. 902.

被称为“鲁木的乳香胶”。[①]

阿月浑子是一个很有趣的例子(此外还有几个其他例子),说明中国人紧密地注意着伊朗语言的发展,随时把中古波斯语的名称换上相等的新波斯语的字。

# 胡　　桃

4. 法云编纂的佛学辞典《翻译名义集》[②]里有一个汉语译音的梵文字,指胡桃(Juglans regia),译音为“播罗师”,就我所知,这个字的梵文原音还没有查到。[③] 按佛学译音规律,这个字应该还原为梵文 pārasī,即形容词 pārasa 的阴性形式,意思是“波斯的”(从 Parsa“波斯”派生来的)。因此,这个字所代表的胡桃在印度被视为波斯产的树或果实。以 pārasī 这个字作胡桃解并没有记载在波页特林克所编的《梵文字典》里面,这部字典其他漏洞也还多得很。胡桃在梵文里常用的字是ākhōṭa,akṣōṭa, akṣōṣa,[④]它长久

① D.C. Phillott:*Journal As. Soc. Bengal*, Vol. VI, 1910,p. 81.

② 《翻译名义集》卷 24,第 27 页(南京版)——Bunyiu Nanjio(Catalogue of the Buddhist Tripiṭaka, No. 1640)指出这书是 1151 年出版。卫利(Notes on Chinese Literature p.210)和贝烈史奈德(Bot. Sin., pt. I, p. 94)都说这书是 1143 年写成的。据 Julien(Méthode, p. 13)说,它是 1143 至 1157 年间编纂的。

③ Bretschneider(Study and Value of Chinese Botanical Works 载于 *Chinese Recorder*, Vol. III, 1871, p. 222)采用《本草纲目》上所用的名称,但未加解释。

④ 最后这个名字在包尔的写本(Bower Manuscript)(Hoernle's edition, pp. 32, 90, 121)里出现过两次。在印度斯坦语里有 axrōt 或 ākrōt。

以来一直被认为是从伊朗语来的外来语。[①]

普林尼举出这果实的希腊名字，以证明它最初是由波斯传到希腊，品种最好的胡桃在希腊语叫做 Persicum 和 basilicon，[②]这是最初在意大利所用的真正名称，[③]普林尼自己所用的名称是 nuces iuglandes。虽然胡桃是地中海地区土生的，希腊人却似乎是由前亚细亚得到较好的品种，所以有了像 κάρυα περσικά 或 κάρυα σινωπικά 之类的希腊名字。[④]

其实，胡桃在波斯北部和俾路支斯坦是天然产生的，在斯肯和阿不拉顿的山谷里海拔一千尺到一千五百尺的地方都发现过。另

① F. Spiegel 著的 Arische Periode，p. 40，胡桃在古伊朗语里的名称尚无人知，这使我们无法很好地解释这梵语字。它与希伯来语 egoz 及波斯语 kōz，gōz（见下面）的关系是很清楚的，在印度库什各种方言中，乌茶语里见过 oghūzoh 这个字（J. Biddulph 著的 Tribes of the Hindoo Koosh，Appendices，p. clxvii），这字似为梵语与闪族亚美尼亚语之间所缺少的一环：由此可以推测古伊朗字大概是 agōza，aṅgōza 之类，这个推测已为汉语译音"阿月"所充分证实（见前）。十三世纪中叶的旅行者常德曾提到印度的大胡桃（Bretschneider 著的 Mediæval Researches，Vol. I，p. 146）。波斯的古西斯坦（Kusistan）所产名贵的胡桃大量地运往印度（W. Ainslie 著的 Materia Indica，Vol. I，p. 464）。

② 即"波斯的坚果"和"国王的坚果"，国王为 Basileus of Persia。这两个名称都是迪欧斯柯利兹（I，178）所提的。

③ 这些希腊名字证明它们是由波斯运来最佳者称为 Persicum 和 basilicon，此乃最早的名字。

④ J. Hoops：Waldbäume und Kulturpflanzen，p. 553。罗马人在公元第一世纪期间移植胡桃于盖利亚（Gallia）和日耳曼尼亚（Germania）。从塞勒堡（Saalburg）井里发现无数胡桃一事可证明罗马人喜食胡桃。在查理一世（Charles the Great）著的 Capitulare de villis 和 Garden Inventories 里都称赞种植这种树。在高卢种植此树可从后期的拉丁语 nux gallica 和古法语 nois gauge 来证明，这字在英语的 walnut 里还存在（德语 walnuss，丹麦语 Valnöd，古北欧语（Old Norse）valhnot，盎格鲁 - 撒克逊语 wealhhnutu）；walh，wal 是日耳曼语里对居尔特人（Celts）的称呼（来自居尔特部族 Volcae）；后来转用于法国和意大利等罗曼斯（Romanic）民族。

外一种(Juglans pterocarpa,“有带翼果实的 Juglans”)在吉兰省和马三德兰省以及阿斯特拉把[①]附近都发现过。恩格勒[②]说在阿富汗东部海拔二千二百尺至二千八百尺的地方胡桃是野生的。伊宾·贺柯尔称赞阿剌疆的胡桃,木喀达西称赞起儿曼的胡桃,伊思塔忽里称赞求鲁甫特省的胡桃。[③]

在大宛(拔汗那)和西突厥斯坦,胡桃树都是种植在园子里,但出售的胡桃果却常常是摘自野生的树上,在山地里野生胡桃树都成了整片的树林。[④] 据斯坦因[⑤]说,和阗产胡桃甚丰,这位探险家在玉勒·阿里克和附近的村庄里也发现过胡桃。[⑥]

在新波斯语里胡核叫做 kōz 和 gōz。[⑦] 按胡布史曼的说法,这个字来自亚美尼亚语。[⑧] 亚美尼亚字是 ĕngoiz,属于这一类的还有希伯来语 egōz。[⑨] 欧塞提克语 ängozä,伊达勒语(Yidghal)

① C.Joret 所著的 Plantes dans l'antiquité,Vol.II,p.44。Joret 说波斯人栽培坚果树,并且吃所结的坚果,新鲜的和干的都吃。帕拉菲语古经《创世记》里提了两次胡核,说它是可供食用的果实之一,也是果肉可食,外壳不可食的果实之一(West 著的 Pahlavi Texts, Vol.I,pp. 101, 103,也参见 p.275)。

② Erläuterungen zu den Nutzpflanzen der gemässigten Zonen, p.22.

③ P. Schwarz: Iran im Mittelalter, pp. 114, 218, 241.

④ S. Koržinski: Sketches of the Flora of Turkistan,用俄语写的(*Memoirs Imp. Russ. Ac.*,8th ser., Vol. IV, No.4,pp. 39, 53)。

⑤ Ancient Khotan, Vol.I,p.131.

⑥ Ruins of Desert Cathay, Vol.I,p,152.

⑦ 阿拉伯语 jōz;中古波斯语 joz, joj。库尔德语 gwīz(guwīz),来自 govz, gōz (Socin Grundr. iran. Phil., Vol.I. pt.2,p.268)。萨里郭勒语 ghauz (Shaw:*Journal As. Soc. Bengal*, 1876,p.267)。普世图语(Puštu)ughz, waghz。胡桃的另一个波斯语名称为 girdū 或 girdgān。

⑧ Grundr. iran. Phil.,Vol.I,pt.2,p.8;Armen. Gram.,p.393.

⑨ Canticle vi, 10。参看叙利亚语 gauzā。

oγuza，库尔德语 egvīz，格鲁辛尼亚语（Gruzinian） nigozi。[1] 突厥语里的 koz 和 xoz[2] 就是来自这个波斯字。

栽培的胡桃在汉语里最早的名称是“胡桃”（胡人的桃子。“胡”字是亚洲中部各种族的通称，特别是指伊朗人）。序言里已经讲过“胡”这个字常加在许多外国移植来的栽培植物名字上。后来“核桃”代替了“胡桃”，意思是“有核的桃子”，它获得这个名字是因为它外皮虽然像桃子，却只吃它的果仁。[3] 从这波斯字散布之广看来，我们可以提出这样一个问题：是否有理由认为中文名字“胡桃”里的“胡”字是从波斯语的 koz 来的？尽管它的第一个意义当然还是“胡人（伊朗人）的桃子”。我们记录下不少这样的例子：外国产品的中国名字同时既表达意义又代表译音。当我们想想“胡”这个字早先的当头音是喉音，读成 gu（γu）或 go，[4]那么我们就得承认“胡”字可能是被选来摹仿一个 gōz 音的伊朗字，或者特别考虑到这样音的伊朗字。在创造这个名称的人们脑子里可能同时存在着一个双重的想法：胡桃是“名叫 go 的桃子”，和“Go 人或 Hu 人的桃子”。不过这只是假设而已，还不能证实，而且也没什么重要。

---

① W. Miller：Sprache der Osseten，p. 10；Hübschmann. Arm. Gram.，p. 393.

② Radloff：Wörterbuch der Türk-Dialecte Vol. II，col. 628，1710. 在 Osmanli 语为 jeviz。

③ “核桃”一词是较近代才有的，唐宋时代都没见过，王世懋（死于 1591 年）所著的一部有关园中果实的作品《果疏》里用了此词，《本草纲目》里也采用了，它说在北方“核”字的读音与“胡”相像，因此才以之代替，并引证最初使用这名称的一部作品《名物志》。

④ 可以拿日语的“胡麻”与“胡粉”比较。

有一个传说，大意谓胡桃是张骞将军[①]介绍到中国来的。但是把胡桃归功于张骞纯粹是后代追加的想法，没有记载在与《汉书》同时代的文献里。其实我们已经知道只有两种栽培的植物可以直接归功于张骞的出使西域——葡萄和苜蓿。其他的植物都是后代书上把它们说成是张骞所带回的。贝烈史奈德在列举张骞带的植物时，[②]不加辨别地采录了像《本草纲目》这么一部近代著述里的话，而不肯费力去参看那里所提到的原书。讨论个别植物时还要在这个问题上再作一番精密的研究。关于胡桃，贝烈史奈德犯了大错，必须加以更正，因为他的错误传到了现代植物学和历史的经典著作里，至今还很普遍。照他所说，胡桃是来自“羌胡”。在汉朝“羌”是西藏的名称。当然在地理上没有“羌胡”这么一个地名，这里它是两个种族的名称“羌”和“胡”联合起来组成的一个复合词。而且，虽然在汉朝“羌人”可以说是后来藏族人的祖先，他们却并不居住在现在名叫西藏的地方，而且“胡”这个字通常也不包括藏人在内。《本草纲目》（卷 30，第 16 页）里关于这一点也说得非常含糊，只是从宋朝苏颂（十一世纪后半叶）所著的《图经本草》里摘下一个句子：“此果本出羌胡。”任何结论，如胡桃来自西藏之类，都不能以这话作根据。

上了贝烈史奈德的当的第一个人是植物历史地理学的始祖坎

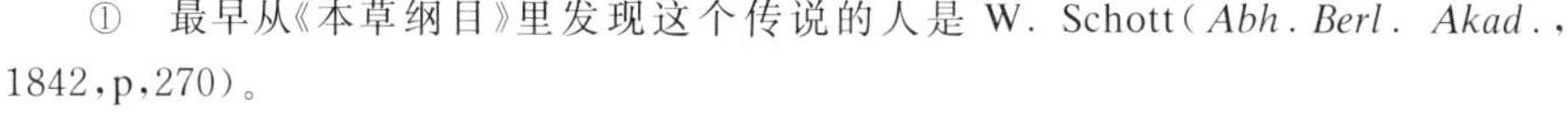

① 最早从《本草纲目》里发现这个传说的人是 W. Schott（*Abh. Berl. Akad.*，1842，p，270）。

② *Chinese Recorder*，1871，pp. 221—223；和 Bot. Sin.，pt. 1，p. 25。还有夏德的文章在 1895 年《通报》Vol. VI，p. 439。Giles（Biographical Dictionary，p. 12）也把胡桃和张骞联系起来。

多勒，[①]他以贝烈史奈德的话为依据，说“中国作者们说胡桃是在公元前140—150年的汉朝由张骞从西藏带回来的。”[②]在亨因所著的Kulturpflanzen[③]里还可以读到植物学家恩格勒所写的附录：“胡桃在华北是否野生，很可怀疑，因为照贝烈史奈德的话，它相传是从西藏传播来的。”下面我们就要谈到一种野生的Juglans确实是华北土产。至于说到所谓张骞携胡桃归国的功绩，这种纯粹根据传闻的看法，贝烈史奈德得之于上面所提的十一世纪末宋朝的苏颂。苏颂说了上面那句话之后，又接着说：“汉时张骞使西域，始得种还，植之秦中（甘肃），渐及东土，故名之。”[④]苏颂的话主要是依据《嘉祐补注本草》，这书是继《开宝本草》之后出版的。《开宝本草》说张骞由西域携带胡桃回来，可是在这话的上面很细心地加了一个“云”字。[⑤]我为探索这个传说的由来所用的最古老的书是张华（公元232—300年）著的《博物志》。[⑥]大家都知道这部书不完全出于张华手笔。然而上面这一段话，书里却有，而且在宋朝



① Origin of Cultivated Plants，p.427.

② 除了贝烈史奈德在*Chinese Recorder*上的文章之外，坎多勒还提到他在1881年8月23日所写的一封信，这封信证明贝烈史奈德在那十年里没有改变他的看法。我们也无须再补充说明张骞从来没到过西藏，而且他那时代西藏也不是一个政治上的单位，两个不同的传说在贝烈史奈德的叙述里混起来。

③ Hehn：Kulturpflanzen第8版，1911年，p.400。

④ 《证类本草》卷23，第45页（1521年版本），G. A. Stuart（在他所著的Chinese Materia Medica，p.223）里把“青海（Kukunor）附近的唐兀地方（Tangut）”当做《本草》里所指的出产这树的地区。

⑤ 《本草纲目》里没有录下《开宝本草》的原文，但此文见于《植物名实图考》卷17，第33页。唐慎微在他所著的《证类本草》（卷23，第44页）把这段文抄下，作为他自己所写。

⑥ “张骞使西域还（或‘返’）乃得胡桃种”（卷6，第4页，武昌本）。

也以此话为然，因为在《太平御览》（卷971，第8页）里还引用了。我们甚至于在元应（约在公元649年）编纂的佛学字典《一切经音义》[1]里还见到引用这段话，所以这个传说一定在唐初就有了。但是，这段话也不能说绝对不是张华自己所写，或者至少这个传说也未尝不可能在第四世纪就已形成，因为就是在那时期胡桃初次见于记录。这传说必定不会早于那时期，那就是说它是在张骞死后五百年才产生的。我们必须知道《博物志》（卷1，第3页）对这位英雄有着颇为离奇的想法。说他渡过西海，甚至于到过大秦。而且《博物志》也把安石榴和大（胡）蒜或葫蒜[2]说成是由张骞传到中国的。这两个传说都没有记载在汉朝的文献里。我们必须坚决驳斥认为张骞真在第二世纪介绍胡桃到中国的看法，这看法仅仅是根据后来追加的、不可靠的记述。[3]

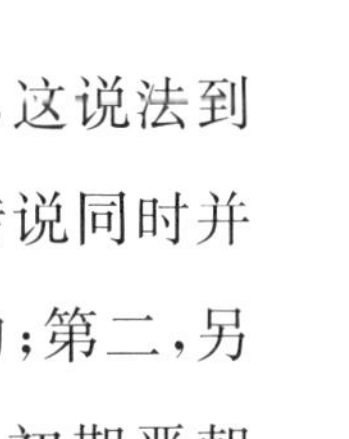

现在有这么一个问题：苏颂说胡桃原来出产在羌地，这说法到底真不真，或换句话说，我们能不能假定中国人的两个传说同时并存，——第一，胡桃是从胡人（伊朗人）的国家传到中国的；第二，另外从西藏人的祖先羌人的国家也传到中国。[4] 第四世纪初期晋朝确实有一篇古老作品，可以算是可推定年月的一篇最早提到胡桃

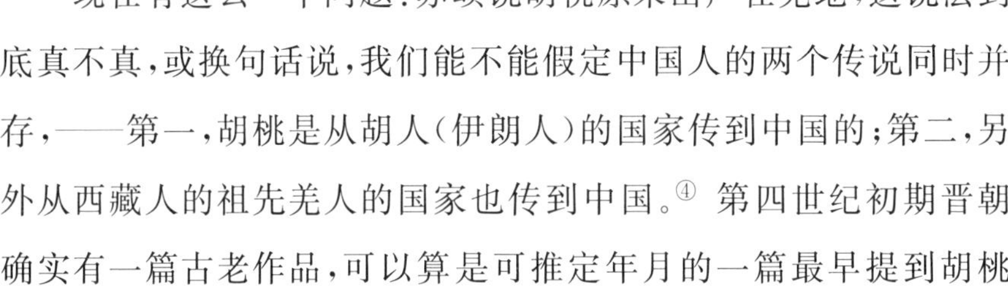

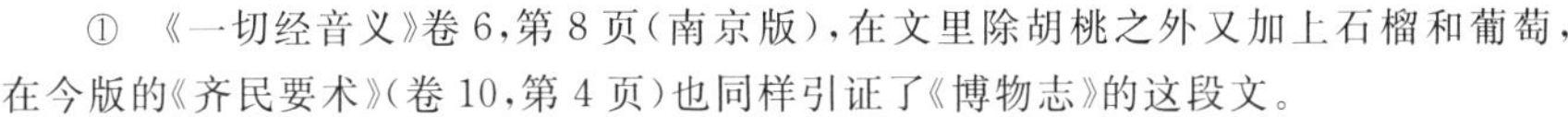

① 《一切经音义》卷6，第8页（南京版），在文里除胡桃之外又加上石榴和葡萄，在今版的《齐民要术》（卷10，第4页）也同样引证了《博物志》的这段文。

② 见本书《胡蒜、胡葱、浑提葱》章。

③ 在朝鲜也有关于张骞的传说（*Korea Review*，Vol. II，1902，p. 393）。

④ 称胡桃为羌桃的例子见于1688年陈淏子所著的《花镜》（卷3，第49页），他还举另外一个别名“万岁子”。“羌桃”一词亦见于佩文斋《广群芳谱》（卷58，第24页。关于此书可参看Bretschneider著的Bot. Sin.，pt. 1，p. 70）和《盘山志》（卷15，第2页，1755年奉乾隆的命令出版的）。

的文章。那文章里正式承认了胡桃的出处是羌。《太平御览》里所录的这文章这样说："刘滔[①]母答虞吴国书曰：咸和中避苏峻[②]乱于临安山。吴国遣使饷馈。乃答书曰：此果有胡桃飞穰。[③] 飞穰出自南州，胡桃本生西羌，外刚内柔，质似贤，欲以奉贡。"[④]值得注意的是：文里说胡桃来自西羌，但是用的是"胡桃"（而非"羌桃"），因此我们可以推断由胡国输入这种果实是在由羌国输入之先。而且显然在这段文章里胡桃还是一个新奇的东西。

西藏语里一般的胡桃名称相当于 tar-ka 类型的发音，这是西藏中部的发音，写成 star-ka，star-ga 和 dar-sga。[⑤] 最后这个拼法见于乾隆时出版的《五体清文鉴》（卷 28，第 55 页）和耶史克的藏文辞典。ka 或 ga 这个音素不是和名词联用的常见的那个词尾，[⑥]而是一个独立的语根，作"胡桃"解，堪努尔语（Kanaurī）的 kā

① 《图书集成》和《广群芳谱》（卷 58，第 25 页）里把此名写为"纽"。《格致镜原》（卷 76，第 5 页）说这段文出于《晋书》，写作"钮"。《唐宋白孔六帖》（卷 99，第 12 页）中有"晋刘滔母答某国书曰：胡桃本生西羌"。

② 苏峻死于公元 328 年，《晋书》里有他的传记（卷 100，第 9 页），亦参看 L. Wieger 所著 Textes historiques，p. 1086。

③ "飞穰"的字面意义是"飞谷秆"，贝烈史奈德和司徒亚特都不提这植物，华盛顿农业部植物工业课的田中博士告诉我说"飞穰"是"佛手柑"（Citrus chirocarpus）的别名，他在小野兰山所著的《本草纲目启蒙》（卷 26，第 18 页，1847 年版）里发现这说法，而小野兰山又是从方以智所著的《通雅》里引来的。

④ 《太平御览》云"质以坚欲以奉贡"。《唐宋白孔六帖》和《图书集成》却写为"质似古贤欲以奉贡"——这显然是误录原文。

⑤ 柔克义（W. W. Rockhill：Diary of a Journey through Mongolia and Tibet，p. 340）说西藏东部读作 taga 音。胡克（J. D. Hooker：Himalayan Journals，p. 237），提到 taga-šiṅ（šiṅ的意思是"树"）是它在布提亚语（Bhutia）里的名称。

⑥ Schiefner：*Mélanges asiatiques*，Vol. I，pp. 380—382.

(“胡桃”)[①]可以证明这点。从这些不同的写法可以还原为 tar, dar, d'ar(带气音的浊音)。这个字在帕米尔区的一种伊朗方言里也有,在瓦赫语里胡桃叫做 tar。[②] 这个字显然是来自藏语的外来词,因为在萨里郭勒语和其他伊朗方言里有着伊朗字 ghōz。[③] Tarka 是一个地道的西藏字,指的是西藏地区本地产的胡桃,无论野生的或栽培的。由这情形看来,很可能中国人在第四世纪初或更早一些也从藏族人得到胡桃和种子,结果就有了“羌桃”这个名称。锡金的勒卜察人很熟悉胡桃,他们给胡桃起了一个本地名字叫 kól-pót,甚至于他们有一个村庄叫做“胡桃树基地”(Kól-baṅ)。[④]

华特[⑤]说在喜马拉雅山和西藏西部的温带地区,由喀什米尔及努布拉以东,胡桃树也有野生的,也有栽培的。罗克斯柏[⑥]论胡桃时说“它是印度斯坦以北或东北多山国家的土生植物;在孟加拉平原上它长得很茂盛,但是结的果实不多。”同类的另外一种胡桃



① 用此名的有 T. R. Joshi(Grammar and Dictionary of the Kanäwari Language, p. 80)和 T. G. Bailey (Kanauri-English Vocabulary, *Journal Royal AS. Soc.*, 1911, p. 332)。Bailey 于此字之外又加上植物学术语 Juglans regia。他又举一字 gē,其意义为“核桃仁,Pinus gerardiana 的可食部分”;而 Joshi(p. 67)却把此字解释为“野栗子”,因此 ge,ka 似乎原来指一种本地产的野生果实,后来转用于栽培的胡桃。

② R. B. Shaw 在 On the Ghalchah Languages (*Journal As. Soc. Bengal*, 1876, p. 267)里用了 tor 字。A. Hujler(The Languages Spoken in the Western Pamir, p. 36, Copenhagen, 1912)把它写作 tar,他解释 a 这字母为 a 的钝音,如法语 pas 里的 a 一样。

③ W. Tomaschek(Pamirdialekte, p. 790)认为他所写的瓦赫语 tor 与西藏语 star-ga 没有什么关系,这看法不正确。

④ G. Mainwaring: Dictionary of the Lepcha Language, p. 30.

⑤ Dictionary of the Economic Products of India, Vol. IV, p. 550.

⑥ Flora Indica, p. 670.

J.plerococca Roxb.是锡勒特省以北和以东的群山上大森林里土生的,树皮可用于制革上;而胡桃却列在油料作物中。[①] 据胡克[②]所供给的材料上说,在锡金胡桃是野生的,在不丹是栽培的。屠纳上尉[③]曾见过它在那里生长得很茂盛。克可巴特里克[④]在尼泊尔看见过。在缅甸它生长在阿瓦山里。阿瓦山东边的掸国还有另一种胡桃属的树果实较小,差不多是圆球状的,很光滑,但对于这树本身却无人知。[⑤]

西藏人确实种植胡桃,而且非常重视它。西藏东部凡是可以有园艺的地方处处都种着胡桃树,居住在四川省的藏族人也都种植。柔克义[⑥]甚至说在巴塘地区用大麦和胡桃来代替辅币。瓦得勒[⑦]中校两次提到西藏中部栽培的胡桃。中国作者们说西藏胡桃是拉萨区的产品。[⑧]

虽然关于张骞的传说没有历史价值,不应该看作历史事实,但是从心理学观点看,它却很有趣。因为至少它证明在编造那故事的时候,中国人都以为胡桃不是本国产的树,而是从外国输入的。



---

① N. G. Mukerji: Handbook of Indian Agriculture, p. 233.

② Himalayan Journals, p. 235;又 Risley 的 Gazetteer of Sikkim,p. 92(参照 Darwin: Variation of Animals and Plants under Domestication, Vol. I, p. 445)。

③ Account of an Embassy to the Court of the Teshoo Lama, p.273。又 Eden and Pemberton(Political Missions to Bootan, p. 198, Calcutta, 1895)提到不丹(Bhūtān)的胡桃。

④ Account of Nepaul, p. 81.

⑤ S. Kurz: Forest Flora of British Burma, Vol. II, p. 490(Calcutta, 1877).

⑥ Diary of a Journey through Mongolia and Tibet, p.347.

⑦ Lhasa and its Mysteries, pp. 307, 315,又见 N. V. Küner: Description of Tibet(俄语写的),Vol.I,pt.2,p.137。

⑧ Rockhill: *Journal Royal As. Soc.*, 1891, p.273.

土生植物决不会成为这种传说的对象。中国的记载里还没有直接提到栽培的胡桃输入的确实年月的，然而胡桃输入的事实却不容怀疑。这不但有“胡桃”和“羌桃”这些名称为之证实，而且还有照情况推测的证据：在古代，甚至在汉朝，未闻有胡桃。诚然，在第二世纪的《金匮要略》里提过，但如前面已讲过这也许是后来添写的。[1] 在有关这植物所有的材料中，只有一处材料也许略略可能指的是汉朝，然而这可能性也只是很小的。《西京杂记》(卷1，第6页，汉魏丛书本)说在汉朝帝王的花园“上林苑”里有胡桃树，是由西域或亚洲中部移植来的。但是《西京杂记》是公元第六世纪吴均所著，[2]不能把这书看做探索汉朝文化的可靠的材料。这传说是怎样产生的，很难看出。上林苑建成时，国里的高官显贵们都奉命贡献远地来的奇树异果。我们知道汉武帝在公元前111年征服了南越之后，命令把南方的产品如橘子、槟榔子、龙眼、荔枝等运到京都长安，种植在为纪念征服南越而建的“扶荔宫”里。于是许多园丁为了荔枝没有收成而送了命。[3] 汉武帝的几座宫殿就以环绕着这些宫殿所种植的果树来命名，例如有“葡萄宫”和“梨宫”。因此后代的作者脑子里很容易有这么一个想法：在这外国的果品展览中不能没有胡桃。吴均或许也知道《博物志》里关于张骞的传说，所以认为他自己说汉宫里有胡桃并没有什么矛盾，尽管他把时代

① 张机说，或别人假张机之口说：“胡桃不可多食，令人动痰饮。”(《金匮要略》卷下，第27页。)

② Wylie: Notes on Chinese Literature, p, 189; 和 Chavannes:《通报》1906, p.102。

③ “扶荔宫”因荔枝而得名(见《三辅黄图》卷3，第9页，汉魏丛书本)。

弄错了，他却认为胡桃是从亚洲中部或突厥斯坦来的，这看法是很有趣的。

公元第四世纪之前在晋朝时代（公元264—419年），胡桃在中国似乎不是普遍为人所知道。[1] 晋朝所著的描写当代帝王宫殿的《晋宫阁名》[2]上面说华林园[3]中有八十四棵胡桃树。本书前面已经提到咸和年间（公元326—335年）关于核桃的另外一段典故。此外，《蜀史》里也提到这果实，那是在公元334年李雄死后，陕西省扶风县的韩豹被任命为他的儿子李期的太傅，他请求李期给他种子，以种植胡桃树，因为他年龄已高，很想望园子里种些胡桃树，以娱晚年。[4]

① 贝烈史奈德（Bot. Sin.，pt，1，p. 39）说晋惠帝（公元290—306年）时之大臣稽含所著《南方草木状》里顺便提到的一些植物中有胡桃。他没细讲。我在此书里只能寻到两处提起胡桃，一是在叙述椰子时，把它的味道和胡桃相比，另一处把石栗（Aleurites triloba）的香味也和胡桃相比。我们知道这部书有后人的添改（见 L. Aurousseau：*Bull. de l' Ecole française*，Vol. XIV，1914，p. 10），但是其中无意地提到胡桃的地方却不一定是添改的，因为稽含为晋朝的人。另外一件与此同样有趣的事是北魏（公元386—534年）贾思勰所著的一部关于畜牧业和经济植物学的作品《齐民要术》里却没有专谈胡桃的一项，参看贝烈史奈德（同前书，p. 78）所列举的此书中的植物。此书未提胡桃并不意味着作者不知此物，而只是因为它在经济上没有多大重要性而已。胡桃只来到帝王的御花园里，而老百姓却得不着。其实贾思勰至少在一段里（卷10，第48页，1896年版）偶然提到胡桃，他引了刘欣期所著的《交州记》里的话，大意说白缘树（"缘"显系"橼"字）高一丈，其果实较胡桃甜而细。《交州记》是一部论述安南产物的作品，它怎会提到华南及安南所未见的栽培胡桃？这事很奇怪，因此这话可能是后代添插的，不过也许并不然。此书里也提到胡桃由张骞携带回来的传说，前面已指出过了。在《本草纲目拾遗》（卷8，第23页）里也提到白橼树，关于此树在医药上的用法说得很详尽。

② Bretschneider：Bot. Sin.，pt. 1，p. 202. No. 945.

③ 《太平御览》，见同处。

④ 这段故事载在《广五行记》里（贝烈史奈德谓此书系宋朝作品）。因《太平御览》录有此文，可断定它在公元983年以前，即李昉百科全书时代之前就已存在了。

在第三或第四世纪，中国人也知道大秦有胡桃。《吴时外国志》里说在大秦有枣、素馨和胡桃。[①]

郭义恭所著的《广志》[②]有这样一段话："陈仓[③]者薄皮多肌，出阴平[④]者大而皮脆，急提则碎。"[⑤]

到了唐朝，则有公元880年所写的《酉阳杂俎》里一段胡桃的描写，[⑥]由此可推断出一个事实：这种果实在中国北部种得很多，"北方多种之"这句话在《开宝本草》里提了又提。《酉阳杂俎》关于亚洲西部和中部的栽培植物有很丰富的材料，却没有提张骞的传说，但是在另一方面，它也没有把这树说成是一种新输入的东西，也没解释它的名称。它一开头就说胡桃仁叫做"虾蟇"（蛤蟆）。[⑦]

第七世纪后半《食疗本草》[⑧]的作者孟诜劝诫人们不要吃太多

① 伯希和谓此即《吴时外国传》（见 *Bull. de l' Ecole française*, Vol. IV, p. 270），因其中有第三世纪初期康泰出使时所获得的材料。参看 *Journal asiatique*, 1918, II, p. 24。《明史》谓胡桃产于忽鲁模斯（Bretschneider: Notices of the Mediæval Geography, p. 294）。

② 此书为公元527年之前所著，因为郦道元之《水经注》里引证了此书，郦道元死于527年。郭义恭大概是晋时（公元265—419年）人（参考 Pelliot: *Bull. de l' Ecole française*, Vol. IV, p. 412）。

③ 今之陕西省凤翔府宝鸡县。

④ 汉朝之阴平即今之四川省龙安府。甘肃省阶州也有一地与此同名，居民为西藏的氐族人（沙畹：《通报》1905, p. 525）。

⑤ 《太平御览》见同处；《格致镜原》卷76，第5页。《植物名实图考》见同处。我所能寻得的最早的引文出在段公路（约在公元875年）所著的《北户录》里（卷3，第4页，陆心源本），但是那上面只引了最后一句关于阴平所产胡桃的话。

⑥ 伯希和：《通报》1912, p. 375。上述那段文见于《图书集成》和《植物名实图考》（见同处）。我在津逮秘书本或稗海本的《酉阳杂俎》里未曾寻得。

⑦ 《格致镜原》（卷76，第5页）说这个定义是叶子奇在1378年所写的《草木子》里的定义（Wylie: Notes on Chinese Literature, p. 168）。

⑧ Bretschneider: Bot. Sin., pt. 1, p. 45.

胡桃，因其有害健康。[①] 乐史所著的《太平寰宇记》（太平年间出版，公元976—981年）说陕西省的凤翔府和山西省的绛州都种植胡桃。[②]

据《本草纲目》所说，“胡桃”这个名词最早见于宋朝开宝年间（968—976年）马志所著的《开宝本草》；那就是说这个植物或它的果实在那时候初次正式核准收入药剂书里。我们知道它一定在那年代之前已经为人所知了。寇宗奭在他著的《本草衍义》（卷18，第6页，陆心源本，1116年）里有一段讲述这果实在医药上的用途。

胡桃移植到中国所经过的路线，也可以探溯出来。它从突厥斯坦进入甘肃省，如苏颂所说的（参阅第88页），渐渐传布，首先到陕西，从陕西又到东边各省，但总是限于中国北部。苏颂说得清清楚楚，南方没有胡桃，它只生长在北方。陕西和洛阳（在河南省）产量很丰，而开封（汴州）所产的质量不高。南方只有一种野生的胡桃，本文下面就要讨论。江苏人王世懋（死于1591年）写过一篇文章论述园里栽培的果实，题目叫“果蔬”，他说“胡桃北果，而宜山种。吾地绝少，然亦可种。”[③]



几乎所有陕西省府县的地方志都把胡桃列在产品中。《山东通志》（卷9，第15页）说胡桃产在济南府、兖州府和青州府，以青州府所产的为最佳。山东省泰安府《东阿县志》（卷2，第32页，1829年版）上说胡桃在江河的流域生长得很茂盛，雒南志提到从

① 《唐宋白孔六帖》卷99，第12页。

② 《太平寰宇记》卷30，第4页，卷47，第4页（金陵书局本，1882年）。

③ J. de Loureiro（*Flora cochinchinensis*，p. 702）也说胡桃只出于中国北方各省。

胡桃榨取油料。据说在雒南所有盛产的果实中,没有能和胡桃相比的。市上所卖剩下来的就足够点油灯之用。① 在"油类"这一项下面,也提到胡桃油是这地区的产品。②

我们的植物学者扪探索出栽培的胡桃在山东、江苏、湖北、云南、四川各地都有。③ 威尔逊说他在任何地方都没有见过自生的胡桃树,他认为胡桃不像是中国产的。他的看法确实从历史研究结果得到证实。

在东三省和黑龙江地区,河北、湖北、四川、云南等地④有一种野生胡桃(核桃楸或 cathayensis Dode)。这种树是黑龙江和乌苏里河流域⑤特有的。哥尔德人称之为 kočoa 或 košoa,满纳格人称之为 korčo,吉尔亚克人称之为 tiv-alys。这个哥尔德语的字很是古老,因为它见于古代女真话(Jučen 或 Niüči)里,写成 xušu⑥,在

① 引自《商州总志》中的雒南志,卷 8,第 3 页,1744 年版。

② 同上,卷 8,第 9 页。法国以前从胡桃榨取油,供食用,上漆,点灯,并用于医药上,据说有打虫的功效(Ainslie: Materia Indica, Vol. I, p. 464)。

③ 特别要参看 C. S. Sargent 所著 Plantae Wilsonianae, Vol. III, pp. 184—185 (1916 年版)。安得孙(J. Anderson: Report on the Expedition to Western Yunan, p. 93, Calcutta, 1871)提到胡桃为云南产物。《滇海虞衡记》(卷 10,第 1 页)说最好的薄皮胡桃出在云南之漾濞江。

④ Forbes and Hemsley: *Journal of the Linnean Society*, Botany, Vol. XXVI, p. 493; Sargent: 同上书 pp. 185 及以下几页。J. de Loureiro (Flora cochinchinensis, p. 702)于 1788 年著书,提起一种名叫 Juglans camirium(安南语 deâu lai),"在交趾支那有野生与栽培的两种",还有一种名叫 Juglans catappa(安南语 cây mo cua)"生在交趾支那山上的森林里"。

⑤ Grum-Gržimailo: Description of the Amur Province (in Russian), p. 313.

⑥ W. Grube: Schrift und Sprache der Jučen, p. 93.

满洲语是 xôsixa。此字之古老可以从蒙语同类字 xusiga 看出。这一系列字原来都是用于野生本地产的胡桃 Juglans mandshurica。满洲话的 xôsixa 指的是这种树,而它的果实叫做 xôwalama 或 xôwalame usixa(-ixa 是植物和果实名字的常有的词尾)。人工栽种的胡桃叫做 mase。[①] 最早到黑龙江地区探险的人当中有一位哥萨克酋长名叫巴亚科夫,他于 1644 年到达黑龙江,他的报告书说达瑚尔人在泽雅河和黑龙江种植胡桃和榛子。[②]

云南省土著也知道这一种胡桃树。摆夷族和掸族叫它的果实为 twai,[③]泥族称之为 se-mi-ma,阿西族称之为 sa-mi。贵州的仲家族称之为 dsao,雅赤苗称之为či或 ši,花苗称之为 klaeo;而其他苗族就用汉语"核桃"。[④]

野胡桃在中国并不是长久无人知,很奇怪它是叫做"山胡桃",这"山"字是指一切野生的植物。"山胡桃"(野生的伊朗桃)是一种语言上的变体。这名词证明中国人是在栽种的胡桃输入之后才发现本国野生的胡桃并给它起了名字,而且栽种的胡桃因为是从外国来的,所以不是由野生的而得名。这情形和苜蓿及葡萄树一样。陈淏子在 1688 年所写的《花镜》(卷 3,第 49 页)里是这样来断定栽种的和野生的胡桃不同之处:栽种的胡桃皮薄肉多,



① 《五体清文鉴》卷 28,第 55 页。

② L.v.Schrenck:Reisen und Forschungen im Amur-Lande, Vol.III,p.160.

③ F. W. K.Müller:《通报》Vol.III,1892,p.26。

④ S. R. Clarke:Tribes in South-West China,p. 312.

容易敲碎,[1]野生的胡桃皮厚且硬,要用斧头敲才能碎,生长在燕和齐(河北和山东)。这话说得很中肯;胡桃的外皮受了栽培愈变愈细。

最早提到野胡桃的文章出在唐朝。段公路(大约公元875年)所著的《北户录》[2]里有一篇论述华南山区里生长的一种野胡桃:"山胡桃皮厚底平,状如槟榔。其大者如扶畱头,[3]味次阴平乐游胡桃,别作杏膏香,但不耐停耳。广志云阴平胡桃皮脆,急投之,即碎其虾蟇背,见柳世隆谢乐游苑。胡桃云,胡羯奔逃,[4]吉之先见也。郑虔[5]又云,山胡桃无穰实心,磨之可为印子。据说即非南山

① 按《植物名实图考》(卷31,第3页)所说,薄皮的胡桃只出在河北省永平府,称为"露穰核桃"。迈尔(Agricultural Explorations in the Orchards of China,p. 51)提到永平府昌黎县有此胡桃,他说:"有些树所结的果实小,味道低劣,有些树所结的果实大,味美,壳极薄,一捏即碎,有如花生。介乎这二者之间还有在外壳的坚脆,果实的大小,味道的优劣等方面各不相同的许多种胡桃。"他又说:"在英国胡桃的种类很多,其果实的形状,果肉的厚度,外壳的薄度,各不相同。薄壳的那种很名贵,但是常被山雀糟蹋。"(Darwin: Variation of Animals and Plants under Domestication, Vol. I, p. 445)。有一种薄壳的胡桃出在希腊的佩洛斯(Paros)岛(T. v. Heldreich: Nutzpflanzen Griechenlands, p. 59)。

② 参看 Pelliot: *Bull. de l'Ecole française*, Vol. IX, p. 223。

③ 第三世纪或第四世纪初张勃所著《吴录地理志》最早提到"扶留"(见《齐民要术》卷10,第10页)。此名词指的是 Piper betle (Bretschneider: Chinese Recorder, Vol. III, 1871, p. 264; C. Imbault-Huart: Le bétel,《通报》Vol. V, 1894, p. 313)。汉语名称是译音,相当于古安南语的 blâu;弥孙语(Mī-sōn)的 Uy-lô,和亨语(Hung)的 plu,吉蔑语(Khmer)的 m-luw,斯帝恩语的 m-lu,巴那语(Bahnar)的 bö-lou,卡语(Kha)的 b-lu("betel")。

④ 把"桃"与"逃"作为双关语,这是开玩笑的解释。

⑤ 郑虔乃失传了的《胡本草》的作者(贝烈史奈德所著 Bot. Sin., pt. 1, p. 45),他是第一人唤起对野胡桃的注意。《北户录》里屡屡引证他的话。

中胡桃也。"[①]

唐朝刘恂(昭宗皇帝[公元889—904年]时代的人)所著的《岭表录异》(卷2,第5页,武英殿本)中说过下面这些有关野胡桃的话:"偏胡桃出占毕国,[②]肉不堪食。胡人多收其核遗汉官,以称珍异。其形薄而尖,头扁如雀嘴。破之而食,其桃仁味酸,似新罗松子。[③] 性热,入药亦与北地桃仁无异。"

《北户录》(卷3,第5页,陆心源本)也说这种偏胡桃生长在占毕国,形状像新月,波斯人[④]拾而食之,有一种清香,香味较中国的桃仁为浓,但是在治病的效用上是一样的。

这里所叙述的这种胡桃和野核桃是同一物,名叫中国白胡桃,通常是矮树丛,但在潮湿的树林里也长成十二至十五米高的树。

① 《北户录》卷3,第4页(陆心源本)。

② 这两个字在此书里颠倒了。其后的《北户录》里所写的这个国名为"占卑"。此书提到了马来亚波斯,由此可以推断占毕是马来亚的领土,大概在苏门答腊。因此我不禁要认为"占卑"和"詹卑"是一个地方,即东苏门答腊的首都占比(Jambi)(Hirth and Rockhill:《赵汝适》pp.65, 66;又参看Groeneveldt:Notes on the Malay Archipelago, pp. 188, 196和Gerini:Researches on Ptolemy's Geography, p. 565;《岭外代答》卷2,第12页)。但是从语音观点看来,唐朝的译音"占卑"是代表古音čan-pit,那就得先有原字čambit,čambir或jambir;而"卑"字的字尾却没有辅音。"占卑"国是在公元852年(大中六年)初次提到的,那年勿邪葛率领六人来到汉宫,以土产进贡(《太平寰宇记》卷177,第15页)。第二次使节的进贡记载在871年(Pelliot: *Bull. de l'Ecole française*, VoL. IV, p. 347)。

③ Pinus koraiensis Sieb. et Zucc.(松村任三:《日本植物名汇》, pp. 266—267, 1915年版),在日语为čosen-matsu("朝鲜松"),又参考Stuart: Chinese Materia Medica, p.333。"新罗"(日语为Šin-ra, Širaki)是古代Silla王国的名字,在朝鲜北部。

④ 这里所说的波斯决不是Persia,因为《北户录》所讨论的是广东,安南以及中国以南的国家所产的物品(Pelliot: *Bull. de l'Ecole française*, Vol. IX, p. 223)。参看本书"马来亚波斯及其产物"章。上面所引《岭表录异》的话大概是出在《北户录》。

我没听说任何马来亚地区有这种树。但是，在占毕，它和爪哇橄榄（橄榄科）的果实一样，马来语叫做 kanari，爪哇语叫 kenari。克劳弗特[①]还不能鉴定这树，他说："印度群岛所有产品中，kanari 树出产最好的食用油料。这是一种美丽的大树，结的果实椭圆形，和胡桃差不多大。果仁像榛子一样味美，多油。在产此树的国家里，它要算一种最有用的树。把果实熏干或晾干以备用。或榨出油来，用于烹调，比椰子油更鲜美可口。果仁掺上一点西米粉制成糕点，可当主食品。出产 kanari 的国家也产西米树，再往西去就见不到这些树。现代由于交通工具方便，这东西也传到了西里伯和爪哇。"

《酉阳杂俎》[②]说："蔓胡桃出南诏，大如扁螺，两隔，味如胡桃，或言蛮中藤子也。"我们别忘了这书的作者段成式也描写过栽培的胡桃。

《太平御览》里还有一篇关于野胡桃的文章是录自《岭表录异》，但是这部书在 1775 年武英殿藏书所印的那版本里没有这篇文章，文如下："山胡桃皮厚而坚，大于北府。[③] 底平如槟榔。多肉少穰，亦与北中者相似。以斧睡之方破，或取之自底，磨平以为印子，其隔屈曲类篆文也。"[④]

① History of the Indian Archipelago, Vol.I,p.383.

② 《酉阳杂俎》卷 19，第 9 页（津逮秘书本）；或卷 19，第 9 页（稗海本）。

③ 这句话和第一句话都与《北户录》里胡桃的定义一致。

④ 《太平御览》卷 971，第 8 页。这段文在《本草纲目》和《格致镜原》（卷 76，第 5 页）也引证了，用的名称是"山胡桃"，而不是"大胡桃"。《广群芳谱》（卷 58，第 26 页）里总标题"野胡桃"下也引了这段文。《本草纲目》开头第一句就说南方有一种野生的胡桃。从《太平御览》这段文也可以推断野胡桃出在华南。

周去非在1178年所著的《岭外代答》[①]谈华南及东京（在越南）的植物时提到一种"石胡桃"，很像石头，几乎没有什么肉，味道很像北方的胡桃。这里所讲的是另一种野胡桃。我在其他作品中还没有见过"石胡桃"这名称。

唐朝作家们所用以称呼野生胡桃的各种名称（偏胡桃、山胡桃、蔓胡桃、大胡桃），加以有两个作者都描写了"偏"和"山"两种胡桃，这就引起了一个问题：这个名称是否还指别种的植物？除了野胡桃之外，其他果实是否也包括在内？关于这一点，倒有一件有趣的事情，最近迈尔在浙江所发现的一种胡桃（hickory），萨真特[②]断定它属于山核桃，据迈尔说它俗名 shan-gho-to，这显然和我们的"山胡桃"是一回事。这并不是说这名称专指 hickory，而只是说在当地 hickory 也属于山胡桃这个范畴。Hickory 在中国分布的范围我们还不知道，我们所得到的关于山胡桃的记述中都没提浙江。

在描述盘山的《盘山志》[③]里，山胡桃是楸皮（Catalpa bungei）的别名。楸皮是在山上采集的，为医药上之用。——大概因为这树皮的结构和胡桃树皮的结构有些相似。而且，又说野生胡桃生

① 《岭外代答》卷8，第10页（知不足斋丛书本）。

② Plantae Wilsonianae, Vol. III, p. 187.

③ 1755年奉乾隆之命而出版的《盘山志》卷15，第2页。盘山在河北省，由北京东行三四天的路程。山顶上有一座富有趣味的佛寺，山脚有御用驿舍。我曾于1901年9月游过此地。F. N. 迈尔（Agricultural Explorations in the Orchards of China, p. 52）说在京西盘山区现在还可以看到几种地道的野胡桃，生在有大石头的山峡里。

长在西芙蓉山，此山为江西省建昌府抚州的麻姑山的一部分。[①]

栽种的胡桃是在第四世纪晋朝时代中国才有人知道，而华南所产野生的胡桃是在几百年之后唐末时候才为学者们所注意。这事提供了一个绝好的足以为训的实例，它揭露出植物学家和其他人们常有的一个错误看法：对于栽种的植物只凭植物学上的证据就下结论。他们所最爱提的论证是假如在某地区一种野生的植物和与它同类的栽种的植物同时存在，那就认为栽种的这种只是从野生的那同种植物产生出来的。这是一个靠不住的结论。中国的胡桃（葡萄也如此）是一个实例，它证明事实恰恰与此相反：一种野生的胡桃（也许好几种）是中国本国产的，然而在这地区所栽种的那一种并不是从本国胡桃产生出来的，而是从亚洲中部的伊朗地区和西藏地区所输入的种子长出来的。人们常用植物学上的教条来攻击亨因的推论。植物学家们宣称葡萄树、无花果、桂树和桃金娘自太古以来就是希腊和意大利土产的野生植物，同样地安石榴、丝柏和芭蕉在爱琴岛和希腊亦都是野生的，因此就推断这些植物栽种的那种一定也是本地产的，不是如亨因所说从东方传播来的。这只是诡辩而已：植物学家们还拿不出证据来证明栽种的植物确是从同种的土生植物里得来的。一种植物也许确是某一地区土生的，可是由于人民历史上的相互来往的关系，同类栽培的植物很可能从外地传入。只有凭着苦心地研究历史方能断定栽培的植物的来历。恩格勒不信中国有野胡桃，就因为有一种栽种的胡桃从西

① 《麻姑山志》（卷3，第6页），此书为一黄姓所著，1866年由洞天书屋出版。麻姑山里有三十六个洞，供奉道教女神麻姑。

藏传播到了中国。这种逻辑会产生什么结果是显而易见的。威尔逊在植物学家当中应当给予一定的地位,因为他在中国仔细地研究了这问题之后,承认“胡桃决不可能是中国土生的”。

胡桃在中国的情形和在地中海地区一样:胡桃是天然生的,更好的栽种的胡桃是从波斯来到希腊,希腊人把它传到罗马,罗马人把它移植到加利亚和日耳曼尼亚。胡桃占着全温带很广阔的天然地区,从地中海,经过伊朗,喜马拉雅山,直达华南和中国沿海各省。尽管它天然分布范围是如此,事实还是事实:伊朗是最好品种的栽种胡桃的原产地和中心,这些品种由此地传到希腊、印度、亚洲中部和中国。

田中博士从日本文献里节录下面这段关于胡桃的文章给我们。



“这是译自贝原益轩所著《大和本草》(卷10,第23页,1709年版)里关于胡桃的论述:

“胡桃,有三种。第一种叫鬼胡桃,圆形,有厚硬壳,难敲碎,肉少。在‘本草’(‘本草’常指《本草纲目》)里,它叫做山胡桃。普通去壳的方法是把它在炭火上烤一会,猛投到水里使冷,然后再从水里拿出来,敲打壳子的接缝处,它就裂开了,果肉很容易取出。第二种叫做‘姬胡桃’,壳薄,扁形,用铁锤敲打接合处时,很容易破。肉很满,多油,味道比上面说的那种好。‘鬼’和‘姬’这类名字是由这果实的形状而来,前者又粗又丑,后者很美。

“第三种据说是来自朝鲜,壳薄易碎,肉少但质佳。孟诜(第七世纪后半《食疗本草》的作者)说:‘食之令人能食,通润血脉,骨肉细腻光润,堪称良药。’欲知详细情形可参看这本草里的处方。

“以下节译小野兰山所著《本草纲目启蒙》(卷 25,第 26—27 页),1847 年经非口望之校订(1804 年初版)。

“kotō,kurimi(胡桃,var. sinensis Cas.,引自松村任三所著《日本植物名汇》1915 年版,第 1 卷,第 189 页)。

“日本名:tō-kurimi(中国胡桃);čosen-kurimi(朝鲜胡桃)。

“汉语同义字:kaku-kwa(Jibutsu imei);činsō kyohō(见同书);inpei činkwa(见同书);kokaku(Jibutsu konšu);kenša(见同书);tōšūši(Kunmō jikwai)。

“果仁的名字:kama(Rōya taisui-hen)。

“山胡桃的别名:sankakutō(Hokuto-roku);banzai-ši(Jonan Hoši);šū (Kummō jikwai)。

“真正的胡桃最早产于朝鲜,在日本不常种。

“叶子比 onigurumi(大胡桃,Juglans sieboldiana,大部分引自松村任三,同上章节)的叶子大,果壳也大,一寸(sun,1.193 英寸)多长,壳面有较多条纹,果仁也较大,有更多折痕。



“在我国常种的是 onigurumi,缩写为 kurumi;本地名叫 ogurumi(加贺省),okkoromi(东部各省)等。这种大胡桃长成大树。它的叶子很像漆树叶(Rhus vernificera DC.),略大些,边上呈细锯齿形。春天出新叶,秋天开花。

“花串像荑荼花絮(chestnut-catkins),但大得多,从六寸到七寸长,黄白色,悬垂状。个别花很小,像栗子花。果实是桃形绿色,但成熟时变黑。果壳很硬很厚,要打开它先要放在火里烧一会儿,然后把刀插进两壳之间的缝上,它就开了。果仁可充食物,也可用以饲小鸟。

“有一种胡桃叫做‘姬胡桃’(Juglans cordiformis,引自松村任三,同一章节),或‘me 胡桃’(来自加贺省)皮薄纹少,果仁很容易取出。这部本草的注解上说这种胡桃出陈仓(中国陕西省凤翔府的一个地方),壳薄面多,所以我们称之为(陈仓胡桃)。[①] 这种胡桃是公认为山胡桃中之上乘,因为别种胡桃都没有这种马鞍形的果仁,完全可以从壳内取出。

“有一种叫做‘乌鸦胡桃’是越后省的产物;它的壳熟了自开,开时很像乌鸦嘴,因此叫做乌鸦胡桃。

“另外一种会津县的大潮村出产的叫作‘岩六胡桃’,壳小能当做袋上绳扣用。它的名字得之于最早在园子里种植这胡桃的人,名叫穴泽岩六。据说这种胡桃在甲斐省也有。

“在羽州省(羽前和羽后)的能代县有一种胡桃,体积大得多,皮较薄,很容易用手捏碎,不必用工具就可取出果仁。因此它的名字就叫‘手打胡桃’。”



这些日语的记述中最有趣的一点是栽培的胡桃如何由朝鲜传到日本的传说。而朝鲜又有一传说,说胡桃在一千五百年前新罗王国[②]时由中国来到朝鲜,胡桃的朝鲜名字就是从中国名字来的:ho do 等于胡桃,kaṅ do等于“羌桃”,ha do 等于“核桃”。明朝的地理说胡桃为朝鲜产。[③]

① 对照本书第 95 页。

② *Korea Review*, Vol. II, 1902, p. 394.

③ 《大明一统志》卷 89,第 4 页。

# 安 石 榴

5. 坎多勒[1]苦心研究安石榴(Punica granatum,这一属植物在石榴科中只有两个种)的传播情况,把研究的结果作如下的总结:“最后植物学、历史和语言学各方面材料都一致证明现代这种安石榴是波斯及其邻近国家所产。在有史以前就已开始种植。它早期散布很广,最先向西方,其后往中国传播,因而在某些地方归顺了地土,由此关于它的原产地造成了错误的说法,因为它很常见,古老而且寿命长。”其实在伊朗安石榴是在多石的地上自然产生的,尤其是在波斯的古尔的斯坦、俾路支斯坦和阿富汗等地的山区里。我的看法完全和坎多勒一致,他的意见,我在下面的探讨里就要大大加以证实。我完全不为恩格勒的看法所动摇,[2]他认为石榴在希腊和希腊群岛上是野生的,因此它在前亚细亚和巴尔干半岛的一部分地区是本地产的,而它在意大利和西班牙的繁殖据推测是在古代栽培之后的事。第一,这些所谓的希腊野石榴树不是自然产生的,而是由栽培的而倒退到野生的状态。[3] 蒲山也是这样说的。[4] 第二,尽管如此,所有古代希腊有关石榴的记载都是只

① Origin of Cultivated Plants, p. 240.

② 在 Hehn 所著的 Kulturpflanzen, p. 246(8th ed.)。

③ 但是我不能同意蒲山的看法,说伊朗和印度西北部的野石榴也属于这一类;那地区过于广阔,不能作这样狭窄的解释。蒲山之所以对事持着偏见是为了使自己的假定——即阿拉伯原来有土生的胡桃树的说法——可以成立(参看下面)。

④ Vorgeschichtliche Botanik, p. 159.

涉及栽培的石榴，绝无谈及野生的石榴。史剌德[1]跟着恩格勒作出毫无理由的推测，说希腊字ῥοά原来是应用于本地产野生的石榴上，后来才转用于栽培的一种。本文下面就要解释，这个希腊字是一个外来字。坎多勒说得很正确，这种果树在地中海盆地的归化只是由于原地区的扩大；亨因指出希腊人种植这果树的年代是在荷马时代之后，得自小亚细亚，这话也很对。

蒲山[2]认为欧洲绝对不可能有本地产的石榴树；关于巴尔福在索柯特剌的岛上所发现的 Punica protopunica，他提出阿拉伯·菲力克斯是这树的原产地，但是他没有解释这种树怎样从这所谓中心地区传播出去。他反对劳贺雷关于埃及的结论，他相信这树在埃及从第十八朝代起就归化了；但是他忽略了劳贺雷所提的主要论点，那就是在埃及此树名是一个借自闪族语的外来字。[3]蒲山的理论与所有的历史事实都有矛盾，没有被任何人接受过。

石榴树据说在波斯古经里提到过，用的名字是 haδānaēpata，[4]此树的木材可当燃料用，它的汁用来祭神。不过只有现在印度和叶兹德的帕西两地的人作这样的解释，这是不很可靠的。石榴在

① Hehn：Kulturpflanzen，p. 247.

② Vorgeschichtliche Botanik，p. 159.

③ 这件事实在同时已为一个美国的埃及学家莫勒登克（Ch. E. Moldenke）所单独发现（1887 Leipzig Strassburg 的博士论文 über die in altägyptischen Texten erwähnten Bäume p. 115）；所以劳贺雷（Flore pharaonique，p. 76）说："莫勒登克和我差不多同时以不同的方法，完全肯定了我们对于石榴的埃及名称共同的发现。"又参看 C. Joret：Plantes dans l'antiquité，Vol. I，p. 117。蒲山的书在 1895 年出版，但他所用的劳贺雷的作品是 1887 年的初版，而不是 1892 年彻底修订和增补了的再版。

④ 例如 Yasna，62，9；68，I，又参看 A. V. W. Jackson：Persia Past and Present，p. 369。

帕拉菲语文学里倒是提到过。

伊斯兰教作家们和欧洲旅行家们有许多关于波斯石榴的典故。我们不必把所有证据都引来证明一个大家熟知的问题，那是没有什么益处的。只要参考一下法尔思[①]和下面这段从欧立阿里兀思[②]书上的节录就够了：

"在那地方生长着石榴树、杏树、无花果树，不用人照顾或栽培。尤其在基兰省，那里有整片的石榴树林。野石榴几乎到处都看得见，特别是在合剌伯克，味道很涩或很酸，他们把籽取出来，称这籽为Nardan，以此经营很大的买卖。他们用石榴作酱油，先把它浸在水里，用布滤过，可使酱油有颜色和辣味。有时他们把石榴汁煮滚用来在请客时染饭，可使饭的味道可口……最好的石榴出在叶斯特、哥疾云，但是最大的石榴出在合剌伯克。"

米尔咱·海达尔说巴鲁里斯坦有一种特产的石榴，既甜且纯，味又浓，籽是白色透明的。[③]

"葡萄、甜瓜、苹果、石榴，一切果品在撒马尔罕[④]都生长得很好"。忽毡的石榴是有名的。[⑤] 札罕吉尔皇帝在他的回忆录里提到雅兹德的甜石榴和法拉的略带酸味的石榴，并且说前者是全世

① G. Le Strange：Description of the Province of Fars in Persia，p. 38(1912年伦敦出版)。又见 d'Herbelot：Bibliothèque orientale，Vol. III. p. 188；与 F. Spiegel：Eranische Altertumskunde，Vol. I，p. 252。

② Voyages of the Ambassadors to the Great Duke of Muscovy，and the King of Persia(1633—1639)，p. 232(London，1669).

③ Elias and Ross：Tarikh-i-Rashidi，p. 386.

④ A. S. Beveridge：Memoirs of Bābur，p. 77.

⑤ 见同书，p. 8。耶律楚材也赞扬这种石榴(Bretschneider：Mediæval Researches，Vol. I，p. 19)。

界闻名的。[1] 克劳弗特[2]说："我所见过唯一好石榴是东波斯商队带到印度西北部来的那一种。"

《酉阳杂俎》[3]说埃及勿斯离[4]的石榴在阿拉伯国家（大食）有五六斤重。

关于石榴，我们也听到这样的传说，说它是张骞将军移植到中国的。这种看法就像胡桃的例子一样是汉朝以后的作品中才出现的。最早见于西晋时代（公元265—313年）的陆机[5]所著的《与弟云书》里。这篇文章流传下来，录在第六世纪的贾思勰的《齐民要术》（卷4，第14页，1896年新版）里。文章里说张骞为汉朝的使节到外国十八年，获得了"塗林"，这名字就是指安石榴。这种说法在张华的《博物志》和唐朝李冘（或李元）的《独异志》里都一再提到。另外一个正式的记述，证明在当时这种信念已被人们接受了，那就是唐朝的封演所著的《封氏闻见记》（卷7第1页，畿辅丛书本）他说张骞在西域得到石榴和苜蓿的种子，当时的唐朝这两植物在中国各地都有。宋朝高承[6]重述了这传说。陈淏子在他的1688年出版的《花镜》[7]里把这事当做毫无疑问的事实，说石榴籽来自安息（帕提亚），是张骞带回来的。张骞的传记里没有讲过这样的话，



① H. M. Elliot: History of India as told by Its Own Historians, Vol. VI, p.348.

② History of the Indian Archipelago, Vol. I, p.433.

③ 续集卷10，第4页（津逮秘书本）。

④ Old Persian Mudrāya, Hebrew Mizraim, Syriac Mezroye.

⑤ 原书汉字误作陆玑。——译者

⑥ 《事物纪原》（惜阴轩丛书本）卷10，第34页。

⑦ 卷3，第37页，1783年版。

汉书里也没有提过石榴。[①] 石榴来到中国的确实年月无法考查，但是在公元第三和第四世纪以前石榴树没有过任何记载。[②]

李时珍说“安石榴”这名词来自《别录》，但是他没有从这部古代作品里引证原文，所以真相不清楚。[③] 他所引的论述这问题的最早作者是陶弘景（公元451—536年）。陶弘景说：“石榴花亦可爱，故人多植之，尤为外国所重，有甜酢二种，医家惟用酢者之根壳。”据《齐民要术》所说，第四世纪的葛洪在他所著《抱朴子》里说到“苦榴”生长在多石的山地。的确，多石的山地是石榴长得特别茂盛的地方。宋朝的苏颂说石榴最早是种植在西域，而现在到处都有了。但是他和任何其他作者都没有肯定地说明石榴准确的原产地和年代。《药性论》、《本草拾遗》和《本草衍义》[④]都只有植物学上的论述，而没有关于历史的记载。

第三世纪吴朝（公元222—280年）的左思在他所著的《吴都赋》里提到了石榴。公元第四世纪的诗人潘岳说“榴者大卜之奇



① 贝烈史奈德不加辨别地重述了张骞的传说（Bot. Sin., pt. 1, p. 25; pt. 3, No. 280），因此坎多勒（Origin of Cultivated Plants, p. 238）也跟着错误地把石榴说成是张骞在纪元前一百五十年从撒马尔罕移植到中国的。F. P. Smith（Contributions towards the Materia Medica of China, p. 176）；司徒亚特（Chinese Materia Medica, p. 361）和夏德（《通报》, Vol. VI, 1895, p. 439）等都作同样的说法。

② 公元第二世纪的《金匮要略》（卷下，第27页）说石榴不可多食，能伤肺。前面已提过，这话或许是在原书上增添的。

③ 《证类本草》（卷22，第39页）并未引证《别录》，但是《植物名实图考》（卷15，第102页，卷32，第36页）从此书节录了两段有关石榴的话。一段阐述了石榴的真正的或所谓的药性，另一段列举了各种不同的石榴，但石榴是否原产外国却一字未提。我相信这两段在《别录》里都不是这样的。这问题并不重要，因为这书已失传了，没法确定它的年月，我们所能肯定的一点是它在陶弘景的时代之前就有了。

④ 卷18，第7页（陆心源版）；其他文章见《证类本草》（同前）。

树，九州[①]之名果，千房同膜，千子为一。”

《晋隆安起居注》里有下面这几句话：[②]“武陵临沅县[③]安石榴，子大如椀（碗），其味不酸，一蒂六实”。

晋朝的陆翙所著的《邺中记》（武英殿本，第12页）里说在石虎的园子里有石榴，粒大如杯，不酸。石虎或石季龙在位年限是公元335—349年，号称后赵太祖，“居摄天王”，迁都于邺，即今之河南省彰德府的临漳县。[④]

第四世纪中叶崔豹著的《古今注》[⑤]把石榴和柑（Citrus grandis）并提，把柑果的形状和石榴相比。《齐民要术》上有种植石榴树的方法。

《宋书》上有这么一段记载：“元嘉（公元424—453年）末，魏太武（公元424—452年）征鼓城，[⑥]遣使求甘蔗、安石榴。张畅曰：石榴出自邺。”这就是上面所说的地点。



《襄国记》[⑦]说龙岗县[⑧]有好石榴。上述各种例子都说明在最初石榴是被看做某些地方所特有的，因此它必定渐渐才传播到各

① 禹帝时代的古代中国分为九州。

② 《太平御览》卷970，第4页。关于“起居注”这一项记载可以参看 The Diamond，p.35。《渊鉴类函》（卷402，第2页）里所引这一段文却说是出于《宋书》。

③ 在湖南省。

④ 他的历史可参看 L. Wieger：Textes historiques，pp.1095—1100。贝烈史奈德（Bot. Sin.，pt.1，p.211）说除了陆翙的《邺中记》之外，还有另外一部同名的书为石虎所著，这话是错误的；石虎只不过是《邺中记》里的主人公。

⑤ 卷下，第1页（汉魏丛书或畿辅丛书版）。

⑥ 现今之河北省正定府（《宋书》作彭城。——译者）。

⑦ 《太平御览》卷970第5页；《齐民要术》（卷4，第14页）说这段文出于《京口记》。

⑧ 现在这地区是河北省顺德府城的一部分。

地。中国古代作者们显然都不知道这树最早是从什么地方来的，也不知道何时移植和如何移植。

《齐民要术》引郭义恭在公元527年以前所写的《广志》，把安石榴分为两种，一种甜的，一种酸的，这和陶弘景的分类法一样。提奥夫剌斯塔[①]已经作过这种区分。上面说过此外还有一种苦石榴。[②]

还有一件事情也非常有趣：有过一棵石榴退化变成了野生的。《庐山记》[③]里有这么一段记述："香炉峰头有大盘石，可坐数百人。石垂生山石榴。三月作花，色似石榴而小，淡红敷紫萼，辉晔可爱"。李德裕（公元787—849年）的一首诗开头一句是"余所居精舍前有山石榴"。[④]

著名的佛教旅行家法显在他420年所著的《佛国记》里说当他在印度河上游旅行时，那里的植物除了竹子、石榴和甘蔗之外都和汉土上的不同。[⑤] 这段文说明法显对中国的石榴树很熟悉。第七世纪玄奘说在印度处处都是石榴树。[⑥] 苏来曼（或无论这文章作

① Historia plantarum, II, ii, 7.

② Pliny（XIII, 113）辨认五种石榴：dulcia, acria, mixta, acida, vinosa。

③ 《太平御览》卷970，第5页，庐山在江西省，离九江二十五里。第十一世纪陈令举写过一部书叫做《庐山记》（Wylie：Notes on Chinese Literature p. 55）；但是因为《太平御览》是公元983年出版的，这里所提的必定是与此同名的一部更老的书。其实后周朝的景式写过一部《庐山记》；《渊鉴类函》（卷402，第2页）说这段文是引自周景式《庐山记》。芝加哥的John Crerar图书馆（No. 156）有一部1824年出版的蔡瀛著的《庐山小记》，共24卷。

④ 《李卫公别集》卷2，第8页（畿辅丛书本第10套）。

⑤ 参看J. Legge：A Record of Buddhistic Kingdoms, p. 24。

⑥ 《大唐西域记》卷2，第8页（S. Beal：Buddhist Records of the Western World, Vol. I, p. 88）。

者是谁)在 851 年著文着重地讲石榴果在印度产量丰富。[①] 伊宾·巴图塔说印度的石榴一年结果两次,他强调麻里奇群岛[②]上石榴的多产。[③] 无子石榴从合不勒送到阿克巴尔皇帝的宫里。[④]

第六世纪初萧子显编纂的《南齐书》[⑤](公元 479—501 年)上说在扶南(真腊或柬埔寨)有石榴。元朝的周大观在他著的《真腊风土记》[⑥]一书里也这么说。在杭州大白石榴叫做“玉榴”,而红色的被认为劣等品或次等品。[⑦]

下面的石榴古名称都是见于经传的:

(一)“塗林”du-lim 这个名称除了见于《博物志》之外,还有梁元帝作的石榴颂里也用了[⑧]。夏德[⑨]把这个名词鉴定为所谓“印度的 darim”。据他说肯定是张骞把这印度名称带到中国。他却没解释这事怎么可能发生。在梵文里石榴的名字(显然这就是夏德所提的果实)是dāḍima或 dālima,也叫dāḍimva,这字传到了马来

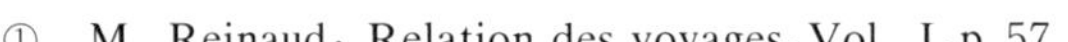

① M. Reinaud: Relation des voyages, Vol. I, p. 57.

② 明初旧译作“溜山国”(见《瀛涯胜览》及《西洋番国志》)或“溜洋国”(《星槎胜览》),其实“溜山”,“溜洋”皆指群岛而言,非地名专称。各书仍列举诸溜之名,如《西洋番国志》云:“溜山国……有八大处,曰沙溜,曰人不知溜,曰起来溜,曰麻里奇溜,曰加半年溜,曰加加溜,曰安都里溜,曰官坞溜。”(见向达校注本,32 页)其中麻里奇即Maldive的旧译,即郑和航海图中的“麻里溪”。——译者

③ Defrémery and Sanguinetti: Voyages d'Ibn Batoutah, Vol. III, p. 129.

④ H. Blochmann: Ain I Akbari, Vol. I, p. 65.

⑤ Pelliot: Le Fou-nan 载于 *Bull. de l'Ecole française*, Vol. III, p. 262。

⑥ Pelliot,同上书, Vol. II, p. 168。

⑦ 宋朝吴自牧著的《梦粱录》(卷 18,第 5 页,知不足斋丛书本)。

⑧ 《渊鉴类函》卷 402,第 3 页。此外由《北户录》卷 3,第 12 页注释中所引的一段可推断此话亦见于失传的《胡本草》。

⑨ 《通报》, Vol. VI, 1895, p. 439。

亚成为 delīma。[1] 汉语的译音显然和这字有些关系，但是汉语译音也显然不能完全用这个字来解释，因这字只能转写为 dulim 而不是 dalim。可能有两种说法：(一)这个汉语译音可能是根据印度土语的一个字，或像 dulim，duḍim[2] 那种类型的阿婆布琅沙语的字；(二)它或者是根据形式相同的某种伊朗方言的字，由于我们不知道指这种果子的古伊朗字，[3]这问题的困难就加深了。但是我们似乎可以肯定这个汉语译音不是从梵文字来的，否则我们一定会在各种梵汉辞典里见过这汉语字。梵汉辞典，尤其是《翻译名义集》，里面都没有"塗林"这个词，这是事实，而且据我所知，中国佛经没有提到石榴。中国人也没有说这个词来自梵文，平常如遇到来自梵语的词，他们向例要说明的。唯一肯定的是这词是张骞带回来的，那就是说中国人认为这词是从张骞所访问的伊朗地区来的。因此 Dulim，dulima 或 durim，durima 必定是某种伊朗方言里的石榴的名称。

① J. Crawfurd(History of the Indian Archipelago, Vol. I, p. 433)从马来语数目字"五"得出这个字来，"五"指的是石榴分为五个囊。当然这词原解释只是根据民间传说而来。这种果实肯定是由印度传到马来亚群岛，在那里它是人工栽培的，而且质量差。在菲律宾群岛只有西班牙人把它移植来(A. de Morga: Philippine Islands, p. 275, ed. of Hakluyt Society)。

② 我所知道的白话的读法有元音 a；例如，印度斯坦语 darim，孟加拉语ḍālim，dālim，或 dārim；纽瓦利语(Newāri)dhāḍe。现代印度亚利安语(Indo-Aryan)也采用了波斯字 anār。

③ 我认为这个梵语字是由伊朗语来的，犹如梵语的 karaka 一样，在《阿摩罗词典》中作为石榴的别名。dāḍima这字最早是在包尔的写本(Bower Manuscript)里提到；这字在吠陀文献中未见。

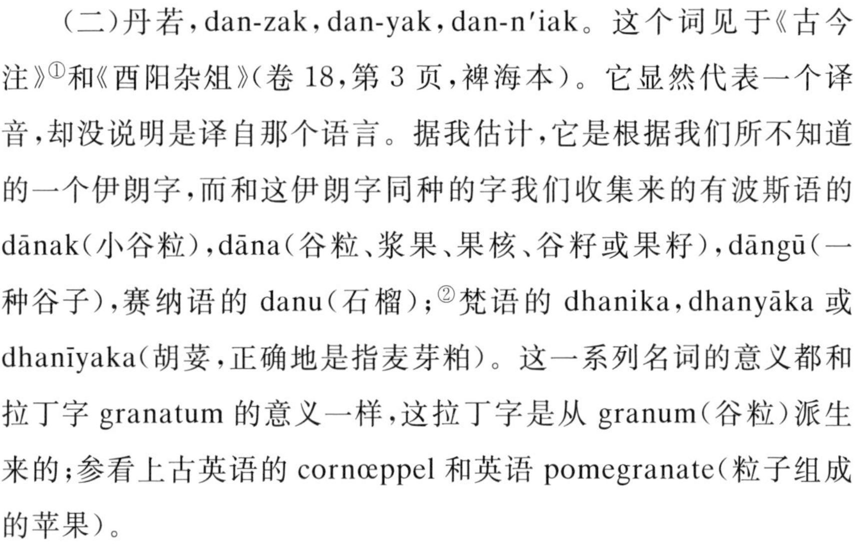

（二）丹若，dan-zak，dan-yak，dan-n'iak。这个词见于《古今注》[①]和《酉阳杂俎》（卷18，第3页，稗海本）。它显然代表一个译音，却没说明是译自那个语言。据我估计，它是根据我们所不知道的一个伊朗字，而和这伊朗字同种的字我们收集来的有波斯语的dānak（小谷粒），dāna（谷粒、浆果、果核、谷籽或果籽），dāngū（一种谷子），赛纳语的danu（石榴）；[②]梵语的dhanika，dhanyāka或dhanīyaka（胡荽，正确地是指麦芽粕）。这一系列名词的意义都和拉丁字granatum的意义一样，这拉丁字是从granum（谷粒）派生来的；参看上古英语的cornœppel和英语pomegranate（粒子组成的苹果）。

（三）安石榴或石榴。这个译音通常被人了解为“安国和石国的榴”，或“安石国的榴”。这种看法载于《博物志》，上面已说过，此书也提到张骞的传说和“塗林”这个名字，还说这东西是安国和石国的榴所结的子，因此张骞回国后就采用了“安石榴”这个名称。[③]贝烈史奈德晤示说“安”和“石”是小国土，在汉朝时候它们附属于康国。在唐朝，“安”这个国名指的是不花剌“石”指的是塔什干。但是这两个地理上的名称怎会合并成为一个，用来作为石榴产地的名称，这是不可信的事情。我们宁可还是假设“安石”an-sek，



① 至少百科辞典里是这么说的。但是汉魏丛书和畿辅丛书所出版的这部作品里没有这个词。

② W. Leitner：Races and Languages of Dardistan，p. 17.

③ 贝烈史奈德（*Chinese Recorder*，1871，p.222）说这个定义为李时珍所创，此说不确，其实李时珍只引《博物志》的话，他本人没有下什么定义，除了说“榴”字意思是“瘤”，当然这话不可当真。在热河有一种石榴名叫“海榴”（O. Franke：Beschreibung des Jehol-Gebietes，p.75），字面的意思是从海上来的“榴”，与“洋榴”无异。

ansak,ar-sak 是表示一个单名,符合于帕提亚王朝的名字 Arsak,它和“安息”Ar-sik,及“安西”Ar-sai 相等。其实“安石”是这些译名中最好的一个。当然我们希望能从中国人听到关于这个怪名字怎么传来和何时传来的[①]明确有趣的故事,因为这个名字在他们植物学专门用语中是很独特的,但是这种故事却不见于记载中,或者即使有过记载,也已失传了。显然“榴”这个植物名称也是一个伊朗字的译音,中国人从住在帕提亚以外的伊朗人把这字整个采取了来,而那些伊朗人是从帕提亚地区得到此树或灌木的,所以称它为“帕提亚石榴”。这树不像是直接从帕提亚移植到中国的,我们不得不假设这树是逐渐移植过去的,在这移植的过程中,伊朗本部以外的伊朗殖民地,以及粟特和突厥斯坦的殖民地,起了很大的作用。我们知道粟特语里的石榴这个字,它是写成 n'r'kh,这字的读法由哥提欧[②]改成 nārāk(a)是从 anār-āka 发展来的。也见于波斯字 anār,蒙古人也采取这同一字形,而回鹘人却读作 nara。但是无论如何必须根据汉语译音把某种伊朗方言的古字 riu,ru 还原。在我看来,希腊字 ῥόα 或 ῥοιά 也是以这个失传了的伊朗字为根据,这个字的起源还未得到解释或至少没有得到正确的解释。[③]

① 参看“安息香”(“帕提亚的香”),为 styrax benzoin 的名称。

② Essai sur le vocalisme du sogdien,p.49。又参看亚美尼亚语 nrneni 指这树,nurn 指果实。

③ 史剌德所列举的这希腊字的词原(在 Hehn 的 Kulturpflanzen,p.247)都是过于离奇和牵强附会,值不得讨论。当然我们无须认为这个字直接来自波斯语,但是我们必须注意它的逐渐传播和经过小亚细亚那些不明的环节。按照 W. Muss-Arnolt 所说(*Transactions Am. Phil. Assoc.*,Vol. XXIII,1892,p.110)西利亚语(Cyprian)的 ῥυδια 不可能与这希伯来字有什么关系,然而这个方言字还不能证明与 ῥόα 有何关系;它很可能是单独由本地音发展而来的。

还有闪族语名称，希伯来语 rimmōn，阿拉伯语 rummān，阿木哈立克语 rūmān，叙利亚语 rūmōnō，阿剌迈克语 rummāna，从这个字又引出埃及语的 arhmāni 或 anhmānī(科普提克语 erman 或 horman)。[①]

（四）"若榴"zak(yak，n'iak)-liu(riu)。这个词是(二)和(三)里的音素混合而成的复合语，见于公元 265 年[②]张揖[③]所著的《广雅》。第四世纪的诗人潘岳也用过这个词，上面已提过。[④] 这个译音最终可以追溯到一个伊朗字。日语的 zakuro 就是根据这汉字。[⑤]

虽然没有直接的历史证据，这树的汉语名字很明显所涉及的是伊朗语言。而且，中国人把这树本身看成是外国产品，它最初来到中国似乎是第三世纪后半叶。



照我的看法，石榴树也是从伊朗地区移植到印度的，大概在公元第一世纪。在吠陀文学、巴利(Pāli)文学和早期的梵语文学里都没提到这树；dālima，dāḍima等字可以追溯到伊朗语的 dulim(a)，这伊朗字要根据汉语译音还原来求得。西藏人好像是从尼泊尔人获得此树，这从他们古字 bal-poi seu-šlṅ(尼泊尔的石

① V. Loret：Flore pharaonique，p. 76；葡萄牙语 roma，romeira 来自阿拉伯语；盎格鲁撒克逊语(古英语)rēad-œppel。

② 这是瓦特尔斯所说的年代(Essays on the Chinese Language，p. 38)。贝烈史奈德(Bot. Sin.，pt. 1，p. 164)指明的年代约在公元 227—240 年。

③ 原书汉字误作"张损"，拼音不误。——译者

④ 《唐类函》卷 183，第 9 页。

⑤ 亦写为"楉榴"。E. Kaempfer(Amoenitates exoticae，p. 800)已提过这个词为 dsjakurjo，俗称 sakuro，并说"在这种气候罕见，其果实亦不佳"。

[seu]树)[1]可以看出。石榴果从印度传播到马来亚群岛和真腊(柬埔寨)。占语的 dalim 和吉蔑语的 tātim[2] 都是根据梵语字。《酉阳杂俎》(卷 18 第 3 页)所指出的那一种云南省南诏所产的皮薄如纸的石榴或许也是从印度来的。安得孙[3]说石榴是云南的产物。

在很早的年代石榴酒就已闻名于全部近东地区。在 Cant. VIII,2 的 āsīs 名下(通俗拉丁语 mustum)和在埃及文稿的 šedehit[4] 名下都指出了。迪欧斯柯利兹[5]论述到石榴酒(ῥοιτης οἶνος)。耶律楚材在他著的《西游录》(公元 1219—1224 年)谈到忽毡的石榴有两个拳头大,带甜酸味道。他说把三五个石榴果的汁榨在杯里,就成为绝妙的饮料。[6] 在顿逊国(田那舍里 Tenasserim)有一种酒树很像石榴树;把花汁榨出放在瓮内,过几天就变成好酒。[7] 海南的居民用石榴花酿酒。[8] 我还没看到任何书上提到中国人制的石榴酒,也没听说他们确实制过这种酒。

因为石榴多子,在中国被看做多子多孙的标志,这是人所尽知的,石榴成了民族人口兴旺的象征。这象征最早在《北史》里讲到,

---

① 这事情我已在 1916 年《通报》第 408—410 页上讨论过。在彝族语里有阿西语 sa-bu-se 和泥语 se-bu-se。sa 或 se 的意思是"谷粒",相当于西藏语的 sa-bon("种子")里的 sa。最后的 se 音的意义是"树"。果实叫做 se-bu-ma (ma 为"果实")。

② Aymonier and Cabaton: Dictionnaire čam-français, p. 220.

③ Report on the Expedition to Western Yunan, p. 93 (Calcutta, 1871).

④ V. Loret: Flore pharaonique, pp. 77, 78.

⑤ Dioscorides, v, 34.

⑥ Bretschneider: Mediæval Researches, Vol. 1, p, 19.

⑦ 《梁书》卷 54,第 3 页。

⑧ Hirth:《赵汝适》, p. 177。

它说在齐王安德和李祖收之女结婚时，有人给他献了两只石榴，李祖收解释说石榴包藏着许多子，含有祝他多子多孙的意思。因此这果实至今仍然是最好的结婚礼品或在喜筵上重要的食物。[1] 在现代的希腊也如此。阿拉伯人的新娘到了新郎帐篷前下马的时候，接过来一只石榴，她把它在门槛上撞碎，把子扔进帐篷里面去。[2] 阿拉伯人就要男人像石榴一般，——又苦又甜，在太平的时候对朋友们很温和有情，但遇有必要起而自卫或保卫他的邻居的时候，就会激起一股正义的怒火。[3]

## 胡麻和亚麻

6. 在坎多勒的著作[4]里我们读到这样的话："从中国的作品里似乎可以看出胡麻在公元前还没有传播到中国。关于胡麻最早确实的记载见于第五或六世纪的《齐民要术》里。在那时以前，此植物的名字常和亚麻混淆起来，亚麻的籽也产油，但它在中国的年代不很久。"他这话是引证贝烈史奈德的说法。贝烈史奈德说：按本草所说，胡麻（Sesamum orientale）是张骞从大宛带回来的。[5] 在他所著的《中国植物学》里肯定地说"胡麻"（外国麻）是公元前第二

---

① 例如，见 H. Doré：Recherches sur les superstitions en Chine，pt. 1. Vol. II，p. 479。

② A. Musil：Arabia Petraea，Vol. III，p. 191.

③ C. M. Doughty：Travels in Arabia Deserta，Vol. I，p. 564.

④ Origin of Cultivated Plants，p. 420.

⑤ *Chinese Recorder*，1871，p. 222；夏德采录在《通报》Vol. VI，1895，p. 439，又在 *Journal Am. Or. Soc.*，1917，p. 92 重申此说。

世纪从亚洲西部传播到中国。[①] 司徒亚特[②]也说了这同样武断的话。

这个理论所包含的内容只不过是:《本草纲目》[③]里有陶弘景(公元451—536年)的这样一句话:“胡麻本生大宛,[④]故名胡麻(伊朗麻)”。他没提到张骞,也没提胡麻传播到中国的年月,这段话由于缺乏准确性和缺乏年代及其他情况的证据,对任何熟悉中国记述的人看来,它必定会引起怀疑。有关大宛的记载都没提到胡麻,这名字在史书里也没有见过。陶弘景是一个道教大家,采药师,炼丹术士,迷于长生不老术,他从来没出过国门,对大宛绝对不会有什么特殊知识。他只凭想象说因为苜蓿和葡萄是由大宛(胡人的国家)来的,那么胡麻既然也是胡国的植物,必定也是从那个地方来的。这种幻想不能当做历史看待。从所引的这段话只能推断出陶弘景也许对胡麻很熟悉。李时珍引用第十一世纪沈括[⑤]所著的《梦溪笔谈》里的话,说“古者中国止有大麻(Cannabis sativa)其实为黄,汉使张骞始自大宛得油麻[⑥]种来,故名胡麻,以别中国大麻也。”宋朝的郑樵(1108—1162年)著的《通志》(卷75,第33页)更加发挥了这个张骞的传说。公元983年出版的《太平御览》

① *Chinese Recorder*, p.204。然而他说这部本草里没有谈到大麻,此物必是晚期移植来的。这话和他前面的说法有矛盾。

② Chinese Materia Medica, p.404.

③ 卷22,第1页,亦见于更早以前的《证类本草》卷24,第1页。

④ 1116年的《本草衍义》(卷20,第1页,陆心源本)亦重述这个传说而未提出处。

⑤ 这位作者就是被贝烈史奈德误称为“陈存中”(Bot. Sin,, pt. II, p. 377)。“存中”是他的号。

⑥ 胡麻的别名。

(卷841,第6页)引用了一部不知年月的《本草经》的话,说张骞从外国得到胡麻和胡豆。[①] 因此这个传说看来是出现于宋朝(公元960—1278年),那就是张骞死后一千多年。可是偏偏有一些有头脑的学者们要我们把这种话当做汉朝的真正历史。

这个传说在唐朝完全没有人知道:《唐本草》没有提起胡麻的传入,也没有在这件事上谈起张骞。

像苏颂所著的《图经本草》这么一部庄重的书,初次用了"油麻"这名词,它也只不过说这种植物原来出在胡人的地区,样子很像大麻,因此得了胡麻这个名字。

可惜事实是这样:中国人把脂麻(芝麻)(脂麻科)和裂果亚麻(亚麻科)混淆起来,合成为一个单名"胡麻"(伊朗麻),唯一显而易见的理由是这两种植物的种子都出产在医药上有同一用途的油。这两个植物是完全不相同的,它们都和大麻无关。从语言学上说来,这情形有些和"胡豆"的情形相似。很可能这两种都是由伊朗地区来的,只不过在中国适应了水土,因为这两种植物都是古代亚洲西部所特有的栽培植物。所谓中国的野胡麻[②]必定是由栽培变成的野生植物。



希罗多德(i,193)着重的说巴比伦尼亚人所用的唯一油料是从胡麻里取得的。巴比伦尼亚祭司贝罗萨斯(公元前第四世纪)[③]谈到巴比伦尼亚产品时也提到了胡麻。

---

① 参阅本书第139页。

② Forbes and Hemsley: *Journal Linnean Soc.*, Voi. XXVI, p. 236.

③ Müller: Fragmenta historiae graecae, Vol. II, p. 496. 关于埃及,参看V. Loret: Flore pharaonique, p. 57。

加勒斯骑士团的一员，率领罗马军队远征阿拉伯。回去报告说游牧民族以牛乳和野兽肉为主食，其他民族，像印度人，从棕榈榨酒，从胡麻榨油。[①] 据普林尼说，胡麻来自印度，在是地用之榨油，籽白色。[②] 麻籽和麻油常用于罗马法制药上。[③] 麦加曾尼斯[④]提过印度栽植胡麻。这话也见于《阿闼婆吠陀经》(Atharva Veda)和《摩奴法典》(梵文 tila)。[⑤] 坎多勒[⑥]认为它是在有史以前从巽地群岛传到印度的，这说法是站不住的。他这理论纯粹是根据语言学的论证："伦菲阿斯列举了这群岛上的三个胡麻的名字，三个名字各不相同，和梵字也不同，这证实了胡麻生长在群岛比在大陆更早的说法。"这个引证对于这植物的历史无所证明，它只是语言上一个事实而已。[⑦] 无疑地从植物学观点来看，这植物的原产地是在非洲热带，那里有十二种，而在印度只有两种。[⑧]

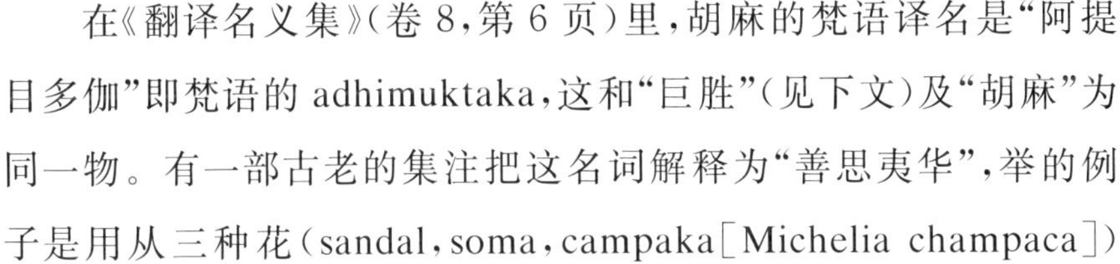

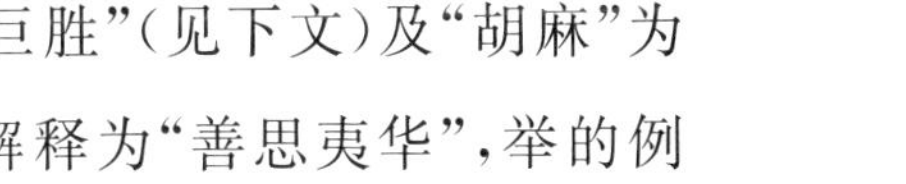

在《翻译名义集》(卷 8，第 6 页)里，胡麻的梵语译名是"阿提目多伽"即梵语的 adhimuktaka，这和"巨胜"(见下文)及"胡麻"为同一物。有一部古老的集注把这名词解释为"善思夷华"，举的例子是用从三种花(sandal，soma，campaka[Michelia champaca])



① Pliny，vi，28，§ 161.

② "胡麻(Sesama)来自印度，可以榨油，其籽色白。"

③ Pliny，xxii，64，§ 132.

④ Strabo，XV，i，13.

⑤ Joret：Plantes dans l'antiquité，Vol. II，p. 269.

⑥ Origin of Cultivated Plants，p. 422.

⑦ 马来亚的语言里有芝麻的一个共同名字：爪哇语和马来语leṅa，巴塔克语(Batak)loṅa，占语loṅö或laṅö，吉蔑语loṅo。

⑧ A. Engler：Pflanzenfamilien，Vol. IV，pt. 3 b，p. 262.

里榨出的油点灯，此灯放在“三宝”(Triratna)[1]的祭坛前。从阿提目多伽的用途看来，胡麻油必然也包括在内，这是不解自明的。所有读过《本生经》的人都熟知用这种油点圣灯是常有人提的事情。上面所说的《梵汉辞典》又加了如下的注释：“此树状如大麻。有红花绿叶，籽可制油，也产一种香料。按《宗镜》引《摄论》[2]的说法，胡麻(巨胜)原是木炭，久埋土中，即变成胡麻。西域(印度)的人们用香油涂身，通常先用香花，然后用胡麻籽。这籽采下来后浸在水中，直到完全透明，然后把油榨出，它就变得芬香了。”

对于我们更重要的是胡麻在伊朗有着古老的历史。据希罗多德(iii,117)所说，花剌子模人、赫尔卡尼亚人、帕提亚人、沙伦几亚人和塔门尼亚人都种植胡麻。在波斯胡麻油至少从阿克门王朝[3]的第一代时起就已为人们所知道。华特[4]甚至于把波斯和中亚细亚看做这植物的原产地，他认为或许最早它是种植在幼发拉底河流域和不花剌之间，阿富汗和印度西北部以南的某地区，在它来到埃及和欧洲之前，大概先传布到印度本部和群岛。



芝麻(变体 subindivisum Dl.)种植在西突厥斯坦，在那里的产油植物中占第一位。它在大宛(拔汗那)的山谷中最温暖的地方很繁茂，但在海拔超过二千五百尺的高地就不能活了。它主要是种植在那曼加和安集延地区，惟产量不大。[5] 它的波斯名

① 参看 Eitel：Handbook of Chinese Buddhism，p.4。

② 即《宗镜录》引《摄论》，著者误以为《宗镜引摄论》为一部书名。——译者

③ Joret，见前书，Vol. II，p.71。帕拉菲语的文献里讲到芝麻。

④ Gingelly or Sesame Oil，p.11(Handbooks of Commercial Products. No.21).

⑤ S. Koržinski：Vegetation of Turkistan(俄文本)，p.50。

是kunjut。

虽然这种植物肯定是由伊朗地区传到中国，然而在什么年代传来的却仍然不清楚。第一，关于这事历史上没有可靠的记载；第二，中国人对这问题所造成的混乱看法简直无法解释明白。譬如就拿《本草》所引证的《别录》上关于胡麻的最早的记述为例吧："胡麻又名巨胜，生上党（在山西东南部）川泽，秋采之。青蘘，巨胜苗也，生中原（河南）川谷"。这里一点也没提到它是从外国传入或它是栽种的植物之类的话：相反地，所讲的显然是一种本地产野生于川泽的植物，也许是 Mulgedium sibiriaoum。[①] 绝对不可能是芝麻和亚麻，因为这二者都生长在于黄土上，而胡麻特别要生长在砂土地上。因此若说"胡麻"和"巨胜"这两个名称最早应用于山西和河南产的土生植物，或说"胡麻"一例与《离骚》里的"胡绳"情形一样，这些说法都是大可怀疑。而且"胡麻"一词见于公元前 122 年逝世的淮南子所写的一段文章里，《太平御览》（卷 989，第 6 页）也引证了，这事更拥深了我们的怀疑。此外，第三世纪前半叶吴普所著的《吴氏（普）本草》在记述胡麻时，提到了神秘的神农皇帝和黄帝为改进医术所使唤的圣人"雷公"。

"巨胜"的意义是"巨大优胜者"。后代作者把这名称看做 Sesamum 的一种，却给它下了各种不同的定义：譬如，陶弘景说方茎的叫作"巨胜"（也许即 Mulgedium），圆茎的叫"胡麻"。唐朝的苏恭说"其角作八棱者为巨胜，四棱者为胡麻。"这四棱者大概指的是芝麻，它的籽囊是长方形，有两瓣两囊，每囊里含有无数油籽。

① Stuart：Chinese Materia Medica，p.269.但是这个鉴定是不可靠的。

孟诜（第七世纪后半叶）所著《食疗本草》里说“沃地种者八棱，山田种者四棱，土地有异，功力则同。”此外，第五世纪的雷斅说：“巨胜有七棱，色赤味酸涩者，乃真，其八棱者，两头尖者，色紫黑者，乃乌油麻，并呼胡麻误矣”。无疑地这各种描绘所说的是完全不相同的植物。宋朝的高承在他所著的《事物纪原》（卷10，第29页）里承认他不知《本草》文献里所说的胡麻为何物。

关于这个问题我翻译了贝烈史奈德所不肯翻译的李时珍的一篇文章，可是因为有几点植物学上的困难，我不能解释明白，我还是留给有能力的植物学家去解决。李时珍所谓胡麻在实质上就是sesame。这是由他使用现代名称“脂麻”推断出来的，他说每年有早晚两次收成，[①]麻籽有黑色，白色，红色；可是他怎么会说茎子都是四方的，是难以令人理解的。他对前人的论述所作的批判占了很多篇幅，但我看这对我们也没有多少启发。在我看来，解决这困难最好的方法是采纳司徒亚特的说法，他说中国的记载把Sesamum，Linum和Mulgedium混淆起来了。日本博物学家小野兰山[②]也同意这说法。他说并没有如李时珍所讲的红籽的sesame，（除非黑籽的胡麻在未成熟时呈红色），他并且推断这是一种亚麻，只产红籽。小野兰山又说麻籽的颜色和籽囊的棱角有密切关系：白色麻籽总是产二角或四角的籽囊，而六角和八角籽囊必然只包含有黑籽，这话到底正确不正确，或正确到什么程度，我是不知道



① 库寿龄（S. Couling）编纂的Encyclopædia Sinica（p. 504）里说中国每年只有一次收成，但有早收晚收之别。

② 《本草纲目启蒙》（日语）卷18，第2页。

的。芝麻和亚麻的混淆是由于共同名称“胡麻”所引起的，不幸这事证明了中国的植物学家，或不如说中国的药物学家，太过于钻研书本，而不观察事物，因为任何人只要见过一次这个迥然有别的植物就决不会把它们混为一谈。从这种令人痛心的情况看来，历史学家只能不过问这事了。

7. 中国人从来没有利用亚麻的纤维来制造纺织品，而从最古老的年代就一直用大麻，[①]这是一件在文化历史上很有趣的事。这是东亚文化和地中海文化基本不同之处——东亚用大麻作为衣服的材料，地中海用亚麻。此外，关于这点还有两件重要的事实值得考虑，——第一，亚利安人（即伊朗人和印度亚利安人）有一个相同的字指大麻（阿维斯塔语为 bangha，梵语为bhaṅga），而欧洲语却有一个不同的名称，那大概是来自芬族回鹘语（Finno-Ugrjan）和突厥语的外来词；第二，有一个普遍的古突厥字指大麻，属于 kändir 型，这与芬兰回鹘语的名称有关。[②] 很可能是司乞特人把大麻从亚洲带到欧洲。[③] 在另一方面，人们都知道亚麻和麻布在埃及人和古希腊罗马人的生活中是多么重要的。[④] 亚麻是典型的欧洲纺织品原料，大麻是典型的亚洲纺织品原料。亚麻在古伊朗和印度肯定已有人知道。它在波斯湾、里海和黑海之间的地区[⑤]

① 我希望以后研究印度支那的植物和农业时说明一下印度支那民族（尤其支那族和西藏族）都有一个共同的大麻名称，他们在有史以前就种植大麻，并且我还要讨论大麻的历史。

② Z. Gombocz：Bulgarisch-türkische Lehnwörter，p. 92.

③ 目前暂时参看 A. de Candolle 的 Origin of Cultivated Plants，P.148。

④ Pliny，xix，1—3；H. Blümner：Technologie，Vol. I，2d. ed.，p.191.

⑤ A. de Candolle：Origin of Cultivated Plants，p. 130.

过去是野生的，现在仍然是野生的。它也许是从伊朗传到印度，但是在伊朗和印度都从来没有把它的纤维用在纺织衣料上：栽种这植物只为了收摘亚麻籽和制亚麻籽油。[①] 在波斯只有一个地区——法尔思省的克兹伦，在较近代才把亚麻的纤维作纺织之用。这个记载是第十四世纪初写的，关于纺织法的记述，非常详细，这就证明了此法还是新鲜特别的。[②] 例外证实了法则。当然，亚麻移植到中国是远在第十四世纪以前。至于亚麻的利用，中国人和伊朗人及印度亚利安人一致；他们是从伊朗人获得了这植物。这情形明显地说明中国人从来没有直接和地中海文化地区有过接触，就连这地区来到中国的栽培植物也不是直接移植来的，而是通过伊朗人为媒介。这事更进一步证明从技术文化的观点看来，希腊人对东方的影响在亚力山大战役之后是多么薄弱，连织麻工业都没有推广，虽然大自然已给了那地方以织麻的原料。

作为一种植物，亚麻可能是从大宛传播到中国。现在中国还有种植，目的只是为了从它的籽里榨出油来。[③] 上文已指出，这植物在波斯北部也是本地产的，必定是从古代就栽种了，虽然关于这事无论波斯本国的文献或希腊作者的著述里都没有谈到。[④]

贝烈史奈德[⑤]说："古代中国人不知有亚麻，现今在华北山区（或其他地区）和蒙古南部还有种植，但是只为麻籽的油而种的，不

① 参看华特（Watt）的有趣的论述，Commercial Products of India，p.721。

② G. Le Strange：Description of the Province of Fars in Persia，p.55.

③ S.Koržinski：Vegetation of Turkistan（in Russian），p.51.

④ Joret：Piantes dans l'antiquité，Vol. II，p. 69.

⑤ Bot. Sin. ，pt. II，p. 204.

为了要用它的纤维。中国人称之为:‘胡麻’(外国麻);《本草》里没提到此物;它必定是近代传播来的。”这话是错误的。《本草》里把亚麻含糊地列在“胡麻”项下。虽然它传播到中国的年月没法确定,但看来总在公元第一世纪。

目前“胡麻”一词似乎专指亚麻。A.亨利[①]论述胡麻时说:“这是亚麻在山西、蒙古和湖北、四川的山区栽种。从我个人的观察,在湖北和四川种植亚麻完全为了要用它的籽,亚麻籽是中国药铺里的一种普通药品,本地人把它的油作为烹调或点灯之用。”在这同一作者的另一篇论文[②]里说亚麻在宜昌和四川叫做“山脂[③]麻”并说它是种植在巴东县的山里,不是为了使用它的纤维而栽种,而是为了从它的籽里取出的油。

中国的胡麻传到蒙古叫做 xuma (khuma)意思与脂麻属同。[④]传到日本叫做 goma,此词只用于芝麻[⑤]这个意义上,而在日本裂果亚麻是叫做 ičinen-ama。[⑥]



姚明辉在他著的《蒙古志》[⑦]里说胡麻是当地的产品之一。在华北和日本有几种野生的亚麻(日语为 nume-goma 或 akago-ma),宿根亚麻和日语的 matsuba-ninjin 或 matsuba-nadešiko,Li-

① Chinese Jute,p.6(1891 年上海中国海关出版的刊物)。

② Chinese Names of Plants, p.239 (*Journal China Branch Royal AS. Soc.*, Vol. XXII, 1887).

③ 按照《本草纲目》所说,俗写的“芝”字是错误的。

④ Kovalevski: Dictionnaire mongol, p. 934.

⑤ 松村任三:《日本植物名汇》No. 2924。

⑥ 同上书,No. 1839。

⑦ 《蒙古志》,卷 3,第 41 页,1907 年上海版。

num possarioides。[1] 此外福布斯和亨穆斯雷[2]把 Linum nutans 列为甘肃产品，L. stelleroides 为河北，东北各省和朝鲜群岛的产品。在华北 Linum sativum（山西胡麻）是为了麻籽油而种植的。[3]

## 胡　荽

8.《博物志》采取它对待其他伊朗植物的一贯态度，不惜把胡荽（Coriandrum sativum）也说成是张骞在其行程中带回的。[4] 李时珍和《康熙字典》也主此说而未引证《博物志》。[5] 当然，易于轻信的张骞信徒们都虔诚地暂守这个教条。[6] 不必说，张骞的传记和《汉书》里根本就没记述这么一回事。[7] 这个植物的最早确实可靠的记述是迟至张骞死后约六百年公元第六世纪初才有，这事对

① 松村任三，Nos. 1837，1838；Stuart：Chinese Materia Medica，p. 242。

② *Journal Linnean Soc.*，Vol. XXIII，p. 95.

③ 《植物名实图考》里有这种麻的描写和图画。

④ 这一段文不是现代增补的，而是古代写的，因为已为《一切经音义》卷 24，第 2 页引证了（关于此书，见本书第 89 页）。原版的《博物志》里有否此文仍然是个疑问。

⑤ 《康熙字典》里“葫”（蒜）字项下引证 750 年孙愐印行的《唐韵》的话，说胡荽是张骞携回中国的。

⑥ Bretschneider 文，刊于 *Chinese Recorder*，1871，p. 221，此文把胡荽同荷兰芹（parsley）混为一谈。见 Bot. Sin.，pt. I，p. 25；《通报》，Vol. VI，1895，p. 439 里夏德的文章。

⑦ 第二世纪的医师张仲景著的《金匮要略》里有几处提到胡荽，但是前面已说过（本书序言）我们不能担保这几段文字在最早的版本里就有。此书卷下第 23 页说：“猪肉与生胡荽同食，烂人脐”。第 28 页上说：“四月、八月勿食胡荽，伤人神”。第 29 页上说：“胡荽久食之令人多忘，病人不可食胡荽及黄花菜”。

于历史学家是相当重要的。[①] 第一部提到胡荽的本草是第七世纪孟诜所著的《食疗本草》,其后有第八世纪前半的陈藏器所著的《本草拾遗》。这些作者都没有讲到它是从外国传播来的。在农艺的文献里最早记述胡荽的种植情况是第六世纪的《齐民要术》,但是这书里也没有说胡荽是从外国来的。

佛经辞典《一切经音义》有一段很有趣的关于这个植物的记述,并且列举"荽"字的几种不同写法,以及它的别名"香菜"和"香荽"。[②] 在江南这植物名叫"胡葰",也叫"胡蒃","蒃"读作"祇"。胡荽属于五种有强烈气味的菜蔬之一,堪舆家和道士禁吃。[③]

我搜寻不着说明这植物的历史或输入情况的记述,这种文章似乎根本没有,连各《本草》里也不见。至于史书,我仅在《五代志》(卷 74,第 4 页)里看见提到这植物,是把胡荽和回鹘栽培的植物列在一起。要追溯它的外国出处,我们只能依靠语言上的证据。

伊朗人是认识胡荽的,帕拉菲语的古经《创世记》(见本书的序言)里提过。阿布·满速儿在他所著的《波斯药剂书》[④]里详细地论述它的药性。史利默尔[⑤]说:"它在波斯差不多遍地生长,像蔬

① 《本草纲目》叙述一种植物"卷耳"时附带讲到胡荽,并说所引证的是第三世纪末期陆机的话(见贝烈史奈德著的 Bot. Sin., pt. II, No. 438)。我认为这引文只是由于印刷之误,因为陆机描写胡荽的文章没有保存下来。

② 这段文里引证了《字苑》和《韵略》两部词典,但我不知它们的出版年月。《本草拾遗》与《事物纪原》(卷 10,第 30 页。见本书第 110 页)二书都说过"胡荽"一词因为石勒(公元 273—333 年)下令禁忌而改为"香荽",石勒本身是一个胡人。但是在同时代的记载中没见过这话,因此可以肯定地说这个解释都是后代追加的。

③ 《本草纲目》卷 26,第 6 页,及 Stuart 所著 Chinese Materia Medica, p. 28。

④ Achundow: Abu Mansur, p. 112.

⑤ Terminologie, p. 156.

菜一般,本地人相信它有反壮阳的功效,能消勃起的功能。”在大宛也有胡荽[①]阿拉伯人在药书里对它评价很高,这可以从伊宾·阿尔拜塔尔对胡荽长篇的论述里看出来。[②] 在印度种植胡荽的季节是在冬天,胡荽的梵语名字在前面安石榴一章里所提到的那个字只是作“谷类”解,仅是形容词,[③]而非这植物的本名,事实上它的本名在梵语里没有。从下文就可看出梵语 kustumburu 是从伊朗语来的,我认为这植物无疑地是从伊朗来到印度,一如它从伊朗传播到中国一样。

胡荽或葰,ko(go)-swi 似乎是伊朗字 koswi,košwi,gošwi 的译音。参看中古波斯语 gošniz;新波斯语 kišnīz,kušnīz 和 gišnīz,还有 šūnīz:[④]库尔德语 ksnis 或 kišniš;突厥语 kišniš 俄语kišnéts;阿刺迈克语 kusbarta 和 kusbar(与希伯来语 gad,浦尼克语 γοίδ 是没有关系的),阿拉伯语 kozbera 或 kosberet 梵语 kustumburu 和 kustumbarī;中古希腊语和现代希腊语 κουσδαράς[⑤] 和 κισυνήτζι。

《回疆志》上说在新疆(指突尔吉 Turkī 语)胡荽叫做“永麻素”。

---

① S. Koržinski: Vegetation of Turkistan(俄文本),p. 51。

② L. Leclerc: Traité des simples, Vol. III, pp. 170—174.

③ 另外还有这些别名:sūkṣmapatra,tīkṣṇapatra tīkṣṇaphala(“叶及果有强烈味道”)。

④ 另外还有一波斯字 būghunj。据斯坦格司(在他所编的《波斯语字典》里)所说,tālkī 或 tālgī 指一种野胡荽。

⑤ 这阿拉伯字、梵语字、希腊字中的第二个音素和科普提克语的 beršiu,berešu 有些关系(V. Loret: Flore pharaonique, p. 72)。现在希腊还种植胡荽,不过只是少量的,种在底班、科林斯和塞巴里西亚(Cyparissia)附近的地区(Th. v. Heldreich: Nutzpflanzen Griechenlands, p. 41)。

相传胡荽在地中海和高加索地区是本地产的植物，（有人说是南欧和东方诸国的土产），但是由前面的记述看来，伊朗也应该包括在内。我的意思并不是说伊朗是这植物的唯一原产地，胡荽在埃及和巴力斯坦的悠久历史是不容置疑的。在第二十二朝代（公元前960—800年）[①]的陵墓旁边曾寻到过胡荽，普林尼（xx，20. § 82）说埃及产的胡荽最好。胡荽的种植在伊朗非常发达，伊朗所产的传播到各地——中国、印度、前亚细亚、俄罗斯。

胡荽的西藏语名称 u-su 也许和汉语胡荽有关或就是来自汉语。瓦德勒[②]见过这植物栽种在拉萨附近的山谷中。它在暹罗也有栽种。[③]

在诺曼人征服英国之前胡荽在英国很有名，常常用在古代威尔士和英国的医药和烹调上。[④] 它的古英语名称是 cellendre，coliandre 来自希腊语 koriándron，koríannon。

# 胡 瓜 或 黄 瓜

9. 张骞狂的人们还有一个教条：认为这位名将给他的国人带回了胡瓜（伊朗瓜）或黄瓜（Cucumis sativus）。[⑤] 这个看法所根据

---

① V. Loret. 见前书，p. 72；F. Woenig：Pflanzen im alten Aegypten，p. 225.

② Lhasa，p. 316.

③ Pallegoix：Description du royaume thai，Vol. I，p. 126.

④ Flückiger and Hanbury：Pharmacographia，p. 329.

⑤ Bretschneider 文，刊于 *Chinese Recorder*，1871，p. 21（因而坎多勒著的 Origin of Cultivated Plants p. 266 里也录用了）；Stuart：Chinese Materia Medica，p. 135。日本语称黄瓜为 ki-uri。

的唯一文件是后来李时珍的作品,[①]他大胆说出这话而没有引证早年的材料为根据。诚然。早年的材料实在没有:这一小掌故是望文生义的捏造,是仅仅从"胡瓜"这个名称联想而来的。任何带有形容词"胡"字的植物都归根结蒂硬加在张骞的头上,这是解决难题的最简易的方法,也是省得多费脑筋的好法子。

李时珍只依靠唐朝的两部书——一部是《本草拾遗》,那书里说北方人为了石勒(公元 273—333 年)出身胡族,所以避讳用"胡瓜"一词,而以"黄瓜"来代替;[②]另一部书是杜宝所著《拾遗录》,他说这个禁忌是 608 年的事情(隋朝大业四年)。[③] 如果这话是正确的,那么我们就得到了线索,可推断它开始的年代:胡瓜看来是在第六世纪之前来到中国。胡瓜的种植在第六世纪初的《齐民要术》曾提到过,假设这不是后代添插的。[④]



据恩格勒[⑤]所说,胡瓜原产地很像是印度;华特[⑥]说:"至少胡瓜的原产地之一无疑是在印度北部,它的种植可以追溯到亚洲最

---

① 《本草纲目》卷 28,第 5 页。

② 许多其他植物名称都在这忌讳之列。罗勒(*Ocimum basilicum*)也如此,因有一字与石勒本人的名字相同,如《齐民要术》所指出(亦见《事物纪原》卷 10,第 30 页;《植物名实图考》卷 5,第 34 页;《本草纲目》卷 26,第 22 页),据说石勒也把"诃黎勒"(myrobalan)改为"诃子"。不过在石勒的时代究竟中国有没有这些植物,还很可疑,忌讳的说法也许是后代凑上的。

③ 此书或即贝烈史奈德在 Bot. Sin., pt. 1, p. 195 所提的《大业拾遗录》(大业 605—618 年)。《本草纲目》(卷 22,第 1 页)谈到"胡麻"因犯忌讳而于 608 年改为"交麻"时,又引证此书(参阅第 113 页)。

④ 参考《植物名实图考》卷 5,第 43 页。

⑤ 见 Hehn: Kulturpflanzen, p. 323。

⑥ Commercial Products of India, p. 439. 梵语里黄瓜叫做 trapuṣa。

古老的年代。"坎多勒探索出这植物的原产地在印度西北部。我还不能十分相信这理论是准确的,因为把印度说成是原产地的历史证据向来总是不充分的,[①]埃及和闪族人无疑地在古代就种植胡瓜了。[②] 无论如何,这一种葫芦科植物是属于埃及西亚细亚栽种范围之内,而不是中国土生的。把它说成是张骞带回的,这个无理由的推测也寻不到任何证据。说它是从伊朗领土传播出去的,这个理论倒还有些可能,不过至今还没有历史材料来证实。唯一的一点证据就是这个"胡字"。

阿布·满速儿称胡瓜为 qittā,此外又加上阿拉伯波斯语的 xiyār 和呼罗珊方言的 kawanda。[③] Xiyār 这个字又被采用在奥斯曼利语和印度斯坦语成为 xirā。波斯语的 xāwuš 或 xāwaš,指的是留着做种子的胡瓜;它的字义是"牛眼"(gāv-aš;阿维斯塔语 aši,中古波斯语 aš,梵语akṣi"眼"),相当于梵语gavākṣī(一种胡瓜)。在帕拉菲语里胡瓜是 vātraṅ,这字发展成为新波斯语 bādraṅ,bālaṅ,或 vāraṅ(阿富汗语bādraṅ)。[④]

① 坎多勒肯定地说黄瓜在印度的种植至少有三千年之久,任何认真研究历史的人都不能接受这话。

② V. Loret: Flore pharaonique, p. 75; C. Joret: Plantes dans l'autiquité, Vol. I, p. 61.

③ Achundow: Abu Mansur, p. 106.

④ 据说这一系列名字也指香橼,在波斯语里香橼的正确的名称是 turunj(阿富汗语 turanj,俾路支语 trunj)。就我所知,这个字的出处还没有人解释,就连胡布史曼也没有正确地解释过(Armen. Gram., p. 266)。弗勒司(Lexicon persico-latinum, Vol. I, p. 439)推测它是来自梵语 suraṅga,这绝对不可能。真正的来源是梵语 mātuluṅga(香橼 Citrus medica)。

# 胡蒜、胡葱、浑提葱

10. 虽然许多葱属植物是中国土生的，[①]但是有一种叫做胡蒜或葫蒜（胡国或伊朗的蒜）（Allium scorodoprasum），从它的名字就可以看出中国人是把它当做从外国来的植物。用滥了的老传说认为它也是张骞传播到中国的，这传说的起源较晚，初次见于伪作品《博物志》，其后见于第八世纪中叶的《唐韵字典》。[②] 连李时珍[③]也只不过说汉朝人从中亚细亚获得胡蒜。然而要消除学者脑子里的多年的成见或错误，是很困难的。1915 年我竭力纠正这个成见，尤其是纠正夏德在 1895 所发表的认为一般的蒜类最早都是张骞介绍到中国的错误看法。可是 1917 他又重述这错误的看法，[④]其实他只要看一下《中国植物志》（Botanicon Sinicum）[⑤]就会相信至少有四种薤在中国有史以前就有了。如果《证类本草》和《本草纲目》里所引用陶弘景的话确是他所说的，[⑥]那么最早谈到这中亚细亚或伊朗的葱属植物就是陶弘景（公元 451—536 年）了。当一种新的葱属植物传到了中国，他们感觉有必要把它和那只以词根"蒜"为名的本国产的老大蒜加以区别。因此，外国来的叫作"大

---

① 参考 1915 年《通报》，pp. 96—99。

② Bretschneider：Bot. Sin.，pt. III，No. 244.

③ 《本草纲目》卷 26，第 6 页。

④ *Journal Am. Or. Soc.*，Vol. XXXVII，p. 92.

⑤ pt. II，Nos. 1—4，63，357—360 和 III，Nos，240—243。

⑥ 公元第二世纪的《金匮要略》（卷下，第 24 页）提及胡蒜，不过这大半是后代添插的。

蒜”，本国产的叫“小蒜”。陶弘景最初记述这个区别。《古今注》也提到过胡蒜，不过这不是第四世纪崔豹所著的《古今注》，而是第十世纪伏候所重新删改过的版本，这事在《本草》里讲得很明白。可是现在这段文已添插在古版的《古今注》（卷下，第 3 页）里，其中增改的部分很多。

佛教和尚禁食的所谓“五荤”[1]（五种带强烈味道的菜蔬）中大蒜列在第一，这五种菜蔬见于鸠摩罗什所译的[2]《梵网经》（公元 406 年）里。如果大蒜一词是载于此书的原版里，我们就有足够证据断定胡蒜在东晋时代（公元 317—419 年）就已经有了。

11. 还有一种从西方来的培植的葱（Allium 或 A. fistulosum）。最早见于孙思邈著的《千金食治》（第七世纪初所著），称为“葫葱”，因为这植物的根和葫蒜的根很相像。通常叫做“蒜葱”或“胡葱”（胡葱见于宋朝的《开宝本草》）。1131 年元朝出版的《饮膳正要》里称为“回回葱”。[3] 这并不意味着它是回教徒移植来的，这只是人们喜欢改变古名的一个例子，因为在元朝用变名是很风行的。第二世纪后半孟诜所著的《食疗本草》里说此葱属植物在唐朝种植于四川。关于它传播来的详细情形，没有记载。

12. 第三种葱属植物在唐朝来到中国，有可靠证据可证明它

---

① 《本草纲目》（卷 26，第 6 页）里在“蒜”项下讨论了这问题，司徒亚特在他所著的 Chinese Materia Medica 里概括了它的要点，又参看 De Groot 的 Le Code du Mahāyāna en Chine，p. 42。可惜它把这五种植物的名称都翻译错了（把 le lys d'eau montant 说成是 asafœtida“兴瞿”的直译）。沙畹与伯希和合著的 Traité manichéen，pp. 233—235。

② Bunyiu Nanjio：Catalogue of the Buddhist Tripiṭaka，No. 1087.

③ 《本草纲目》卷 26，第 5 页。

是从波斯来的。公元647年唐太宗皇帝要求他的属国进贡最精选的菜蔬，[①]他们服从皇帝的命令收集来许多在中国以前所未见的菜蔬。其中有一种描写如下："浑提葱其状如葱而白，辛嗅药。其状如兰凌冬[②]而青。收干作末，味如桂椒。其根能愈气疾。"[③]《封氏闻见记》(卷7，第1页)又加补充说"浑提"来自西域。

"浑提"是古代gwun-de的译音，相当于中古波斯语的gandena，新波斯语的gändänā，印地语gandanā，孟加拉语gundīna(梵语mleccha-kanda"蛮子的葱")，也可能是冬葱(shallot，Allium ascalonicum；法语échalotte，ciboule)或韭葱，它出在亚洲西部和波斯，而不出在中国。[④]

玄奘[⑤]把荤陀菜列在印度菜蔬里。儒莲没有把这字翻译出来；毕勒也不知它为何物，在括弧里加上kaṇḍu，还带着一个问号。瓦特尔斯[⑥]把它解释为kunda(或即乳香树)。这说法很荒谬，这



① 以后讨论菠菜的历史时，我还要再回到这件重大的事情上来。

② 《册府元龟》(卷970，第12页)只写"凌冬"二字，没有说明这是什么植物。

③ 《唐会要》卷100，第3页和卷200，第14页。

④ A. de Candolle：Origin of Cultivated Plants，pp. 68—71；Leclerc：Traité des Simples，Vol. III，pp. 69—71；Achundow：Abu Mansur，pp. 113，258。其他波斯名称有tärä和kawar，相当于希腊语πράσον，突厥语prāsa，阿拉伯语kurāt。究竟波斯字gändānā是ascalonicum还是porrum，只能听其悬而未决，等有能力的植物家去判断。史利默尔(Terminologie，p. 21)把波斯gändānā鉴定为韭葱，据他说，亚实基隆葱应当是波斯语的musir。弗勒斯(Lexicon persico-latinum，Vol. II，p. 1036)把这字译为porrum。相反地，司徒亚特(Chinese Materia Medica，p. 25)附和史密斯的看法，称中国的"薤"(一种古代中国土生的葱属)为亚实基隆葱。如果这是正确的，中国人一定会看出外国的"浑提"跟"薤"相同，只要它们同是ascalonicum种。也许这二物原是同种，只不过经过培养而起了不同的变化。

⑤ 《大唐西域记》卷2，第8页。

⑥ On Yuan Chwang's Travels Vol. I. p. 178.

里所谈的是一种当做食物而栽种的菜蔬，而乳香是野生的树，不产食物。而且，"荤"音和"kun"音不符合；梵语里的这字不是kunda，而是kundu或kunduru。"荤"字的写法也许是为了暗示一种Allium，玄奘肯定是把一个梵语字译了音，但在梵语却没有读做hunda或gunda的植物名称。或许他这字与前面所论到的伊字有关。

## 豌豆和蚕豆

13. 中国人所栽种的许多豆类中至少有两种是来自外国。这两种都列在胡豆属(胡国或伊朗的豆)，但各有其专门名称。由于豆的种类繁多，种植的历史悠久，因此它们的历史比其他植物更难讲清楚，这是人所尽知的。

一般豆子(Pisum sativum)通称为"豌豆"(日语 širo-endō)，比较罕用的名称是"青小豆"、"青斑豆"、"麻累"。而"毕豆"一词只在唐朝通用；像"胡豆"、"戎菽"(戎国的豆)、[①]"回鹘豆"(回鹘国的豆，在元朝的《饮膳要略》里改为"回回豆")之类的名字都表示这植物是从外国传来的。[②] 但是在中国的史料里没有见过任何文章记述它传到中国的始末。"胡豆"一词见于今版的《古今注》(卷下，第1页)里，其中也提到"虎沙"是它的别名：它说"虎豆一名虎沙，似貍豆而大。实如小儿拳，亦可食"。"貍豆"已鉴定为黎豆(Mucuna capitata)[③]无疑，但是《古今注》里所提的那一种却无法正确地鉴

① 这名称很含糊，因为它原来是用于中国土生的大豆(Glycine hispida)。

② 《本草纲目》卷24，第7页，《广群芳谱》卷4，第1页。贝烈史奈德(*Chinese Recorder*，1871，p.223)所举的豌豆的名称不够全面。

③ Stuart：Chinese Materia Medica，p.269."貍"字也写作"黎"。

定;此书现行的版本决不确实可靠。公元527年以前所写的《广志》里也有“胡豆”这个名词,[①]可惜这名字太含糊。李时珍也同意一般的说法,认为豆来自胡、戎,或西胡(伊朗);他所引证的一些文章如是真实的,那我们就可以确定豆子来到中国大概在什么年代了。譬如他引第七世纪初的道家孙思邈[②]所著的《千金方》时,说这书里提到了“胡豆”,和它的别名“青小豆”和“麻累”。第四世纪的《邺中记》[③]里说过这样的话:当石虎禁止用“胡”字的时候,胡豆就改名为“国豆”。李时珍认为这些引文都是指豌豆而说,因为在古代“胡豆”是很通行的名称,而“豌豆”却不大用。他提到《唐史》上说“毕豆”来自西戎和回鹘,又说张揖(第三世纪)所著的辞典《广雅》里有“毕豆”、“豌豆”和“留豆”等名词。这些名称究竟是否都出现在这部书的初版里,那是很难保证的。但是若说豌豆也像胡桃和石榴一样在第四世纪里来到中国土地,那倒是可能的。在唐朝,甚至于在隋朝(公元590—617年)中国已经种植豌豆,这事是无可怀疑的。琉球(台湾)的记载上说这岛上的土壤宜于种植胡豆。[④]吴其浚[⑤]的看法和李时珍相反,他说“胡豆”和“豌豆”指的是不同种类的豆。

汉语的这些名称都不能当做伊朗字的译音。豆类是伊朗人的



① 《太平御览》卷841,第6页。

② 关于这位作者,可以参看 Wylie: Notes on Chinese Literature, pp. 97, 99; Bretschneider: Bot. Sin., pt. I, p. 43; L. Wieger: Taoisme, le canon, pp. 142, 143, 182; Pelliot 论文,刊于 *Bull. de l'Ecole française*, Vol. IX, pp. 435—438。

③ 参阅本书第112页。

④ 《隋书》卷81,第5页。

⑤ 《植物名实图考》卷2,第150页。

重要食物。石国(塔什干)有各种的豆类。[①] 阿布·满速儿论述豌豆时是用波斯语的 xullär 和阿拉伯语的 julban[②] 来称呼它。豌豆在波斯语里还有 nujūd 和 gergeru 或 xereghan[③] 等字。

中国产的一种野生植物也叫做胡豆。唐朝的陈藏器在他所著的《本草拾遗》里最早指出,说它野生遍稻田,它的芽很像蚕豆,在《植物名实图考》(卷 2,第 11,15 页)里有两个野生植物的插图。一种名叫“回回豆”,第十四世纪的《救荒本草》最早提到它,或称为“那合豆”,这豆子是烘熟了吃的。另一种叫做“胡豆”,和陈藏器的“野胡豆”为同一物;《植物名实图考》的作者吴其浚附加这么一句:“今胡豆野生,非古胡豆也。”

14. 在另一方面,“胡豆”也指 Faba sativa(F. vulgaris,野豌豆),贝烈史奈德[④]说它是“公元前第二世纪名将张骞从亚洲西部带到中国的栽培植物之一。”这是弄错了时代的荒唐说法,他没有找到什么中国文章来证实这话。[⑤] 这种豆类的历史在中国已失传,或者从来没有过记载。有人推测它是从伊朗来的,这倒是可能。在帕拉菲语的古经《创世记》里称之为 pag(gāvirs),说它是主要的细籽谷物。[⑥] 阿布·满速儿用了它的波斯语名字 bāqilā

① 《太平寰宇记》卷 186,第 7 页。

② Achundow:Abu Mansur,pp. 41, 223.

③ Xereghan 是史利默尔提出的(Terminologie,p.464)。

④ Bot. Sin.,pt. II. No. 29.

⑤ 就我所知,有这个说法的唯一材料是《本草经》录于《太平御览》(卷 841,第 6 页),它说张骞传播胡麻和胡豆到中国,但是它说的是哪一种豆(豌豆 Pisum sativum,还是 Faba sativa;或蚕豆 Vicia faba)却叫人猜不出。这部作品决不是神农的《本草经》,但是一定是《太平御览》出版的那年(公元 983 年)以前就有的。

⑥ West: Pahlavi Texts,Vol.I,p.90.

或 bāqlā。[①] 在埃及它是在上古时代种植的。[②]

15. 蚕豆(因为它的形状像老蚕,故得此名),日语 soramame 或称菜豆(kidney-bean 和 horse-bean)(Vicia faba)也被贝烈史奈德[③]错认为张骞植物之一,但却又拿不出证据来。它也叫做"胡豆",但是关于这种豆类怎么来的却无史料可查。唐宋文献里都没有提,看来它来到中国不会早于元朝(公元 1260—1367 年)。元朝的王祯所著的《农书》和明初的《救荒本草》[④]都讲到此豆,《救荒本草》说在当时这豆子遍地都是。李时珍说华南种植它,四川栽种的更多。1591 年去世的王世懋所著《学圃杂疏》里有一章谈园艺,[⑤]提到这豆有一种云南产的特别大而且好的品种。《旧云南通志》和《云南蒙化府志》上都提到此豆,在《蒙化府志》里还提到它的别名"南豆",因为它开的花面朝着南方。在新波斯语里这植物叫做 bāgelā。[⑥]

① Achundow:Abu Mansur,p. 20.

② V. Loret:Flore pharaonique,p.94.

③ *Chinese Recorder*,1871,p. 221.(因而坎多勒在他的 Origin of Cultivated Plants,p.318 又重述了)《广群芳谱》(卷 4,第 12 页)说上面所引《太平御览》的那段文是指这一种豆,但也指豌豆。这种混淆真叫人没办法。

④ 《植物名实图考》卷 2,第 142 页,贝烈史奈德(Bot. Sin.,pt,I,p.52)在这书里的插图中辨认出 Vicia faba。

⑤ 参考《四库全书总目》卷 116,第 27 页。

⑥ Schlimmer:Terminologie,p.562,阿拉伯语 bāqilā,最后《翻译名义集》(第 27 部)有了一个梵语词"勿伽"mwut-g'a,译为"胡豆",解释为"一种青豆"相等的梵语词是 mudga(绿豆 Phaseolus mungo),西藏人把这字译成 mon sran rdeu,其中的 mon 字暗示它来自印度北部或喜马拉雅山地区(*Mém. Soc. finno-ougrienne*,Vol. XI,p.96)。波斯人从印度字得出 mung,这字是根据印度土语muṅga或muṅgu(如在锡兰语,巴利语为 mugga),绿豆 Phaseolus mungo 是印度特产,吠陀文献里提到过(Macdonell and Keith:Vedic Index. Vol. II,p.166)。

# 红花和姜黄

16. 红花(saffron)是用番红花(Irideae 科)的橘黄色的柱头和一部分心茎制的。晒干的柱头长约三分,深红色,有香味,每磅大约有二万个柱头,每喱大约有九朵花所含的柱头和心茎。它是一种细小的植物,有球根状多肉的地下茎,草绿色的叶子,秋天开紫花。可做染料、调味品、香料、药物等用,一向很受珍视,在商业历史上起过很大的作用。从久远的年代起它在亚洲西部就一直是人工栽培的,因此没有听说有过野生的。过去它是非常贵重的物品,大半只限王侯和上层阶级使用,因此常有冒牌货和代替品。[①]在印度是用红蓝 safflower(Carthamus tinctorius)冒充的,这植物也可提取同样深黄色的颜料,在记载东方的书籍里,这两件产品时常混淆起来。更常常混淆的是番红花和姜黄(蘘荷科 Zingiberaceae 的一属),他们都是多年生的根茎植物,从干的球根可提取为商业用的姜黄根,大半用以配制咖喱粉和做染料。似乎早在第七世纪就用 Memecylon tinctorium 的花来代替红花。所以这事若要作为历史研究的题目是颇为复杂的。

研究东方的学者给东方人增加混乱,主要是因为他们使用西

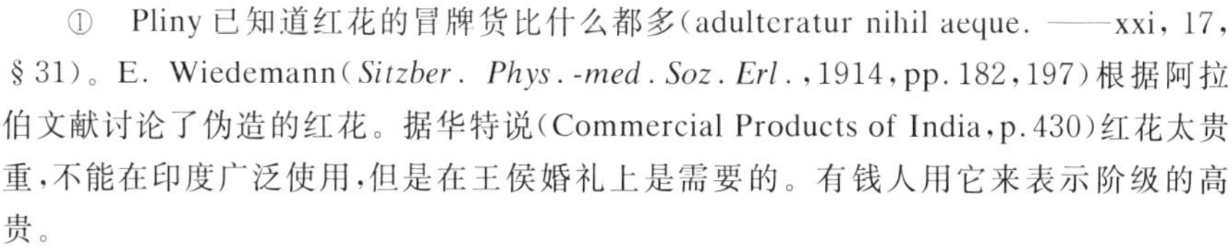

① Pliny 已知道红花的冒牌货比什么都多(adulteratur nihil aeque. ——xxi, 17, §31)。E. Wiedemann(*Sitzber. Phys.-med. Soz. Erl.*, 1914, pp. 182, 197)根据阿拉伯文献讨论了伪造的红花。据华特说(Commercial Products of India, p. 430)红花太贵重,不能在印度广泛使用,但是在王侯婚礼上是需要的。有钱人用它来表示阶级的高贵。

方植物学名词姜黄属而弄迷惑了。这个名词是从一个原来指藏红花属植物的东方字而来的，但是阿拉伯人也把它和西方的姜黄属混淆起来。我们应该十分强调说梵语 kunkuma 断然是指番红花，而决不是指姜黄根（这字在梵语里是 haridrā），[①]姜黄与番红花或郁金没有任何关系。

关于中国人对红花的认识，必须分为两个长时期——第一时期是从第三世纪到唐末，在这期间中国人听说到这植物和它的产品，偶尔也得到进贡的红花；第二时期是元朝（公元 1260—1367年），那时期回人把红花的产品带到中国，而且此物普通为人使用。我们在这里先谈第二时期。

中国人对外国产物的认识未有如红花之模糊。这主要是由于番红花几乎从来没有移植到他们的国土，[②]而且虽然早年到印度旅行的佛学家在喀什米尔见过这植物，但对它的认识还是很不够。首先，他们把番红花和红蓝混淆起来，因为这两种植物的俗名都是“红花”。李时珍注释[③]说：“番红花出西番回回地面及天方国，即彼地红蓝花也。元时以入食馔用。按张华《博物志》言，张骞得红



① 从 Eitel（Handbook of Chinese Buddhism，p. 80）给kuṅkuma所下的错误定义看来，此处附加这些解释并非多余。梵语 kāvera（saffron）和 kāveri（turmeric）并不至于引起名称上的混淆，因为这两个名字是来自买卖交易地喀弗尔（Kavera），即托勒密称为 Chaveris 和科斯玛司称为 Caber 的地方（参看 Mac-Crindle：Christian Topography of Cosmas，p. 367）。

② 很奇怪，第五世纪中叶的亚美尼亚史学家摩西（Moses of Khorene）认为麝香、红花、棉都出产在中国（Yule：Cathay，Vol. I，p. 93）。在那时期中国还没有制造棉织品，种植红花也同样是决不可能的。

③ 《本草纲目》卷 15，第 14 页。

蓝花种于西域,则此即一种,或方域地气稍有异耳。"因此像史密斯[①]那样说法就错了,他说张骞不仅带回了红蓝而且也带回了红花。由于这种极度的混淆,司徒亚特[②]才会写道:"据本草所说,张骞从阿拉伯带回了'红蓝',和其他西方的植物和药材,同时也带、回了藏红花属。"张骞何曾到过阿拉伯:《博物志》只谈红蓝不谈红花,这是两个绝对不同的植物,甚且也不属于同一科;中国文献没有一篇把红花和张骞联系在一起,事实上关于红花的传入和种植,中国人一字未谈。[③] 李时珍混淆了这两种植物只是因为他把两种都名叫"红花"的植物结合起来了。在《齐民要术》里红蓝得了"红花"这个名称,其后唐朝的李中也这样称呼它,《宋史》也如此,《宋

① Contributions towards the Materia Medica of China, p. 189.

② Chinese Materia Medica, p. 131.

③ 贝烈史奈德(*Chinese Recorder*, 1871, p. 222)说北京不培植红花,但在中国其他地区都广泛种植。我并不知道此事。从来我也没看见或听说中国种 saffron,也没读到中国文献说过这话。福布斯和亨穆斯雷的伟大作品里也没有列入 Crocus sativus (An Enumeration of All the Plants known from China Proper,包括 *Journal of the Linnean Society*,第 23,26,36 册),这部书是最全面的有系统的中国植物学书籍。恩格勒(在 Hehn: Kulturpflanzen, p. 270)说番红花是在中国种植的。毕特(Dictionary, Vol. II, p. 593)谈到中国向印度输出红花的事。特别有趣的是马可波罗没有在中国看见过红花,但是他却说在福建省"有一种植物颇像红花,也可以当做红花使用"([Yule]: Marco Polo, Vol. II, p. 225)。也许这是栀子(Gardenia florida),它的果实出产一种美丽的黄色颜料,在中国确是用来做染料。尤勒根据福勒吉格尔的话也这么说过。在另一方面,《本草纲目拾遗》(卷 4,第 16 页)却有一段文记述"土红花"(与"西藏红花"或"真红花"相对),是根据《福建续志》写的:"土红花大者高七八尺,叶如枇杷(Eriobotrya japonica)而小,无毛。秋生白花,如粟米(Zea mays)粒。生福州及南恩州山野中。福州生者作细藤,似芙蓉(Hibiscus mutabilis),上青下白,根如葛(Pachyrhizus thunbergianus)头。入药薄切,用米泔浸一宿,更用清水浸一宿,捣服。"这是什么植物,还没有人辨认,很可能就是马可·波罗所谓的福建假红花。

史》说臙支红花是陕西兴元府的进贡品。[①]

上面这一段说明李时珍所指的是红花，这从他附加在这产品名字上的两个外国词就可以看得很明白，那两个外国词是“洎夫蓝”和“撒法即”。前面那个译音的第一个字是“咱”之误（tsap，dzap）；后面那个译音的最后一字要改为“郎”。[②] 我们很早以前就知“咱夫蓝”和“撒法郎”（日语为 safuran，暹罗语 faran）是代表阿拉伯字 za'ferān 或 za'farān 的译音，这个阿拉伯字结果成了西方语言里的 saffron。[③] 凭这些译音的形式就可以证明它们不可能在元朝以前就有，因为在元朝才去掉末尾的辅音。如果在唐朝，就该把“洎夫蓝”和“撒法郎”读成 dzap-fu-lam 和 sat-fap-laṅ。这个结论和李时珍的话符合，他证明在元朝 saffron 是掺和在食物里作调味品，——这是印度波斯的习惯。的确，红花似乎直到那时候才输入中国而被人使用了；至少我们没看见更早的材料说过这话。

红花不是在西藏种植的。并没有 Crocus tibetan us 这样东西，如皮洛和雨利哀[④]根据中国名“藏红花”所推测出来的。这名

① 《图书集成》XX，卷 158。

② 参考 Watters：Essays on the Chinese Language，p. 348。但是这个译音并不是华特尔斯所说的“能证明这种产物最早是直接从波斯输入中国，或至少是直接得之于波斯商人。”zafarān 一字是来自阿拉伯波斯字，也可能由阿拉伯商人传到中国。

③ 阿拉伯人最早把红花传到西班牙；从阿拉伯字 za'farān 产生了西班牙字 azafran，葡萄牙字 açafrão 或 azafrão，印度葡萄牙字 safrão，意大利字 zafferano，法国字 safran，罗马尼亚字 sofrán。这个阿拉伯词根（aṣfur“黄色”）也产生了与英语 safflow，safflower（Carthamus tinctorius）相等的那些罗曼斯语，如西班牙语的 azafranillo，alazor，葡萄牙语的 açafroa，意大利语的 asforo，法语 safran，古亚美尼亚语 zavhran，新亚美尼亚语 zafran，俄语 safran，回鹘语 sakparan。

④ Mat. méd. et pharmacopée sino-annamites，p. 94.

字只意味着红花是由西藏运到中国内地，主要运到北京；但西藏并不出产红花，只是从喀什米尔输入到那里而已。司徒亚特[①]说："藏红花是某些外国人给红花起的别名，但是没有任何中国作家说过这话。"其实这名字在《本草纲目拾遗》（卷4，第14页）和1848年的《植物名实图考》（卷4，第35页）上都有，这两部书都说它是从西藏来的，和《本草纲目》上的番红花是同义字。"藏花"在北京至今还是一个俗名，也叫做"红花"。[②] 在北京我听见过西藏人称它为 gur-kum，ša-ka-ma，和 dri -bzaṅ（"芬芳的"）。汉人把红花看做西藏人赠送的最贵重的药材，"藏香"次之。

李时珍[③]认为"郁金"有两种——一种是郁金香，只有它的花有用处，一种是郁金，只有根有用处。前者是红花；后者是一种姜黄属植物。但是下面我们就要谈到至少有三种郁金。

姜黄属的植物在中国和越南有几种：C. leucorrhiza（郁金），C. longa（姜或姜黄），C. pallida，C. petiolata，C. zedoaria 很难断定哪一种在古代中国就已经有了，但是看来至少有一种在上古时代已为人所用了。Curouma longa 和 C. leucorrhiza 是迟至唐朝才有记述，它们或许是从西方传来的，或者，如果根据可靠的植物学上的证据可以证明这些种类是土生的，[④]我们就不得不假设人工栽培的优良品种是在唐朝输入的。至于"郁金"（G. leuoorrhi-

① Chinese Materia Medica，p. 132.

② 勿忘此名仅是现代俗语，但是古代文献里所见到的"红花"却是 safflower（Carthamus tinctorius），而非 saffron。参阅第160页《臙脂》章。

③ 《本草纲目》卷14，第18页。

④ 根据 Loureiro（Flora Cochin-Chinensis，p. 9）的看法，Curcuma longa 在印度支那是野生的。

za)，第七世纪的苏恭说它出在蜀（四川）和西戎，还说胡人称之为"马蒁"mo-džut（dzut），[①]而他论述"姜黄"（C. lorga）时也说戎人称之为"蒁"džut，（dzut，dzur）；他也强调这两个品种十分相似。第八世纪上半叶的作者陈藏器谈到姜黄时说从西番来的那种很像"郁金"和"蒁药"。[②] 宋朝的苏颂说现在郁金在广东和广西各地都有，但是比不上四川产的，以前此物出在四川。寇宗奭[③]说"郁金"不是香料，在他那时代是用来染妇女的衣服。李时珍说郁金是大秦的产品：这话记载在第三世纪的《魏略》[④]里，《梁书》（卷 78，第 7 页）把郁金列为从大秦运往印度西部出售的物品之一。[⑤]

前面所讲关于外国名字"蒁"和"马蒁"已经足够使人对于姜黄属植物是否土生的引起深切的怀疑。在我自己，我相信至少这一属的植物有两种是路经中亚细亚传到四川的。这想法并不意味着这一属的植物其他品种或从外国输入的其他品种就不可能在那时候之前久已在中国生存了；这事甚至于是很可能的，因为掺和在鬯酒里的那香草"郁"，古代的《周礼》和《礼记》里都提到过。注释家



① 贝烈史奈德或司徒亚特或任何更早的作者都没有指出这个外国名字。

② 这名词指的是 Kæmpferia pundurata（Stuart：Chinese Materia Medica, p.227）。（可靠与否，我不知道。）这植物另外一个名"蓬莪茂"（茂读若"戍"，不是"茂"），bun-ṅa。大明说海南所产的 Curcuma 是"蓬莪蒁"，而江西所产的是"姜黄"（Curcuma longa）。Kæmpferia 与 Curcuma 属于同一目——Scitamineae。宋朝马志说这植物产于西戎和全广南地区。它是有毒的。西域的人先拿羊做试验：如果羊不肯吃，就把它抛掉。汉语"蓬莪"像是西藏语boṅ-ṅa的译音，然而这藏字是指附子。

③ 《本草衍义》卷 10，第 3 页。

④ 《三国志》卷 30，第 13 页。

⑤ 这里指的是姜黄属植物还是 Crocus，不能断定，因为这两种植物在亚洲西部都有。陈藏器认为大秦的"郁金"即红蓝。

们除了少数人之外都一致认为古代的“郁”即“郁金”，即一种姜黄属植物。[①]

在印度全国普遍种植 Curcuma longa，也许自古以来就种。这植物（梵语叫做 haridrā）已经列入包尔的写本里。它的根茎从印度输入西藏，在西藏它叫做yuṅ-ba 或 skyer-pa。这第三个名字原来是用在伏牛花（barberry）上，伏牛花的木料和茎根都出产一种黄色染料，和姜黄属植物一样。

伊宾·阿尔拜塔尔把 kurkum 当做姜属植物，而不是番红花属，这一点从他所下的定义就可以看出，他解释 kurkum 为染色用的树根。此根来自印度，波斯语称之为 hard，是从梵语 haridrā（Curcuma longa）来的。但是，伊宾·哈山说巴士拉人给 hard 命名为 kurkum。kurkum 是红花的名字，红花和它同化了。但是他接着却把红花和 wars 的根混淆了。wars 是一种 Memecylon 属植物。[②] 姜黄在波斯语里叫做 zird-čūbe或 darzard（黄木）。据加西亚达奥塔所说，姜黄大量地从印度运往阿拉伯和波斯。人们一致认为波斯、阿拉伯或土耳其都不出姜黄，它都是来自印度。[③]

“郁金”或“郁金香”，[④]在古代文献里常常指从印度和伊朗来

① 参考 Bretschneider：Bot. Sin. ，pt. II，No. 408。

② Leclerc：Traité des simples，Vol. III，p. 167.

③ C. Markham：Colloquies，p. 163.

④ 按原则说，“郁金香”严格地应指红花。贝烈史奈德所不能辨认的就是这个名词（Bot. Sin.，pt. II，No. 408）。司徒亚特也不得不承认（Chinese Materia Medica，p.140）“这植物尚未鉴定，它不像是姜黄属植物。”后面这句话很中肯。我们所读到关于“郁金香”的描写不会使人想到姜黄属植物。现代日本植物学家们把郁金香这个词（日语为 ukkonkō）用于 Tulipa gesneriana 上，那是一种日本产的花（松村任三：《日本植物名汇》No.3193）。

的两种不同植物：Memecylon tinctorium 和番红花，后者可能又和姜黄属植物混淆了。[①] 很奇怪没有人注意到在所有本草文献里“郁金”这名字的项下还保留着关于这个树古代的描写。所有欧洲的作者们，唯有帕拉第阿斯除外，都没注意到这事。帕拉第阿斯在他所编的《汉俄字典》(Vol，II，p.202)里给“郁金”一词作了如下的解释：它是罽宾的一种树的名称，开黄花，将花摘取下，待其开始枯萎，压榨之，用花汁与其他有香味的物质混合。在大秦亦有此树，花与番红树的花相似，用以染酒。

公元649年的佛经辞典《一切经音义》[②]里描写郁金树如下：“郁金，此是树名，出罽宾国，其花黄色。取花安置一处，待烂，压取其汁，以物和之为香，花粕犹有香气，亦用为香也。”

我倾向于把这树看做 Memecylon tinctorium 或 M.edule 或 M.capitellatum(Melastomaceae)，那是一种很普通的小树或大灌木，生长在印度以东和以南、锡兰、田那舍里(顿逊国 Tenasserim)和安达曼群岛。在印度南部用它的叶子染出一种淡黄颜色。从它的花里可取出容易消失的黄颜色。[③] 元应说只有喀什米尔出产这种树，无疑地他是受了把郁金当做喀什米尔专有产品看法的影响。

① 贝烈史奈德(*Chinese Recorder*，1871，p.222)还指出第三种植物。他认为可能是指 sumbul(即 Sumbulus moschatus)。这是植物学上名称之误。然而他所想的显然是所谓麝香根 Euryangium 或 Ferula sumbul，带有一种像麝香气味和涩味。他这鉴定也许单凭这么一个依据：《本草纲目》所讲的郁金香的别名里有一个是“草麝香”，但是这名词本身却没有加以说明。当然红花并没有麝香气味，草麝香一词也与红花无关，这书上只是误用而已。《滇海虞衡记》(卷3，第1页)也把“郁金香”和“草麝香”当做一回事，而且说它的根像生姜，能将酒染成黄色，这一定是暗指姜黄属植物。

② 卷24，第8页(参看 Beginnings of Porcelain，p.115)。

③ Watt：Dictionary of the Economic Products of India，Vol.V，p.227.

阿布·满速儿称这树为 wars,描写为一种黄色有香味像红花似的植物,阿拉伯妇女用它染衣服。[1] 古代的人不知有此染料。阿布·韩尼发有一篇论这植物的长文。[2] 伊宾·哈山提到 wars 的根,把它和红花混淆了。[3] 伊宾·阿尔拜塔尔写了一篇很长的文章论述这植物,[4]把它分为两类:一类出于埃塞俄比亚,色黑,质差;另一类出于印度,色鲜红,产纯黄色染料。还有一种叫做 bārida,产红色染料,是在也门栽种的。书上也说明它和姜黄属植物及番红花属植物的关系。伊撒克·伊宾·阿姆阑云:"据说 wars 即姜黄的根,后者来自中国和也门。"伊宾·玛沙·阿勒巴司利说:"它是一种鲜红色的物体,很像捣碎了的郁金。"这说明了中国人为什么把它列在"郁金"一类。雷克勒柯也把阿拉伯的 wars 鉴定为 Memecylon tinctorium,他又说:"wars 不是阿拉伯独有的产物,在印度也常见,特别在本第舍里附近,从那里运送到最近几次在欧洲举行的展览会。在印度它叫做 kana。"[5]《大和本草》论到"郁金",说它是暹罗产的一种染料,这似乎也是 Memecylon。

中国人把 Memecylon 的产品也包括在"郁金"这个名字之内,这件事似乎可以证明这种廉价的颜料在商业上常用来代替贵重的

① Achundow: Abu Mansur, p. 145.

② Achundow: Abu Mansur, p. 272.

③ Leclerc: Traité des simples, Vol. III, p. 167.

④ 同上书,p. 409。

⑤ 阿拉伯的 wars 也有人把它鉴定为 Flemingia congesta (Watt: Dictionary, Vol. III, p. 400)和 mallotus philippinensis(同书, Vol. V, p. 114)。这整个问题许多人都弄不清,尤其是福勒吉格尔和汉柏雷(Pharmacographia, p. 573; 又见 G. Jacob: Beduinenleben, p. 15 和 Arab Geographen, p. 166),但是此处不宜细谈。中文材料里所描写的"郁金香"也与这些植物都不符合。

红花。

中国植物学和药物学学者们虽然没注意到郁金是一种树的名字，他们却很清楚地认识到这个名称主要是用来称呼番红花的产品红花。这一点可以从这植物的描写和它的名字以及其他证据来证明。

《梁书》[①]里记述印度中部，很明白地说郁金只出产在罽宾，它的花是纯黄色，纤小，颇像芙蓉花。喀什米尔是以种植红花久已著名的国土，从那里运往印度、蒙古、西藏和中国其他各地。第七世纪著名的香客玄奘在喀什米尔，乌苌那国和漕矩达国见过此植物。[②] 佛教旅行家义净（公元 671—695 年）说它是印度北部所产。[③]

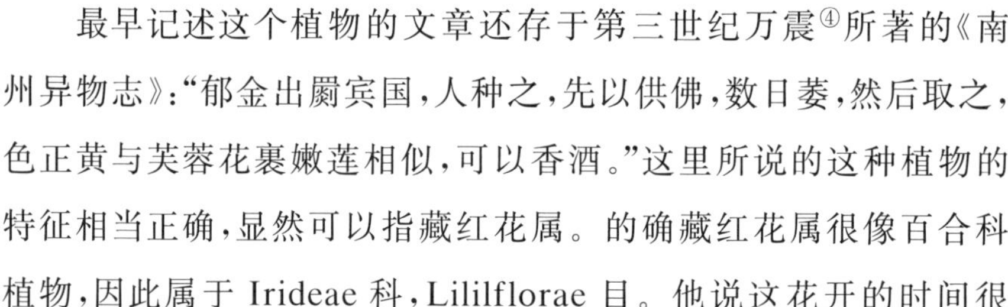

最早记述这个植物的文章还存于第三世纪万震[④]所著的《南州异物志》：“郁金出罽宾国，人种之，先以供佛，数日萎，然后取之，色正黄与芙蓉花裹嫩莲相似，可以香酒。”这里所说的这种植物的特征相当正确，显然可以指藏红花属。的确藏红花属很像百合科植物，因此属于 Irideae 科，Lililflorae 目。他说这花开的时间很

① 《梁书》卷 54，第 7 页。此书为第七世纪前叶的姚思廉根据梁朝（公元 502—556 年）文献所编撰的。

② S. Julien：Mémoires sur les contrées occidentales，Vol. I，pp. 40，131；Vol. II，p. 187（Story of the Saffron-Stūpa，同书，Vol. I，p. 474 或 S. Peal：Buddhist Records，Vol. II，p. 125）；W. W. Rockhill：Life of the Buddha，p. 169；S. Lévi：Journal asiatique，1915，I，pp. 83—85.

③ 高楠顺次郎的译本第 128 页；他错误地附加上“species of Curcuma”。

④ 《本草纲目》卷 14，第 22 页。

短，这话很中肯。[①]

公元647年太宗时印度的伽毗国进贡郁金香，当时描写如下："叶似麦门冬(Ophiopogon spicatus)。九月花开，状似木芙蓉，其色紫碧。香闻数十步。花而不实。欲种者取根。"[②]

最后这句话的意思是说这植物是用它的根来分植。还有一个叙述以郁金为贡品的记载，比此文早得多。公元519年扶南(柬埔寨)的国王阇耶范曼以郁金、苏合香和其他香料贡献与汉宫。[③] 因此我们不得不假设郁金在第六世纪是作为商品由印度运往扶南。其实我们从《唐书》里知道印度和扶南及近东通商时，输出钻石、檀香和郁金香。[④]《唐书》还说郁金香是印度、喀什米尔、乌苌那、漕国、巴勒蒂斯坦[⑤]各地的产品。公元719年安国(不花剌)的王以

① 对照普林尼所描写的藏红花属植物(xxi,17,§34)"春末开花，几天之内即谢。其花出油，冬至长成时采取。冬天在阴处晾干为最好。"

② 《唐会要》卷200，第14页。《本草纲目》(卷14，第22页)从《唐书》里引了这段文。李时珍说这段叙述和《南州异物志》里的描写相符合，除了花的颜色不符，但可以假定这植物有几个品种。他在这一点上是对的。的确，这花有多种颜色——紫、黄、白和其他色。伍德维勒(W. Woodville: Medical Botany, Vol. IV, p.763)有下面这样一段描写藏红花属植物的文章："根作球状，多年生。出叶后才开花。花开于多汁的细管上，高出地面少许。叶长得较花高，形状简单，作直线状，由根生出，其色深绿，有一白线贯穿其中，叶之尽头与花管都包在膜状茎衣中。花朵很大，蓝紫色或丁香花色。花冠有六瓣，都是椭圆形，大小相等，边向内卷。花丝有三，短而尖细，上面托着长形黄色花粉囊。子房稍圆，上面长出一根细长花柱，末端有三个盘旋形的长柱头，深黄色。荚略圆，有三片，三个囊，三个瓣膜，中间包着几颗圆形种子。九、十月开花。"

③ 此乃根据《梁书》所说；参考 Pelliot: *Bull. de l'Ecole française*, Vol. III, p. 270。

④ 《唐书》卷221上，第10页。

⑤ 《旧唐书》卷221，第6页；卷198，第8页；《唐书》卷221，第10页。参阅沙畹(Documents sur les Tou-kiueoccidentaux, pp. 128, 150, 160, 166)，他鉴定这植物为 Curcuma longa，这话是不正确的。

三十磅郁金贡献与中国皇帝。[①]

李时珍在他论述郁金香的文里加上一个梵语的名字“荼矩摩”dža-gu-ma 这字是他在《金光明经》里寻得的。[②] 汉梵字典《翻译名义集》(卷 8,第 10 页)里也有这字,译作“郁金”。我曾为文讨论这个名字,而且从它的白话体 jāguma 来鉴定它和梵语的jāguḍa相等,这词尾 ma 相当于藏语 ša-ka-ma 的词尾。[③]

陈藏器有一个很特别的见解,他说:“郁金香生大秦国;二月三月有花,状如‘红蓝’。[④] 四月五月采花即香也。”当然这不是指红花,因红花是在九月或十月开花的。陈藏器的话造成混乱,把李时珍弄糊涂了,竟把“红蓝花”也误列在“郁金香”的别名里面。

故临的居民沐浴后用郁金香擦身,目的在于使身体像菩萨的“金身”一样。[⑤] 他们决不是用“姜黄”(turmeric)擦身,[⑥]因为那只作染料用,他们用的是“郁金”。越南的妇女用郁金粉给婴儿擦身,以为对皮肤有益。[⑦]



阿布·发子勒·阿拉米在 1597 年所著的《阿克巴尔的言行

① 沙畹,同前书,p.203。

② 李时珍在一段文里引用了这名称,此文显然证明他把 Crocus 和 Curcuma 区别得很清楚,因为他又补充说“荼矩摩”是“郁金花”(Crocus)的香料,虽然它和现今使用的郁金根(Curcuma)名字相同,但却是两种不同的植物。

③ 《通报》,1916,第 458 页。

④ 见《臙脂》章。

⑤ 《岭外代答》卷 2,第 13 页。

⑥ 夏德:《赵汝适》,p.91。

⑦ Perrot and Hurrier: Mat. méd. et pharmacopée sino-annamites, p.94. 又参考马可·波罗的见闻录(Yule's 版本, Vol. II, p.286),他说爪哇的剥制填楦的猴子脸上涂着 saffron,为了使它看起来像人。

录》里很详细地讲述喀什米尔种植郁金的情况。[①] 可以从这书里引一段如下:“维希(在喀什米尔)的一个属地旁泼村里有郁金田,宽达一万或一万二千比格,就连最难以取悦的人见了也会为之心醉。三月底和整个四月(四月是种植的季节)把土地翻松,每畦都用铲子耪好以备栽种。把郁金的球根结实地种在地下。过一个月它们就出芽,九月底即长成,可以长到约一拃高。茎是白色的,长到一指长时,一个个蓓蕾就开始开花,一共开八朵花。每朵上有六片淡紫色的花瓣。六个花丝中通常有三个是黄色,三个红色。这三个红色的出产红花(有三个雄蕊,三个柱头,柱头产生红花)。花开过之后,茎上就出叶子。一经种植了它就连续开花六年,第一年产量很少。第二年可以开十至三十朵花,第三年长足,要把球根掘出来。若是随它留在土里,就会渐渐退化,假若挖掘出来,可以再移植。”

扎罕吉尔皇帝对喀什米尔种植郁金的事非常感兴趣,他在《回忆录》里[②]写道:

“郁金盛开时,帝离京城赴旁泼村,全喀什米尔只此一地郁金树最茂盛。每一座花坛,每一处田野,目之所及,尽是此花。花茎垂向地面。花有五瓣,蓝紫色,其中有三个柱头产生红花。此乃最纯种之郁金。平常每年可产四百芒得,[③]或三千二百呼罗珊地方的芒得。一半归政府,一半归种植者。每西尔可售十卢比,但价格有时略有上下。向例先将花过秤,然后交与厂主,他把花带回去榨

① H. Blochmann 译本 Vol. I,p.84;Vol. II,p.357。

② H. M. Elliot: History of India as told by Its Own Historians, Vol. VI, p.375.

③ maund 重量单位名。——译者

出郁金。所榨出之精液约等于四分之一花的重量,将之交与政府官吏时,得同量之盐以代工资。"

古代中国人不但把喀什米尔看做郁金的产地,而且也把萨珊波斯看做它的产地。《周书》(卷50,第6页)将郁金列为波斯产物之一。《隋书》(卷83,第7页)[①]亦如此。其实藏红花属植物在波斯是天然产生的,一定从很早的年代就开始种植了。厄斯启拉提到大流士王的郁金黄色的鞋袜。[②] 帕拉菲文学里也讲到郁金(参看本书的序言)。伊思塔忽里和爱德里西,[③]证明在德本得、亦思法杭和阿母河外地等地都有郁金。押忽特说郁金是查巴勒省的路德达拉维尔(即古代的米地亚)的主要产品,在古时大量郁金由此地输出。[④] 阿布·满速儿描写此花时用了它的阿拉伯名字 zafarān[⑤]。在亚美尼亚使用郁金的人最珍视呼罗珊产的郁金,可是它只有很少量在市上出售,波斯人自己不得不从高加索购进以供应需要。[⑥] 据史利默尔[⑦]说波斯的郁金一部分来自俄罗斯的巴库,一部分是在波斯的克恩区种植的,但是产量很不足以应需要。在两个地方他找不到郁金的痕迹,一处是路德沙巴(即上面所提的路德达拉维尔),这是哈马丹附近的多山地域,一处是德本得山,那



① 又见《魏书》卷102,第5页。

② Hehn: Kulturpflanzen, p, 264.

③ A. Jaubert: Géographie, pp. 168, 192.

④ B. de Meynard: Dictionnaire géogr. de la Perse, p. 267;又见 Ferrand: Textes relatifs à l'Extrême-Orient, Vol. II, pp. 618, 622.

⑤ Achundow: Abu Mansur, p. 76.

⑥ E. Seidel: Mechithar, p. 151. Chardin(Voyages en Perse, Vol. II, p. 14)甚至于说波斯的 Saffron 为世界第一。

⑦ Terminologie, p. 165.

里郁金的种植已有前代作者们指出过。

郁金树很可能是从波斯传播到喀什米尔的。这事可从梵语字 vahlika 追溯出,这字是郁金的同义字,意思是“起源于帕拉瓦”。① 佛家有一个传说,大意是说喀什米尔的传布佛教教义的始祖末阐提伽在那里种植了郁金。② 这话即使不能说明什么,至少它说明郁金是从别处传来的。波斯人在传布此产物上所起的作用可从西藏语里指郁金的那个字很生动的证明,那字是 kur-kum,gur-kum,gur-gum,它可以直接追溯到波斯语的 kurkum 或 karkam,但是不能追溯到梵语的kuṅkuma。③ 西藏人把这字传到蒙古,现在瓦勒加河上的喀尔木克人说话里还听得见这个字。有些人探索这波斯字(帕拉菲语 kulkem)的由来而把它归诸闪族语,亚述语 karkuma,希伯来语 karkōm,阿拉伯语 kurkum;而另一些人认为来自闪族语的说法不可靠。④ 郁金在西方和欧洲种植的历史,别人写过许多论述,但不在本文讨论范围之内。⑤

① 参考《通报》1916,p.459。

② Schiefner:Tāranātha,p.13;又参考 J.Przyluski:*Journal asiatique*,1914,II,p,537。

③ 《通报》1916,p.474。又参考粟特语 kurkumba 和吐火罗语(Tokharian)kurkama。

④ Horn:Grundriss der iranischen Philologie,Vol.I,pt. 2,p.6。除了 kurkum 之外,还有波斯语的 kākbān 和 kāfiša,都指“花里的红花”。古亚美尼亚语 k'rk'um 一词被当做从叙利亚语来的外来词(Hübschmann:Armen. Gtam.,p.320)。

⑤ 关于阿拉伯各国的番红花,可参看 Leclerc:Traité des simples,Vol. II,pp. 208—210。一般地可以参考,J.Beckmann:Beyträge zur Geschichte der Erlindungen,1784 Vol. II,pp. 79—91(亦见于英译本);Flückiger and Hanbury:Pharmacographia,pp.663—669;A. de Candolle:Géographie botanique,p.857 和 Origin of Cultivated Plants,p.166;Hehn:Kulturpflanzen(8th ed.),pp. 264—270;Watt:Dictionary,Vol. II,p.592;W.Heyd:Histoire du commerce du levant,Vol. II,p.668 等。

从以上的探讨可以推断郁金这一词由于意义太多而给翻译中国作品的人造成了一些困难。我们可以立下这样一个一般的规律：当“郁金”指中国的一个植物或产品时，它就是一种姜黄属植物(Curcuma)，但是当它指印度、越南、伊朗等地的产品时，大半是番红花属植物(Crocus)。外国的“郁金香”差不多必定是指番红花属植物，这植物确是用做香料，但这同一名称若用在中国的郁金香上，就又指的是姜黄属植物，下面就要讨论到这一点。现在可以提出这样一个问题：郁金这一词由何而来？原来的意义是什么？夏德[①]在1886年把“郁金”看做就是波斯语的karkam(saffron)，在1911年他又重述这个看法，[②]是以古代的发音hat-kam为依据。从语音上看来，这说法很难令人信服，因为中国人不会用当头字母h做外语k的译音；但是在译音里“郁”字通常等于ut，ud。夏德的整个理论所受到更大的反驳是：中国人自己不承认郁金代表一个外国字；无论在什么书里他们也没有说“郁金”是波斯语，梵语，或这一类的话；相反地，他们把这个词看做自己语言的一个成分。而且，假如“郁金”原来是红花的名称，那么这个被当做波斯语的字怎会转用在姜黄科植物上？有些种类的姜黄植物甚且是中国本国产的，或无论如何已与中国的风土气候相习了很久。的确这事情不简单，需要仔细研究。让我们看看中国人关于郁金这个词怎么说的。伯希和[③]已经简单而清楚地略述了一般的情况，他说早在第二世纪初，《说文》这字典已提到了郁金，说它是一种有香味的植



① *Journal China Branch Roy. As. Soc.*, Vol. XXI, p.221.

② 《赵汝适》p.91。

③ *Bull. de l'Ecole française*, Vol. III, p.270.

物，郁人进贡来的，郁即今之广西省的郁林，因此他推断这个词的意义是“郁的金子”，暗指它产物的颜色是黄的。在《水经注》[1]里有这样的话：“秦桂林郡，汉武帝元鼎六年更名郁林郡，王莽以为郁平郡矣。应劭地理风俗记曰：周礼郁人掌裸器，凡祭醊宾客之祼事，和郁鬯以实尊（奠）彝。[2] 郁芳草也，百草之华，煮以合酿黑黍，以降神也。或说今郁金香也。一曰郁人所贡，因氏郡矣。”后面这说法是《说文》[3]上的解释。两种解释都有道理，[4]但是二者之中只能有一种解释是正确的。我自己的看法是这样的：“郁”是一种中国土生的有香味植物的古汉语名称，究竟它是姜黄科或其他科，不能确实地肯定。[5] “郁金”照字义是“郁树的金子”，“金”指的是黄色根茎，[6]“郁”指的是整个的植物，因此具体的意义是“郁根”。可是我不相信“郁金”一词是从郁地区或郁部族而来的，这说法不能成立，因为“郁”字作为植物的名字早于作为地名。《水经注》里的那段文章很清楚地证明这点；因为在公元前 111 年“郁林”（郁树的

① 这部书是《水经》的注释。《水经》是有关水路的法规书籍，据说是后汉桑钦所著，但是在第三世纪又经过精心修改。加注释的人是死于公元 527 年的后魏郦道元（他的传记见于《魏书》卷 89；《北史》卷 27）。关于《水经注》的各种版本，见 Pelliot：*Bull. de l'Ecole française*, Vol. VI, p. 364, note 4。

② 参考 Biot：Le Tcheou-li, Vol. I, p. 465。

③ 《说文》的初版里并没有“郁金”一词，只有古代简单的“郁”字。唯有《翻译名义集》（卷 8，第 10 页）把“郁金”说成是出在《说文》。（我认为这是错误的。）

④ 李时珍说汉朝的郁林郡包括现在的广西省和贵州省的浔州、柳州、邕州、宾州。他又说按《大明一统志》只有广西柳州府的罗城郡出产我们这里所谈的郁金香（即 Crocus），而事实上那所指的是 Curcuma.

⑤ 也有人认为古代的，“郁”是一种和“兰”相似的兰科植物（见陆佃所著的《埤雅》和郑樵所著的《通志》）。

⑥ Pallegoix(Description du royaume Thai on Siam, Vol. I, p. 126)说“姜黄(curcuma)是一种肥厚的球根，金黄色”。

林子)这个地名才产生,代替了早先的“桂林”(肉桂树的林子)。所以是这植物把它的名字给了这地方,而不是这地方的名字用在这植物上。中国人混淆了因和果,这类的事情是常有的。地方的名字为什么改成了“郁林”,理由现在也很明显。这地方在汉朝一定以郁金树丰盛而著名,而在秦朝那里的郁金树,不很特出,肉桂树却占优势。总之,郁金是完全可靠合法的汉语字,不是外国字。它指的是一种土生的姜黄科植物(Curcuma);而在唐朝这一科植物的其他品种或许有由外国传播来的,“郁金”这个词在当时人们的心理上起了作用,像臙脂一样:“臙脂”(safflower)变成任何化妆品或红粉的名称,“郁金”(turmeric)也移用在任何产生同样黄颜色的染料上。因此也用在喀什米尔和波斯的红花上。



## 臙脂(红蓝)

17. 坎多勒[①]一面坚决认为埃及和印度在古代就种植“红蓝”(safflower),[②]一面又以贝烈史奈德的话为根据说中国人在公元前第二世纪当张骞由大夏(巴克特里亚)带回“红蓝”时方才有了这植物。司徒亚特[③]也重述了这种话。张骞的传记和《汉书》里都没提到这件事。只有《博物志》把“黄蓝”列为张骞带回的一系列植物

① Origin of Cultivated Plants,p.164.

② 关于此字的历史,可参看 Yule:Hobson-Jobson,p.779。

③ Chinese Materia Medica,p.94.司徒亚特说中国人认为西藏是这植物的天然原产地。这说法也是错误的。这是因为把它和“西藏红花”混为一谈。西藏红花指的是 saffron,它得此名是由于现代 saffron 由喀什米尔路经西藏运到中国(见上一章)。西藏既不产 Carthamus 又不出产 saffron。

之一,并附带说它可以作燕支用。[①]《古今注》虽然承认这植物是由西方传来的,却没提到这位将军。《齐民要术》讨论栽培此花的方法,但没有讲它是如何传播来的。此花来自外国,这是无可怀疑的事实,但也不会在第三或第四世纪晋朝之前。红蓝来到中国引起了中国人对一种土产野生植物的注意,那土生植物落葵包出产同样的染料和臙脂,两种植物被一个共同的名字"燕支"结合和混淆起来。

落葵是落葵科的一种攀缘植物,在中国(和印度)大半为了要用它的浆果而种植它,浆果里含有红汁,女人用作臙脂,它也可以作为制印色用的紫色染料。这种染料是京都的高官,顺天府(北京)和沈阳以及各省首脑才有特权使用。[②] 陶弘景(公元 451—536 年)谈到这植物,称之为"落葵"。他提到这植物如何栽培,如何用它的叶子作调味品,用它的浆果作化妆品。[③] 大概是在"红蓝"传到中国之后,这土生植物才有了用处。崔豹在第四世纪中叶所写的《古今注》[④]上说:"燕支叶似蓟,花似蒲公(*Taraxa* cum officina-

① 有些版本的《博物志》补充说"今魏地亦种之"这话的意思也许是说在公元第三世纪,即作者张华的时代这植物才传到中国。《北户录》的注里引了《博物志》的话:"红花亦出波斯、疏勒、河禄国。今梁汉最上,每岁贡二万斤于织染署。"书写语里的"红花"不是指 saffron,而是指 safflower。爪哇所产的是 safflower,(爪哇语叫做 kasumba),而不是 saffron,如夏德所翻译的书(《赵汝适》)里所说的。1688 年出版的《花镜》又重述张骞的传说(卷 5,第 24 页)。

② P. Hoang:Mélanges sur l'administration pp. 80—81.

③ Bretschneider: Bot. Sin.,pt. II,No. 148,pt. III,No. 258.

④ 《古今注》卷下,第 5 页(汉魏丛书本)。关于这部书的历史真实性,《四库全书总目》上批判的话值得注意。(参考 Wylie 所著的 Notes on Chinese Literature, p. 159。)又见本书第 70 页。

lis)，出西方。土人以染，名为燕支。中国亦谓为红蓝，以染粉为妇人色，谓为燕支粉。[今人以重绛，为胭脂，非燕支花所染也。燕支花自为红蓝(Carthamus tinctorius)耳。旧谓赤白之间为红，即今所谓红蓝也。]”[①]从这段引文可以推断落葵在早年和红蓝常被人混淆了，“燕支”这名称本来只指红蓝而言。

《北户录》(卷2，第11页)里有下面这一段关于燕支花的记述：

“山花丛生端州[②]山崦间多有之，其叶类蓝(槐蓝属)，其花似蓼(蓼属或蓼蓝)。穗长二三寸，作青白色，正月开。土人采含苞者卖之，用为燕支粉或持染绢帛，红不下蓝花。习凿齿[③]与谢侍中书云：此有红蓝，[④]足下先知之否？北方人采其花染绯黄，按其上英鲜者作燕支。[⑤] 妇人装时，用作颊色，作此法大如小豆许，而安令遍，色殊鲜明可爱。吾小时再三见过燕支，今日始睹红蓝耳。后尚为足下致其种。匈奴名妻阏氏[⑥]可爱如烟支也。阏字音烟，氏字音支，想足下先亦作此读汉书也。又郑公虔[⑦]云：石榴花堪作烟支。”[⑧]



① 括弧内的这段话虽然现在归并在《古今注》的本文内，无疑地它是后代注释者的话。《北户录》正式确证了这一点(卷3，第12页)，因为在它引证《古今注》中有关的文章时，删去这些话。

② 广东省肇庆府的名称。那野花即落葵。

③ 《图书集成》第20册，卷158说这位作者是晋朝(公元265—419年)人，并引了这一段文，但却说他的书名为《与燕王书》。达段文在十二世纪罗愿著的《尔雅翼》里也引证了，那上面的标题与前面所说的相同。

④ 《图书》的文里有这样的话：山脚有红蓝。

⑤ 古代埃及已经用Carthamus制化妆品。

⑥ 这是匈奴对皇后的称号，见于《汉书》(《前汉书》卷94上，第5页)参看我的著作Language of the Yüe-chi，p. 10。

⑦ 已失传的《胡本草》作者。

⑧ 后面接着是一篇微不足道的关于唐朝一位公主制造化妆品的轶事，还有上面所引的《古今注》的那段文。

"燕支"这个稀奇的名字引起了中国学者们的兴趣。它不但和匈奴语"阏氏"有相互关系,如习凿齿最先提出的,而且也和燕支山有关。罗愿在《尔雅翼》里说匈奴有一座燕支山,他又从《西河旧事》[①]里引证了一首诗歌:"失我祁连山[②],使我六畜不蕃息,失我焉支山,使我妇女无颜色"。[③] 宋朝的作品《北边备对》说焉支山的焉支就是现在的"燕脂";这座山出产红蓝(Carthamus),可提取臙支(化妆品)。这些当然都是纯粹幻想,由于"臙脂"(化妆品)和匈奴语"阏氏"(皇妻)两个词同音而引起的。伏侯在他所著的《中华古今注》里对这语原有另外一个解释,也并不高明:他说臙支出产在燕国,所以叫做"臙脂"(燕国的汁)。燕是周朝的一个封建采邑。这说法也是从语言上附会追加的,因为古代历史记载里没有说燕国出产 Basella 或 Carthamus(既没有说专门出产这植物,也没有说出产的特别多)。"燕支"绝对不是中国字,而是外国字的译音。这可以从古代写法"燕支"一词看出,因为这个词没有任何意义;"支"字是最常用来翻译外语的。这个词没有固定的写法,因此也更加证明它非中国词。李时珍又添上另一个写法"赩赦"[④],他说"臙肢"和"胭支"是错误的,所以不用。他这样做很有理。可惜我们不知道这词是从哪个国家和哪种语言采用来的。《古今注》只含

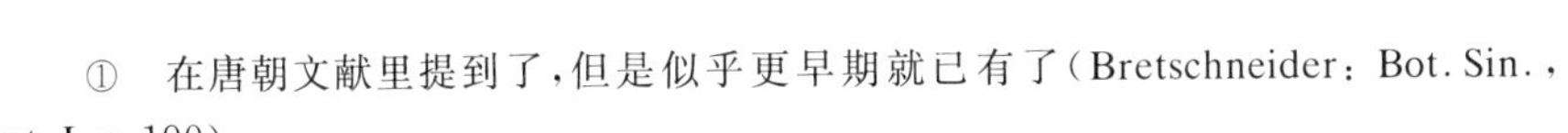

① 在唐朝文献里提到了,但是似乎更早期就已有了(Bretschneider: Bot. Sin., pt. I, p. 190)。

② 甘肃省甘州西南的山脉(《史记》卷 123,第 4 页)"祁连"是匈奴语,意思是"天"。我认为它与满洲语的同意义的 kulun 有关。瓦特尔斯(Essays, p. 362)和白鸟(Shiratori)(Sprache der Hiung-nu, p. 8)的解释都不正确。

③ 《北户录》的注里也引了这段文(卷 3,第 11 页)。

④ 用第 155 部首"赤"组成的。

含糊糊用了“西番”这个名字，说在西番称 Carthamus 为“燕支”；但在我所懂得的语言里没有一种语言有这么一个名称可用在这种植物和它的产品上。在梵语里红蓝的名字是 kusumbha；如果这植物来自印度，中国的作者们一定会明白地说明这事。所以我们还是只能假设它是从伊朗某地区移植来的，“燕支”是代表现在已不存在了的一种古伊朗方言里的一个词，或者是代表一个还无人知晓的一个伊朗字。在新波斯语里这植物叫 gāwdžila；在阿拉伯语叫 qurtum。[①]

李时珍把臙脂分为四种；（一）从红蓝里提取的，用这种植物的花汁制成臙脂（这话来自《古今注》，上面已引证了）。（二）从落葵里提取的，如《北户录》所叙述的。（三）从《胡本草》所描写的山榴花里提取的（山榴花尚未鉴定为何科何属植物，也许是一种野石榴。参看第 113 页）。（四）从产紫鉚的树里提取的。这种产物叫做“胡燕脂”（外国臙脂），李珣[②]著的《南海药谱》里有着关于此物的记述。李时珍又说：“今南人多用紫矿燕脂，俗呼紫梗是也。大抵皆可入血病药用。[③] 又落葵子亦可取汁和粉助面，亦谓之胡燕脂。”现在我们明白了为什么中国土生的植物落葵在郑樵的《通志》里叫做“胡燕支”。第十世纪的马志也这样称呼它：这名字原先是指一种用紫鉚树或其他胶虫寄生的树[④]所制的臙脂，——胶虫寄生的树出在越南、马来群岛和印度。因此这产品是外国货，所以叫

① Achundow：Abu Mansur，p. 105.

② 生于第八世纪后半。

③ 因这浆果是红色的。

④ 参阅本书第 329 页。

做“外国臙脂”或“蛮人的臙脂”(胡燕支)。因为 Basella 有着同样的用途,于是“胡臙脂”这名字最后转用到这土生植物所产的臙脂上来。

有一句话却是李时珍没有提的:“燕支”也指紫茉莉,因为从这植物的花也能提取一种红色物质,常用来代替红蓝花颜料。[①] 显然燕支这一词在植物学上没什么意义,几百年来它只有“美容品”这么一个意思。

范成大(1126—1193 年)在他著的《桂海虞衡记》(知不足斋丛书本,第 86 页)里说到一种臙脂树,状大而美丽,颜色像臙脂(即红色),可制箭头,生长在永州郡和该地的岩洞和广西省的桂林各县。A. 亨利[②]称湖北宜昌产的臙脂为“烟脂麻”,就是 Patrinia villosa。

## 茉莉

18. 中国最早论述华南植物的作品《南方草木状》(卷上,第 2 页,汉魏丛书本)(据说此书为晋惠帝[公元 290—309 年]的大臣稽含所著)里有下列这段话:

“耶悉茗花,末利花(Jasminun officinale,木犀科 Oleaceae)皆胡人自西国移植于南海(广东)。南人怜其芳香,竞植之。末利

① Stuart:Chinese Materia Medica p.264;松村任三《日本植物名汇》No. 2040;Perrot and Hurrier:Matière médicale et pharmacopée sino-annamites p.116,这书上误把“落葵”当做这植物的中国名字。

② Chinese Names of Plants,p. 239(*Journal China Branch Roy. As. Soc.*, Vol. XXII, 1887).

花似蔷蘼(Cnidium monnieri)之白者，香愈于耶悉茗。”

同书的另外一段(卷下，第3页)说指甲花(Lawsonia alba)(见下面一章)，耶悉茗和末利是胡人由大秦(即Hellenistic Orient)传来的。

耶悉茗这个植物已鉴定为Jasmisum officinale；末利即Jasminum sambac。中国人栽种这两种植物为了它们的花很香，而且产油。[①]

《南方草木状》的这段文最早是贝烈史奈德[②]发现的，引起了各种的误解。夏德[③]说："现在欧洲所有的语言里都有这个外国名字，据说它来自阿拉伯波斯语的jāsamīn(读作yāsmīn)。此字见于这部大约公元第三世纪所写的中国书籍，这就足以证明这个名字必定在古代就用了。"瓦特尔斯[④]认为"耶悉茗"是中国文献里所见的最早的阿拉伯字之一。这些作者们似乎都没想到在那么早的年代阿拉伯语或波斯语还没有人知道；即使从《南方草木状》本身看来，要说阿拉伯与中国有接触也是错的，因为这部中国作品说得清清楚楚耶悉茗和末利两个植物都是由大秦传来的。伯希和[⑤]说这部中国作品非常可靠，从来没引起过怀疑，但是他对于书里用jasmine的阿拉伯名字也表示惊讶。大秦的语言里的确没有阿拉

① 茉莉花(sambac)是中国人所喜爱的花。在北京有人专门种植此花。夏季每晨日出之前摘下蓓蕾(不带枝叶)出售。用之放在茶和鼻烟里以增芬香，又可做妇女的发饰。北京不种植Jasminum officinale(Bretschneider文，刊于*Chinese Recorder*, Vol. III, 1871, p. 225)。

② *Chinese Recorder*, Vol. III, p. 225.

③ China and the Roman Orient, p. 270.

④ Essays on the Chinese Language, p, 354.

⑤ *Bull. de l'Ecole française*, Vol. II, p. 146.

伯语。而且，由于奥罗梭研究的结果，我们现在知道《南方草木状》里有许多添改而失真了。所以目前所谈到的这段文也许是后加的，无论如何不能用来证明在公元三百年之前就有亚洲西部的人来到广州，[①]更令人不可信的是这部书还说纪元前二三百年的陆贾所著的《南越行记》提到这两种的茉莉属的花。[②]其实这位作者只是说在南越境内五谷无味，花无香，只为要说明这些花特别香而已。花的名字他没提，把这些花说成是耶悉茗和末利的人是稽含。在陆贾的时代这两种外国植物不可能从海路运到华南；如果陆贾真的写了这段文章，那他心里想的也一定是另外两种植物。

还有一件事情也不可以忽略：所谓由大秦传播来的说法并没有载在有关大秦的史料里，也没有为同时代，或后代的史料所证实。

《北户录》（卷 3，第 16 页），称此花为“耶悉弭”和“白末利花”，说它们是波斯人移植到中国来的，犹如毗尸沙或金钱花。[③]《酉阳杂俎》有一段简短的关于这植物的记述，[④]说它的产地在拂林和波斯。《本草纲目》《广群芳谱》（卷 22，第 8 页）和《花镜》（卷 4，第 9 页）都说末利的产地原来是在波斯，从那里移植到广东。《本草纲目》又附加说它当时（第十六世纪）在云南和广东种植，可是它不能耐寒，不宜于中国的气候。有人引杨慎（公元 1488—1559 年）著的《丹铅总录》，大意说华北用的名字“柰”就是《晋书》

---

① 夏德：《赵汝适》，第 6 页，注 1。

② 贝烈史奈德和夏德都没有论及这一点，他们根本没提此事。

③ 见本书第 170 页。

④ 夏德译文，载于 *Journal Am. Or. Soc.*，Vol. XXX，1910，p. 22。

里所谓"簪柰花"。[1] 此花来到中国已久。

我们在中国记录里见到末利有下列这些名称。[2]

(一)耶悉茗 ya-sit(sid)-miṅ = 帕拉菲语的 yāsmīn,新波斯语 yāsamīn,yāsmīn,yāsmūn,阿拉伯语 yasmin 或野悉蜜 ya-sit-mit(见于《酉阳杂俎》) = 中古波斯语 yāsmīr(?)。[3] 从语言学的证据看来,《酉阳杂俎》和李时珍既然都说这植物的原产地为波斯,我们似乎应该承认它是由波斯传到中国的。《南方草木状》的材料大可怀疑,谁要相信这材料就必须证明:一方面这个波斯字至少在第三世纪在亚洲西部还存在,另一方面印度字 mallikā(参看第二项)大约在同时来到大秦。这两个说法都有可能,但是没有任何西亚细亚的材料为之证实。[4] 中国作品所提出的证据是孤立的,它的根据不够有力,今版和公元约三百年的初版之间的关系不清楚,不能从中得出这么广泛的结论。这个波斯阿拉伯字已经成为全世界所共有的字,所有欧洲语言都沿用了。阿拉伯人把它传布到非洲东海岸(苏瓦喜利语 yasmini,玛达格赛语 dzasimini)。

(二)末利或茉莉,[5] mwat(mwal)-li = malli,梵语 mallikā

---

① 这就是夜间开花的耶悉茗(Nyctanthes arbor tristis),即印度的麝香花(Stuart:Chinese Materia Medica,p.287)。

② 茉莉属的花的种类繁多——在印度大约有四十九至七十种;马来亚群岛有大约三十九种;中国和日本约有十五种。

③ 由亚美尼亚语里的波斯字 yasmik 而来,除了 yāsmīn 之外,胡布史曼(Armen. Gram,p.198)又提供一个帕拉菲语的字 yāsmīk。因此 yāsmīt 或 yāsmīr 可能在帕拉菲语中都有。

④ 迪欧斯柯利兹或加连纳斯都不知 jasmine,这事值得注意。

⑤ "利"字有许多种写法,在《广群芳谱》里都可见到(卷 22,第 8 页);在语音上没有什么重要。

(Jasminum sambac)的译音,西藏语 mal-li-ka,暹罗语 ma-li,[①]吉蔑语 māly 或 mlih,占语 molih。马来语 melati 是来自梵语的 mālati,指素馨(Jasminum grandiflorum)。蒙古语 melirge 是独立的。夏德说它等于叙利亚语 molo,[②]这话是不可信的。

(三)散沫,san-mwat(福建方音 mwak)。《南方草木状》(卷下,第 3 页)[③]里说这个字是 Lawsonia alba 的别名,产染料;但是这就引起了混乱,因为这个译音和 Lawsonia 的任何外国名称都不符合,而显然符合于阿拉伯字 zanbaq(茉莉),植物学名称 sambac 就是从这个阿拉伯字来的。稽含绝对不会知道这个字,书里那话显然是后人添上去的。

(四)鬘华,见于佛经里,显然是梵语 sumanā Jasminum grandiflorum 的缩写,sumanā 采用到波斯语成为 suman 或 saman。

在喀什米尔、合不勒、阿富汗、波斯都发现有耶悉茗,在波斯也有野生的。

帕拉菲语文献(见本书的序言)和阿布・满速儿[④]著的波斯药方书里都讨论了末利。常德在撒马尔罕[⑤]地区看见过这种花。它在波斯的法尔思省生长得很繁盛。[⑥]

茉莉油在阿拉伯人和波斯人看来是有名的产品,阿拉伯语叫

---

① Pallegoix: Description du royaume Thai, Vol. I, p. 147.

② *Journal Am. Or. Soc.*, Vol. XXX, 1910, p. 23.

③ 参阅第 170 页。

④ Achundow: Abu Mansur, p. 147.

⑤ Bretschneider: Mediæval Researches, Vol. I, p. 131.

⑥ G. Le Strange: Description of the Province of Fars, p. 51.

做 duhn az-zanbaq。伊宾·阿尔拜塔尔所编纂的书里[①]只简单地叙述它的制法。据伊思塔忽里说,波斯的达拉比吉尔德省有一种茉莉油为别处所没有的。萨布尔和失刺思也以出产此油著名。[②]

《酉阳杂俎》里说西方所制的茉莉油是一种补药,在宋朝输入中国,此事载于十二世纪末十三世纪初的高似孙所著的《纬略》(卷9,第9页)里。它说:"耶悉茗花是西国花,色雪白,胡人携之交广之间,家家爱其香气,皆种植之。《广州图经》曰:舶上有耶悉茗油,盖胡人取花压油,偏宜麻风。[③] 膏摩于手心,香透于手背。"

## 指　甲　花

19. 大家都知道华南到处种植的 Lawsonia alba 或散沫花的叶子广泛地被妇女和儿童们用来染指甲,因此叫做"指甲花"。[④]有一部不知作者和年代的作品《三辅黄图》(卷3,第9页,汉魏丛书本)里提到这种花,说它是在汉武帝(公元前140—前87年)时代从南粤(华南)移植到扶荔宫的。这一定是弄错了时代,或是这部书的原文后来经过了增改。在可推断年月的作品里最早提到这植物的还是稽含所著的《南方草木状》(卷中,第3页,汉魏丛书本)他说这植物是一种五尺至六尺高的树,枝子很软弱,叶子像小榆树

① L. Leclerc: Traité des simples, Vol. II, p. 111.

② P. Schwarz: Iran, pp. 52, 94, 97, 165.

③ 阿拉伯人认为此油可防治瘫痪和癫痫(Leclerc,见同处)。

④ 参考 *Notes and Queries on China and Japan*, Vol. I, 1867, pp. 40—41; Stuart: Chinese Materia Medica, p. 232。

的叶，花是雪白色，像耶悉茗和茉莉，但香味不同。本书前面（见第166页）已讲过，这书又说这三种植物都是胡人由大秦携带来的，在广东种植。[①] 现在又发生这样一个问题：此文是否在最早的版本里就有？这似乎很可怀疑，主要是因为稽含附加了“山茉”这样一个别名，而我们已知道“山茉”其实是指耶悉茗。

段公路在大约公元875年所著的《北户录》（卷3，第16页）有下面这段文，标题是“指甲花”：“指甲花细白色，绝芳香，今蕃人种之，[②]但未详其名也。又耶悉弭花、白末利花音波斯移植中夏，为毗尸沙金花（Inula chinensis）也。本出外国，大同二年（梁朝，公元536年。）始来中土。”大约较此书早十五年所写的《酉阳杂俎》（卷16，第10页）里有这样的话：“金钱花一云本出外国，梁大同二年进来中土。梁时荆州椽属双陆，赌金钱，钱尽以金钱花相足，鱼弘谓得花胜得钱。”同书（卷19，第10页）另有一段说：“毗尸沙花一名曰金钱花[③]本出外国，梁大同一年（公元535年）进来中土。”段公路和段成式所描绘的金钱花决非Inula chinensis，因为Inula chinensis是华北一种普通的野生植物，《别录》里已提过，陶弘景也提过。[④] 显然梁朝输入的必定是另外一种花。解决这问题的唯一办法是来断定一下“毗尸沙”这个字的原字型，这字显然是一个外国字的译音。书上都没说它原来属于何种语言，但是从外表看来，它是梵语，应该可以推溯到像viṣ ṣa（或viçeṣa）这么一个字型。

① 又见Hirth：China and the Roman Orient，p.268。

② 《北户录》上说：“今蕃人重之”。——译者

③ 稗海本在“荆”字前面加一“中”字，达必然是错误。

④ 又参看Bretschneider：Bot. Sin.，pt.III，p.158。

可是我们又找不着这样一个梵语的植物名称,也许这字不是梵语。[1]

《北户录》因此把指甲花当做波斯人传播到中国的,但是这书没有提指甲花所出产的染指甲颜料。我在唐朝其他的书籍里没有看见讲这种染指甲颜料的。我觉得直到宋朝才有人使用这种美容品,染指甲的事情是在那时由回人传到中国的(也许只是二次传到中国),最初也只限于回人这样做。大家都知道现在凤仙(Impatiens balsamina)的叶子和明矾混合也可用来染指甲,所以它名字叫"染指甲草",[2]——此词最早见于明朝初期出版的《救荒本草》。史料中最早提到染指甲的习惯的是周密(公元 1230—1320 年)所著的《癸辛杂识》(续集上,第 17 页,稗海本),他说:"凤仙花红者用叶捣碎,入明矾少许在内。[3] 先洗净指甲,然后以此付甲上,用片帛缠定过夜。初染色淡,连染三五次,其色若胭脂,洗涤不去,可经旬,直到退甲,方渐去之。或云此亦守宫之法,非也。今回回妇人多喜此,或以染手并猫狗为戏。"《本草纲目》里只引了最后这句话。从周密所说的话看来,这种习惯不像是年代很久的,似乎不早过于宋朝。

早年的本草中没有一部提到散沫花。它第一次见于《本草纲

---

① 新 Chinese Botanical Dictionary,(p. 913)把金钱花和旋复花(Inuia britannica)视为同一植物。佛学辞典里说它即梵语的 jāti(素馨;参看 Eitel: Handbook, p.52)。这字另外的意思是"种类";viçeṣa音义与此相同。复台词jāti-vi-çeṣa指植物的特性(Hoernle: Bower Manuscript,p.273)。所以或许佛学家们把这字当做"素馨种"植物,因而把viçeṣa保留下来作为此花的名字。

② Stuart: Chinese Maleria Medica,p.215;《本草纲目》卷 17 下,第 12 页。

③ 现在染料也是用同法制的。

目》。李时珍所能记述的只是这么几句话：有黄白两种；夏季开花，味似木犀(Osmanthus fragrans)，可用以染指甲，胜于凤仙花。宋朝作者郑刚中称此花为“异香花”。

人们一直普遍相信使用指甲花和传播散沫花到中国这两件事都发生在古代，其实证据很不够。在我看来，就使用指甲花来说，迟至宋朝才有。还有一件事也值得注意：在记载里无论这植物或它的产品都没有古代的外国名字。史密斯和司徒亚特很得意地用了“海蒳”(阿拉伯语 hinnā)这个名词而没指点它的出处。这个译音的形式就表明它是近代字。其实它迟至第十六世纪在《本草纲目》(卷 17，第 12 页)里才出现，其后又见于 1630 年的《群芳谱》[①]和 1619 年[②]徐光启所出版的《农政全书》，徐光启是耶稣会士的同情者和支持者。这字也见于 1688 年的《花镜》(卷 5，第 23 页)。

指甲花(阿拉伯语 hinnā，从而有了马来亚语的 inei)从古代起在西方广泛地被使用，这是人们熟知的事情。埃及人用这植物的叶子[③]把手染红(在埃及语里这植物叫 puqer，科普提克语为 kuper 或 khuper，希伯来语 kopher，希腊语 κύπρος)。所有回人都仿效这个习惯，他们甚至于用指甲花染头发，染马鬃，马尾，马蹄。[④]。亚洲西部所产的那种指甲花和中国所产的是一样的，在俾路支斯

① 《广群芳谱》卷 26，第 4 页。特别指出初版里的这几段文字。

② 《农政全书》应是 1639 年出版。——译者

③ V. Loret: Flore pharaonique, p. 80; Wœnig: Pflanzen im alten Aegypten, p.349.

④ L. Leclerc: Traité des simples, Vol. I, p. 469; G. Jacob: Studien in arabischen Geographen, p. 172; A. v. Kremer: Culturgeschichte des Orients unter den Chalifen, Vol. II, p. 325.

坦和波斯南部这植物也是天然产的。[①] 古波斯对于传播这植物起了很大的作用。[②] “他们(波斯人)也有把手染上颜色的习惯,尤其是把指甲染成一种近乎黄色或橘色的红色,很像我们硝皮匠的指甲那种颜色。也有人染脚。对于他们已婚的妇女,这是一种必不可少的装饰,因此在结婚的宴会上捧出这种植物来,分赠给宾客们。也用它来染管染色的女仆身体,为的是当他们来到天使检查官面前受审查时,可以显得更整洁漂亮。这颜色是用他们叫做 Chinne 的草制的,它的叶子像甘草叶,或是桃金娘的叶子。出在埃拉克省。把它晒干捣碎,细如面粉,里面放进一些酸石榴汁,或香橼汁,有时只放净水,他们就用这东西染手。假如他们想要染成较深的颜色,就在事后用胡桃叶摩擦。这颜色可历十五日而不落,尽管每天洗几次手。”[③]这种植物似乎更可能是从波斯移植到中国的,而不是从亚洲西部来的。但是关于这事中国的记载说得很含



① C.Joret:Plantes dans l'antiquité,Vol.II,p.47.

② Schweinfurth:*Z.Ethnologie*,Vol. XXIII, 1891,p.658.

③ A.Olearius: Voyages of the Ambassadors to the Great Duke of Muscovy and the King of Persia (1633—1639),p.234 (London,1669).对史利默尔(Terminologie,p.343)对这制法的描述,原原本本地附录在这里:“这是用此植物的叶晾干研碎成细粉所制的。这种植物在波斯大量种植。本地人用之把头发、胡须、指甲染成黄红色。用微温的水把这种粉末调成浆状,涂在头发和指甲上,过一两小时,要一直保持潮湿,不使它的水分蒸发掉。然后小心地把涂的地方洗一洗。使用凤仙花可使头发和指甲呈现黄红色。如要使这微红色变得黑亮,那就要在头发和胡须上涂上另外一种浆状物,再过两三小时。那第二种浆是用在起儿曼省大量种植的 indigo-fère 的叶,捣成细末调和而成的。在波斯沐浴常用这种做法。在这时候浴池的潮热气很奇怪地降低了。”波斯人把整只手通通染了,直染到手腕,还染脚底。而突厥人通常只染指甲。这两国人都染头发。

糊，不足以从中得出肯定的结论。

据说在印度 Lawsonia alba 野生在卡鲁满德海滨。现在全印度都栽植它。用指甲花作化妆品在伊斯兰教妇女当中很普通，在印度教妇女或多或少也用。但是华特[1]说它“从古代就开始有”，这话在我看来很可怀疑。古代梵语里没有作这植物解的字，或作这美容品解的字。（mendhī 或 mendhikā 是新梵语字）如果说使用这东西是由于回人的影响倒更可能些。约勒[2]认为这树虽然也许是本地产，它也可能只是在伊斯兰教侵入印度以后才种植的。[3]

皮拉德从 1601 年到 1610 年游历了十年，他报告说在玛勒带弗岛有产染指甲颜料的植物，在当地叫做 innapa（= hīnā - fai，“指甲树叶”）。他说：“叶子捣碎，擦在手脚上，使之染成红色，他们认为这是非常美丽的。这颜色洗涤也不褪，要等指甲长起来，或是肉上长出一层新皮，到那时候（那就是五六个月之后），他们又重新擦染。[4]

## 胡　桐　泪

20.《前汉书》谈到一种野生的树名叫“胡桐”（胡人或伊朗人的桐树，Paulownia imperialis，即 Populus balsamifera，日语为

---

① Commercial Products of India，p. 707.

② Plantes dans l'antiqurté，Vol. II，p. 273.

③ 又参考 D. Hooper 著的 Oil of Lawsonia alba，*Journal As. Soc. Bengal*，Vol. IV，1908，p. 35。

④ A. Gray 所编纂的 Voyage of F. Pyrard，Vol. II，p. 361（Hakluyt Society）。此书的初版于 1611 年在巴黎发行。

kotō)，是罗布淖尔地区特有的植物，据说鄯善国多此树。[①] 从它的名字就显然可以看出它非中国产，中国人在公元前第二世纪路经突厥斯坦向前进的时候发现了它，觉得这植物有些熟悉。孟康对此作的注解说这种胡桐树颇像桑树(Morus alba)，但是有许多弯枝子。颜师古(公元579—645年)作了更精细的注解，他说："胡桐亦似桐(Paulownia imperialis)，不类桑也。虫食其树而沫出，下流者俗名为胡桐泪，言似眼泪也。[②] 其入土石成块如卤碱者为胡桐碱(Sterculia platanifolia)，可以焊金银，今工匠皆用之。"[③]

杜佑在766至801年间所著的《通典》上说："西戎楼国[④]多出柽柳(Tamarix chinensis)，胡桐、白草，[⑤]牛马所嗜也。胡桐亦似桐，虫食其树而津下，流出者俗名为梧桐泪，可以焊金银，俗讹呼泪为律。"[⑥]

《唐本草》[⑦]说了这样的话："胡桐泪为口齿要药。今阿克苏之西，地名树窝子，行数日程，尚在林内，皆胡桐也。叶微似桐，树本流膏如胶。"



① 《前汉书》卷96，第3页。参考A. Wylie：*Journal Anthropological Institute*, Vol. X, 1881, p.25。

② 普林尼(xii, 18 § 33)说：印度边界称为阿里安那(Ariana)的地方有一种多刺的树，它的树泪很珍贵，与没药相似。但其上多刺，不易采摘。"至今还没有人知道普林尼书上所谈的为何树。然而值得注意的是这"泪"字和上文所提的中国名相同。

③ 《太平寰宇记》(卷181，第4页)描写"楼兰"的产品时采录了这段文。

④ 这是"楼兰"的简写，是鄯善国的本来名称。

⑤ 这是录自《汉书》。《汉书》上也提了灯心草。颜师古解释："白草似莠(Setaria viridis)而细无芒。其干熟时正白色，牛马所嗜也。"

⑥ 参考《证类本草》卷13，第33页。

⑦ 《植物名实图考》卷35，第8页所引的就是这段文。

《岭表录异》①肯定地说胡桐泪出产在波斯，是胡桐树脂。又说还有石泪，是从石头上收集来的。

《唐本草》的校订者苏恭②说："胡桐泪出肃州以西平泽及山谷中，形似黄矾③而坚实，有夹烂木者，云是胡桐树脂，沦入土石碱卤地者。其树高大，皮叶似白杨青桐桑辈，故名胡桐，木堪器用。"

第十世纪中叶校订《蜀本草》的韩保升说："凉州（在甘肃）以西有之；初生似柳，大则似桑桐，其津沦入地，与土石相染，状如姜石④极咸苦，得水便消，若矾石硝石之类，冬月采之。"

公元970年著述一部药书的大明提到这种树说："此有二般，木律不中入药，惟用石律，石上采之，形如小石片子，黄土色者为上，主风肿牙齿痛。"苏颂在他所著的《图经本草》里说在当时此物出产在西蕃，商人以之为交易。他又说早年的处方里很少用它，但是现在用以医治牙疾，被视为重要的家庭药品。

李时珍⑤提到《汉书》西域传那一卷说在车师国（吐鲁番）多此树。《汉书》叙述车师国里并没有说这话，但是却说鄯善国多此物。⑥ 他然后把这事作了一个简单的摘要，记下"树泪"和"石泪"两个不同种类。

① 《岭表录异》卷下，第7页，唐朝刘恂著。

② 《证类本草》见同处。

③ F. de Mély：Lapidaire chinois，p. 149.

④ 一种钟乳石 stalactite（见 F. de Mély：Lapidaire chinois，p. 94；Geerts：Produits，p. 343；《证类本草》卷5，第32页）。

⑤ 《本草纲目》卷34，第22页。

⑥ 《水经注》里有一段文提到胡桐，也可能指的是车师（沙畹文刊于《通报》，1905，p. 569）。

《大明一统志》把胡桐泪算作哈密的产物。《广舆记》说它是肃州和沙州之间的赤斤蒙古的产物。1777年出版的《西域闻见录》[①]说此树只能做燃料，因为它长得弯曲，因此突厥斯坦的土著只称它为odon或otun，在突厥语意思是“木料、燃料”。[②] 在突厥语这树本身叫做tograk。

《回疆记》也记述哈密的胡桐树，说回人用它的木材烧火，但是有些木材上有美丽的花纹，可刻成笔匣和马鞍。

贝烈史奈德[③]把这树鉴定为胡杨，它的木材在突厥斯坦当作燃料烧。但是没听说这树出产一种树胶，如中国人所述。[④] 而且，这种树分布在全华北，所有中文的记载，无论古今，都说胡桐树是突厥斯坦和波斯所特有的。根据正确的鉴定，此树为白杨（Populus balsamifera, var. genuina Wesm）。[⑤] 产地最东边到达青海以东的昆本山，在地理上这地方是中亚细亚的一部分。西伯利亚和北美洲也有这种树，加拿大的法国人叫它做liard。此外，在喜马拉雅山东北的内山脉，从海拔八千尺至一万三千尺的昆纳发以西，也见此树，有的是野生的，有的是栽培的。在西藏西部海拔一万四千尺的地方也有。[⑥] 它的芽里含有一种胶液，据说可治败血病，并

---

① 卷7，第9页（Wylie：Notes on Chinese Literature, p. 64）。

② 这段已由叔特（W. Schott）正确地翻译了（*Abh. Berl. Ak.*, 1842, p. 370）。贝烈史奈德没有很好地了解（Mediæval Researches, Vol. II, p., 179），他写道：“胡桐二字是译自外国字，意义是燃料”。

③ Mediæval Researches, Vol. II, p. 179.

④ Forbes and Hemsley: *Journal Linnean Society*, Vol. XXVI, p. 536.

⑤ 松村任三：《日本植物名汇》No. 2518。

⑥ G. Watt: Dictionary of the Economic Products of India, Vol, Vl, p. 325.

可以利尿，以前输入欧洲，称为 baume facot 和 tacamahaca[①]communis（或 vulgaris）。华特说记载里没看到关于这种分泌物在印度的使用。从中国的记载看来，中亚细亚和波斯的伊朗人一定知道这种树，我们也可以假定是伊朗人发现了这种树液的药性。我们相信这东西对虫牙的止痛是有效的，因为它可以在牙齿周围裹上一层不透空气的薄膜。

## 甘　露　蜜

21. Manna（甘露蜜）这个词（希伯来语 mān，阿拉伯语 mann）起源于闪语，是通过旧约和新约圣经的译本里希腊字μάννα为媒介传到英语里。许多植物在一定的情况之下，或是由于虫子钻孔，或是在树丁和树枝上切口，它的树皮或树叶流出一种糖质的产物，这就是甘露蜜。所以甘露蜜有各种不同的性质和来源。最有名的甘露蜜是地中海地区和小亚细亚[②]产的所谓甘露蜜树 Fraxinus ornus（或 Ornus europaea）的分泌物。甘露蜜所含的成分主要是甘露

① Tacamahaca（出源于美国印第安语）最早是蒙纳兹（Nicoloso de Monardes）所描述（Dos libros el uno que trata de todas las cosas que traen de nuestras Indias Occidentales，Sevilla，1569）。"同样从新西班牙运进一种树胶或树脂，印第安人称之为 Tacamahaca。在西班牙语里也采用了这名字。此树脂是在一种像白杨那么大的树上划开口子流出来的，极为芬香。此树的果实红如牡丹花籽。印第安人常用此树脂治病，尤其用来治红肿病。将此药敷在红肿处，能消炎去肿，极为灵验。"这稀有的著作有一部现存在芝加哥纽伯雷（Newberry）图书馆的艾尔（Edward E. Ayer）藏书中，存在该处的尚有续集 Segunda parte del libro，de las cosas que se traen de nuestras Indias Occidntales（Sevilla，1571）。

② 参考 D. Hanbury：Science Papers，pp. 355—368 里的杰出的研究。

蜜醇或甘露糖，除梣属（Fraxinus）之外还有其他许多植物里也有。

《隋书》上说高昌（吐鲁番）有一种植物名叫“羊刺”，它的上部出产美味的蜜。[①]

第八世纪前期的作者陈藏器说在交河的沙滩上有一种植物，顶上有茸毛，茸毛里产蜜，胡人（伊朗人）称之为“结教（=勃）罗”k´it（k´ir）-bwuδ-la。[②] 第一个音素显然相当于波斯语 xār（刺）或方言体 γār；[③]第二个音素相当于波斯语 burra 或 bura（羊），[④]所以汉语的“羊刺”是直译波斯字（或中古波斯字，或粟特字）的字面意思。在新波斯语里，是用 xar-i-šutur（骆驼刺），艾其孙说也有用 xar-i-buzi（山羊刺）。[⑤]

值得注意的是中国人保存了一个指甘露蜜的中古波斯字，这个字在任何伊朗的材料里还没有探索出来。这植物（alhagi 岩黄芪属）遍布在波斯所有枯燥的洼地，但只有某些地区的树出产甘露蜜。在不产蜜的地方，这植物就作为骆驼的牧草（故名“骆驼刺”）。史利默尔[⑥]肯定地说它也作为绵羊和山羊的牧草。“波斯出产 terendjebin 地区的本地人对我说，教区制度逼令牧羊人带着羊群离

---

① 《隋书》卷 83，第 3 页。《魏书》和《北史》里也有此文。在《太平寰宇记》（卷 180，第 11 页）里把此物列在吐鲁番国的车师的物产中。

② 司徒亚特（Chinese Materia Medica，p. 258）把第一字误写成“给”。他未能鉴定所谈的植物属于何种何科。

③ P. Horn：Grundriss der iranischen Philologie，Vol. I，pt. 2，p. 70.

④ 波斯北部的方言里还有 varre，varra，和 werk（J. de Morgan：Mission en Perse，Vol. V，p. 208）。

⑤ 参看 D. Hooper：*Journal As. Soc. Bengal*，Vol. V，1909，p. 33。

⑥ Terminologie，p. 357.

开盛产甘露蜜树的平原，因为绵羊和山羊总是毁坏庄稼。”柯辛斯基[①]讲到一种同类的植物 Hedysarum semenowi，说绵羊特别爱吃，吃了可变肥。

《本草纲目》引证《梁四公子记》[②]说：“高昌贡刺蜜，杰公云：南平城[③]羊刺无叶，其蜜色白而味甘，盐城羊刺叶大，其蜜色青而味薄也。高昌即交河，在西番，[④]今为大州。”

公元 981 年出使高昌的王延德在他的叙述里提到这植物和它所产的甘露蜜。[⑤]

《岭外代答》[⑥]的作者周去非描写勿斯离的真甘露如下：“有勿斯离国，其地多名山。秋露既降，日出照之，凝如糖霜，采而食之，清凉甘腴，此真甘露也。”[⑦]

汪大渊在 1349 年所著的《岛夷志略》[⑧]论述麻诃斯离国[⑨]的甘露说：“甘露每岁八九月下，民间筑净地以承之。旭日曝则融结如冰，味如糖霜，仍以瓷器贮之。调汤而饮，以辟瘴疠。古云甘露王

① Vegetation of Turkistan(in Russian), p, 77.

② 张说（公元 667—730 年）的作品；见 The Diamond, p. 6。

③ 其他书籍写为“南乎城”。

④ 这个名字一般指西藏，但在这里却不能指西藏，因此司徒亚特（Chinese Materia Medica p. 258）误解了，他说这物质据说来自唐兀（西夏）。

⑤ 参看 W. Schott：Zur Uigurenfrage, II, p. 47(Abh. Perl. Akad., 1875)。

⑥ 卷 3，第 3 页（知不足斋丛书本）。“甘露”一词也用以译写梵语 amrita。关于这个词可参看 Chavrannes and Pelliot; Traité manichéen, p. 155。

⑦ 《赵汝适》中曾录此文，加了一些小修改（见夏德译本，p. 140）。

⑧ 关于此书可参看 Pelliot: *Bull. de l' Ecole française*, Vol. IV, p. 255。

⑨ 尚未鉴定为何地。柔克义说是勿须离，其实并不是。

如来，即其地也。”[①]

李时珍引证了陈藏器的著作和《北史》[②]等书，然后作结论说这些材料里所谈的都是同一种产蜜的植物，但是究竟“羊刺”是何植物，尚无所知。

在突厥语里这植物叫做 yantaq，聚积在它上面的甜液叫做 yantaq šäkärī（“yantaq 糖”）。[③]

在现代波斯语里这种甘露蜜叫做 tär-ängubin（阿拉伯语 terenjobīn，因此西班牙语是 tereniabin）；上面所说有甜分泌物的植物叫做 xar-i-šutur（骆驼刺）。近夏末时，甘露在夜间忽然降落，必须在黎明采集。它可以生吃；在中亚细亚和波斯的墨石德及叶兹德两地的糖厂里用之制糖浆。[④] 中国人从撒马尔罕认识了这个波斯字，译音为“达郎古宾”。[⑤] 此产品称为甘露，说是从一种矮小的植物里提取的，那种植物只有一二尺高，长得很茂密，叶子细如兰。秋露在树茎面上凝固，这种产品味道像糖。把它收集来煮过，制成糖果。《广舆记》[⑥]里在这同样的名字“甘露”的标题之下描写

① 柔克义的文，刊于《通报》，1915，p. 622。这个佛经上的名称用到这里来是因为“甘露”用来翻译梵语 amrita（“神酒”），作为 manna 的名称。

② 亦见于《酉阳杂俎》，但这段文指的是印度和另外一种植物，所以要等有适当的场合再讨论。

③ A. v Le Coq：Sprichwörter und Lieder aus Turfan，p. 99. 如果 B. Munkacsi 的推测（Keleti szemle，Vol. XI，1910，p. 353）是正确的，即匈牙利语 gyanta（gyánta，jánta，gyenta，“树脂”）和 gyantár（“漆釉”）或许是突厥语中的外来词，前面那个突厥名字就要指这植物的含脂性了。

④ Vambéry：Skizzen aus Mittelasien，p，189.

⑤ 《大明一统志》卷 89，第 23 页。

⑥ 《广舆记》1744 年版，卷 24，第 26 页。在 1600 年初版里并无此段文（参看本书第三章“阿月浑子”中所谈的各种版本的《广舆记》）。

一种撒马尔罕的矮小植物，它的叶子上在秋天聚积露水，其甜如蜜，叶子很像兰叶。在这同一书里[①]又讲到在火州这种植物叫做羊刺。《明书》[②]里也提到此事。汉柏瑞鉴定这种植物就是骆驼刺是豆科的一种细小的有刺植物，出在伊朗和突厥斯坦。[③]

第十四世纪，波登诺恩的修道士欧多利克在波斯的忽兹城附近发现比世界任何地方质量都高和产量都大的甘露蜜。[④] 波斯阿拉伯的甘露蜜是十六世纪一个旅行家和博物学家贝隆都蒙(1518—1564 年)[⑤]向欧洲人说起才为人所知晓的。他有这么一段记载："柯罗伊尔人从山上采集液体的甘露，称之为 Tereniabin，与固体的不同。阿拉伯作者所谓 Tereniabin 是像蜂蜜一样，储在瓦罐内，携往开罗出售，此即希波克莱特斯称之为柏香木(Cedre)蜜。而希腊人称之为利班山之露，与白色甘露蜜不同。在法国所见的来自布里安松的那种是在美雷斯最高山顶上采集的，为固体，与上述的不同。甘露有两种：一种是开罗所见的，另一种是商店中出售的。前者叫做 Manne，为固体，后者叫 Tereniabin，为液体，因为有长篇论述这常青树的书籍，我不准备在这里多谈。"贝隆都

① 初版的卷 24，第 6 页，及 1744 年版的卷 24，第 30 页。

② 《明书》卷 329(参考 Bretschneider：Mediæval Researches，Vol. II，p. 192)。

③ 据说这植物也出在印度(梵语 viçāladā 和 gāndhārī；意即来自干沱罗 Gāndhāra)、阿拉伯、埃及等地。奇怪的是在这些国家里它不出产似糖一般的液汁。因此不能说它即在沙漠里供给以色列以甘露蜜的那植物(见 F. Vigouroux：Dictionnaire de la Bible，Vol. I，col. 367)。印度北部所产的甘露蜜近年才为中国人所知(见《卢长公史隙》，青照堂丛书本，第 44 页)。

④ Yule：Cathay，新版 Vol. II，p. 109；Cordier's edition of Odoric，p. 59.

⑤ Les Observations de plusieurs singularitez，pp. 228—229(Anvers，1555).

蒙所说的布里安松产的甘露蜜是从法国南部[1]的落叶松(Pinus larix)上采取的。加西亚达奥塔[2]描述过几种甘露蜜,一种是从乌兹别克地区运到忽鲁模斯的,名叫 xirquest 或 xircast,"这字的意思是 quest 树的乳,因为 xir(读作 šīr)在波斯语为乳,所以它是这种树上落下的露,或是从这种树流出的胶液。[3] 葡萄牙人把这字误传成 siracost"。另外一种甘露蜜他叫做 tiriam-jabim 或 trumgibim(波斯语 tär-ängubīn)。"他们说可在蓟丛里寻到,呈小粒状,略带红色。据说用棍子摇动蓟丛即可获得,它干了比胡荽籽大一些,它的颜色介乎红与朱之间,如我所说的。一般俗人说它是一种果实,但是我认为它是一种树脂或树胶。他们觉得这一种比我们的那一种对健康更有益。在波斯和忽鲁模斯它的用途很广。""还有另外一种大粒的,混合着叶子。它和卡拉布里亚产的很相像,更值钱,是取道波斯一个有名的城市巴沙拉而运来的。另外有一种有时在果阿可以见到,是流质,装在皮革制的瓶内,很像凝结了的白蜜。他们从忽鲁模斯寄来这种甘露蜜给我。在我们这地方它很快就会腐坏,但是装在玻璃瓶里可以久藏。我对于这种药品所知道的只是这一点。"弗莱尔[4]谈到一夜功夫变成甘露蜜的甜露水,白色,成粒状,质量不差于卡拉布里亚产的那种,据华特[5]说,



① Flückiger and Hanbury: Pharmacographia, p. 416.

② C. Markham: Colloquies, P, 280.

③ 加西亚达奥塔所说的语原只有一半正确。那波斯字是 šir-xešt,意思是"羊乳"。因而有了亚美尼亚语 širixišd, širxešd, širaxušg 或 širaxuž(参看 E. Seidel: Mechithar, p. 210)。

④ New Account of East India and Persia, Vol. II, p. 201.

⑤ *Agricultural Ledger*, 1900, No. 17, p. 188.

在波斯的 Cotoneaster nummularia 灌木上的那种白色粒状东西叫做 shirkhist;而白色的 taranjabin(= tär-ängubīn)是从骆驼刺上采取的,此植物出波斯,含有一种叫做 melezitose 的特种糖质和甘蔗糖。前者是由哈烈国来的,也可从 Atraphaxis spinosa(蓼科 Polygonaceae)里提取。[①]

从语言学和历史观点看也可以证明"羊刺"和中国的"结敦罗"都代表骆驼刺种的植物。

波斯语里有另外一个字作"甘露蜜"解,那就是 xoškenjubīn,它的意思是"干蜜"。波斯的一个传说解释这字为落在波斯山上的一种露水;而另外一个阿拉伯作家说:"它是从波斯山上取来的干蜜,有怪味,性热,无水分,比蜂蜜还热还干。它一般的性质比蜂蜜还有力"。[②] 这种产品在印度叫做 guzangabin,是从柽柳(Tamarixgallica var. mannifera Ehrenb)里提取的,柽柳生长在赛耐半岛的山谷中和波斯。[③] 在波斯,xoškenjubīn 一名亦用于从 Astragalus florulentus 和 A. adscendens 里提取的甘露蜜,这两种植物出在察哈尔玛何勒和法雷丹的山区,尤其在亦思法杭西南边的赫安沙城周围。这种甘露蜜之最好的品种叫做 gaz-alefi 或 gazkhonsar(赫安沙省所产),是在八月里从树枝上摇落的,落下的小细粒最后粘在一起成为一团肮脏灰白色的硬块。据史利默尔[④]说,产

① 见 Flückiger and Hanbury, 同前书, p. 415。据史利默尔(Terminologie, p.357)说这种甘露蜜来自哈烈,呼罗珊和洛尔·式列斯坦内克(Lor-šehrestanek)地区。

② L. Leclerc: Traité des simples, Vol. II, p. 32.

③ 特别参看 D. Hooper: Tamarisk Manna,载于 *Journal As. Soc. Bengal*, Vol. V, 1909, pp. 31—36。

④ Terminologie, p. 359.

这种甘露蜜的灌木各处都常见，但是却连一点甘露蜜也不出产，只有在赫安沙这样小地方里才可以获得。造成这种现象的原因是由于在这地方有 Coccus mannifer 虫，而这国家的其他地区没有这种虫子。有几个亦思法杭的波斯医生和一些欧洲作者认为是这虫子穿孔产生了赫安沙的甘露蜜；史利默尔提议把这种虫子运到天然产生柽柳的地区，使它们归服那里的水土。

有人说过，最早是希罗多德（vii，31）的作品提到柽柳的甘露蜜，他说到小亚细亚的柯莱勒巴斯城的人们从麦子和柽柳的果实里取蜜。但是这是另外一回事。希罗多德没有提到柽树所流出的分泌物。

司徒亚特[①]说柽柳的甘露蜜叫做“柽乳”。柽柳是中国的植物，已发现的种类有三。[②] 据我所知，中国人没有提到从这三种柽柳中任何一种所提取的甘露蜜；司徒亚特所提出的那个名称只是指树里的汁液，据本草所说，这个名词用于药物学上。宋朝的郑樵在他所著的《通志》（卷 76，第 12 页）上给“柽乳”简单地下定义，说它是柽树的木料里或树干里的汁液。[③]

此外，还有一种橡树的甘露蜜，是从 Quercus vallon a kotschy 和 Q. persica 上采集的。在八月里这些树上来了许多小白臙脂虫（Coccus），从蛀孔里流出一种糖液，凝固成小粒。人们在日出之

---

① Chinese Materia Medica，p. 259.

② Bretschneider：Bot. Sin.，pt. II，No. 527；《本草纲目》卷 35 下，第 9 页。

③ 柽柳在突厥语里叫做 yulgun。在波斯它叫做 gaz 或 gazm（库尔德语 gazo 或 gezu），所结的果实叫 gazmāzak 或 gazmāzū（gaz basrah，这树的甘露蜜）；此外还有 balangmušt，balangmušk 或 balanjmušk 和阿拉伯波斯语 kizmāzaj。

前出去，摇动树枝，使甘露蜜粒落在铺于树下的麻布上。还有一个收集树液的方法是把凝结着蜜粒的小树枝浸在热水里，再把这糖质溶液蒸发成浆状的固体，这种状态的糖浆可加在食物里使之变甜，或调在面粉里制糕点。[①]

除了上述各种甘露蜜之外，史利默尔[②]又叙述另外两种，是我在其他作者的著述里所没见过的。一种他用波斯语称之为 šiker eighal（“糖 eighal”），说这是虫子在这植物穿孔所制造的。他本人看见过这种虫子的活标本。这种甘露蜜是厄尔伯斯，罗威斯坦和迪玛温德各地的农民带到德黑兰的，但是在德黑兰周围及其他地方也有此树。虽然这种露蜜差不多没有什么甜味，却是一种肺病良药，而且能减轻久咳。另一种是 Apocynum syriacum 的甘露蜜，在波斯叫做 šiker al-ošr，从也门和赫查兹输入的。据波斯的药物学家们所说，它是夜间分泌物，在白日凝固，颇像小盐粒，其色白或灰，甚至于黑色，也可用在医药上。

甘露蜜是古代伊朗的食物产品之一，从古代起它就是厨房里重要的东西。当国王旅居米地亚时，每天他为佐餐之用收进一百篮的甘露蜜，每篮重十迈恩[③]。它也是和蜂蜜一样用以使饮料变甜。[④] 我认为是伊朗人把这种做法传布到亚洲中部各地的。

---

① Flückiger and Hanbury: Pharmacographia, p. 416; Hanbury: Science Papers, p. 287，史利默尔（Terminologie, p. 358）把橡树露蜜归为波斯古尔的斯坦山中的产品。

② Terminologie, p, 339。

③ 每迈恩（mines）等于 0.89 蒲式耳。——译者

④ O. Joret: Plantes dans l'antiquité, Vol. II, p. 93. 关于波斯产的露蜜，又参看 E. Seidel: Mechithar, p. 163。

《酉阳杂俎》里有一段讲连印度的甘露蜜："北天竺国出蜜草蔓生大叶，秋冬不死，重霜露遂成蜜。"华特[①]说，印度有十三四种植物受了寄生虫或其他的影响，产生一种甜液叫甘露蜜。这种甘露蜜像蜂蜜一般，经常采集，在印度人的制药上比糖还要用得广泛。

一种印度竹子（刺状簕竹）的茎上或茎节上所产的透明体硅质凝结物，名叫竹黄（tabashir），在印度也叫做"竹甘露蜜"——这一定是名称之误。反之，真正的甘露蜜有的时候也在印度某种竹子的茎节上发现。[②] 竹黄和甘露蜜无关，和中伊的关系也不相干；但是因为这种物体早期的历史至今还没有正确地解释清楚，下面这段简单的记述也许不至于不受欢迎。[③] 1902 年我在中国得到的竹黄标本现在藏在纽约美国自然历史博物馆里。[④]

现在我们知道竹黄是古代在印度发现的，早年运到中国和埃及出售。近年在一个希腊古写本里探索出这个字，写作 tabasis（τάβασις），这古书说有孔的石头从埃及北部运到亚力山大里亚：印度的商品渡过红海运到埃及港口，然后再顺尼罗河而下运到三角洲。[⑤] 最重要的是竹黄的原产地是印度已证实了，因为希腊字 tabasis（语音构造和波斯字 tabāšīr 一样）与梵语的 tavak-kṣīrā（或 tvak-kṣīrā；"kṣīrā"的意思是"菜汁"相合）这就使我们能把它还原

① Commercial Products of India，p. 929.

② 见 G. Watt：Agricultural Ledger，1900，No. 17，pp. 185—189。

③ 最近论述此问题的作者 G. F. Kunz（The Magic of Jewels and Charms，pp. 233—235；Philadelphia，1915）谈到这产物的历史时只略略提到它起源于中古时代。

④ Cat. No. 70，13834。这里只附带提一提，因为坎兹博士说这物品只有极少量到达美国。

⑤ H. Diels：Antike Technik，p. 123.

到普拉克立特语(印度中部及北部的方言)tabašīra;因为希腊的出入口商人当然不会从梵语学得这个字,而是从印度西岸某些地区所讲的土话里学得的。或者我们只能假设希腊人从波斯人得到这字,而波斯人又是从一种印度普拉克立特语得来的。①

同样地,中国人最初从印度输入此物,称之为“天竺黄”。开宝年间(公元968—976年)出版的药物学书籍《开宝本草》最早提到一种印度的产品,用的是这个名字;但是我们同时又听说这东西是从各种中国竹子里取得的。② 中国人常用烧焦的骨头或从Pachyrhizus angulatus里所取的葛粉或其他东西冒充这产品。③ 1116年的《本草衍义》(卷14,第4页,陆心源本)解释这东西是竹子的天然产物,颜色像黄土。不久这名字就改成“竹黄”或“竹膏”。④可见中国人不把竹黄列在石头一类,而是把它当做竹子的产物,而印度人把它看做一种珠子。

阿拉伯作者中最早记述这种物体的是阿布·杜拉弗(Abū Dulaf),他在不花剌的沙曼王朝的宫廷里任职,公元940年到中亚细亚游历。他说这产品来自印度西北部的曼都拉巴坦(阿布勒菲

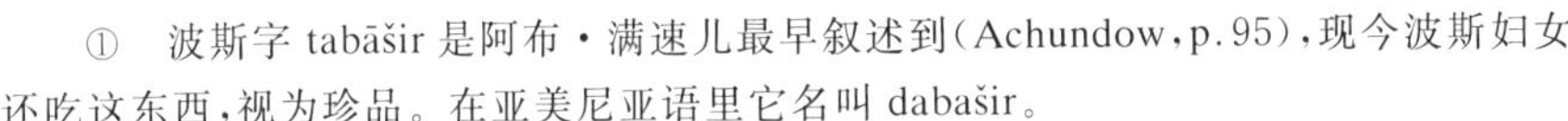

① 波斯字tabāšir是阿布·满速儿最早叙述到(Achundow,p.95),现今波斯妇女还吃这东西,视为珍品。在亚美尼亚语里它名叫dabašir。

② 《证类本草》(卷13,第48页)从《临海志》里引了这段文,显然可见这《临海志》和贝烈史奈德所说的《临海异物志》不是同一部书。

③ 司徒亚特(Chinese Materia Medica,p.64)所说的下面这段话是错误的。他说:“中国人或许原来不是从印度获得此物,但是关于此物的医药上的使用很可能从印度听到的,因为早期它是非常受印度人重视。”中国人确是从印度人听到此产物,而且这产物本身也确是来自印度,当然这就引得中国向他们本国产的竹子里去寻觅同样的产物。

④ 《本草纲目》卷37,第9页。

达和其他的人却说离孟买二十英里的沙勒塞提岛上的塔那是这东西的主要产地),从那里输出到世界各国。它是灯心草所产的,灯心草干了的时候,被风吹动,互相摩擦:摩擦生热,把它们燃烧起来,火焰有时蔓延到五十巴拉桑[1]宽的面积,或者更宽。竹黄就是这种灯心草的产物。[2] 伊宾·阿尔拜塔尔所引证的其他阿拉伯作家却说竹黄是从印度甘蔗中提取的,并且说印度沿海都出产。他们很详细地论述它的药性。[3] 加西亚达奥塔很熟悉这种药材,也谈到火烧甘蔗的事情,他很肯定地说他们放火烧它是为了要透到中心,但是有的时候他们不这样做,这从没有经过火烧的许多标本就可以看出。他很有道理地说这个阿拉伯语的名称(tabašir,用他的葡萄牙语拼法为 tabaxir)是从波斯语来的,意义是"乳或汁,或水分"。在波斯和阿拉伯这产品一般的售价是用重量相等的银子交换。据他说,甘蔗高大像 ash-trees,节与节之间产生湿气,湿气凝固时呈浆糊状。印度的木匠们在这些甘蔗上大下功夫,找到浓汁或木髓,把它敷在腰部或肾部,如果头痛的话就放额上。印度医师们用它防止内外热,医治热病及痢疾。[4] 所有记载中最有趣的要属波登诺恩的欧多利斯(死于 1331 年)的,他虽然没有说出这产品的名字,也许还把它和胃石(bezoar)混淆了,但他却提到婆罗洲的甘蔗里所发现的某种石子,说"这石子如果带在身上,任何铁器



① 每一巴拉桑(Parasang)约三哩余。——译者

② G. Ferrand: Textes relatifs à l'Extrême-Orient, p. 225.

③ L. Leclerc: Traité des simples, Vol. II, pp. 399—401.

④ C. Markham: Colloquies of Garcia da Orta, pp. 409—414. 史密德(ZDMG, Vol. LXV, 1911, p. 745)列举了一些竹黄的梵语名称。

也不能中伤，因此那个国家大半的人身上都佩带这种石子。”[①]

蒙德勒斯洛[②]作了如下的关于竹黄的记述：“无疑地在马拉巴海滨，卡鲁满德海滨，比斯纳格海滨和马六甲附近，这种甘蔗（爪哇人叫它做 mambu‘竹子’）出产一种药，名叫 sacar mambus，意思是‘竹子糖’。阿拉伯人、波斯人、和摩尔人称它为 tabaxir，这字在他们的语言里表示白色冻结的饮料。这些甘蔗都像白杨的树身那么粗，枝子是直的，叶子比橄榄叶略长。它分为若干结节，节里有某种像浆糊的白色物体，波斯人用同分量的银子购买这浆糊，他们在医药上用它防止热病和赤痢，尤其在任何病刚发作的时候使用它。”

## 阿　　魏

22. 阿魏树脂（asafœtida）的谜就由它本身的名字开始：我们对 asa 或 assa 这个字没有充分的解释。《牛津英文大字典》大胆地把它说成是出自波斯字 āzā 或 aza。但是这个字除了作“乳香”解之外没有别的意义了，而乳香又是一种和我们所了解的阿魏树脂完全不同的产品。在任何东方语里都没有一个 asa 或 aza 型的字是指这种产品，所以这字不可能是东方国家传到欧洲的。克木弗尔在 1687 年研究拉利斯坦地方的阿魏树，对波斯相当熟悉，他说他不知道这个欧洲字的来源。[③]《法文大字典》的著名作者利特雷

① Yule：Cathay（Cordier 的新版，Vol. II，p. 161）.

② Voyages and Travels，p. 120（London，1669）.

③ Amoenitates exoticae，p. 539.

承认 asa 的出处没有人知道,他很聪明地不表示任何意见。[①] 有人推测 asa 是从普林尼(xix,5)的 laser 或 laserpitium 演变来的,后面这个字被中世纪的药剂师分割得支离破碎了。这个语源最早是加西亚达奥塔[②]提出来的,也为波兰植物学家勃斯佐夫[③]所赞同。这位波兰植物学家研究产 asa 的植物,很有成就,对我们帮助很大。虽然这解释仍然不十分令人满意,因为所谓 asa 是从 laser 演变来的只不过是一种推测,而不能用中世纪文献来证明,[④]但是无论如何这总比说它出自波斯语要略胜一筹。

阿魏树脂是一种菜蔬产品,含有树脂、树胶和主要的油料,这几种成分的含量各不相等,通常树脂占一半以上,是取自撒形科植物如 Ferula narthex,alliacea,fœtida,persica 和 scorodosma(或 Scorodosma fœtidum)等。[⑤] 在印度一般用它做调味品,尤其和豆类或米饭一起吃。在出产这植物的地区,都把它的叶子煮了当青菜吃,特别不花刺的人喜食之,他们把茎子下部白色部分烤熟加盐和黄油吃,认为是好菜。在药物学上,这东西是当做兴奋剂和防痉



① 也有人推测 asa 或来自希腊语 asi(?)(厌恶)或来自波斯语 anguza (asafœtida),至少 F. Stuhlmann 是这么说的(Beiträge zur Kulturgeschichte Ostarrikas,p. 609)。两种说法都不能令人置信。前者和李时珍解释阿魏一样奇特(李说蛮人发出“啊”的呼声以表示他们对这树脂的奇臭感到厌恶)。

② C. Markham:Colloquies,p. 41。巴金生(Theatrum botanicum,p. 1569,London,1640)说:“无论希腊、拉丁或阿拉伯的古代作者都未提 Asa,不管 dulcis 科的也好或 fœtida 科的也好。这字先由国外的卖药商误用,他们称 Laser 为 Asa,由是就一直继续误用 Asa 这个名称。”

③ *Mémoires de l' Acad. de St. Pétersbourg*, Vol. III,No. 8,1860,p. 4.

④ DuCange 甚至连 asafœtida 这个字都没有列在内。

⑤ Ferula 这一属植物大约有六十种。

李之用。

第十世纪波斯药物大家阿布·满速儿(犹如中国之李时珍)辨别出两种的阿魏树脂(波斯语 anguyān,阿拉伯语 anjudān),一种白色,一种黑色,他又说此外还有一种,罗马人称之为 sesalius,可以帮助消化,健胃,治手足的关节痛。搓在皮肤上,可消肿,若用这植物的乳白色汁液来搓尤其好。它的根若放在醋里浸软,可健胃、清胃,帮助消化,增进食欲。[1]

产阿魏脂的 Ferula 和 Scorodosma 是典型的伊朗植物。据阿布·韩尼发[2]所说,阿魏出于波斯北部博斯特与契康国之间的平原沙地。阿布·满速儿指出在木鹿附近的沙拉叙斯所产的那一种阿魏的叶子最好。据伊思塔忽里所说,在塞伊斯坦和麦克朗两省之间的沙漠上阿魏出产得很盛;据艾德里西(Edrīsi)说是在阿富汗的卡里士·布斯特周围盛产阿魏。克木弗尔 1687 年在拉利斯坦看见收获此植物,他写了下面关于这事的记述:[3]"它只出于波斯,而不出于米地亚,利比亚,叙利亚或昔兰尼加等地。现在至少在波斯的两个地区栽种此植物。这两个地区为呼罗珊省的商埠哈烈周围的田地和山区,和拉尔省的山顶。此地区在波斯湾由科尔河起一直到刚果市。此植物栽种在离海岸二三巴拉桑的地方,或再稍远些。哈烈是有名的产地,很可能是现今唯一出产阿魏的中心地区,由此地运送到印度。"

① Achundow:Abu Mansur,p.8.

② Leclerc: Traité des simples, Vol. I,p.142.

③ Amoenitates exoticae,p. 291.

这植物在地理上正确的分布情况,勃斯佐夫[①]作了一个概略的叙述。除了波斯本部之外,在乌浒河、阿剌海和里海东岸的一块偏僻的地方,都有 Scorodosma。从中国的记载看来,出产阿魏的植物似乎在和阗、吐鲁番和沙鹿海牙附近也都有。[②] 但是我们不知道这些记载里所讲的是哪一种。

赵汝适说阿魏树的原产地是大食国(阿拉伯)的木俱兰。[③] 木俱兰就是 Mekrān,古代人叫做格得罗西亚河,古波斯碑文里叫做 Makā。亚力山大帝出征印度时渡过格得罗西亚河,他的从事科学工作的随征人员对伊朗和印度西北部的植物有很多宝贵的贡献,我们以为他们或许也会观察到出产阿魏树脂的植物,可是在亚力山大文献有关植物一项里,没有见提到这种植物。布列佐勒[④]想把提奥夫剌斯塔[⑤]所简单描写的一种植物勉强鉴定为 Scorodosma fœtidum;奥特[⑥]在他新版的提奥夫剌斯塔作品翻译里也附和这说法。那文章这样说:“还有一种灌木(在阿利亚)大若白菜,叶子的形状和大小都像月桂(bay)。任何动物若吃了这植物,必死无疑。所以不论亚力山大军队的马匹走到哪里,都要把马拴住。”这植物完全不符合于阿魏或 Scorodosma 的属性,因为阿魏或



① Ferulaceen der aralo-caspischen Wüste (*Mémoires de l' Acad. de St. Pétersbourg*, Vol. III, No. 3, 1860, p. 16).

② Bretschneider: Mediæval Researches, Vol. II, pp. 193, 254. 把《西域记》里的“芦苇”(rushes)解释为阿魏(同前书, Vol. I, p. 85),在我看来,是牵强附会而且错误的。

③ Hirth and Rockhill:《赵汝适》p. 224。

④ Botanische Forschungen des Alexanderzuges, p. 285.

⑤ Histor. plant., IV. iv, 12.

⑥ Vol. I, p. 321.

Scorodosma 是无毒的，不伤害任何动物。也有人认为 laserpitium 或 silphion 和普林尼[①]所说的 laser 应该和阿魏树有关，至少有一点关系，可是这看法为某些作者所驳斥，在我看来也颇可怀疑。加西亚达奥塔[②]已经否认那个古代植物和阿魏有任何关系。雷克勒柯[③]也曾经详论过这个争辩得很激烈的问题。

第一个欧洲作者写了关于阿魏树脂精确的报告的是加西亚达奥塔（1563 年所写的）。他在印度的果阿居住和求学，但却不知道这种产品是从什么植物里取得。关于这植物在印度的用途，他作了如下的评述："在全印度各地区所最常用的东西就是阿魏树脂。无论是用于医药上或烹调上。用的数量很大，因为印度每一个普通人（Gentio）[④]只要有钱必定要买来做食物的调味用。富人吃的很多，商人和所有坎贝的信婆罗门教的一般印度人，以及信奉（希腊）毕达哥拉斯学说的人都吃。他们用这东西以增加蔬菜的味道；先用阿魏树脂涂擦盘子，然后吃每一样东西都用它来调味。所有其他的信婆罗门教的印度人只要能得到就吃。劳动人民平时只吃得起面包和葱，只能在感到极需要时吃吃阿魏脂。摩尔人一般都

① Pliny xix，15. Medic 汁叫做 silphion，据斯特拉波（Strabo）（XI. xiii，7）说它是米地亚的产物。此物或系具有阿魏属植物性质的东西，尤其因为在此书的另外一段（XV，ii，10）里说在巴克特利亚（大夏）的沙漠区出产大量的 silphion。亚力山大的士兵们在那里只能吃生肉，而此物就有助于消化生肉。另外有人认为古代的 silphion 为 Thapsia garganica（Engler：Pflanzenfamilien，Vol. III，pt. 8，p. 247）。关于 Medic 油（oleum Medicum），可参看 Ammianus Marcellinus. XXIII，6。

② C. Markham：Colloquies，p. 44.

③ Traité des simples，Vol. I，p. 144.

④ Gentio 葡萄牙语，指信婆罗门教的一般印度人。Banyan 指信婆罗门教的一般印度人中的商人（葡萄牙语 Banian，源自梵语 vanij，商人）。二者皆以区别于穆斯林（Moors）而言。——译者

吃，但是吃的量很少，只拿它当药吃。一个葡萄牙商人盛赞印度商人拌了阿魏树脂的青菜。我也尝过看它合不合我的口味，但是因为我们自己的菠菜我也是不大吃的，因此这用阿魏脂拌菠菜在我并不像那位葡萄牙人吃得那么香。在这些地区有一位很受人尊敬的谨慎的人，在国王手下做一员官吏，他吃阿魏树脂为了开胃，觉得它很有效，每剂服两打兰[①]，他说微微有些苦味，但是这苦味能促进食欲像吃橄榄一般。苦味也只是在未吞下去之前有，吞下去之后，吃的人会感觉很舒服。这个国家所有的人都告诉我，说这东西味香俱备。”

阿柯斯塔或达柯斯塔[②]有下面这段记载：“Altiht，anjuden，阿魏——一种甜而香的药品——乃一种树胶（此药在医学界常引起激烈的辩论）。它是从呼罗珊运到乌浒河，又从该地运到印度。据阿维森纳说，运往库咱拉特和德里（很冷的地区）的这种树胶是来自呼罗珊和齐卢安等地。阿拉伯人称此树胶为 Altiht 和 Antit，印度人称之为 Ingu 或 Ingara，产此胶之树称为 Anjuden 或 Angeyden。

“阿魏在此地区用得很多，有壮阳之功效。用的多是 licorice 的浆，多在爱神节使用。阿拉伯、希腊或拉丁的医生熟知此药性，但不用之。阿拉伯语称 licorice 为 Cuz，熬了后变成的浆，在阿拉伯语为 Robalçuz，西班牙人讹称之为 Robaçuz。rob 指一种浆，al 之意为‘的’，cuz 即 licorice。合起来的总称即‘licorice 的浆’。



① 每打兰(drachm)为 3.888 克。——译者

② Tractado de las drogas，y medicinas de las Indias orientales，p. 362(Burgos，1578).

此浆不能称为阿魏。印度人很称赞此药，因其能消除胃气。亦用以治马，因马多患胃气病。此地人，特别是比斯那格尔人称此药为‘神药’，甚珍视之。”

弗莱尔[1]说：“在这个国家阿魏树脂是在一个叫做德斯库恩[2]的地方采取的；有人说它是一种熬浓了的甘蔗或芦苇的汁；有人说是树的破口里流下的汁：它和有臭味的熏渠（形虞）大不相同。熏渠（形虞）为卡曼尼亚省所产，[3]印度人把它掺和在所有的豆类里吃，来使自己发出香味，也把它放在威法饼里以治胃肠滞气，因为胃里不消化的杂物所制造的滞气使他们老打响嗝。他们如果不吃这‘消化药’就感觉满身不舒服。他们就是用这东西代替阿魏树脂来骗欧洲人，它不但味道像阿魏脂，颜色也像，只不过比较稀薄些。”

德·曼德勒斯罗[4]作如下的报告：“我们药剂师和药材商叫做阿魏树脂的熏渠大多出在波斯，但是印度的乌特拉省所产的那种是最好的，全印度都做这项买卖。出产这种树脂的植物有两种：一种像灌木，叶小像稻，另外一种像萝卜叶，其绿色就像无花果树叶。

① New Account of East India and Persia Vol. II, p. 195 (Hakluyt Soc., 1912).

② Kuh-i Dozgan，在 Kuristan 之西。

③ 弗莱尔（Fryer, Vol. I, p. 286）说印度南部的居民使用熏渠“以治脑或胃的各种疾病”。“它是一种流质的阿魏，因此有奇臭。”此物是 Ferula alliacea 的产物，在呼罗珊的叶兹德附近和起儿曼省等地采集的。主要是孟买的本地人使用它（Flückiger and Hanbury：Pharmacographia，pp. 319—320；Watt：Commercial Products of India，p. 534）。弗莱尔辨别熏渠和阿魏，这很好地说明这种物品有各种类别和等级，采自不同的植物。这就无怪乎中国佛学作者们把兴瞿和阿魏加以区别（Chavanoes and Pelliot：Traité manichéen，p. 234）；“臭菜”或许也是这产物的一种。

④ Voyages and Travels, p. 67 (London, 1669).

在多石的干地上长得最茂盛，快到夏末的时候，就开始出树脂，秋天必须采集它。因此在那些地区这树脂的生意做得很多。古兹尔拉塔的商人在所有的佐味物里都要放上一些，用它涂在杯盘上，以便习惯于那种强烈的气味而不觉其臭，那味道是我们欧洲人所难以忍受的。”

中国人知道两种不同植物出产的“阿魏”。贝烈史奈德和司徒亚特都没有记述此事。李时珍[①]说：“阿魏有草木二种，草者出西域，可晒可煎，苏恭所说是也。木者出南番，取其脂汁，李珣、苏颂、陈承所说是也。”唐朝的苏恭说：“阿魏生西番及昆仑，[②]苗叶根茎酷似白芷（Angelica anomala）。捣根汁，日煎作饼者为上，截根穿暴干者为次。体性极臭，而能止臭，亦为奇物也。又婆罗门云。熏渠（梵语叫 hingu，阅下面）即是阿魏，取根汁暴之为胶，或截根日干，并极臭，西国（印度）持咒人禁食之，[③]云去臭气。戎人重此，犹俗中贵胡椒，巴人重负蠜也。”这里所讲的确实是出产阿魏树脂的植物，李时珍说它的产地是火州和沙鹿海牙国。[④] 说起来也奇怪，这样一个典型的伊朗植物，在关于萨珊王朝波斯的古代历史文献里竟略而不谈。《唐书》之前唯一提到它的是《隋书》（卷 83，第 8 页），又见《北史》漕国传，漕国在葱岭（即汉朝的罽宾），而《太平寰

① 《本草纲目》卷 34，第 21 页。

② 公元 527 年以前所著的《广志》里说昆仑是这物品的产地，但这书把此物说成是一种树的产物。

③ 大乘派（Mahāyāna）的僧侣禁食此物（参考 S. Lévi：*Journal asiatique*，1915，I，p.87）。

④ Bretschneider：Mediæval Researches，Vol. II，pp，253，254，又 193 页。

宇记》(卷 182,第 12 页)里把阿魏说成是罽宾的产品。

《酉阳杂俎》(卷 18,第 8 页)有这样一段关于这产品的记载:"阿魏出伽阇那国[①]即北天竺也。伽阇那呼为形虞(梵语 hingu)亦出波斯国,波斯国呼为阿虞截。树长八九丈,[②]皮色青黄,三月生叶,叶似鼠耳,无花实。断其枝,汁出如饴,久乃坚凝,名阿魏。拂林国僧弯所说同摩伽陁国僧提婆(梵语 Deva)言取其汁为米豆屑,[③]合成阿魏。"[④]

烈维[⑤]把另外一篇叙述阿魏的文章发表了。那是生于 680 年的佛门僧侣慧日所写。这位中国香客指出中国无此植物,其他国家除和阗之外也没见过。它的根像萝卜那么大,白色;味像大蒜,和阗人就以这树根为主食。佛教香客义净在公元 671—695 年期间游历各地,他报告在印度西边疆盛产阿魏,并且说所有蔬菜都拌上阿魏,或澄清的黄油、油类或任何香料。[⑥]

第八世纪后半的作者李珣说:"按广志云,生昆仑国,是木津液,如桃胶状,其色黑者不堪,其状黄散者为上。云南长河中亦有。

---

① 《本草纲目》里的这段文是引自李珣的《海药本草》,它同时提到波斯和伽阇那。伽阇那是漕国的首都,即玄奘说的漕矩吒国,阿拉伯人的萨布利斯坦。玄奘说那里出产的阿魏很丰富(S. Julien: Memoires Sur les contrées occidentales, Vol. II, p. 187. 参看 S. Lévi: *Journal asiatique*, 1915, I, p. 83)。

② 《本草》里也这么说;稗海本里说是八九丈高,实际上 Ferula 的茎平均是八至十尺高。

③ 按《本草》引文为"和成阿魏"。

④ 夏德(《赵汝适》p. 225)所译的这段文不正确。这两个僧侣的意思是说这树汁是一种调味品,加在饭或豆子里,此混合物总称为"阿魏"。

⑤ *Journal asiatique*, 1915, I, p. 89.

⑥ Takakusu: I-teing(义净), pp. 128, 137。

如舶上来者,滋味相似一般,亦无黄色。”宋朝的苏颂说只有广州产阿魏,它是一种树的凝固了的液汁,这话和苏恭的话不符合。大约在公元1090年写《本草别说》的名医陈承说:“阿魏合在木部,今江浙人家亦种之,枝叶香气皆同,而差淡薄,但无汁膏尔。”上面所说的昆仑国是指南海的昆仑。[1] 李时珍说:“出三佛齐及暹罗国者,树不甚高,土人纳竹筒于树内,脂满其中,冬月破筒取之。”然后他接着像赵汝适一样讲起奇妙的绵羊故事。[2]

赵汝适说这树液,是收集在皮囊里,这话是正确的;因为加西亚达奥塔[3]报告里也说划树取得的胶液是装在牛皮囊里,这牛皮是先涂上血,然后和以面粉。这位中国作者所叙述的传说却难以理解,他说为了抵消这植物里的毒素,把一只绵羊拴在树底,用箭射它,因此毒就渗入到待死的绵羊身上,它的尸体就成了阿魏脂。这段民间传说必定由印度、波斯、阿拉伯的航海者传来的,但是还没有找到相同的西方传说。伊宾·阿尔拜塔尔[4]引伊宾·艾勒哈生的话,强调这植物有毒,说在信德如要收成好只有把阿魏装在布袋里挂在水渠口,所发的气味可以弄死蝶螈和虫子。这个传说也同样认为这植物有毒,可以使动物致死;中国关于绵羊的传说显然是由羊脂和阿魏的白树脂这个譬喻所引起的。实际上,绵羊和山



① Stuart(Chinese Materia Medica, p. 173)说此乃指昆仑山,其实不对。

② 无须说,这种马来亚的阿魏只能是一种代替品,但它所指的是何植物,我却说不出。1618年出版的《东西洋考》(卷2,第18页;卷3,第6页)说到阿魏为暹罗和爪哇的产品,檀萃在他的《滇海虞衡志》(写于1799年,卷3,第4页,问影楼舆地丛书本)说云南的阿魏出产在暹罗,由暹罗输入缅甸,再由缅甸经金沙江而上。

③ C. Markham: Colloquies, p. 47.

④ Leclerc: Traité des simples, Vol. I, p. 447.

羊都爱吃这种植物,吃了会发胖。[1]《宋书》[2]上所说的层檀产的阿魏必为进口品。

卫三畏[3]谈到阿魏在现代的用途时说:“它是以每担十五美元的价格由孟买输入,在中医的药材上评价很高。患霍乱、梅毒病症、肠虫等都投以此药。广告上鼓吹治鸦片瘾的药丸里也含有这成分。”但是主要它是被视为可帮助消化肉类,可解除吃不新鲜的肉(死体毒)、菌类和草类所中的毒。[4] 越南人把它装在小袋里佩身上以防霍乱。[5]

下列阿魏树脂的古代名称都见于记载:

(一)波斯语“阿虞截”a-ṅü-zet = 中古波斯语 anguzad;新波斯语 angūža angužad, anguyān, anguwān, angudān, arigištak(词干 angu + zad = “树脂”);[6]亚美尼亚语 ankužad, anjidan;古亚美尼亚语 angužat, angžat;阿拉伯语 anjudān。加西亚达奥塔又举 anjuden 或 angeidan 二词,是提取阿魏脂的树名。

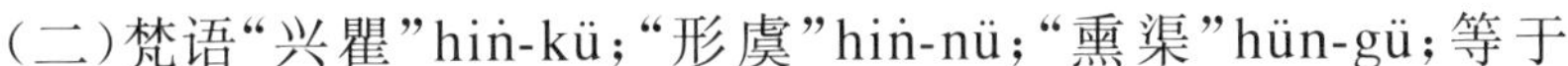

(二)梵语“兴瞿”hiṅ-kü;“形虞”hiṅ-nü;“熏渠”hün-gü;等于

① E. Kaempfer: Amoenitates exoticae, p. 540; C. Joret: Plantes dans l'antiquité, Vol. II, p. 100.

② 卷490;参考 Hirth:《赵汝适》, p. 127。我不相信“层檀”就是 Ts'eṅ-pa 或 Zanguabar。

③ Chinese Commercial Guide, p. 80.

④ Stuart: Chinese Materia Medica, p. 174.

⑤ Perrot and Hurrier: Mat. méd. et pharmacopée sino-annamites, p. 161.

⑥ 参考梵语 jatuka(直译为“树胶”,“虫漆”)即阿魏。Hübschmann: Armen. Gram., p. 98.

梵语hiṅgu。我认为这个梵语字是来自伊朗语的古代外来词。[①]加西亚达奥塔说 imgo 或 imgara 是印度名字,有当头字母 i 的字常见于印度土话:参看德卢古语 inguva;又参看日语 ingu,马来亚语 angu(据 J. Bontius 在 1658 年的著述上所说爪哇和马来亚人也有 hin 这个字)。

(三)"阿魏"a-ṅwai;"央匱"(见于《涅槃经》)aṅ-kwai,等于印度或伊朗土语里 aṅkwa 或 aṅkwai 型的字,在吐火罗乙语或库车语里为 ankwa。[②] 这字显然是以伊朗语 angu,angwa 为根据。

(四)蒙古语"哈昔泥"(《本草纲目》依照 1331 年元朝出版的《饮膳正要》的说法把这字说成是蒙古字),等于波斯语 kasnī,kisnī 或 gisnī(阿魏脂),是从萨布利斯坦的首都加兹尼或加兹那一名派生来的,据玄奘说这是这植物的产地。这个字形的蒙古字没有列在哥瓦利斯基与哥尔斯登斯基合编的《蒙文字典》里,但是它在元朝必定就有了,因为那时候蒙古人把这调味品传到中国就是用了那个名字,而他们称这树根为"隐展"。在现代蒙语里,这产品的名字是 šingun,是从下面所谈的藏语字来的。

在拉达克区的藏语里,阿魏脂叫做 hiṅ 或 sip。[③] 这 sip 或 sup 是发尔康纳所说的,他于 1838 年在西藏西部拉达克和喀什米尔[④]

---

① D'Herbelot(Bibliothèque orientale, Vol. I, p. 226; Vol. II, p. 327)由印度的 henk 和 hengu, ingu 而推出这个波斯字(他写若 angiu, engiu, ingu;阿拉伯语 ingiu, ingudan),因为这种药品主要是在印度使用。这话绝对不正确。

② 参看《通报》1915,第 274—275 页。

③ Ramsay: Western Tibet, p. 7.

④ *Transactions Linnean Soc.*, Vol. XX, pt. I, 1846, pp. 285—291.

之间的山坡上最早发现了 Ferula narthex。但是 sip 这个字并不是一般的西藏字，只是本地的字，大概不是起源于西藏语。通用的西藏字是 šiṅ-kun，这字与伊朗字和印度字不同，由于此植物出在西藏地区，这件事即可说明此字也许是纯粹西藏字。

最后也可以提一提：按勃斯佐夫[①]的说法，阿拉罗·卡斯宾区的居民一般地称 Scorodosma 为 sasyk-karai 或 keurök-kurai，这字的意思简直就是"臭灯心草"。不花剌人称它为 sasyk-kawar 或者简称 kawar。

## 白 松 香

23. 关于白松香的文章在中国只有一篇，载于《酉阳杂俎》(卷18，第 11 页)，它说："䅎[②]齐(bit-dzi，bir-zi，bir-zai)出波斯国；拂林呼为预勃梨他。[③] 长一丈余，围一尺许。皮色青薄而极光净。叶似阿魏，每三叶生于条端，无花实。西域人常八月伐之，至腊月，更抽薪条，极滋茂。若不剪除，反枯死。七月断其枝，有黄色汁，其状如蜜，微有香气，入药疗病。"

① *Transactions Linnean Soc.*, Vol. XX, pt. I, 1846, p. 25.

② 夏德最早翻译此文(*Journal Am. Or. Soc.*, Vol, XXX, p. 21)，写"䅎"字带有"尔"字旁，表示读音，与津逮秘书本符合，但是《康熙字典》没有纳入此字。很难看出它如何读成 p'i 音；按理要读 ni 音。《康熙字典》只列了"䅎"字和上面那段引文。叶廷珪著的《名香谱》(第 10 页，香艳丛书本)里也是这样写法。《本草纲目》(卷 33，第 6 页)亦这样写，注明读音为"别"。百科全书的编撰者显然被此字弄得糊涂了，他们多半选了 man 音，这显然是错误的。我们的汉语词典没有一部载有此字。

③ 《本草纲目》(同前)注释说第一字应读作"夺"，恐怕也未必如此。

夏德正确地把“鞴齐”这个译音鉴定为波斯字 bīrzai，但是这个字也像《酉阳杂俎》里其他的波斯字一样被当做帕拉菲语或中古波斯语；[①]他把拂林语的“预勃梨他”说是等于阿拉迈克语的 xelbānita，后面这个字是来自希伯来语 xelbenāh，乃制造圣香的四种要素之一（《旧约圣经》第 2 卷，第 30 章，第 34 至 38 节）。这字在希腊语的圣经里译成 χαλβάνη，在拉丁语的圣经里译成 galbanum。提奥夫拉斯塔[②]的文章里有三段讲述这物体：它是叙利亚一种叫做 πάναξ（治百病）的植物所产，只有它的液汁名叫 χαλβάνη，“这液汁可治流产、扭伤，以及诸如此类的病症，也可以治耳病，也能使声音洪亮。它的根为妇女生产时用，也可治牲畜的胃肠气胀。此外还可以制神香（ἴρινον μύρον），因为它有香味；但是籽的香味比根还要浓，它产于叙利亚，收割麦子的时候剪刈。”[③]

普林尼说白松香出叙利亚的阿玛纳斯山，是一种与这树脂同名的阿魏属植物所分泌出来的物质，有时叫做 stagonitis。[④] 他很详细地讨论它在医药上的用途（Pliny，XXIV，13）。迪欧斯柯利兹[⑤]把这东西解释为一种貌似阿魏属的植物所分泌的树脂，这种



① 此外还有其他写法：pīrzed，bārzed（Leclerc：，Traité des simples，Vol. I，p. 201）berzed，barije 和 bazrud；在印度为 bireja，ganda-biroza。史利默尔还有另外一个波斯字 wešā（Terminologie，p. 294）。

② Histor. plant.，IX. i，2；IX. vii，2；IX. ix 2。此字亦出现于希腊语 papyri.

③ 参看 A. Hort 新编和新翻译的 Theophrastus（Vol. II，p. 261）。我不懂如何能用 balsam of Mecca（同书 p. 219）这个词来翻译一位古代希腊作者的作品，而且这个词本身是错误的。

④ 白松香（Galbanum）出叙利亚的阿曼诺（Amano）山，为一种 ferula 流出的液汁，与它的树脂同名，称为 Stagonitis。

⑤ Dioscorides，III，87（参看 Leclerc. Traité des simples，Vol. III，p. 115）。

植物出在叙利亚，有些人称之为 metopion。阿布·满速儿[①]论述这种药材时用了阿拉伯名称 quinna 和波斯名称 bārzäd。在中古时代从十四世粑以后白松香在欧洲很有名。[②]

语言学上所获得的结论已为植物学上的证据所证实了。虽然段成式根据口头传闻而非根据亲眼所见而写的叙述有些不足，但是他的叙述帮助我们认识阿魏属植物的特性。他说此属植物的叶子像阿魏的叶子，这话完全正确，因为只要看一看勃斯佐夫专论里的图片就会相信。他又说叶子长在枝子的尖端，总是三个在一堆，这也是正确的。但是，说此树不开花不结果却是错误的。[③] 收集树脂的方法讲得很简单，却很清楚。关于白松香如何输入中国，没有说得很肯定。虽然安斯理[④]于 1826 年说它是从孟买运到中国的，而且司徒亚特[⑤]也认为这是很可能的，但是这只不过是假设，没有任何确实的材料为之作证；没有任何现代名称可以把此物列入项下。《英汉标准字典》里给白松香三个名称都是错的：第一“阿虞”，指的是阿魏脂；[⑥]第二“枫”，指的是苏合香（Liquidambar，orientalis）；第三“白松香”，指的是白皮松（Pinus bungeana）。《本草纲目》（卷 33，第 6 页）里有一段论述“黐齐”的文章，附录在“甘露

① Achundow：Abu Mansur，p，108.

② 参看例如 K. v. Megenberg：Buch der Natur（1349—1350 年著），F. Pfeiffer 校订，p. 367；Flückiger and Hanbury：Pharmacographĭa，p. 321。

③ Theophrastus 已提到它的果实（Hist. plant.，IX. ix，2）当药用。

④ Materia Indica，Vol. I，p. 143.

⑤ Chinese Materia Medica，p. 181.

⑥ 这是 F. P. Smith（Contributions towards the Materia Medica，p. 100）给白松香起的名字，但纯粹是一种猜测。

蜜"后面。由此可见李时珍并不知道此物的性质。他只引证《酉阳杂俎》的原文和依照唐朝陈藏器的定义来解释这物体的药性。白松香直到唐朝中国才有人知道。

提取这种产品的植物通常被认为就是绿黄汁阿魏和 F. rubricaulis 或 erubescens，二者皆波斯产。希伯来人和古代入所用的叙利亚产的白松香显然是从一种不同而却类似的植物里提取的。植物学家布石说 F. rubricaulis 在波斯语叫做 khassuih，[①]遍布在波斯北部和南部的达安那山里；在迪玛温德山和哈马丹城附近的阿勒温德山坡上非常多。[②] 不必在树上划开口子，只要采集从茎的下部和叶子底下所流出的液汁就行了。这树脂是琥珀色，有一股强烈而并不难闻的香味，用手搓捏就变软了。味微苦。只有在哈玛丹城附近此植物茂盛的地方，采集白松香才发展成为一种工业。

史利默尔[③]辨别出两种白松香：一种棕色的，一种白色的。棕色的（波斯语称之为 barzed 或 barije）是 Ferula galbaniflua 的产物，出产在第·格登附近、德黑兰和格兹温之间的莎·乌特波拉山里、拉斯山谷（即艾勒柏斯山谷）、起利罕和沙威等地，这些地方的村人采集这白松香，称之为 balubu。白色的是 Dorema anchezi Boiss. 的产品，布石在瑞什木附近的小山里见到此植物。波斯语

---

① 显然与华特（Watt：Commercial Products Of India，p. 535）写的 khassnib 相同，解释为一种来自失剌思的白松香。Loew（Aram. Pflanzennamen，p. 163）把此字写成 kassnih，显然所指的字是上面的 kasnī。

② Borszczow，见同书，p. 35。

③ Terminologie，p. 295.

又称白松香为 kilyānī。

勃斯佐夫在阿拉罗·卡斯宾地区发现另一种阿魏属植物，他为之命名曰 F. Schaïr，这字是出于此植物的本地名字 šair（等于波斯语 šir "乳汁"）。这种植物的液汁和白松香的性质一样，也有同样的气味。

阿布·满速儿[①]提到一种叫做 sakbīnaj 的阿魏属植物（sakbīnaj 乃阿拉伯语，波斯语为 sakbīna），他作品的译者波斯医生阿洪多夫认为此即波斯阿魏的 sagapenum 树脂，据说与白松香相似，是在勒里斯坦的山里采集的。据福勒吉格尔和汉柏雷[②]所说，sagapenum 在植物学上的出处未知，但是这个字［在迪欧斯柯利兹（Dioscorides III，95）和盖冷纳斯作品里为σαγάπηνον，在普林尼作品里（XII，56）为 sacopenium］在中世纪药学上写作 Serapinum，出自波斯字。

在印度所用的白松香是从波斯输入孟买的。华特[③]把商业上用的白松香分为三种：东方的白松香，固体的波斯白松香，液体的波斯白松香。第一种是失剌思城所产；第二种有松节油味；第三种就是 gaoshir 或 jawāshir。gaoshir 是一种黄色或微带绿色半流质的树脂，一般都掺有茎、花、果，是从茎上提取出来的。茎子折断时，流出一种橘黄色胶状液体。一般说来，商业上的白松香为圆形胶质的露珠，约有豌豆大小，外面橘棕色，内心白里透绿或蓝绿色。气味像阿魏，并不发臭，味苦。

① Achundow: Abu Mansur, p. 84.

② Pharmacographia, p. 342.

③ Commercial Products of India, p. 535.

白松香含有大约百分之六十五的树脂，百分之二十的胶和百分之三至七的挥发性的油质。

## 无食子或五倍子

24. “无食子”（在法语称 noix de galles，葡萄牙语 galhas）是球状的树瘤，由于黄蜂在几种橡树上戳刺树枝树叶或花苞，产卵于其上而长成的（主要的橡树是 Quercus lusitanica var. infectoria），出在小亚细亚、亚美尼亚、叙利亚和波斯。在古代，无食子只有工艺上和医药上的用途。因为它含有大量的鞣酸（达百分之六十），故用以治革，此外也用以染羊毛和制墨水。[①] 提奥夫拉斯塔[②]和迪欧斯柯利兹[③]两人都称无食子为 κηκίς 。阿布·满速儿用阿拉伯语的名称 afs。[④]

印度市集上的无食子大半来自波斯，是阿拉伯商人运来的，[⑤]其梵语名称 mājūphala（phala“果实”）显然出于波斯语的 māzū。

在中国的记载里第一次提到它时称之为“无食子”，说是萨珊朝的波斯所产。[⑥] 最早是在唐朝从波斯来到中国，《唐本草》里讲

① Blümner：Technologie, Vol. I, 2nd ed., pp. 251, 268.

② Hist. plant., III. viii, 6.

③ I, 146（参考 Leolerc：Traité des simples, Vol. II, p. 457）。又见 Pliny, xiii, 63; xvi, 26; xxiv, 109。

④ Achundow：Abu Mansur, p. 98.

⑤ W. Ainslie：Materia Indica, Vol. I, p. 145; Watt：Commercial Products of India, p, 911.

⑥ 《隋书》卷 83，第 7 页。

到了此物。《唐本注》说它生长在沙漠,[①]并说这树貌似柽树。《今注》里说它出产在波斯,而《证类本草》(卷14,第20页)却说它出在西戎。《酉阳杂俎》(卷18,第9页)里有一段描写这植物的文章说:"无石子出波斯国,波斯呼为摩贼树[②](mwa-džak)长六七丈,[③]围八九尺,叶似桃叶而长,三月开花,白色,花心微红,子圆如弹丸。初春熟乃黄,百虫食成孔者正熟皮,无孔者入药用。其树一年生无石子,一年生跋屡子,(bwaδ-lu;中古波斯语ballu,barru[见下面],新波斯语baluṭ)大如指,长三寸。"[④]这个说法并不是中国人的幻想,而是复述波斯人的一个迷信。[⑤]

《大明一统志》说无食子出大食国和各番邦,这树像樟脑树(Laurus camphora),果实像中国的茅栗。

夏德附和华特的说法,屡次总是说这个伊朗名字的各种汉语译音代表波斯语的māzū,此话不确,它是仿摹中古波斯语之较老的拼法,实际上,这些汉语译音没有一个相当于māzū。



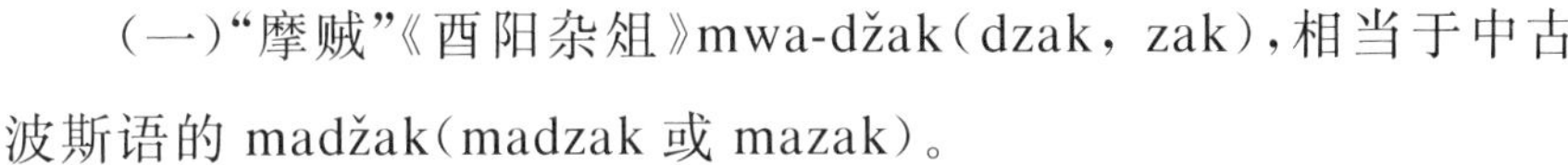

(一)"摩贼"《酉阳杂俎》mwa-džak(dzak, zak),相当于中古波斯语的madžak(madzak或mazak)。

(二)"墨石",mak-zak=中古波斯语的maxzak。

---

① 另一处说它出于西戎的沙漠(西戎即伊朗)。

② 有些版本写"泽"字,而非"贼",两字的读音相同。

③ 书上用"丈"字,应改为"尺",因此树少见长到六尺以上。

④ 此文最后一句有错误,各版本都不相同,得不出可靠确切的意义。夏德的译文(《赵汝适》p.215)我看不懂。瓦特尔斯(Essays on the Chinese Language,p.349)说:"中国人似乎还不知此天然物产(五倍子)的出处,"这话绝对是错误的,上面那段描写明明就把它驳倒。《图书集成》(XX,卷310)和《植物名实图考》(卷35,第21页)还有相当好的一幅这种树的略图,看得出叶子上的五倍子。

⑤ E. Seidel:Mechithar,p. 127.

（三）“无石”，mwu-zak = 中古波斯语 muzak。

（四）“没石”，mut-zak = 中古波斯语 muzak。对照塔弥勒语 māčakai，德路古语 māčikai，和巴波沙语 magican。

（五）“摩荼”[①]mwa-du = 中古波斯语 madu。

赵汝适书里所用的“沙没律”ša-mut-lwut。符合于伊朗语 šah-balut（“可吃的栗子”，Castanea vulgaris），见于帕拉菲语古经《创世记》（见序言），夏德这样鉴定是正确的。但是《酉阳杂俎》里的“蒲芦”和“跋屡”却表示中国人所听到的 balu 和 bulu，没带 t 尾音，这种字可能在中古波斯方言才有。其实我们在库尔德人的方言里有这种类型的字如 berru，在某些库尔德人的方言里有 barü 和 barru。[②]

## 靛　　青

25. 英语的 indigo（靛青）这个字（出自拉丁语 indioum）表示这种染料起源于印度。阿布·满速儿在讨论从印度传到伊朗的木

① 《赵汝适》里的“荼”字是错误的，夏德却采用了。

② 参考 J. de Morgan：Mission scientifique en Perse，Vol. V，p. 133。这伊朗名词的字面意思是“皇帝的橡子，皇家橡子”，与希腊语 *Διός βάλανος*（“Zeus 神的橡子”）有些相似。希腊语的 *καστάναιον* 或 *κάσταιον* 可从亚美尼亚语的 kask（栗子）和 kaskeni（栗树，见 Schrader in Hehn：Kulturpflanzen，p. 402）推原出来。据 Armenian Geography of Khorene 上所说，这树在古亚美尼亚的杜鲁勃朗（即达隆）省很茂盛。据盖冷纳斯说，它出在小亚细亚的沙尔德斯附近；多德说它生在塞浦路斯，阿布·满速儿说是出在叙利亚，但他又说波斯从阿塞拜疆和阿伦输入栗子，史利默尔说它来自俄罗斯（E. Seidel：Mechithar，p. 152）。可注意的是中国人没看出这伊朗名字和中国的“栗”是相同的，在中国有几种不同的栗树。

蓝(Indigofera tinctoria)时,称之为 nīl 或 līla。据说此树的叶子有益于头发,如果头发先用指甲花染过,再涂上捣碎了的这种树叶,就会变得黑亮。这植物的另外一品种 I. linifolia 现在波斯人仍然用来染黑须发。[①] 这波斯字是出自梵语 nīla,阿拉伯语 nīlej[②] 也是这么来的。波斯也出木本的靛青(Indian indigo)。加西亚达奥塔所用的 anil 一字[③]至今还袭用,在西班牙语里这种植物叫做 añil(葡萄牙语和意大利语 anil)。[④] 也许我们可以臆测靛青最初于霍司鲁一世在位的时候(公元 531—579 年)传到萨珊王朝的波斯;因为马修迪在 943 年的著述里说这位国王接受了印度所赠送的书"Kalīla wa Dimna",棋戏,和名叫"印度"的染发用的黑颜料。[⑤]

中国人认识了真正的靛青,名叫"青黛"(画眉用的蓝色料),同时也学会了上述的伊朗人染发的习惯。最早的记录上说这青黛出在漕国,[⑥]和吐火罗[⑦]附近的俱兰;在唐朝,拔汗那(大宛)的妇女不擦铅粉,而是用青黛描眉。[⑧] 第十世纪的马志说:"青黛从波斯国



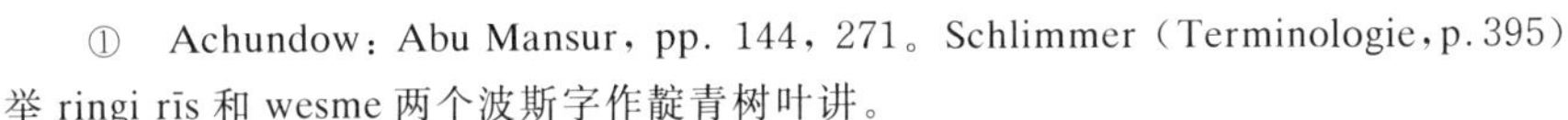

① Achundow: Abu Mansur, pp. 144, 271。Schlimmer (Terminologie, p. 395) 举 ringi rīs 和 wesme 两个波斯字作靛青树叶讲。

② Leclerc: Traité des simples, Vol. III, p. 384.

③ C. Markham: Colloquies, p. 51. Anil 这种写法也为 F. Pyrard 所采用(Vol. II, p. 359, ed. of Hakluyt Society),他说只有在康贝和苏拉特(Surat)王国才有蓝靛。

④ Roediger and Pott(Z. f. Kunde. d. Morg., Vol. VII, p. 125)认为词首 a 是闪族语的冠词(阿拉伯语 al-nil, an-nil)。

⑤ Barbier de Meynard and Pavet de Courteille: Les Prairies d'or, Vol. II, p. 203.

⑥ 《隋书》卷 83,第 8 页。

⑦ 《太平寰宇记》卷 186,第 12 页。罽宾也有此物(见同书,卷 182,第 12 页)。

⑧ 同上书,卷 181,第 13 页。

来，今以太原并庐陵南康等处，染淀甕上沫紫碧色者用之，与青黛同功”（淀是本地产的蓼蓝）。[①] 李时珍认为波斯的青黛是外国的蓝靛（Indigofera tinctoria）。我们不要忘记槐蓝这一属的植物差不多有三百种，所以不能希望东方记载里作正确的鉴定。华特[②]在这问题上是这样说的："各种的槐蓝属植物分布在地球上整个的热带地区（新旧两世界）。以非洲为大本营。除了槐蓝属植物之外还有几种完全不同的植物出产在化学作用上完全相同的物质。因此几百年来从这些植物所提取的染料在大多数的语言里都有一个同义词。以至于不能肯定地说是否印度古典作家所提的 nīla 指的就是出产现代商业上同名字的染料的相同的植物"，所以靛青是一种蓝色染料在商业上的通称，没有什么植物学上的意义。因此中国的靛青也是不同地区的各种植物所出产的。[③]

奇怪的是中国人有一个时期从波斯输入靛青，波斯无疑是从印度得到的，而中国人不把印度看做产靛青的主要国家。夏德[④]曾写过一篇论青黛的很有趣的文章。

## 大　　米

26. 虽然现今大米是伊朗人的普通食品之一，做成肉饭尤其受欢迎，[⑤]可是在上古时代的伊朗，大米却完全没有人知道。在波

① 《本草纲目》卷 16，第 25 页。

② Commercial Products of India，p.663.

③ Bretschneider：Bot. Sin.，pt.II，p.212.

④ Chinesische Studien，pp. 243—258.

⑤ 《通报》1916，第 481 页。

斯古经[1]里没看见过作为米解的字眼。希罗多德(III,22)只提过在冈比西斯王的时代麦子是波斯人的主要粮食。这个反面的证据为中国史书所大大证实了,中国史书肯定说在萨珊时代的波斯没有大米或小米。[2] 在这个问题上,中国人的证明需要给予重视,因为中国人是吃米的民族,他们很关心外国人种不种米和吃不吃米。的确,一个中国旅行者初到一个新地方,最先要问的问题一定是关于大米,它的质量如何,价格如何。这一点在张骞的回忆录上是显著突出的。张骞是遍游伊朗领土的第一个中国人,他细心地记录下在拔汗那(大宛),以及帕提亚(安息)和条支种植大米的情况。但是他本人并没有到过帕提亚和条支,只是记述他所听到的关于这两个地方的一切。中国的记载告诉我们说在库车、疏勒、和阗和葱岭以北的漕国,[3]还有石国[4]等地都产米甚丰。反之,亚力山大远征亚洲时的一个随员亚力斯多布勒斯,也是在公元285年之后为亚力山大写传记的人,他说大米出自巴克特里安那、巴比伦尼亚、苏细斯和南叙利亚;[5]第欧多拉斯(Diodorus XIX,13)也强调

① Modi的文章,刊登在Spiegel Memorial Volume, p. xxxii。

② 《魏书》,卷102,第5至6页;《周书》卷50,第6页。Tabari (Nöldeke的译本,第244页)讲到大米为霍司鲁一世(公元531—578年)征税的农产物之一;但是这话一定是后添的,因为在这段话下面的征税表中没提大米,而其他农作物都提到了。另外一点要加以考虑的是在阿拉伯文稿里每逢发音符号省略了的时候,birinj这字的读法可以和naranJ相同,而naranj的意义是"橘"(参看Ouseley: Oriental Geography of Ebn Haukal,p. 221)。

③ 《隋书》卷83,第5、7页。

④ 《太平寰宇记》卷186,第7页。

⑤ Strabo,XV.i,18.

说大米在苏细安那很丰富。亨恩①从这些材料推断在波斯人统治下，或是由于他们的统治的结果，种大米才从印度河发展到幼发拉底斯河，从而才有了希腊名字ὄρυζα。但是种大米可能只是散见的，只沿着伊朗的边缘地区，并不影响整个波斯。中国所说在萨珊时代波斯没有大米的见解，我认为是确实的，而且我认为从阿拉伯人统治的时期起种植大米的事在波斯才更普遍起来。这个结论和第八世纪初的旅行者慧超的记载是一致的。慧超叙述波斯回教区的人民时说他们只靠面食肉类生活，但是也吃大米，把大米磨了制成糕饼。② 这话给人的印象是在当时大米不是主要粮食，而只是次要的食品。押忽特说胡西斯坦和萨布尔两省产米。③ 阿布·满速儿是第一个波斯作家详论米这个问题，④他的作品大半根据阿拉伯的材料。新波斯语里只有一个字作“大米”解，那就是 birinj 或 gurinj（亚美尼亚语和欧塞提克语 brinj），这个通常被人看做出自梵语 vrīhi 的外来词；阿富汗语 vrīže（希腊语ὄρυζα，βρίζα）和这梵语字更相近。从历史情况来看，似乎不容我们把它还原到阿维斯塔语 verenja⑤ 或复原到伊朗语 vrinji，⑥说它原是亚利安语指“大米”解的理论，我认为也是难以接受的。

① Kulturpflanzen，p. 505.

② Hirth：*Journal Am. Or. Soc.*，Vol. XXXIII，1913，pp. 202，204，207.

③ B. de Meynard：Dictionnaire géographique de la Perse，pp. 217，294.

④ Achundow：Abu Mansur，p，5. J. Schiltberger（1396—1427 年）在他所著的 Bondage and Travels（p. 44，ed. of Hakluyt Society，1879）提到那个“富有的国家叫做吉兰，那里只种大米和棉花。”

⑤ P. Horn：Neupersische Etymologie，No. 208.

⑥ H. Hübschmann：Persische Studien，p. 27.

# 胡　　椒

27. 胡椒(日语 košō,即 piper nigrum)值得在这里提一提仅仅因为它也列在萨珊时代的波斯产品之中。[①] 伊宾·贺柯尔说胡椒、檀香和各种药材是从波斯的锡剌甫(Sīrāf)运到世界各地。[②] 胡椒必是从印度移植到波斯的,印度是这植物的原产地。[③]《汉书》[④]已经把它归在印度产的植物当中。《酉阳杂俎》(卷 18,第 11 页)更明确地说它产在摩揭陀,[⑤]并指出它在梵语里叫做 marica,或 marīca,汉语译音为"昧履支"。[⑥] "胡椒"一词可证明并不见得所有带"胡"字的植物都出在伊朗,"胡椒"里的"胡"字是指印度。[⑦] "椒"是香料植物的通称,主要属于花椒属植物。李时珍[⑧]说黑胡

① 《隋书》卷 83,第 7 页;《周书》卷 50,第 6 页;《魏书》卷 102,第 6 页。照夏德的了解(《赵汝适》第 223 页)这话是说胡椒是波斯商人从印度贩运到中国的。我却看不出这意思来。这些书里只列举了波斯的产物,而没提到任何货物的输出。

② W. Ouseley: Oriental Geography of Ebn Haukal, p. 133。欲知锡剌甫(Sīrāf)这地方在古时的重要性,可阅读 G. Le Strange 著的 Description of the Province of Fars, pp. 41—43。锡剌甫"在古代是一个大城,人口众多,商品丰富,是商队和商船的停靠港。"

③ 在新波斯语里胡椒叫做 pilpil(即 filfil, fulful 的阿拉伯语化体)来自梵语的 pippali。

④ 《后汉书》卷 118,第 5 页。

⑤ 参看梵语 māgadha,它是胡椒的绰号。

⑥ 其实这写法是假设俗语meriči的存在。

⑦ "胡椒"的意思决不是"西番(鞑靼)的椒,"像瓦特尔斯所说的(Essays on the Chinese Language, p. 441),鞑靼人和胡椒会有什么关系?回鹘人只朵用梵语字,写成 murč.

⑧ 《本草纲目》卷 23,第 3 页。

椒只因为它味苦像“椒”，而得此名，但它所结的果实并不是“椒”。说起来很有趣：各种医书的著者似乎都忘记了这植物原来出产在印度，他们连提都没提到《汉书》。苏恭说胡椒出西戎，可见他把“胡”字当做亚洲中部的人或伊朗人，故而用它的别名“西戎”来代替；至少“西戎”决不指印度，这是肯定的。李时珍说“南番诸国及交趾（越南）、滇南海南诸地皆有之。”

还有一件有趣的事情：在苏恭著的《唐本草》里有一种“山胡椒”，据说和栽培的胡椒很相像，椒粒和黑豆一般大，味辣，性热，无毒。亨利[①]把这植物的名字鉴定为 Lindera glauca，他说湖北宜昌的农民吃这种果实。他另外又提到一种野胡椒，其实就是 Zanthoxylum setosum。

（Piper longum）或 Chavica roxburghii，汉语为“荜茇”或“拨”，pit-pat 出自梵语 pippalī，也是萨珊时代的波斯所产。[②] 这种胡椒也必是从印度输入伊朗的，因为它出产在印度较热地区，从尼泊尔往东到阿撒姆、卡西亚山和孟加拉，往西到孟买，往南到特剌凡科耳、锡兰和马六甲。[③] 很奇怪《唐本草》竟说荜茇出在波斯，这一定不是伊朗波斯（Persia），而只是指马来亚的波斯（Po-se）。中国人是深知这植物原产于印度，从他们沿用梵语的名称上尤其可以看出。最早是《南方草木状》里提到它（除非这是后来添加的，这部书里添改之处很多），但是把它和蒟酱椒（Chavioa betel）混淆了。

---

① Chinese Names of Plants，No.45.

② 《周书》卷 50，第 6 页。

③ Watt：Commercial Products of India，p.891.

# 糖

28. 甘蔗(Saccharum officinarum)是典型的印度或东南亚的植物,在伊朗它仅是次要的植物,但是它在伊朗的历史相当重要,值得在这里简单地讨论一下。《隋书》(卷83,第7页)把"石蜜"和"半蜜"看做萨珊时期的波斯和漕国的产品。我们不知所谓"半蜜"是什么样的糖。[①] 在有糖之前,蜜是用来加在食品里的普通甜味佐料,因此古代人把印度糖看做不须蜜蜂代劳,从甘蔗里所取得的一种蜜。[②] "石蜜"这名词最早见于《南方草木状》(卷1,第4页),此书里有一段,是关于甘蔗的最早的记述,并说它是交趾(越南的东京)所产,当地人称糖为"石蜜",因此这名称可能是从交趾语直译来的。在公元285年,扶南国(柬埔寨)以诸蔗进贡中国。[③]

在唐朝似乎也有从波斯输入中国的糖,因为第七世纪后半《食疗本草》的作者孟诜说由波斯运到四川的糖极好。大约在公元650年修订《唐本草》的苏恭称赞西戎产的糖,这"西戎"或许也指伊朗地区。关于甘蔗如何传到波斯,如何播种,还没有确切的材

---

① 这个词只见于《隋书》,而不见于《魏书》(卷102,第5页)《魏书》只有"石蜜"。在疏敕也种植甘蔗:《太平寰宇记》卷181,第12页。

② Pliny, xii,17.

③ 这个词显然是来自印度支那的一种语言,据说见于《说文》。后来改为"甘蔗"成"辛蔗",大概也是外国字的译音。《南齐书》说"诸蔗"是扶南的产物(参看 Pelliot: *Bull. de l'Ecole française*, Vol. III, p.262)。赤土(暹罗)的一种黄色美味的酒是用甘蔗掺上葫芦科植物的根制的(《隋书》卷82,第2页)。

料，利普曼[1]精心竭力地得出一个理论，说必定是根地塞波城的基督教徒传播甘蔗和促进制糖工业，这城与印度连接而且种植印度药草。这只是巧妙的推测而已，没有任何材料来证实。事实是这样的：据第五世纪后半的亚美尼亚历史学家摩西(赫里林人)说：根地塞波附近的伊里美斯种植甘蔗，后来的阿拉伯作家们如伊宾·贺柯尔、穆合达西和押忽特等都提到在波斯某些地区种植甘蔗和制糖的事。上面所引的中国记载也颇重要，它说明在第六世纪萨珊王朝时就有了糖。阿拉伯人在征服波斯之后(公元 640 年)对制糖工业很存兴趣，而且把甘蔗传播到巴勒斯坦、叙利亚、埃及等地。中国人没有从波斯人学得制糖的技术。公元 647 年唐太宗皇帝很想学得制糖秘方，派遣使者到印度的摩揭陀去学习煮糖的方法，这方法后来为扬州的甘蔗种植者所采用。那时所制的糖在色味两方面都胜过印度糖。[2] 中国人迟至元朝才从开罗人学会炼糖。[3]

## 诃　黎　勒

29. 诃黎勒 Terminalia chebula(ha-ri-lak，日语 kariroku，梵语 harītakī，吐火罗语 arirāk，西藏语 a-ru-ra，纽瓦里语 halala，波

---

① Geschichte des Zuckers，p. 93 (Leipzig，1890)；Abhandlungen，vol. I，p. 263. 据这作者说，炼糖术是波斯人发明的，但这纯然是推测。

② 《唐会要》卷 100，第 21 页。

③ Yule：Marco Polo，Vol. II，pp. 226，230。讨论波斯糖的问题，最近代作者是施华兹(P. Schwarz)(*Der Islam*，Vol. VI，1915，pp. 269—279)，他的研究只限于阿瓦兹省。他的见解与李特尔不同，李特尔认为最早由印度移植甘蔗的地方是波斯湾上的锡剌甫，而施华兹认为是忽鲁模斯，他发现第七世纪一个阿拉伯诗人最早提到炼糖，他不知道利普曼的作品。

斯语 halīla,阿拉伯语 halīlāj 和 ihlīligāt)出产在波斯。[①] 这树本身是印度土产,其果实显然是由印度输入波斯的。[②] 这可以用一件事实来证明:它的名字在新波斯语是 halīla(古亚美尼亚语 halile)或 halīla-i kabūli,暗示它的原产地为合不勒。[③]

宋朝窦革所著的《酒谱》[④]说“波斯有三勒浆[⑤],类酒,谓庵摩勒(āmalaka, Phyllanthus emblica)毗梨勒(vibhītaka, Terminalia belerica)也。”他没有说明这话的出处。假若这里的波斯是指伊朗波斯,那就可以证明这三种勒浆在波斯是人们熟知的。

在另一面,“三勒浆”有一种与上所述很不相同的解释。第十世纪的作者马志说这是一种酒名,那酒是从一种西方国家所出的有甜香的花里提制的,胡人采摘此花名叫“陀得”da-tik。[⑥] 这里的三勒或许代表一种译音,它符合于古音的 sam-lak, sam-rak。

## “金　桃”

30. 有一种像鹅蛋大的果子名叫“黄桃”或“金桃”,在唐太宗

① 《隋书》卷 83,第 7 页;《周书》卷 50,第 6 页。

② 参考《通报》1915,第 275—276 页,诃黎勒是乌苌那以北的阿罗伊罗的产物(《太平寰宇记》卷 186,第 12 页)。

③ 参考 Ferrand:Textes relatifs à l'Extrême-Orient, p. 227。

④ 唐宋丛书本,第 20 页。

⑤ “三勒”指名字最后一字都是“勒”的三种植物——诃黎勒(Terminalia chebula),毗梨勒(T. belerica,梵语 vibhītaka,波斯语 balīla)和庵摩勒(Phyllanthus emblica,梵语 āmalaka,波斯语 amola)。

⑥ 这段文见于《图书集成》,卷 182,《杂花草部汇考》第 13 页。我在《本草纲目》里找不到。

在位时期(公元 629—649 年)传到中国,是康国(粟特)的贡品。[1]《唐会要》[2]上说是 647 年传入的,康国把黄桃献到宫里,桃的大小如鹅卵,金黄色,故亦名“金桃”。《册府元龟》(卷 97,第 8 页)里所记载的这种果子来到中国的年月稍为早一些,说在公元 625 年(唐高祖在位时期)康国进贡“金桃”和“银桃”,帝命种于园中。在本草文献里没有提这种果实,我们不知道它是哪种果实,也许它是一种特别品种的桃子。

## 附　　子

31.《隋书》[3]把“附子”列为萨珊时代的波斯产品之一,并把白附子算作葱岭[4]北面的漕国和罽宾[5]的产品。

在新疆[6]发现的一个汉简上面刻着一个药方,其中有“付子”这样写法。“蔚子”就是费氏乌头,大规模地种植于四川省龙安府彰明县。[7] 但是没有听说波斯有这品种。

义净(671—695 年)强调印度的药草和中国的药草不相同;他把草乌头(aconite)的球根和附子一同列为中国最好的药材,这些东西在印度从来没见过。[8]



① 《封氏闻见记》卷 7,第 1 页(畿辅丛书本)。

② 卷 200,第 14 页;又《太平寰宇记》卷 183,第 3 页。

③ 卷 83,第 7 页;又《周书》卷,50,第 6 页。

④ 《隋书》在同处,第 8 页。

⑤ 《太平寰宇记》卷 182,第 12 页。

⑥ Chavannes:Documents de l'époque des Han,p.115, No. 530.

⑦ Stuart:Chinese Materia Medica,p.10.

⑧ Takakusu:Record of the Buddhist Religion,p. 148.

# 芸薹属植物

32. 在Brassica(芸薹属植物或芥菜)与白芥这两种芥属植物里,前者一向是中国土产(即芥),而后者是迟至唐朝才输入中国。苏恭在他所著的《唐本草》(公元650年著)里最先提到它,云系来自西戎。[①] 前面已说过"西戎"这名字常常指伊朗地区。"胡芥"一词见于第十世纪中叶韩保升所著的《蜀本草》里。唐朝的陈藏器说它生在太原和河东(在山西),而没有提它外国的原产地。李时珍[②]作注释说这种植物来自胡和戎,在蜀(四川)也产得很多,因此有了"胡芥"和"蜀芥"这两种名称,而普通的名称是"白芥"。这情形很清楚地说明了这种植物是经亚洲中部的陆路运到中国的,没有任何书提到它由海外移植来的。我以前曾指出西夏[③]语里的si-na(芥)似乎与希腊字sinapi有关,可能是景教徒带到西夏的,马可·波罗说这些传教士在那里安居落户了。这种植物在西藏人看来也是生疏的,从他们给它所起的名字"白萝卜"(yuṅs-kar)就可证明这话。它在印度也不是土生的。华特[④]说即使在印度见到这植物,也只有温暖地带的园子里才有,或是冬天在印度北部可看到,它不是种在田间的农作物。

此属的植物差不多有一百种,都出在北温带,大半是古代欧洲

① 唐慎微所著《证类本草》里的定义(卷27,第15页)也与此相同。

② 《本草纲目》卷26,第12页。

③ 《通报》1915,第86页。

④ Commercial Products of India, p.176.

种植的(在中国有一个独立的中心产地)。

阿布·满速儿[①]区别出阿拉伯语叫做 karnab 的五种芸薹植物,——那巴提耶(Nabathæan)种、Brassica silvestris、B. marina、B. cypria(qanbīt)和从匆斯离传播来的叙利亚种。他此外又提到芜菁,称之为 šelgem(阿拉伯语为 šaljam)。[②]

33. 芸薹的同义字之一是"胡菜"(胡国的菜)。依照李时珍[③]所说最先把这名字用在这植物上的是第二世纪的服虔所著的《通俗文》。如果这话是正确的,那么这就是把"胡"字用在栽培的植物上最早的例子,然而这个"胡"字与伊朗人无关,因为胡洽在他所著的《百病方》[隋朝(公元 589—618 年)的一部药书]称这植物为"塞菜",李时珍说这名字和"胡菜"的意义相同,指的是"塞外",即关外的国家,蒙古。有些人甚至相信芸薹是蒙古的一个地名,那里这植物长得茂盛,故得此名。这种从植物名字推出的产地常常是后来追加的,虚构的。[④] 芸薹这名字在早期作品《别录》里出现过。

史利默尔[⑤]提到了卷心菜(波斯语 kalam pīč),B. caulozapa(kalam gomri)和芸薹或芜菁。我已经指出波斯人很热心于把芸薹和萝卜属植物传播到西藏、突厥和蒙古。[⑥] 上面已经提过(见序言)芸薹是后汉时期蒙古的突厥部族传播到中国的,我们可以合理

① Achundow:Abu Mansur,p.110.

② Achundow:Abu Mansur,p.87.

③ 《本草纲目》卷 26,第 9 页。

④ 对照第 244 页。

⑤ Terminologie,p.93.

⑥ 《通报》1915,第 84、87 页。

地得出结论:这些突厥部族是先从伊朗人得到这植物的。[①] 从十月到三月的天干季节,[②]在阿拉伯的末禄国芸薹算做珍贵的菜蔬之一。[③]

阿拉伯国出产"蔓菁"(Brissica rapa-depressa),根如斗大,圆形,味甜。[④]

第七世纪的佛教香客义净论述印度芸薹属植物和中国的芸薹属植物的不同之处,他说:"蔓菁(在印度)产量很丰,有两种,一种产白籽,一种产黑籽。汉语翻译为芥子。从籽里榨出油来,作烹调用,这在各国都如此。把它当做蔬菜吃的时候,我发现它和中国的蔓菁没有什么不同:但是它的根颇硬,和我们的蔓菁不一样。籽也粗大,和芥籽无相似之处,却像枳橘,由于土壤关系而变了形。"[⑤]

# 莳 萝

34. 瓦特尔斯[⑥]和司徒亚特[⑦]说中国人用外国名字"莳萝"的

① 那么这情形和西瓜的历史相似。

② W. Roxburgh:Flora Indica,p. 197.

③ 《太平寰宇记》卷 186,第 16 页。

④ 同上书,卷 186,第 15 页。

⑤ 高楠顺次郎:翻译义净的作品(第 44 页)时完全误解了这个句子,他的译文说"这树长大了就变形,犹如橘树移植到长江以北就变成了荆棘一样。"原文是"其犹枳橘因地迁形"与橘子,荆棘,或长江毫无关系。误用"橘"字为"椇"字的事现在华南仍然常见(见 Stuart 所著 Chinese Materia Medica),"枳椇"是一种有名的鼠李科植物 Hovenia dulcis 的学名(不是橘树)。"橘树变成荆棘"这话本身就是荒谬。

⑥ Essays on the Chinese Language,p. 440. 他甚至于还加上"胡荽"(coriander)(本书第 130 页)。

⑦ Chinese Materia Medica,p. 176. Fennel 是茴香,而莳萝的别名是小茴香。

那植物是“茴香”fennel (Foeniculum vulgare),这是错误的,其实它是“小茴香”(Cuminum cyminum)和“葛缕子”caraway(Garum carui)。这已经由原来的字型基本上证明了:中古波斯语 žīra 或 zīra,梵语 jīra,“莳萝”就是这字正规的译音。[①] 在印度;jīra 指小茴香和葛缕子两种植物。[②] 虽然在印度大多数的省份,除了孟加拉和阿撒姆之外,多少都种植莳萝,但是据华特说他有相当确实的凭据可证明它无论在哪个地方都不是土生的;不过在有些地区它服了当地的水土,连有眼力的观察者都会把它看成“野生”的。无疑地它是由伊朗移植到印度的。古代波斯人就已知有莳萝,在百泄波里城的居鲁士王的碑文上提到了它。[③] 它在早期一面从伊朗深入到埃及,一面传播到印度。[④]

阿维森纳区别出四种莳萝(阿拉伯语 kammūn);[⑤]——起儿曼地方的莳萝,黑色,波斯莳萝,黄色,比其他莳萝较性烈;叙利亚莳萝;奈贝提安莳萝。[⑥] 每种都是既有天然生的也有栽培的。阿布·满速儿认为起儿曼莳萝最好,称它为 zīre-i kirmān。[⑦] 据史利默尔[⑧]



---

① 这字在西藏文里也是同样写法 zi-ra(《通报》1916,第 475 页)。

② G. Watt:Commercial Products of India,p. 442.

③ Joret: Plantes dans l’antiquité, Vol. II,p. 66.

④ 同上书,第 258 页。

⑤ 希伯来语 kammōn;亚述语 kamanu,因而有了希腊语 κύμινον,拉丁语 cumīnnm,cymīnum,或 cimīnum,亚美尼亚语 caman;波斯语 kamūn。

⑥ Leclerc:Traité des simples,Vol. III,p. 196.

⑦ Achundow:Abu Mansur, pp. 112, 258.

⑧ Terminologie,p. 112.

说这个名字应该是指葛缕子，也叫做 zīre-i siah，[1]而莳萝在波斯语里叫做 zīre-i sebze，或 sepid。葛缕子在波斯语里通常都称为 šāh-zīre（萨[Shah]莳萝）或 zīre-i rūmī 拜占庭或突厥莳萝。[2]

虽然语言学上的证据可以有力地证明莳萝是由伊朗移植到中国的，但是我们的记录并没有明确地说明这一点。第八世纪前半叶作者陈藏器说莳萝出佛哲（Bhoja，苏门答腊）。李珣在他著的《海药本草》里附和《广州记》的说法，说这植物出波斯国；[3]宋朝的苏颂说在他那时代这植物出岭南（广东）和其邻接的地区。然而，据说《广州记》是晋朝（公元 265—420 年）的著作，[4]李珣所说的波斯总是指马来亚的波斯，而不是伊朗波斯。还有，李珣没有用伊朗语莳萝的名字 žīra，而用了梵语 jīraka，也许是通过马来波斯传来的。

李时珍在莳萝项下又列入一个外国名字叫“慈谋勒”（džimu-lak），这是他从《开宝本草》里抄来的。他把这词当做外国词。像莳萝一样。这个译音至今没法鉴定，[5]因为它的音不准确，在《证类本草》（卷 13，第 17 页）里它是正确地写成“慈勒”dži-lak（rak），这词符合于梵语的 jīraka。李珣在第八世纪所著的《海药本草》把这个词流传了下来。因此我们一面有唐朝由马来波斯传到广东的

① 波斯字 Siah 在印度指的是黑色葛缕子（Oarum bulbocastanum），这证实了史利默尔的看法。阿维森纳说的起儿曼产的黑莳萝显然也是这种植物，此植物产在俾路支斯坦、阿富汗、喀什米尔和拉胡勒，大半如杂草生在田间。

② 相当于阿拉伯语 karāwyā，英语的 caraway，就是从这个字来的。

③ 《证类本草》（卷 13，第 27 页）重复这话而没引证出处。

④ 参看后面第 327 页。

⑤ Stuart：Chinese Materia Medica，p. 176.

梵语字 jīraka,一面有伊朗语的莳萝 = žīra,这字从语音上看也应该推原到唐朝,应该认为是从陆路传到中国的。在目前,这后面的说法仍然是一个假设,也许要由突厥斯坦的材料来解释明白。

## 枣椰树

35. 中国关于枣椰树(Phoenix dactylifera)的记载里有两点有科学价值:第一,关于这个植物在古代的地理上分布;第二,有一时期曾试图使这植物归化中国的水土气候。此树非中国土生。关于这植物的知识最早是得之于唐朝;但是在更早的时期《魏书》和《隋书》里都提过,说它是萨珊时代的波斯产物,名叫"千年枣"(枣 Zizyphus vulgaris 是中国的土产)。[①]《酉阳杂俎》(卷 18,第 10 页)称之为"波斯枣",并加以解释说它的产地是波斯,或是来自波斯。[②] 那时它的波斯语名字写为"窟莽"k'ut(k'ur)-maṅ,这字相当于中古波斯语 xurman(khurmang),巴赞语和新波斯语 xurmā;奥斯曼利语也采用了这字,新希腊语为χουρμᾶs(枣)和κουρμαδηά(枣椰树),阿尔巴尼亚语 korme。[③]《唐书》(卷 221 下,第 13 页)用了

① 此树获得此名,并非如夏德(《赵汝适》,第 210 页)错误地所说"显然由于这种枣运到中国时硬得像石头",而是如《本草纲目》(卷 31,第 8 页)所说由于"其树性耐久也。"这话用来解释它的别名"万岁枣"也说得通。的确这种枣椰树能活得很久,一二百年的树还继续每年结果。

② "波斯枣"这名词也见于《北户录》中的一段(卷 2,第 9 页),其中把西米椰子(Sago rumphii)的树身树叶和枣椰的树身树叶相比。

③ 第五世纪的亚美尼亚语里有来自伊朗语的 armav 一字,由此可推断波斯语里的 x 是后加上去的词首(Hübschmann: Persische Studien, p. 265; Armen. Gram; p.111)汉语译音的年代证明在帕拉菲语里曾有这当头的 x。

“鹘莽”guδ(gur)-maṅ,这符合于中古波斯语gurmaṅ或kurmaṅ。这植物的新波斯语名称在《本草纲目》[1]里译为“苦鲁麻”,这是元朝的译音法,[2]最早见于1366年出版的《辍耕录》。这个波斯字也传到了印度的现代亚利安语和马来亚语系:爪哇语 kurma,占语 kuramō;马来语,达雅克语和巽地语 korma;比及语和玛克萨语 koromma,也传到吉蔑语:romö,lomö,amö。

《酉阳杂俎》描写此树如下:“树长三四丈,[3]围五六尺,叶似土藤。不雕。二月生花,状如蕉花,有两甲。渐渐开罅,中有十余房,子长二寸,黄白色,有核,熟则子黑,状类干枣,味甘如饴,可食。”

从陈藏器的《本草拾遗》里又流传下这枣子另外一个外国名字,叫做“无漏”bu-nu。他鉴定此枣即“波斯枣”,出波斯,状似枣。李时珍的注释里说这个字的意义尚无解释。贝烈史奈德或其他人都没对这个名字作过什么说明。这字和古埃及语此枣子的名字 bunnu 非常相像。[4] 据说阿拉伯人有无数的名词用来称呼各种枣子,此果生长的各个阶段都有不同的名称,或许他们也采用了这个埃及字,并把它传到了中国。此枣的普通的阿拉伯名字是 nakhl 和 tamr(希伯来语 tamar,叙利亚语 temar)。在另一方面说来,如

① 《本草纲目》卷31,第21页,说来很有趣,李时珍尽力区别“苦莽”和“苦鲁麻”,他说前者指的是树,后者指的是果实,但是在他看来,二者是密切有关的外国字。

② 唐朝的译音当然并非如贝烈史奈德(Chinese Recorder,1871,p,266)所说的“也许是 khurma 错误的译音”,相反地,它是正确的。

③ 它甚至于长到六十尺或八十尺高。

④ Loret:Flore pharaonique,p.34.我的看法和劳贺雷一致,希腊字 φοῖνιξ 是根据这个埃及字而产生的。亨因(Kulturpflanzen,p.273)认为这希腊字或许指的是腓尼基的树。史剌德支持这个说法(同书,第284页),我却认为不正确。

果我们假定“无漏”原来是凤尾蕉（看下面）的名称，只是后来转用于枣椰树上，那么“无漏”和这埃及字的关系也许只是偶然的了。

刘恂所著的《岭表录异》（卷下，第 4 页）里有下面这段有趣的记载：“广州有一种波斯枣，木无旁枝，直耸三四丈，至巅四向，其生十余枝，叶如棕榈，彼土人呼为海棕木（Chamaerops excelsa）。[①]三五年一着子，每朵约三二十颗，都类北方青枣，但小尔。舶商亦有携大国者，至中国色类沙糖，皮肉软烂，味极甘，似北地天蒸枣，而其核全别，两头不尖，双卷而圆，如小块紫矿，[②]种之不生，盖蒸熟者也。”

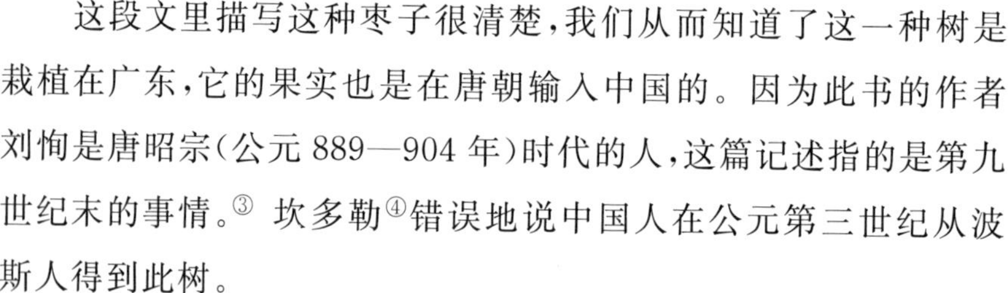

这段文里描写这种枣子很清楚，我们从而知道了这一种树是栽植在广东，它的果实也是在唐朝输入中国的。因为此书的作者刘恂是唐昭宗（公元 889—904 年）时代的人，这篇记述指的是第九世纪末的事情。[③] 坎多勒[④]错误地说中国人在公元第三世纪从波斯人得到此树。



---

① 在《本草纲目》所引的此书的原文里，这句子的措辞是这样的：“叶如棕榈（Chamaerops excelsa），彼土人呼为海棕木（‘海’言其种自外国来，‘棕’像其干叶之形也。）”这话似乎比上面根据武英殿本那一段更合情理些，但是武英殿本却应该更为可靠。《本草纲目》不但在这段摘文，而且在其他几段摘录里都与武英殿本有矛盾。这问题还应当仔细研究。在目前这一事上，还有一点值得特别提一提，那就是：李时珍在释名部引了《岭表录异》所提的“番枣”。但在他所转录的《岭表录异》的本文里却不见此名词，在武英殿本里也不见。武英殿本附加有魏文帝的一段与枣椰无关的话，那话里有“凡枣”二字。在其他版本里“凡”字或许是用“番”字代替。所以李时珍所提出的这个别名，看来不很可靠，贝烈史奈德却采用了。

② 参阅本书第 329、330 页。

③ 很奇怪，贝烈史奈德根据《本草纲目》对这问题作了不加批判的摘要；却完全没提这树的移植情况。我认为这是有趣的问题，应该注意。现在广东是否还种植枣椰树，我不敢说。但是因为外国作者都没提此事，我几乎相信广东不再种此树。

④ Origin of Cultivated Plants, p. 303.

李时珍[1]在"无漏子"标题下为"枣"作注释时，把名词混淆了，因此把许多庞杂的文章都收集在一起。贝烈史奈德[2]把这一切都不加怀疑地，不加辨别地接受了。即使不是植物学家也看得出《南方草木状》和《辍耕录》里所谓论述枣子的文章都和这植物没有关系。[3]《南方草木状》[4]里所描写的"海枣"很可能是指的凤尾蕉。[5]引证《辍耕录》时没有提书名，只错误地说是"明朝一作者"所写，这书说到六种金果树出在四川的省会成都，据口头传说，这种树是汉朝种植的。随后书中有一段关于此树的描写，里面所提它的外国名字是"苦鲁麻"，据贝烈史奈德说，这名字和枣椰树是很符合的。但是这种树怎么会在四川那种气候生长得很茂盛，真是令人难信，

① 《本草纲目》卷 31，第 8 页。

② *Chinese Recorder*, 1871, pp. 265—267.

③ 我们必须了解：贝烈史奈德本人只熟悉北京及其附近的植物；至于其他地区的中国植物他仅仅有书本的知识。对于作为一门科学的植物学他几乎是门外汉。在他那时代，对栽培植物历史的研究刚刚开始，他研究这类问题的方法不是很深入的，而是相当浅薄。

④ 卷下，第 4 页。《植物名实图考》的作者吴其浚（卷 17，第 21 页）也辨认出"无漏子"为"海枣"。

⑤ Stuart：Chinese Materia Medica，p. 140，但是司徒亚特走到另外一个极端，把这植物和"波斯枣"、"千年枣"等看做相同的，而这二者无疑是与枣子有关。贝烈史奈德翻译上文时有一个很奇怪的误解。那译文说："公元 285 年，林邑献与武帝百株海枣树。李少君告武帝说在他航行中见到这种树所结的果实，其大如瓜，并非夸大。"原文是说："泰康五年（公元 284 年）林邑献百枚，李少君谓汉武帝曰：臣尝游海上，见安期生（布雷斯特岛的术士），食臣枣，大如瓜，非诞说也。"这两件事彼此并无关系；第二件事是指公元前百余年，但二者都和枣椰无关。这里显然可看出中国人怎样运用他们的逻辑：把李少君的航海和他虚构的枣子结合起来就成了"海枣"，把想象出来的产物和叫那名字的真树联系起来。李时珍的例子说明了中国人把概念错误地结合起来能得出了多么离奇的幻想，贝烈史奈德的例子证明了中国的材料必须先经过仔细检查才能为科学所接受。

贝烈史奈德自己也承认 Salisburia adiantifolia 的果实现在也叫做“金果”。因此，虽在《辍耕录》的那一段里添上了这种枣子的波斯名称，但仍然令人怀疑文中有些误解。

中国人不但知道这枣子是波斯的产物，而且也知道东非洲海岸某些部族拿它当食粮。早年有关大秦的文件没有提枣椰树；但是《唐书》里记述拂林(叙利亚)那篇文章的末尾说到两个国家，“磨邻”和“老勃萨”，位于拂林西南二千里，居民为黑皮肤的种族。那里土地贫瘠，人们用干鱼喂马，他们自己靠吃枣子维持生命。[①] 贝烈史奈德[②]向非洲去寻这块地区是很对的，但是我们不能接受他的说法：“也许磨邻和老勃萨这两个中文名字是指摩尔人的国家毛里塔尼亚，或是利比亚。”夏德[③]没有讨论这个无力的理论；他向沿着红海西岸地区寻找这两个国家，却没有试图去鉴定这译音。据马端临说，磨邻国在秧萨罗国的西南，夏德把它暂视为耶路撒冷。这是不可能的，因为“秧萨罗”相当于古代的 An-saδ(sar)-la(ra)。[④] 而且，《太平寰宇记》(卷 184，第 3 页)里记载着磨邻在勃萨罗的西南，所以这名字很清楚地和马端临的那个地名及《唐书》上的译音是一致的。在我看来，磨邻这个译音是指艾德里西所说的 Malindi 或押忽特所说的 Mulanda，在赤道以南的英属东非洲

① 在前面的译音“鹘莽”，随着加以解释说这是“波斯枣”。枣椰不是非洲东部的产物，它在热带也不茂盛。但是它无疑地是阿拉伯人传去的(参考 F. Storbeck：*Mitt. Sem. Or. Spr.*, 1914, II, p. 158；A. Engler：Nutzpflanzen Ost-Afrikas, p. 12)。

② Knowledge possessed by the Chinese of the Arabs, p. 25.

③ China and the Roman Orient, p. 204.

④ 如果磨邻国在红海沿岸，那么要说它位于耶路撒冷的西南面就是荒谬绝伦的了。

的塞伊地省。艾德里西记述这地方说它是一个大城,居民靠打猎捞鱼为生。他们把海鱼腌了去做生意,也开采铁矿,铁是他们财富的源泉。[①] 如果这个鉴定是正确的,那么《唐书》上的地理定义(拂林西南二千里)就当然不充足了;但是我们也不可忽略一事:这些材料都是根据来自拂林的传闻,而且一般说来,中国人对海程距离的计算是靠不住的。[②] 在明朝"磨邻"这个国家叫做"麻林",那里的国王派遣使者在 1415 年携长颈鹿到中国来进贡。[③] 这名字也出现在郑和[④]所访问过的国家名单里,那里面提了"麻林"和"剌撒",显然"剌撒"就是早先的"老勃萨"。[⑤]

而且,中国人知道在大食国[⑥]以及在更远的阿曼,巴士拉和卡鲁满德勒海滨[⑦]这枣子都生长得很茂盛。此外还有在亚丁和忽鲁模斯亦如此。[⑧]

无疑的,枣椰树自古以来就出在波斯南部,主要在波斯湾的海滨和俾路支斯坦的麦克伦。帕拉菲古经《创世记》里有好多段提到这一点,[⑨]此树在巴比伦有悠久的历史,这也是不容争论的(亚述

① Dozy and de Goeje:Edrīsī's description de l'Afrique, p.56 (Leiden, 1866).

② 参考 Chinese Clay Figures,pp.80—81 注释。

③ 《大明一统志》卷 90,第 24 页。

④ 《明史》卷 304。

⑤ 这并不是"麻林剌撒"。Groeneveldt 在 Notes on the Malay Archipelago, p.170,解释它为"麻林剌撒"是错误的,因为这是国名。

⑥ 《太平寰宇记》卷 186,第 15 页。

⑦ Hirth:《赵汝适》pp.133,137,96。

⑧ Rockhill 文刊于《通报》1915,p.609。他没有解释 to-ša-pu,这名词代表阿拉伯语的 dūšāb("枣酒",见 Leclerc:Traité des simples, Vol. II, p.49)。诺勒笛克(Persische Studien, II, p.42)解释此字来自 dūš("蜜")和波斯语 āb("水")。

⑨ 见前第 10 页序言。

语为 gišimmaru)。[①] 斯特拉波(XV,2,§7)叙述亚力山大的军队穿过格得罗西亚不毛的沙漠地向前进军时多么艰苦。给养要从远道运来,量既少又时时不继,以至于士兵忍受饥饿,驮马倒毙,行李丢弃。士兵吃了枣子和枣椰树的精髓才得救了。[②] 他又说许多人因为吃了不熟的枣子而噎死了。[③] 菲罗斯特拉塔讲到当泰安那的阿波伦尼斯来到了帕提亚王国的时候,一个宦官接见他,请他吃其大无比的琥珀色枣子。[④] 在法尔思省,枣椰树到处可见。[⑤] 在巴比伦,波斯枣和阿剌迈克枣都很有名,波斯枣更受人珍视,因为它的肉完全离核,而阿剌迈克枣的肉只一部分离核。[⑥] 在萨珊帝国也区别这两种枣:按霍司鲁一世(公元531—578年)的征税法四种波斯枣和其他六种普通枣被视为同样价值,征收同样税额。[⑦] 前面已说过,《魏书》和《隋书》都把这枣子看做萨珊时代波斯的产物;帕拉菲文学里也提到它(参看第10页)。现在这种枣子在起儿曼的低地平原上和波斯湾海边都长得很茂盛,但是收成还不够,所以要从巴格达输入相当大的数量。[⑧]



① Herodotus,I,193; E. Bonavīa: Flora of the Assyrian Monuments,p.3;Handcock:Mesopotamian Archæology, pp. 12—13.

② 参考 Theophrastus:Histor. plant,IV. iv, 13。

③ 见上书 IV. iv,5;Pliny,xiii,9。

④ C. Joret:Plantes dans l'antiquité, Vol. II,p.93.

⑤ G. Le Strange: Description of the Province of Fars, pp. 31, 33, 35, 39, 40等。

⑥ I. Loew:Aramaeische Pflanzennamen,p. 112.

⑦ Nöldeke:Tabari,p.245.

⑧ Schlimmer:Terminologie,p. 175.

坎多勒[1]说："我们没有听说这枣子有梵语名称，所以可以推断枣椰树在印度西部的种植不是从古就有的。印度的气候不宜种这枣子。"在《耶柔吠陀经》[2]里已经见过 Phoenix sylvestris 的梵语名称 kharjūra。这是野枣或 date-sugar palm，在印度许多地方是土生的，在孟加拉、比哈尔、卡鲁满德勒海滨和古札剌特（Gujarat）等地最茂盛。在信德和旁遮普南部，尤其在木而坦附近、穆查法加、信德·沙格尔·兜不，和印度河外地区等地，可吃的枣子是栽培的或自生自长的。在得坎和古札剌特[3]也种植之。在印地语称为 khajūra，印度斯坦语为 khajūr，都出于梵语的 kharjūra。此外又称为 sindhi，seindi，sendri，这些名字暗示它最早是信德产。也许梵语 kharjūra 和伊朗语 khurma(ṅ)在古时有关系，至少拿第一个音素来说，是有关系的。

# 菠　　菜

36. 贝烈史奈德[4]谈到菠菜说："据说菠菜出在波斯。植物学家们认为亚洲西部是菠菜的原产地。Spinacia，spinage，spinat，épinards 这些名称都是起源于 spinous seeds，即多刺的籽；但是因为波斯语的名称是 esfinadsh，因此这各式各样名称更可能是从波斯语来的。"可是这问题并不是这么简单。任何中国的史料都没有

① Origin of Cultivated Plants，p. 303.

② Macdonell and Keith：Vedic Index，Vol. I，p. 215.

③ G. Watt：Commercial Products of India，pp. 883，885.

④ *Chinese Recorder*，1871，p. 223.

直截了当地说菠菜出产在波斯:"波斯菜"这个名称也是近代才有的,初次见于《本草纲目》,李时珍本人也说这是一个名叫方士隐的人所说的。

令人奇怪的是这事也沾染上一些张骞的神话。至少卓利[①]很果断地说:"《中日文库》说张骞携菠菜归国。"中国作品中能找到这个传说的唯有宋朝郑樵所著的《通志》(卷 75,第 32 页),他说张骞带回菠菜。连《本草纲目》都不敢重提这个奇想。公元前第二世纪西方还没有人知道有菠菜,由此看来,关于张骞的说法简直没有任何价值。的确,闪族人和古代人是不知有菠菜的。它是中世纪才出现的植物。

和这情形完全相符,菠菜在中国直到唐朝才有人提起。就农业方面的文献来说,菠菜第一次出现在第八世纪末期的《种树书》。[②] 那书上说菠薐(菠菜)来自菠薐国(Pwa-liṅ,Paliṅga)。

谈到菠菜的第一部本草是公元 1108 年唐慎微所著的《证类本草》(卷 29,第 14 页)。这部药物学的书籍一共叙述了一千七百四十六种植物,比起《嘉祐补注本草》(嘉祐年间出版,公元 1056—1064 年)里所讨论的一千一百一十八种,又多添了六百二十八种。这些新植物都在每卷前面的目录里清楚地列出,菠菜就列在这些新植物的项目里面。从此书看来,菠菜一定是宋朝人们所喜爱的一种菜蔬。据说对于北方人特别有益。北方人是吃肉和面食的(主要吃面条),而南方人吃鱼鳖,不能多吃菠菜,因为水产食物是

① Legend in Japanese Art, p. 35.

② Bretschneider: Bot. Sin., pt. I, p. 79.

寒性的，而菠菜也是起寒性的效果。[①] 书里引证的刘禹锡(公元772—842年)所著的《嘉语录》(或《嘉话录》)说菠菜的种子与苜蓿和葡萄一样，是张骞带回的；[②]"菠薐种出自西国，有僧将其子来，云本是颇陵国之种，语讹为波棱耳。"

在历史上第一次也是唯一次提到这事的是《唐会要》，[③]它说："太宗时(公元627—649年)贞观二十一年(公元647年)，尼波罗国(尼泊尔)献波棱菜，类红蓝，实如蒺藜(Tribulus terrestris)。火熟之能益食味，即此也。"[④]

这段文章不但是中国材料中可推测菠菜年代的最早记载，而且一般说来也是我们至今所能获得的最早的引证。它证明在当时菠菜不仅对于中国人是新奇的东西，而且对于尼泊尔人恐怕也是新奇的；否则他们就不会把这东西拿来当做礼物送给中国，他们献礼是应太宗皇帝的要求：凡是属国都要把他们所出产最精选的菜蔬进贡。宋朝一个作者袁文在他所著的《瓮牖闲评》(卷4，第11页，武英殿本，1775年)里说菠菜出产在西域尼波罗国。[⑤] 公元1057年

① John Gerarde (The Herball or Generall Historie of Plantes, p. 260, London, 1597)云："菠菜显然性寒，潮湿，约第二度，但相当潮湿，为多水分的青菜。"

② 按另一注疏所云，一个佛门僧侣把种子传了来，这说法还有道理。司徒亚特说和尚吃的斋里，大量使用菠菜。

③ 卷200，第14页(又卷100，第3页)，参考《册府元龟》卷970，第12页，和《北户录》卷2，第19页(陆心源本)。

④ 《太平御览》(卷980，第7页)云此文出在《唐书》，但是在两部《唐书》记载尼泊部分里不见此文。在《唐会要》的尼泊尔记述里也不见。《本草纲目》、《图书集成》和《植物名实图考》(卷5，第37页)都从《唐会要》里引上面那段文，唯一不同的地方就是说波棱的叶子和红蓝的叶子相像。第九世纪封演所著的《封氏闻见记》(卷7，第1页)讲到菠菜来到中国的情形时，却用了一个很特别的名称"波罗拔藻"，pa-la-bat-tsaw，"藻"字或只是几种水里的植物，并不组成译音的一部分。

⑤ "波棱出西域泥婆罗国"这句话的意思也可能是"出在西域和泥婆罗国"。

编撰的《嘉祐本草》是介绍菠菜到药物里的第一部药物学书籍。[①]

此菜俗名"菠菜","菠"是"菠薐"的缩写。据王世懋(死于1591年)在他著的《瓜蔬疏》里说在华北流行的名字是"赤根菜"。《广群芳谱》也用"鹦鹉菜"一名,因为它的根是红色,像鹦鹉(嘴)。《本草纲目拾遗》(卷8,第87页)里除了"菠斯菜"之外,还提了"红菜"和"洋菜"两个别名。另外一个别名为"珊瑚菜"。

十六世纪末或十七世纪初出版的一本记述福建省的书籍《闽书》讲了一个不高明的笑话,它把这菜蔬的名字解释为"波棱"(波浪和棱角),因为菜叶的形状像波浪,而且有棱角。当然,无论什么字中国人也能探索出语源。[②]

唐宋时期的传说里没有记述菠菜来自波斯的,从"波斯菜"这个出现不久且未经解释的新词看来,我们一开始就不信波斯字原的理论。司徒亚特[③]甚至于说:"因为中国人倾向于把一切来自西南的物品都说成是波斯的,他们称这菜为'波斯菜',也就不足为奇了"。[④]



① 《植物名实图考》卷4,第38页。

② 此书里所载下面一事更有趣:华北的菠菜茎长而苦,叫做"竹波棱",福建的菠菜茎短而甜,叫做"石波棱"——《闽书》卷154,为福建省静江县人何乔远所著,他于1586年中进士(参看 Catalogue of the Imperial Library,Ch.74,p.19)。

③ Chinese Materia Medica,p. 417.

④ 瓦特尔斯大为叫嚣说"波斯"一词用得太随便,他抨击"波斯菜"这个名称,认为那是滥用这字眼的例子,这是大可不必的。他说:"他们不但使用波斯二字来称呼波斯本身,而且也用来称呼叙利亚、突厥和罗马帝国,有时他们似乎把它当做中国(中原)西南的任何蛮人居住地的通称,"这话是完全错误的,"波斯"是 Parsa 很好的译音,Pārsa 是 Persia 的本地名称。"波斯"专指 Persia,不包括任何别的地方。史密斯把"菠菜"用在 Convolvulus reptans 上,这是他常混淆事物和犯错误的一个例子。瓦特尔斯说菠菜一词也应用在糖萝卜和胡萝卜及其他非波斯产的蔬菜上,这话也同样是不正确的。瓦特尔斯对这问题知道得太少,正如他对许多问题知识都不够一样。

但是这事情还有另外一面。确如坎多勒[①]所说的：大概最早把菠菜作为蔬菜来种植的是波斯；不过他所说的年代“从希腊罗马时期起”是太早了些。[②] 坎多勒说阿拉伯人没有把菠菜传到西班牙，这话已经由雷克勒柯[③]加以改正；因为使用坎多勒材料的植物学家和其他学者们手边常常没有雷克勒柯的作品，因此我不妨在此再提一下。

依照十一世纪末西班牙的伊宾·阿勒·阿卫木所写的一篇关于农业的论文（Kitāb el-falāha）上所说，当时在西班牙有人种植菠菜。[④] 伊宾·阿吉那时甚至于写了一篇论述种植菠菜的文章，说是正月里在塞维拉地方撒种。从西班牙它又传播到欧洲其他各地。这植物的名字本身就提供证据，它是出产在波斯，由阿拉伯人带到欧洲去。波斯语名为 aspanāh，aspanāj 或 asfināj；阿拉伯语 isfenāh 或 isbenāh。因此就有了中古拉丁语的 spinachium 或 spintarium；[⑤]西班牙语 espinaca，葡萄牙语 espinafre 或 espina-

① Origin of Cultivated Plants, pp. 98—100.

② 这个结论又是由于贝烈史奈德的张骞狂而产生的；因为坎多勒说：“贝烈史奈德谓此汉语名字意思是‘波斯草’，又说西方的菜蔬一般都是在公元前 100 年移植到中国的。”

③ Traité des simples，Vol. I，p. 61.

④ L. Leclerc：Histoire de la médecine arab，Vol. II，p. 112. 这部阿拉伯的作品已由 Clément-Mullet 译为法文，标题为 Ibn al Awwam，le livre de l'agriculture（农书）（两册，巴黎出版，1864—1867 年）。坎多勒误认为“欧洲所植的菠菜必定是在十五世纪左右由东方传来”，不幸他这理论现在仍然广泛地为人所接受，例如在《英国百科全书》的最新版里仍然保留这说法。

⑤ 这个词最早出现于杜·坎治从 Transactio inter Abbatem et Monachos Crassenses 所引的一段话里，其年代为 1351 年，欧洲的基督教修道士和中国的佛教僧侣都吃菠菜。史剌德（Reallexikon，p. 788）说麦格纳斯（Albertus Magnus 1193—1280 年）是最早谈到菠菜的人，称之为 spinachium，但是他没有说明具体的出处。他认为菠菜必定是由十字军传到欧洲去的。这理论是不必要的，他完全没有注意到阿拉伯人传植菠菜到西班牙的事。

cio，意大利语 spinace 或 spinaccio，布罗温斯语 espinaro，古法语 espinoche 或épinoche，法语épinard。[①] 这波斯字又被采用到亚美尼亚语里成为 spanax 或 asbanax，突厥语 spanák 或 ispanák，哥曼尼亚语（Comanian） yspanac，中古希腊语 spinakion，新希腊语 spanaki （on）或 spanakia（复数）。在古英语里有各种的拼法，如 spynnage，spenege，spinnage，spinage 等。十六世纪以前的英国文学没有提到菠菜。屠纳 1568 年所写的《植物志》一书里说“菠菜是一种新发现的草类，使用的时间还不长。”

然而在十六世纪后半，菠菜在英国就有很多人知道，而且有人吃。多德安斯[②]把它当做人皆熟知的题目来谈。吉拉德[③]也如此，他没提到只不久以前才有人吃菠菜。他们所用的名字是 Spanachea， Spinachia， Spinachzum olus，Hispanicum olus，英语 Spinage 和 Spinach。巴金生[④]也作了详细的描写，并说明烧这菜的方法。

就我所知，在波斯最早谈到菠菜的是阿布·满速儿[⑤]所著的处方书。伊宾·阿尔拜塔尔（1197—1248 年）[⑥]论这个题目所引证

---

① 说此字原来从 Spain 或 spina（“刺”）派生出来的，指这菜籽的多刺，是和《明书》的推断同样可笑。第十六世纪的 Littré cites Ménagier 上大意是这样：“菠菜称为 espinars，因其籽带刺，虽然有些籽是圆的而不带刺。”在附录里，利特雷指出，按德维克（Devic）的说法，这个字乃起源于东方。

② H. Lyte 译的 A Nievve Herball 或 Historie of Plants（植物史），p. 556（1578 年伦敦出版）。

③ The Herball 或 Generall Historie of Plantes，p. 260（London，1597）.

④ Paradisus in sole paradisus terrestris，p. 496（London，1629）.

⑤ Achundow：Abu Mansur，p. 16.

⑥ L. Leclerc：Traité des simples，Vol. I，p. 60.

的最古老的材料是《那巴提耶农书》(Falāha nabaṭīya),此书冒充是用阿拉伯文翻译的古代那巴提耶族的资料,其实明明是第十世纪伪造的。此书说菠菜是一种人所熟知的菜蔬,为所有菜蔬中之最无害的,但是最有趣的是它说有一种野生的菠菜,样子和栽培的菠菜相似,只是较细较瘦些;又说叶子分隔得更深些,生长得较矮些。[①] 坎多勒说:"菠菜未见有野生的,除非是变了种的栽培的Spinacia tetandra Steven,野生在高加索以南、突厥斯坦、波斯和阿富汗等地,乃用来当菜蔬,名叫 šamum。"这个字显然是拼错了的或读错了的波斯字 šomīn 或 šumīn(阿拉伯语 zomin 和 šomin),这波斯字原是菠菜的别名。

印度没有菠菜,除了英国输入的。[②] 印度的农学家把菠菜归在英国菜蔬里。有一种植物 Spinacia tetrandra Roxb.,罗克斯柏[③]用波斯语和阿拉伯语的菠菜名字来称呼它,并说它在孟加拉和邻近各省种植得很多,是本地人很珍视的种在盆中的菜蔬,或许是穆斯林传播来的。在事实上,菠菜是温带的菜蔬,不宜于热带地区。菠菜的真正梵语名字还没见过。[④] 然而汉语的"菠薐"肯定是代表某种印度方言的译音。在印度斯坦语里菠菜叫做 palak,糖

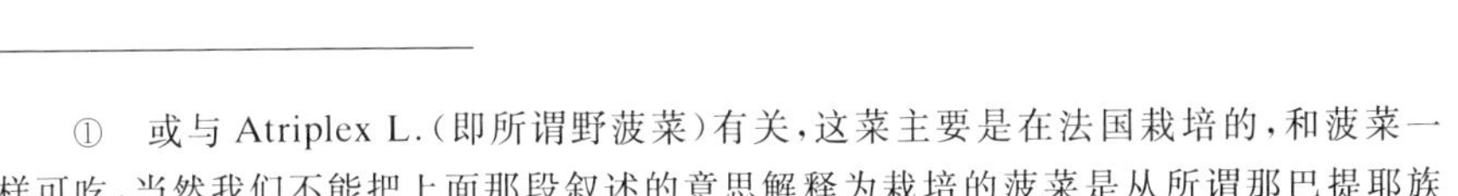

① 或与 Atriplex L.(即所谓野菠菜)有关,这菜主要是在法国栽培的,和菠菜一样可吃,当然我们不能把上面那段叙述的意思解释为栽培的菠菜是从所谓那巴提耶族人的野菠菜来的,这两种植物或许根本没有关系。

② N.G.Mukerji: Handbook of Indian Agriculture 第二版,p.300(Calcutta,1907);但是它说菠菜原产于亚洲北部,那是不正确的。坎多勒(上述作品第 99 页)说过:"有些通俗作品中屡屡说到菠菜是亚洲北部的产品,然而这个推测却未证实。"

③ Flora Indica,p.718.

④ A.Borooah 编纂的《英梵字典》里的菠菜是 Çākaprabheda,但这个词的意义只是"一种菜蔬",因此它只是解释语而已。

萝卜叫做palaṅ或 palak，在普什图语为 pālak，[①]显然是从梵语 pālaṅka，palakyū，pālakyā 演变而来的。我们字典给这字所下的定义是："一种菜蔬，一种甜菜，Beta bengalensis；"在孟加拉语为 paluṅ。[②] 为了要使这名字和汉语更符合，我们还可以找到梵语的 Pälakka 或 Pālaka，[③]那是一个国名，这名字使得佛教僧侣产生了"菠菜出产于颇棱国"的说法。尼泊尔人因此把一个本地植物的名字用在新移植来的菠菜上，然后把这名字连同这产品一块传到中国。西藏人始终不知此植物，《钦定西域同文志》(卷 27，第 19 页)里的 spo ts'od 一字是摹仿汉语名字假造的，(读作 po)是汉语"波"的译音，ts'od 意思是"菜"。

我们在适当地考虑了植物学上和历史上所有事实以后，不得不承认菠菜是从伊朗某地传到尼泊尔，从尼泊尔又于公元 647 年移植到中国。还必须承认中国名"波斯菜"虽然年代比较近，并不是完全虚构的，而是有些事实根据。中国人在元朝，也许在明朝(元朝更有可能)似乎已知波斯是菠菜的产地。我相信将来会发现有关此事的文件。我所有手边的历史材料都指出这样的结论：波斯所种的菠菜历史比较短，不早于第六世纪左右。那篇说菠菜在第七世纪才有的中国的文章是现存最古的记述。其后就是第十世



① H. W. Bellew：Report on the Yusufzais，p. 255(Lahore，1864).

② 孟加拉的当地人种植很多 Beta，用它的叶子燉了吃(W. Roxburgh：Flora Indica，p. 260)。另外还有一种 Beta maritima 也称为"野菠菜"。Beta 和 Spinacia 同属于藜科(Chenopodiaceae)。

③ 后面这个字见于烈维所编纂的《摩诃摩瑜黎》(Mahāmāyūri)的书目里(刊于 *Journal asiatique*，1915，I，p. 42)。

纪的那巴提耶族的农书和第十一世纪阿拉伯人把这菜蔬传到西班牙。

## 糖萝卜和莴苣

37. 前文讲过有一种菾菜属植物的名字在印度转用于菠菜，至今在中国仍然用作这菜蔬的名称。菾菜属还有一个伊朗名，汉语的译音“军莲”gwun-dʻar，这是阿拉伯的末禄国上等的菜蔬。[①]《证俗文》[②]说它现在被人误称为“根大菜”或“大根菜”，而“根大菜”就是“甜菜”。司徒亚特[③]把“甜菜”和“莙荙”并提，而且辨认它就是 Beta vulgaris（糖萝卜），出在中国。可是司徒亚特说本草里没提这植物，这话错了。《证类本草》（卷 28，第 9 页）和《本草纲目》[④]都提到了，《本草纲目》还提了“君荙”一名，为《证类本草》里所未见。李时珍讲到此名时说它的意义还未经解释，这种说法通常表示此字乃来自外国，而他却没说明此名是何出处。无疑地这“莙荙”只是前面所提的“军荙”书写上的变体。“莙”字的写法早在唐朝就有了，见于《酉阳杂俎》（卷 9，第 9 页），该书把“油点草”的叶子和“莙荙”叶相比，[⑤]却没有细述“莙荙”。不过从它这附带的一提就可以推断出这植物在第九世纪后半已为人所熟知。

① 《太平寰宇记》卷 186，第 16 页。

② 卷 12，第 3 页，此书系 1884 年郝懿行所出版。

③ Chinese Materia Medica，p. 68.

④ 卷 27，第 1 页，又见《太和本草》，卷 5，第 26 页。

⑤ 每叶上有黑点，两两相对。

糖萝卜在新波斯语里叫做čugundur或čegonder，阿布·满速儿[①]曾提过。相等的阿拉伯字为 silk。[②] 唐朝的汉语译音显然是根据中古波斯语读法 gundar 或 gundur。糖萝卜是一种地中海和亚洲西部的植物，种植的地域远达里海和波斯。据坎多勒[③]说，它的种植的年代不早于公元前三四百年。乌尼格[④]所提出的埃及的图解用以证明在埃及早已种植此物，在我看来，不能令人信服。

所以，纵然没有记载可凭，我们可以说糖萝卜是唐朝由阿拉伯人传入中国，他们携带了许多波斯语的词汇和产品到中国。为此中国的记载里有时把波斯字都说是大食（阿拉伯）字；例如骰子上的数字，都说是大食的数字，其实是波斯的。[⑤]

这植物的真正中国名字是"莙菜"，第一个字的音和义都解释为"甜"。李时珍把"莙菜"和"莙荙"鉴定为同一植物。最早叙述莙菜的文章是唐朝的苏恭所写，他把莙菜叶子和"升麻"（Actea spicata，一种毛茛科植物）叶相比，并说南方人蒸其芽而食之，乃极为香甜之佳肴。[⑥] 然而却没说甜菜是进口品。

38. 前面提到过《唐会要》里那篇著名的文章，其中列举了外国应唐太宗在公元 647 年的要求所进贡的菜蔬产品。那文章提到



① Achundow：Abu Mansur，p. 81.

② Leclerc：Traité des simples，Vol. II，p. 274.

③ Origin of Cultivated Plants，p. 59；又见他所著的 Géographie botanique，p. 831。

④ Pflanzen im alten Aegypten，p. 218.

⑤ 见《通报》，Vol. I，1890，p. 95.

⑥ 《本草纲目》引陶弘景所提的"莙"制成烹调用的"鲊"，显系一种不同的蔬菜。

了尼泊尔的菠菜之后，又接着这样说："又酢菜，叶阔而长，[①]味如美鲜苦菜（Lactus），状如苣，[②]其叶阔，味虽苦，久食益人。"又说"胡芹状似芹，味苦。"

从这段描写看来，"酢菜"似乎是一种莴苣属，菊苣属或苦苣菜属。这几属的植物都彼此相似，因为都是 Cichoraceae 科的，中国人用许多名称把它们弄得混淆不分。坎多勒[③]认为莴苣早年在中国几乎没人知道，因为据卢列罗所说，它是欧洲人移植到澳门的。[④] 贝烈史奈德[⑤]提到这段文章，认为坎多勒或许说的对，虽然本草没讲它是外国传播来的，唐朝（618—906 年）以前的作家似乎都没提"生菜"（莴苣在北京常用的名字）或"白苣"。然后坎多勒又抓住这段文章，把它用在他所著的《栽培的植物之起源》一书里。然而问题并不这么简单。贝烈史奈德在当时读本草一定只是一知半解地，因为在那里面有几种莴苣属菜明白地指明是外国来的。二十五年之后，他又写了一篇论同一题目的文章，[⑥]其中一字未提外国传播的事，而且相反地，按这文章所说，似乎莴苣属，菊苣属和苦苣菜属

① 《册府元龟》（卷 970，第 12 页）论此树又添了这么一句：状似"慎火"叶。《北户录》（卷 2，第 19 页）说它状似慎火，但其叶较宽较长，此树亦称"景天"（见《酉阳杂俎》卷 19，第 6 页），据说能护房屋，防火灾，确证为 Sedum erythrostictum 或 Sempervivum tectorum（Bretschneider：Bot. Sin.，pt. III，No. 205；Stuart：Chinese Materia Medica. p. 401）。

② Lectuca，Cichorium，Sonchus 等一类植物的通称。

③ Géographie botanique，p. 843.

④ 这论点显然没有充足的证据，其实这并不能证明什么，欧洲人也把糖和其他中国自己出产很丰的产物输入中国。

⑤ *Chinese Recorder*，1871，p. 223.

⑥ Bot. Sin.，pt. III，No. 257.

自古以来就是中国土生的，因为“苦菜”已经在《本经》和《别录》里提到过。“白苣”和“苦苣”有人认为是代表 Cichorium endivia；“莴苣”代表 Lactuca sativa。李时珍解释莴苣一词时引证了十一世纪前半彭乘所著的《墨客挥犀》里的话：“莴菜自呙国来，故名。”[①]宋朝陶谷著的《清异录》说：“高国使者来汉，隋人求得菜种，酬之甚厚，故因名千金菜，今莴苣也。”[②]这些掌故很含糊而且幼稚，又没有说明年代。根本并没有叫做“呙”的国家，这个字只不过是从“莴”字里简化出来的，任何历史材料里也没有见过这传说。[③]在唐朝莴苣这名称很有名，因为陈藏器著的《本草拾遗》里提过；陈藏器辨出白色和紫色两种，但是关于外国输入的事他一字也没提。[④] 这位作者对于外国植物的辨别力很强，从来不会放过外国植物而不指出，有许多例子可以证明这一点。同时，把莴苣属说成是从外国传播到中国的，也没有证据。唯一的解释就是：也许较好的西方品种是从外国传来的，如上面《唐会要》里那一段所说的。

在波斯莴苣（波斯语 kāhu）也有野生的，也有栽培的。[⑤] 在波斯语里，菊苣属菜叫做 kasnī，在阿拉伯语和奥斯曼利语是 hindula。[⑥]



① 我不知道司徒亚特（p.229）如何得到“在汉朝”这么一个定义，十二世纪中叶李石所著的《续博物志》里也有这一段文。

② 我查了《清异录》（唐宋丛书和惜阴轩丛书复印），所提这段文在卷 2，第 7 页，与《本草纲目》所印的相同，除了那国名为“高”，而不是“莴”。我们很容易看出这两字会被人混淆，其中只能有一个是正确的；但是“高”国并不比“莴”国更有助于解决这问题。作为国名，两个字都是虚构的。

③ 已经有过从植物名称虚构的国名。

④ 寇宗奭亦未提及；见他所著的《本草衍义》（卷 19，第 2 页）。

⑤ Schlimmer：Terminologie，p. 337.

⑥ 见 Achundow：Abu Mansur，p. 146；E. Seidel：Mechithar，p. 134；Leclerc：Traité des simples，Vol. II，p. 28.

39. 上面《唐会要》里那段文所讲的胡芹或许是栽培的西方芹菜[①](Apium graveolens)(波斯语叫 kerefs 或 karafs);或许是荷兰芹(Apium petroselinum)。看来与前面(序言)所讲的胡芹似乎不是一回事。

在阿拉伯的末禄国 Mwat-luk,Mar-luk,胡芹也是被看做一种最好的菜蔬。[②]

《唐会要》举了一系列的植物,不妨再引下面这一段作为结束。

"太宗时(公元 647 年)健达献佛土菜,一茎五叶,花赤,中心正黄,而萼子紫色。"[③]

## 蓖　麻

40. 中国关于蓖麻(Ricinus communis,大戟科植物)的记载既嫌不足又难令人满意。蓖麻无疑是从外国传入中国的,因为在中国只有人工栽培的,在唐朝(618—906 年)以前没有提过它与胡国有关系。[④] 苏恭在《唐本草》里说:"此人间所种者,叶似大麻叶

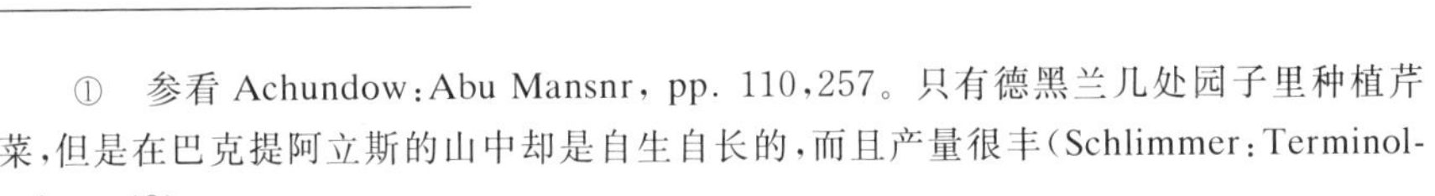

① 参看 Achundow:Abu Mansnr, pp. 110,257。只有德黑兰儿处园子里种植芹菜,但是在巴克提阿立斯的山中却是自生自长的,而且产量很丰(Schlimmer:Terminologie,p.43)。

② 《太平寰宇记》卷 186,第 16 页。

③ 《唐会要》卷 200,第 4 页;《唐书》卷 221 下,第 7 页。Gandhāra 这个名字缩写为"达"d'ar,但是在《唐会要》(卷 100,第 3 页)和《册府元龟》(卷 970,第 12 页)两书中,写出了全名"健达"G´an-d'ar。

④ 《本草纲目》卷 17 上,第 11 页。贝烈史奈德(*Chinese Recorder*, 1871,p.242)说凭中国的书籍不能确定蓖麻是否中国土生的,又说唐朝之前来见记述此植物。他却没注意到"胡"字。

而甚大,结子如牛蜱。[①] 今胡中来者,[②]茎赤,高丈余,子大如皂荚核,用之亦良。"从这记载看来似乎有两种蓖麻,一种大概是苏恭之前就有了的白茎蓖麻,一种是他那时代才来到中国的红茎蓖麻。可是我们没法知道它来到中国的准确年月和它的原产地。

最早提到这植物的是希罗多德(II,94),他说这植物是住在沼地的埃及人种的,他们用蓖麻子榨出的油涂身。他称这植物为 sillikyprion,[③]并说它的埃及名字是 kiki。[④] 在希腊它是天然生的(αὐτόματα φύεται),但是在埃及它是沿着河岸和湖边种植的,所结的果实很丰富,但有臭味。这果实摘取下,捣碎压榨,或烤或煮,就可以取油液。它的油是很滑润的,如点灯用,不次于橄榄油,只是它发出一股难闻的气味。在埃及的古坟墓发现有蓖麻籽,现在这植物在埃及还有人种植。普林尼(XV,7,§25)说就在不久以前这植物传到了意大利。坎多勒[⑤]查出它的产地在非洲热带,我同意这看法。而且我认为它是从埃及移植到印度的,虽然我们没资料来证明这一点。蓖麻不是伊朗人和印度亚利安人所共同知道的

① 此植物因而得了"蓖"或"萞麻"之名(只见于书写中)(北京俗语称"大麻")。这个词的词原宋朝苏颂已提出,且为李时珍所证实,他解释此虫为"牛虱"。此见解似颇正确,因拉丁语 ricinus 意为"蝨"。Pliny XV,7,§25 云:"我们的蓖麻称为'扁蝨',因其籽的形状与之相同。"或许是中国人自己想出这个譬喻;或许更可能是他们从西方得到这植物时连同它的名字一块得来。

② 司徒亚特(Chinese Materia Medica,p.378)说这植物来自鞑靼地方,看来是以此为依据。

③ 普通名称为 κρότων(Theophrastus:Hist.,plant.,1,x,i),拉丁语 croton。

④ 这字尚未在象形文的文章里寻到,但是在科普提克语(古埃及语)里则有之。在古埃及通俗语文件里 Ricinus 为 deqam (V. Loret:Flore pharaonique,p.49)。

⑤ Origin of Cultivated Plants,p.422.

植物之一。吠陀经（Vedas）和《摩奴法典》[①]里面都没提到它。唯一可查年月的引证是在包尔的写本，那上面指出它的油和根叫做 eraṇḍa，gandharva，rubūgaka 和 vakṣaṇa。其他的名称是 ruvu，ruvuka 或 ruvūka，citraka，gandharva-hastaka，vyāghra-puccha（"虎尾"）。Eraṇḍa这个字在汉语里是"伊兰"，[②]也采用在库车语（吐火罗[乙]语）里，成为hiraṇḍa。[③] 这植物似乎由印度又传播到马来群岛和越南（马来亚语，巽地语和爪哇语为 jarak，吉蔑语 lohoṅ，安南语 du du traṅ，kai-dua 或 kai-du-du-tia；占语tamṅön，lahauṅ）。[④] 苗族和彝族似乎熟知此植物：苗族称之 zrwanō；[⑤]彝族称之为č'e-tu-ma（即"毒死狗用的果实"）。[⑥]

在伊朗种植蓖麻是一件重要的事，但是没有任何文献讲到它移植的年代。不过我们必得承认它在公元前在那里就已经为人们所熟知的了。[⑦] 它的波斯语名字叫 bedānjir，pandu，punde 或 pendu；在阿拉伯语里它叫做 xarva 或 xirva。

① Joret：Plantes dans l'antiquité，Vol. II，p. 270.

② 《翻译名义集》，第 24 章。

③ S. Lévi：*Journal asiatique*，1911，II，p. 123.

④ 关于印度支那的栽培植物，可阅 Perrot and Hurrier：Mat. méd. et pharmacopée sino-annamites，p. 107。关于马来群岛，参阅 A. de Candolle（见前书，p. 422）；W. Marsden：History of Sumatra，p. 92；J. Crawfurd：History of the Indian Archipelago，Vol. I，p. 382。传说在苏门答腊和菲律宾群岛这植物是野生的，但是在普通的马来语里的名称 jarak 表示历史上的分布。

⑤ F. M. Savina：Dictionnaire miao-tsjeu-français，pp. 205，235.

⑥ P. Vial：Dictionnaire français-lolo，p. 290，阿拉伯人还用蓖麻作为杀狗用的毒药（Leclerc：Traité des simples，Vol. II，p. 20）。

⑦ Joret，见同书，p. 72。

# 巴 旦 杏

41. 伊朗是巴旦杏(Amygdalus communis 或 Prunus amygdalus)的中心产地,一面传播到欧洲,一面传播到印度、西藏和中国其他地方。印度只在喀什米尔和旁遮普两地偶然种植之。所结的果实不佳。无疑它是由伊朗输入到印度的。巴旦杏树出产一种胶,现在仍然由波斯输入孟买,由孟买再运往欧洲。[①] 在阿富汗和更往东北的扎拉弗桑河上游,和在海拔一千至一千三百米的却特柯勒(Chotkal)山,还有在阿塞拜疆,古尔的斯坦和美索不达米亚等地,杏树都生长得很茂盛。据史利默尔[②]说 Amygdalus coparia 在高山上是很常见的,它的木材可制最好的木炭。[③]

希腊人从小亚细亚获得巴旦杏树,显然又由希腊传到意大利。[④] 在米地亚的北部,人们赖果实为食粮。他们用切成片晒干了的苹果做糕饼,用焙好的杏仁做面包。[⑤] 波斯王每餐必有一定数量的干甜杏仁。[⑥] 帕拉菲文学里也提过这果实。

---

① G. Watt: Commercial Products of India, p. 905; 及 Dictionary, Vol. VI, p.343。Joret:Plantes dans l'antiquité, Vol. II, p. 279。W. Roxburgh (Flora Indica, p.403)推断说巴旦杏在波斯与阿拉伯是土生的,而在印度却不易生长,需要细心照顾才能活。

② Terminologie, p. 33.

③ 据说一种真正的野巴旦杏在巴勒斯坦和叙利亚很常见(A. Aaronsohn: Agric. and Bot. Explorations in Palestine, p. 14)。

④ Hehn: Kulturpflanzen, pp. 393, 402; Flückiger and Hanbury: Pharmacographia, pp. 244, 245.

⑤ Strabo, XI. xiii, ii.

⑥ Polyaenus: Strategica, IV, 32.

《瀛涯胜览》说巴旦杏在亚丁是栽培的果实之一。[①] 它的阿拉伯语名字是 lewze 或 lauz。阿布·满速儿在他所著的波斯药剂书里讨论了这果实的药性。他知道有甜杏(bādām-i šīrīn)和苦杏(bādām-i tälx)两种。[②] 很奇怪在蒙兀儿帝国里，苦杏是用来当做流通货币。苦杏从波斯运往古札剌特省，种植在岩石间的干燥地方，它的味道很苦，像柯罗辛一般，所以不用担心孩子们拿它吃着玩。[③]

瓦特尔斯[④]对巴旦杏的叙述大半都不正确或是错误的。他说："中国不产巴旦杏，因此中国作者和其他的人只有用波斯名来称之，那就是 Bádán，汉语的译音为'八担'或'巴旦'，或如贝烈史奈德所说的'杷榄'。"第一，这杏子的波斯名字是 bādām，第二，瓦特尔斯所举的中国字都与对音不合，因为"八担"古音读如 pat-dam，"巴旦"则读如 pa-dan。"八"和"巴"的音首都是清唇音，而从来没有过浊唇音，因此在唐朝巴旦杏的名字初次出现时，这两个字不可能被选来作为外国 ba 声的对音。而且，"旦"字收音不是唇鼻音，用它来代替 dam 音也是很不妥的。其实瓦特尔斯所举的那些字都只是见于《本草纲目》，[⑤]这些字只是浊音已经变成清音之后修改原来写法所采用的较近代的读法。瓦特尔斯所举的第一个写法，在本草里也提过，是来自元朝和斯辉所著的《饮膳正要》(见第

① Rockhill:《通报》1915,p.609。

② Achundow:Abu Mansut,p.128.

③ Tavernier:Travels in India,Vol.I.p.27.

④ Essays on the Chinese Language,p.348.

⑤ 《本草纲目》卷29,第4页,因此亦为日本植物学家松村任三(No. 2567)所采用。但是应读作 amendo(摹仿英语里的这个字)。

61页)；而第二个写法李时珍承认是他所创的，因此没有什么语音学上的价值。[1] 不错，这伊朗字有一个语音准确的译法，是从唐朝流传下的，那时候中国人的耳朵很敏锐，而且从当时他们语言里比较丰富的声音看来，他们也有能力相当准确地摹仿各种声音。这个译音是"婆淡"bwa-dam，意思是"巴旦杏"，这名字其实是中古波斯语 vadam 和新波斯语 bādām 的译音(库尔德语 badem，beiv 和 baíf，"杏仁树")。[2] 就我所知，这名字最早见于《酉阳杂俎》(卷18，第10页)："偏桃出波斯国，波斯国呼为婆淡树，长五六丈，围四五尺，叶似桃而阔大，三月开花，白色，花落结实，状如桃子而形偏，故谓之偏桃，其肉苦涩不可啖，核中仁甘甜，西域诸国并珍之。"虽然作者段成式没有强调这植物是从外国传播到中国的，但是他这叙述显然是根据实际观察而写的，这可以证明在他的国土上种有此树。阿拉伯商人苏来曼的话可以证实我这看法，他在公元851年著书，把巴旦杏列为中国产的果实之一。[3] 西藏语 ba-dam，回鹘语和奥斯曼利语 badam，和源于中古波斯语的梵语 vātāma 或 bādāma 等字[4]就可以证明这伊朗名称的汉语译音是正确的。

可惜《本草纲目》的作者李时珍没有注意到《酉阳杂俎》正文的

① 他此外又举另一个巴旦杏的名字"忽鹿麻"等于波斯语 xurmā(khurmā)，但是这个字也许是指枣子。从《大明一统志》里谈哈烈国所产的巴旦杏一文看来，似乎"忽鹿麻"(xurmā)是一种特殊巴旦杏的名称，"状似一种枣子，味甜。"

② 司徒亚特(Chinese Materia Medica，p. 40)说 pa-tan 或指小亚细亚某个国家，或是波斯的别名，这显然是错误的。

③ M. Reinaud: Relation des Voyages, Vol. I, p. 22.

④ 参看本作者所著的 Loan-Words in Tibetan, No. III. 必须说明：西藏语 p'a-tiṅ 意思只是"干杏"，它和巴旦杏的波斯语名称并无关系，瓦特尔斯说有关系是不正确的——彝族人也知道有巴旦杏(泥彝族语为 ñi-ma，阿西彝族语为 i-ni-zo，i-sa)。

基本点，因此，他竟得出含糊的定义，说巴旦杏产于回回旧地，又说在他那时代这种树在关西（即甘肃与陕西）到处都有。贝烈史奈德译此文时把后面这句话删掉了，[①]也许是因为这话不符合他武断的看法，他认为中国没有巴旦杏树。他也未读过《酉阳杂俎》的那段文，而他的含糊不清的材料却被坎多勒所采用。[②]

卢列罗[③]说在中国巴旦杏树既有野生的也有人工栽种的，朋格说在华北普遍栽种此树，又说近代植物学家们未在华南见过，在北京附近所栽种的那一种是山桃，为桃属的植物。[④] 然而这些材料都和中国的记载不符。中国记载里说巴旦杏是中国种植的。如果说中国人把这个树和自古以来他们本国土生的杏树（apricot）混淆起来，那是说不通的。瓦特尔斯硬说："中国人把外国的巴旦杏和他们国产的杏混起来了。他们本国产的是'杏'，其果仁晒干了当做食物称为'杏仁'。这个名字也用于外国输入到中国的巴旦杏的果仁，由于它们样子和味道都几乎相似。"巴旦杏的果仁也叫杏仁，并不能证明"杏"和"杏仁"会混淆，或"巴旦杏"和"杏树"会混

① *Chinese Recorder*，1870，p. 176.

② Origin of Cultivated Plants，p. 219. 他错误地谈到第十世纪或第十一世纪出版的本草。贝烈史奈德当然指的是第十六世纪的本草。

③ Flora cochinchinensis，p. 316. Perrot and Hurrier（Matière médicale et pharm. sino-annamites，p. 153）说安南有 Amygdalus cochinchinensis。

④ Bretschneider：Early Researches into the Flora of China，p. 149. Forbes and Hemsley：*Journal Linnean Soc.*，Vol. XXIII，p. 217. 布拉斯德勒（W. C. Blasdale：Description of some Chinese Vegetable Food Materials，p. 48，Washington，1899）提到中国输入旧金山的一种特殊的巴旦杏。据 K. v. Scherzer 说（Berichte österr. Exped. nach Siam，China und Japan，p，96）巴旦杏是中国种植的。L. de Reinach（Le Laos，p. 280）说巴旦杏树出在老挝北部。

淆。把它们混淆的也许是外国人，他们把中国杏的果仁当做巴旦杏。[①]

贝烈史奈德[②]说：旅行者耶律楚材和长春二人所用的“杷榄”一词也许是波斯字 bādām 的译音。这字最早见于《宋史》（卷490）里记拂林那一章；所写的第一个音是“巴”，[③]因此推断这个词是从拂林所用的一种语言里传来的。大概这是 palam 或 param（或许是 faram，fram 甚至于 spram）一个类型的拂林字。

“杷榄”的果实在宋朝必已为中国人所知，因为范成大（1126—1193 年）在他所著的《桂海虞衡记》[④]里记述石栗（Aleurites triloba）那段文里提到了此果。据说“石栗”很像“杷榄子”。《承德府志》里说“杷榄仁”是一种杏子。[⑤]

郝懿行在《证俗文》（卷 12，第 5 页，1884 年出版）里说：“今京师人呼杏为巴达，即巴旦也。东齐人以杏仁甘美者为榛杏，盖味如榛也。[⑥] 按《香祖笔记》云，‘异物汇苑巴旦杏’出哈烈国，今北方皆有之。京师者实大而甘。山东者实小肉薄。”

关于巴旦杏出产在波斯的传说在中国现代作者当中还是很流

① F. N. Meyer（Agricultural Explorations in the Orchards of China，p. 53）误以为中国出产巴旦杏的说法是由于中国人吃杏仁而引起的，参看 Schlegel 所著 Nederlandsch-Chineesch Woordenboek，Vol. I，p 226。

② Mediæval Researches，Vol. I，p. 20.

③ 参考 Hirth：China and the Roman Orient，p. 63。他把 almond 鉴定为希腊语里的 βάλαιος，从语音或历史来看，这都难以令人满意的，因为这希腊字只是指一种橡子，是野生果实。夏德在同句里把“杏”译成“almonds”，其实应改为“apricots”。

④ 知不足斋丛书版本，第 24 页。

⑤ O. Franke：Beschreibung des Jehol-Gebietes，p. 75.

⑥ 李时珍也说过这话。

行。广西省太平府的《上思州志》里说扁桃是波斯国的植物，[①]该地种植扁桃树。《花木小志》(第29页)[②]也证明它是土生植物，说它生长于山之东面。当然，巴旦杏也许和枣椰树命运相同。在中国已无人种植了。[③]

## 无　花　果

42. 现今在长江流域所种的无花果(Ficus carica)是一种矮小的参差不齐的灌木，所结的果实比波斯产的那种小得多，质量也差。[④] 据《本草纲目》所说，它的产地是扬州(在长江下游地区)和云南。李时珍又说在他那时代，浙江、江苏、湖北、湖南、福建、广东各地都有种植(吴楚闽粤)，种植的方法是把树枝栽在地上。这一

① 《上思州志》卷14，第7页(1835年出版)。

② 见于道光年间(1820—1850)出版的《春草堂集》。

③ Hauer(Erzeugnisse der Provinz Chili, *Mitt. Sem. or. Spr.*, 1908, p.14)说巴旦杏大而味甜，为河北省密云县所产，又说甜和苦二种巴旦杏在承德府(热河省)的滦平县都有种植，在滦平地区每年产量达十万斤——如果所说的确是巴旦杏，这个数字不大令人相信，汉纳尔(Haner)的文章是以1904年该县提交与热河都统的公文为根据，他译成almond的那名字在原文里是"大扁分"，这显然是本地语或俗语，我在任何字典里也查不到。这名词究竟有否almond的意思，总是很可疑。福兰阁(O. Franke)在他叙述热河地域的文献里，很仔细地谈论那地区的植物和产品而没提巴旦杏；中国的承德府志里也没提到。

④ Stuart：Chinese Materia Medica, p.174。但是《植物名实图考》说到云南的无花果是大树。据F. N. Meyer(Agricultural Explorations in the Orchards of China, p.147)所说，华北所种的无花果是作为异国植物，种在盆或桶里。在中国气候温和的地区，有一些地方有露天种植的大无花果树。他见到黑白两种，种植于湖南省长沙府的善化县(《善化县志》，卷16，第15页，1877年版)和河北省顺天府(光绪，《顺天府志》，卷50，第10页)。

点特别引人感兴趣，因为它说明中国人一直不知道用早熟法，他们的著作里就没提过早熟法。无花果非中国土生；虽然中国的记载里没有讲到它何时移植到中国以及如何移植来的，可是明显可看出这植物是从波斯和印度移植来的，时间不早于唐朝。

流传下来的无花果的名称有下列几种：

（一）波斯语“阿驲”，a-žit（žir）（或“阿驿”a-yik）[①]相当于一个没有 n 的伊朗字，在库尔德语的 hežīr 或 ezir 里还是如此。另外一个读法为“驵”，瓦特尔斯[②]和夏德[③]一下子就否定了这个读法，这是不对的。《本草纲目》（卷 31，第 9 页），说这个字（这显然是一个古代的注解）应该读作“楚”，dzu，tsu，ts'u，因而有了 adzu，atsu，ats'u。这就相当于古代伊朗字 aju。无论如何，中国的译音，不管采用什么方式，都不会和新波斯语的 anjīr 有关，如夏德所说的，而是属于伊朗语较古的阶段，中古波斯语。

（二）“映日”aṅ-žit（r）。[④] 夏德说这“明明是印度斯坦语和梵语 añjir 的译音”，其实不然，它是新波斯语 anjīr 或 enjīr 的译音，而印度斯坦语（和梵语 añjīra）只是借用这波斯字；不花剌语 injir，阿富汗语 intsir；俄语 indžaru。

（三）拂林语“底檷”，或“底珍”。或“底�榈”。（ti-tsen，ti-ten）我们不必像夏德一样把这后者排除。参照亚述语 tittu（得自 tin-

---

① 《酉阳杂俎》卷 18，第 13 页。

② Essays on the Chinese Language，p. 349.

③ *Journal Am. Or. Soc.*，Vol. XXX，p. 20.

④ 《本草纲目》卷 31，第 26 页。

tu);腓尼基语 tīn;希伯来语ti′nu,te′ēnāh;[①]阿拉伯语 tīn,tine,tima;阿剌迈克语 ts´īntā, tēnta,tena;帕拉菲语 tin(闪族的外来语)。闪族语名称据说是起源于阿拉伯东南部,在植物学者看来,那地方是无花果的发源地,但是从这亚述字和无花果在亚述的古老的历史看来,[②]这理论又不能成立了,汉语译音无疑是等于一个闪族字;但是夏德为了要维护他的理论认为拂林的语言应该是阿刺迈克语,而坚持说这汉语译音是一个阿刺迈克字,这说法是不能说服人的。相反地,“底檷”这个译音和阿拉伯字,腓尼基字,希伯来字都相近得多。[③]

(四)“优昙钵”(或“跋”更好些)u-dan-pat(par),u-dan-bar = 梵语 udambara (Ficus glomerata)。[④] 据李时珍说,这名字在广东很流行。

(五)“无花果”,[⑤]日语 ičijiku。不只阿贝尔脱·麦格纳斯认



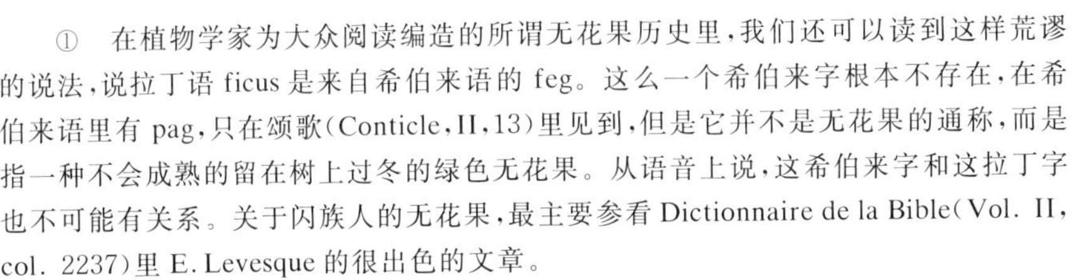

① 在植物学家为大众阅读编造的所谓无花果历史里,我们还可以读到这样荒谬的说法,说拉丁语 ficus 是来自希伯来语的 feg。这么一个希伯来字根本不存在,在希伯来语里有 pag,只在颂歌(Conticle,II,13)里见到,但是它并不是无花果的通称,而是指一种不会成熟的留在树上过冬的绿色无花果。从语音上说,这希伯来字和这拉丁字也不可能有关系。关于闪族人的无花果,最主要参看 Dictionnaire de la Bible(Vol. II,col. 2237)里 E. Levesque 的很出色的文章。

② E. Bonavia:Flora of the Assyrian Monuments,p. 14.

③ 夏德的结论很令人惊讶,他说:“底檷确是与阿剌米亚字较近,与希腊语指无花果的 συκῆ(或 σῦκον)或指 caprificus 的ἐρινεός较远。”这两个希腊字,过去没有人说是来自闪族语,也没有人能这样说,它们的词原仍然是很有疑问的(见 Schrader:in Hehn,Kulturpflanzen,p. 100)。

④ 《翻译名义集》卷 8,第 5 页。

⑤ 还有其他果实也列在这名下(见《植物名实图考》,卷 16,第 58—60 页)4,5 两项下面的名称,已在高士奇所著的《天禄识余》里鉴定了(卷上,第 60 页,1690 年说铃版)。

为无花果不开花（如夏德所说），这个错误的看法其实在上古时就已有了的。亚里士多德和普林尼（Pliny XVI，39）的作品里都如此说。这错误的看法起因于它的花和其他果树不同，它不外露，而是隐藏在果实里的皮内。当无花果长到三分之一大时把它切开，就可以看见花正盛开。[①]

普通的无花果树在伊朗高原蔓延之广不下于安石榴。一种叫rupestris产在库勒·乞鲁耶山；另一种 Ficus johannis 产在特比斯和哈烈之间的阿富汗，和俾路支斯坦。[②] 在桃鲁斯的山区、亚美尼亚、和伊朗的高原，种植无花果的事业很久以前就达到了高度的发展。向东边它蔓布到呼罗珊、哈烈、阿富汗，以及木鹿和乞瓦。[③]无疑地在萨珊时代的波斯也种植无花果，因为在帕拉菲文学里提过（阅本书序言）；在《梁书》里这事得到正式证明，《梁书》说优昙钵是波斯的产品，并说它开的花很美丽。[④] 前面说过，这个名称在印度是指丛生榕；可是在中国它好像也用来指无花果。玄奘[⑤]把优昙钵列为印度果实之一。

斯特拉波（II. I，14）说在海尔卡尼亚（在巴克特里亚）一棵无花果树每年可结六十米地尼（每米地尼为一个半蒲式耳）的果实。据希罗多德（I，71）说克罗萨斯王（吕底亚的国王）为人所劝阻，放弃了远征进攻居鲁士（波斯的国王）的计划，理由就是波斯人连酒



① Lindley and Moore：Treasury of Botany，pt. I，p. 492.

② C. Joret：Plantes dans l'antiquité，Vol. II，p. 45.

③ G. Eisen：The Fig：Its History，Culture，and Curing；p. 20（U. S. Department of Agriculture，Washington，1901）.

④ 《梁书》卷 54，第 14 页，由于印刷不仔细而印成“优钵昙”，应为“优昙钵”。

⑤ 《大唐西域记》卷 2，第 8 页。

都不喝，只喝水，也没有无花果当做粮食。当然这只是一个没有历史意义的趣话，因为我们肯定地知道古代波斯人既有葡萄又有酒。希腊人还有一段政治上的趣话，是波斯王薛西斯的故事，他每餐要吃阿提喀产的无花果；为的是天天提醒他出产这无花果的国家还没有归为他的领土。最近发现在古代巴比伦有无花果，由此可得结论：在古代波斯人们也知道无花果，也吃无花果。

我们没法考察无花果在何时如何从伊朗传播到中国。《酉阳杂俎》没谈移植的事情，只说这树出拂林和波斯。[①] 然而我们有阿拉伯商人苏来曼的证明，他于公元 851 年著书，说无花果在当时是中国的一种水果。[②]

贝烈史奈德从来没有论述这个问题，可是他却传授给植物学家索谟斯·罗巴哈一些笔记，这些笔记又落到艾生的手里。[③] 让我们听听他那些荒谬的言论："无花果据说是在张骞皇帝（原文如此！）在位时期传到中国，他在公元 127 年远征突阙（原文如此！）。"可以肯定地说贝烈史奈德本人不至荒谬到如此地步，可是除掉显著的错误之外，还剩下的是这个可悲的事实：中国任何材料都没有说无花果是张骞带到中国来的，贝烈史奈德却把这事归功于张骞。我们对中国的事情不必要比中国人还要说得过分。这种对张骞的崇拜确实很令人困惑。这位张骞是一个多么了不起的英雄！世界

① 此说与坎多勒在 Origin of Cultivated Plants（p. 296）一书中根据贝烈史奈德的说法所论述的相反，但是这部中国书籍里所描写的无花果无疑地证明作者是根据自己观察而写的，因此在他那时代中国是栽培无花果的。

② M. Reinaud：Relation des voyages，Vol. I，p. 22.

③ 见同书，第 20 页。

历史上从来没有过一个人携带这么多植物回国，像张骞的后代崇拜者所归在他名下的。

李时珍在他的“无花果”论述里没有引证早期的本草，古老作品他只引证了《酉阳杂俎》和《方舆志》，这两书提了广西的优昙钵。

云南的无花果值得特别提一提。优秀的植物学作品《植物名实图考》的作者吴其濬在这书用一整章专谈云南的植物，第一个提到的就是优昙（udambara）花，附带两幅插图。从他所收集的材料看来，这树显然是佛教僧侣从印度带到云南的。他讲述的许多事迹中又重述了菩提巴波和尚的故事，这已经由三桑翻译了。[①] 杨慎在他所著的《南诏野史》里说这位和尚所种的树有一棵还存在于云南府的一座土地庙里，而吴其濬却根据《云南通志》的说法认为由于兵马的蹂躏焚毁，这些树早已一棵都不存在了。从插图看来，云南的无花果和 Ficus carica 是不同的。Ficus 属植物差不多有一百六十种，栽培的无花果也有很多种类。

据 1709 年的《太和本草》（卷 10，第 26 页）所说，无花果（ičijiku）是在宽永年间（1624—1644 年）从西南海洋的群岛移植到日本长崎。这话符合于克木费尔[②]所说的无花果是葡萄牙人带到日本去种植的。

## 齐 墩 果

43.《酉阳杂俎》（卷 18，第 11 页）里有如下一段论述外国植物

① 《南诏野史》法译本（“Histoire du Nan-Tchao”），p. 196。

② History of Japan, Vol. I, p. 180 (ed. reprinted Glasgow, 1906).

的文章："齐墩树(dzi-tun,zi-tun)出波斯国亦出拂林国(叙利亚)。拂林呼为齐厖[1](dzi,zi-ti)。长二三丈、皮青、白花似柚,极芳香。子似杨桃,五月熟。西域人压为油以煮饼果,如中国之用巨胜[2]也。"

夏德[3]把"齐墩"这个译音鉴定为波斯语的 zeitun,不过我们要把它了解为中古波斯语;他把拂林语的"齐厖"鉴定为阿剌迈克语的 zaitā(希伯来语 zayiθ)。这就是齐墩果。[4] 这波斯字是采用闪族语,在普通闪语里叫做 zeitu(阿拉伯语 zeitun)。值得注意的是拂林语这个字和格鲁辛尼亚语及欧塞提克语的 zet'i,亚美尼亚语 jēt,dzēt(齐墩油),zeit(齐墩),阿拉伯语 zait[5] 较相近,和阿剌迈克字较远。帕拉菲文学里所提的齐墩树(阅序言)在波斯和俾路支斯坦是天然生的,但是栽培的齐墩树多半是伊朗人(和亚美尼亚人)得自闪族人。在很早的年代齐墩在美索不达米亚就已经有了:拉加叙的萨贡尼克王室以前的一个帝王乌鲁卡儿那时期的泥制物品,现存的尚有制成齐墩状的。[6]

① 有一部词典注明此字的读法为汤兮反切。

② 见本书第 125 页。

③ *Journal Am. Or. Soc.*, Vol. XXX, 1910, p. 19.

④ 例如参看 Dujardin-Beaumetz and Egasse 所著的 Plantes médicinales indigènees et exotiques(p. 492, Paris, 1889)中题为"Oliver"的那篇带有插图的文章。这是一部便于使用的好参考书,尤其因为它有精美的插图而倍加有价值,又参看 S. Krauss: Talmudische Archäologie, Vol. II, p. 214; S. Fraenkel: Die aramäischen Fremdwörter im Arabischen, p. 147。

⑤ W. Miller: Sprache der Osseten, p. 10; Hübschmann: Arm. Gram, p. 309.

⑥ Handcock: Mesopotamian Archæology (p. 13)。在亨因所著的 Kulturpflanzen(p. 118)书中谈齐墩的那段文所引恩格勒的话简直和他对胡桃的看法同样离奇。在波洛格那西北,蒙加地诺附近的第三纪的鲜新世矿床里曾发现过齐墩树叶,恩格勒就根据这个来"证明"这树是意大利土生植物。如果此事属实,也只不过证明第三纪的鲜新世(Pliocene)在意大利曾经一度有过野齐墩,而这话并不能否定已证实了的

史利默尔[①]说齐墩大半是波斯的贝史特和盖兹温之间的孟地勒居民种植的。所出的齐墩果是极好的，但所榨出的油却很差，不能吃。这树在伊朗的地理上的分布已由史悲格探索出来了。[②]

“齐墩”一词由乾隆皇帝（1736—1795 年）的辞典编纂者们给保全了下来。它见于《钦定西域同文志》的“外国果实类”。[③]藏语的译音为“齐墩子”，蒙古语的译音为čitun jimin，很奇怪在满洲语里的同义字为 ulusun，这已由加贝连兹和萨哈罗夫正确地加以解释了。在 1771 年出版的满汉字典《清文补汇》里，ulusun 这个字有

历史事实，那就是齐墩是在古代由希腊移种到意大利。普林尼（Pliny XII，I）的记载比所谓古生物学家的知识重要得多，而第三纪的鲜新世和人类历史上的古代也毫无关系。下面这段录文确实可说明恩格勒是持着不加批判的观点，不能从历史来看问题：“由于齐墩树的果实是鸟类传播的，圣地中海的许多地区都具备使此树得以生存的条件。自然这树就在适宜的地区生长起来，这是在东方文明国家把这树当做一种有用的植物以前的事情。”如果飞禽是唯一的传播者，为什么不把它传播到印度，马来群岛和中国等无此树的地区？从这树的分布情况可看出是人力所为，我们并且有一个界限分明的地理上的地带，是人类文明的产物——亚洲西部和地中海区域。恩格勒缺乏坎多勒的眼光和雄伟的思想力。坎多勒所著的 Origin of Cultivated Plants（p. 280）里有下列一段话：“如果我们问某地区的某种齐墩树是否真正是野生的，这问题提得不够清楚，木本的齐墩树寿命很长，随便砍掉了还会由原干再出枝子，就无从看出各棵树是什么来历。或许它们是很早时期人类所种的，也或许是鸟类所种的；因为活到千余年的齐墩树确有所闻，这样的播种的结果是造成植物的归化，就等于扩大地区，因此讨论的要点是去探索在极早的史前时期植物的产地在何处，以及这地区如何因不同的传播方式而扩大起来。单凭研究目前的活齐墩树是回答不了这问题的，我们一定要调查哪些国家最早种植它，如何传播。在什么地方它的历史最古老，就最可能是它史前地质变化时期野生的地方。”这才是一位锐敏的善于批判的思想家，具有优秀的历史精神，高尚地，老老实实地追求真理。而那一位却是枯燥无味的腐儒，只会从何种何科方面着想，不肯去研究和了解历史。

① Terminologie，p. 406.

② Eranische Altertumskunde，Vol. I，pp. 257—258.

③ 附录，第 3 章，第 10 页。

如下的汉语解释:“齐墩异果,出波斯国。木皮绿,花白香。此果五月熟,果油可煠饽饽。”这定义显然是根据《酉阳杂俎》的记述。满洲语的 ulusun 一词(-sun 是汉语的词尾)似乎是摹仿拉丁语的 oleum(来自希腊语 elaion)而构成的,这拉丁字可能是耶稣会士传来的。

日本人仍然不知齐墩为何物;他们的现代植物学上称之为“阿列布”,这字是英语的 olive 的译音。[①] 日本植物学家不知“齐墩”的意义,用这几个字(读作 ego-no-ki)来作为野茉莉的名字。[②]

所谓的中国橄榄和亚洲西部及地中海地带的真正的齐墩果在种属上没有关系。虽然它们在外貌很相像。[③] “橄榄”这名字用于 Canarium album 和 C. pimela(木威),乃橄榄科(Burseraceae),而

① 松村任三:《日本植物名汇》No.2136。

② 同上书 No.3051。

③ 我怀疑橄榄树本身是外国产,很可能是从印度支那移植到华南。使我有这看法的原因略述如下:1.根据李时珍所说,橄榄这名称的意义尚无人解释过,这话通常暗示此必为外国字。古音读作 kam-lam 或 kam-ram,现在越南语还是称之为 kam-lan。这树在越南出产颇丰,果实可以吃,也可以和齐墩果一样做成蜜饯(Perrot and Hurrier:Mat. méd. et pharmacopée sino-annamites, p. 141)。此外,云南省所讲的一种傣族语言摆夷语里有一个词叫(mak)-k'am'在摆夷语和汉语的词典里解释为“橄榄”(mak 音的意思是“果实”,见 F. W. K. Müller 文,刊于《通报》Vol. III, p. 27),越南语和傣族语的关系已由马伯乐(H. Maspero)证明。在我看来,汉语“橄榄”是从越南傣族语借用来的,还有许多这类的汉语植物学名称,我打算不久以后加以说明。2.这植物直到较近代才见于中国的记载中,最初在第三世纪的《南州异物志》里有过描写,说它是广东福建产的植物,《南方草木状》里也有叙述(卷下,第 3 页)。第六世纪梁元帝的《金镂子》说这是南方所产的一种树(见前第 2 章),刘恂的《岭表录异》里有一段描写(卷下,第 5 页)。在药物学书籍里最早提到的是第十世纪末的《开宝本草》。3.这树始终只限于中国东南部与印度支那交界的地方,根据《三辅黄图》所说,它是南方的植物,汉武帝征服南越之后,移植于扶荔宫(参考前面第 4 章)。

齐墩属于木犀科(Oleaceae)。[①] 马志在他所著的《开宝本草》(公元968至976年间所写)叙述"橄榄",他接着说:"又有一种波斯橄榄,生邕州,[②]色类相似,但核作两瓣,蜜渍食之。"《上思州志》(卷17,第7页)上说这植物是广西上思州的产品。这很容易使人把这树当做真正的齐墩。这是司徒亚特[③]提出的理论,可是我却不能随便同意,除非植物学家能证明广西真有齐墩树。同时也该指出,有力的论证成为这种推测的反证。首先,这波斯橄榄是一种野生的树木,没有人说过它是栽培的,更没有人说它是波斯移植来的。如果是从波斯移植来的,那一定是栽培的;而且如果真是移植来的,为什么只限广西省的几个地区?李时珍对这问题没发表意见,他只说另外一种的橄榄叫做"方榄"产在广西(尚未鉴定),是一种波斯的橄榄,这话很清楚地证明他认为波斯橄榄是野生的。唐朝作者没谈齐墩的移植,然而由《酉阳杂俎》的叙述看来,也许这果品是在唐朝从波斯移植来的。也许是因为和波斯橄榄有些像,故而得了这名称,这我们都不能确定。记载上有一个具体例子:马志的"波斯"是应用于马来亚的波斯(阅下面马来亚波斯章);在此处或许也是如此,但是这些有什么联系,我们却不知道。



① Canarium的果实是一种三至五厘米长的多肉果,内有三角形尖头的硬核。核中有一二只油质的果仁。新鲜黄绿色的果实的肉和真齐墩果相同,有些苦涩,不好吃,要特别制过才变得可口。它所含的主要成分是油,差不多占全体滋养料的四分之一。参看W.C.Blasdale:Description of Some Chinese Vegetable Food Materials,p.43。带有插图(U.S.Department of Agriculture,Bull.No.68,1899)。Canarium科植物在旧世界的热带地区大约有八十种,多半产在亚洲(Engler:Pflanzenfamilien,Vol. III,pt.4;p.240)。

② 今广西省南宁府在元朝的名称。

③ Chinese Materia Medica,p.89.

儒莲[①]说供给他材料的中国作者描述了齐墩树和它的果实，但又说它的用处很有限，书上没讲起这树的中国名字。最后应该指出第十四世纪的伊宾·巴图塔断然地否认中国有齐墩果。[②] 当然，这位阿拉伯旅行家不是中国通，他的关于中国的资料很多都荒谬透项。他甚至于也许连中国都没去过，这是费瑯的推测；然而在这一事上伊宾·巴图塔也许没错。索勒丹尼亚的大主教在1330年著书，也说"在那个国家没有产油的齐墩果"。[③]

## 阿勒勃与稻子豆

44. 陈藏器在第八世纪前半所著的《本草拾遗》里有一段关于一种外国植物的记述："阿勒勃（a-lak-bwut）生拂林国（叙利亚），状似皂荚（Gleditschia 或 Gymnocladus sinensis），而圆长味甘好吃。"[④]

《证类本草》（卷12，第56页，1587年本）说阿勒勃生佛逝国，即苏门答腊的佛哲。接着它引陈藏器的上面那一段话，又加上了一个别名"婆罗门皂荚"。李时珍[⑤]注解此处所说的"婆罗门"是指西域；"波斯"即西南夷国名，即马来亚波斯；"婆罗门皂荚"的意思是"婆罗门国产的皂荚"，他把这个名词说成是陈藏器所起的，而在

① Industries de l'empire chinois，p.120.

② Yule：Cathay，Vol. IV，p.118.

③ 同上书，卷八，第96页。

④ 《本草纲目》卷31，第9页，这书上把这植物的名字误作"阿勃勒"。正确写法"阿勒勃"见于《证类本草》。

⑤ 《本草纲目》卷31，第9页。

他所引的陈藏器的文里又不见此词。这里所谈的婆罗门国就是《蛮书》里所说的那个婆罗门国。[①]

在《酉阳杂俎》[②]里有一段关于外国植物较详细的描写如下："波斯皂荚被人呼为'忽野簷默'，拂林人呼为'阿梨去伐'。[③] 树长三四丈，围四、五尺。叶似枸橼而短小，经寒不雕，[④]不花而实，[⑤]荚长二尺，中有隔，隔内各有一子，大如指头，赤色，至坚硬，中黑如墨，味甘如饴，可贪，亦入药也。"

这里所讨论的这个树的属类尚未鉴定，至少尚未从汉学的观点来鉴定。[⑥] "阿勒勃"这名字是梵语，古体为 a-lak（rak，rag）-bwut（bud）是梵语 aragbadha，aragvadha，āragvadha 或 ārgvadha 的正确而合理的译音，卡拉卡医生所提过的山扁豆属或 Cathartocarpus fistula（Leguminosae）又称suvarṇaka（"金色的"）和 rājataru（"国王的树"）。[⑦] 这种树，叫做印度金链花（laburnum），清泻山扁豆，或由它奇怪的荚而得的名字 pudding pipe

① 见下"马来亚波斯及其产物"章。

② 卷 18，第 12 页，李时珍也把这文和前面那篇文结合起题为"阿勃勒"（而非"阿勒勃"）。

③ 《本草纲目》（卷 31，第 9 页）引此文时，用了波斯名"忽野簷"，拂林语只有"阿梨"二字。

④ 这字的意思是"常青"。

⑤ 此乃由于观察错误。

⑥ 司徒亚特（Chinese Materia Medica，p. 496）把"阿勃勒"（而非"阿勒勃"）列在"未经鉴定的药品"项下。贝烈史奈德从未论及此物。

⑦ Rödiger and Pott（Zeitschrilt f. d. k. d. Morg.，VII. Vol. p. 154）列举了这种树在梵语里的许多同义字；此外在包尔写本里也有几个。

tree(法语叫 canéficier)出在印度、锡兰和马来群岛[1](即苏门答腊和中国人所称的马来亚波斯),“开花时非常美丽,无数悬垂着的浅黄色大花串,夹杂着鲜绿色的嫩叶,[2]那种秀美没有别的植物能比得上。”在印度市集上常见此果实,为稍带棕色的荚,约六十厘米长,二厘米厚。分为无数小格,共有四十多个,每格中含一粒椭圆形光滑发亮的种子。因此中国人把它比做皂荚,这比喻很恰当。这些荚就是所谓山扁豆荚。在《植物学宝典》里这样描写:“圆柱状,黑色,木质,一至二尺长,无裂口,但有三道长纹,内部由胎座长出横隔壁将其分成许多小格。每一小格内包着一粒种子,嵌在果肉中,可用做温和的泻药。”在亚洲这树是不是栽培的,我不知道;加西亚达奥塔肯定地说他只看见野生的。[3]《酉阳杂俎》里关于这树和果的描写相当正确。阿勒勃确是有二三十尺高(在牙买加甚至于有五十尺高)。它的籽如前面所说是红棕色,果肉是黑色胶粘的物体。

当我辨明了上面那个梵语的名称之后,很自然地我就拿起松村任三所著的《日本植物名汇》来,查一查第754条的 Cassia fistula,我惊喜地发现那上面写着“阿勃勒”。这个日本字的意思是南蛮(中国话叫做南番)的日本皂荚(saikači = 汉语的“皂荚子”)。因此日本的植物学家们从阅读这植物的记述中也得出同样的鉴定,

① 加西亚达奥塔(Garcia da Orta:Markham,Colloquies,p.114)加添了马六甲和索法拉(Sofala),爪哇语称之为teṅguli或treṅguli。

② W. Roxburgh:Flora Indica,p.349.

③ F. Pyrard(Vol. II, p.361, ed. of Hakluyt Society)也说“此物自生自长,不须撒种或照料”。

而他们却没有注意到在语言学上它和梵语的名字是相等的，这从他们墨守着《本草纲目》所用的那错误的“阿勃勒”一事可看出。这件事从研究的方法上看来很有意思，它说明植物学的研究和语言学的研究可以互相补充、互相确定：因此鉴定的结果就无可怀疑了；“阿勒勃”一词要完全摈弃，恢复《证类本草》所传下来的“阿勒勃”已不仅仅是语言学上的推测或校正，而是确实的事实。

阿拉伯人称此树的果实为 xarnub hindi（“印度稻子豆”）[①]和 xiyār šanbār（“项链的黄瓜”，以其长串的金黄色花而得此名）。[②]号称“植物学泰斗”的阿布·拉巴斯为伊宾·阿尔·拜塔尔之师，1239 年死在塞维拉。伊宾·阿尔·拜塔尔保存有节录的他已失传的作品《航行》，书中说在埃及，尤其在亚历山大里亚及其附近，阿勒勃是很普通的植物，它的果实输出到叙利亚；[③]在巴索拉也有之，输出到地中海东部地区和伊拉克。他把树的形状比做胡桃，把果实比做稻子豆。伊撒克·伊宾·阿姆阑也作了同样的比较。根据雷克勒柯的法译文，他说：“在每个管子里盛着黑色果肉，味甜，有利便作用。每格里有一颗籽，它的大小、形状和稻子豆一样。除了籽和管子之外，有用的部分为果肉。”

波斯人既从阿拉伯人又从印度西北部得到这果实。他们采用阿拉伯字 xiyār-šanbār，[④]写作 xiyār-čambar（比较亚美尼亚语



① Leclerc：Traité des simples，Vol. II，p. 17.

② 同前书，p. 64，亦称 quitta hindi（“印度黄瓜”），同前书，Vol. III，p. 62。

③ 加西亚达奥塔说在开罗也有此树，是贝龙所发现的。然而在古代埃及并无此树；Loret 著的 Flore pharaonique 里未提到此树。无疑地它是阿拉伯人由印度带来。

④ 加西亚达奥塔所拼的这字是 hiar-xamber。

xiaršamb,拜占庭的希腊语 χιαρσάμβερ χεασαμπάρ);《酉阳杂俎》里的“波斯”译音“忽野簷默”就是中古波斯语的变体,在古代是 xut(xur)-ya-džem (dzem )-m′wäk(bäk, bäx)。或许还原的字体是 xaryadžambax。在新波斯语里也有一个指这个树和果的字,bakbar。亦称为“喀不里”(kābuli,意云“来自喀不勒地方”)。

在拂林语里这植物叫“阿梨去伐”a-li(ri)-go-vaδ。罗甫[①]没有提阿勒勃在阿剌迈克语里是什么,也没有指明这树,我也不能在有关的字典给它找一个名字。我们应该考虑这树在亚洲西部和埃及不是土生的,而是阿拉伯人从印度把它移植来的(参看上面所提的阿拉伯名称“印度稻子豆”和“印度黄瓜”)。拂林语的名称显然是来自印度外来词,因为这译音“阿梨去伐”a-ri-go-vaδ 恰好和梵语 ārgvadha 符合,等于假设的阿剌迈克语 arigbada 或 arigfada。在某些版本的《酉阳杂俎》里这个拂林字写成“阿梨”或“阿梨伐”,a-ri-vaδ。这些写法都是可能的,因为梵语里也有一个变体字 ārevata,在印度方言里有一种变体 ali(在旁遮普语里)。

前面所引的陈藏器的材料和《酉阳杂俎》的作者段成式的材料都引起又一些评论。伯希和[②]认为段成式是近于第九世纪末的人,他的知识常常是得自第八世纪初期的陈藏器;[③]陈藏器常指出异国植物的外国名字,从这件事伯希和就推断段成式也从他获得拂林语的植物名字。这话完全不对。我仔细地读过《证类本草》和

① Aramaeische Pflanzennamen.

② 《通报》1912,p.454。

③ 他所举的例子(*Bull. de l' Ecole française*, Vol. IV, p. 1130)不很恰当,因为这两部作品显然彼此无关。

《本草纲目》里陈藏器的全部文字(或他的作品《本草拾遗》),我也研究了段成式所写的所有关于植物的著述,结果发现他并不依靠陈藏器,除了一些例外。至于拂林语的植物名字,陈藏器没有记录下任何拂林字,上面那段文是唯一提到拂林国的,而他所提的植物名字只有梵语的名称。实际上陈藏器所记下的所有外国名字都是从印度—马来地区来的。上面这例子很明白地说明段成式的知识不是从陈藏器那段文里得来的:这两篇文章的描写不同,所提的名字也不同。关于段成式对拂林的知识,夏德的看法完全正确,[①]它是直接由拂林来的名叫"弯"的和尚所传来的。[②] 这位和尚是什么时代的人,我们不知道,不过他很可能和段成式同时代。因此那些拂林语的名字并不是第八世纪初来的,而是在第九世纪后半叶来的。



有一件和这问题有关的趣事:伊朗波斯和马来亚波斯都对这里所谈的植物和果实起了作用。就我所知,这种事例唯有这么一桩。幸而两方面的情况都无混淆之虞。段成式提到伊朗波斯,这从他附加的伊朗名字就可以证明,而这树本身并不生长在波斯,只是它的果实从叙利亚或印度输入波斯。《证类本草》里所提的波斯大概得自陈藏器的作品里,显然是指马来亚波斯:因为它是和苏门答腊及婆罗门这两个名字联在一起;据说那里就是阿勒勃的产地,确实马来亚地带是它的产地。而且李时珍已经给这个波斯的所在地点下了这样明白的定义,它究竟是指那一个波斯不再有怀疑的

① *Journal Am. Or. Soc.*, Vol. XXX, 1910: p. 18.

② 参看本书第 199 页。

余地了。

45. 有人提过山扁豆荚和稻子豆相似，很可能中国人所谓的“波斯皂荚”里也包括稻子豆。

稻子豆树（Ceratonia siliqua），约三丈高，也是豆科植物的一属，是地中海特有的植物。它的荚，叫做稻子豆荚，稻子豆，或有时叫做糖荚，合有大量的糖质粘液体，在南欧通常用来饲养家畜，遇荒年也供人食用。它的俗名为“蝗虫荚”或“圣约翰的粮食”，是根据传说圣约翰在荒野就以这豆荚为食粮（见圣经《路加福音》第 15 章，第 16 节）。但是若说圣约翰的蝗虫真的就是蝗虫，现在东方还有人吃，这样说更有道理些。在闪语里这植物和它的果实一般的名称是亚述语的 xarūbu，阿剌迈克语 xārūbā，阿拉伯语 xarrūb 和 xarnub。[①] 新波斯语里的 xurnūb（khurnūb）或 xarnūb，或 xarrūb 就是根据这个闪语字（因此就有了奥斯曼利语的 xarúp[②]，新希腊语 χαρούπιον，意大利语 carrobo 或 carrubo，西班牙语 algarrobo，法语 caroube 或 carouge）。波斯语里还有一个字作此树解，即 Lelekī，据史利默尔[③]说这个字是吉兰特有的。

阿拉伯人把稻子豆分为三种，其中两种为 saidalani 和 šābuni。[④] 那些积极于把这树移植到西方的阿拉伯人无疑地也把它传到了波斯。坎多勒没有提起波斯出产稻子豆树。可是伊斯兰

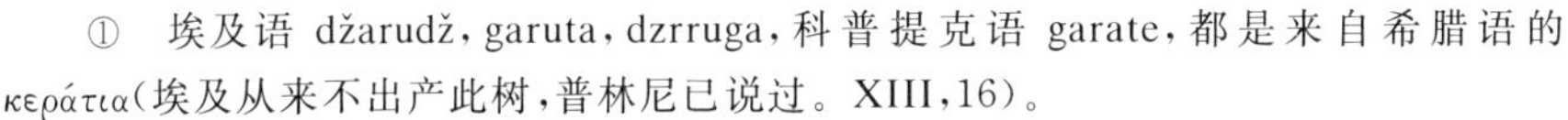

① 埃及语 džarudž，garuta，dzrruga，科普提克语 garate，都是来自希腊语的 κεράτια（埃及从来不出产此树，普林尼已说过。XIII，16）。

② 又称 ketšibujnuzu（“山羊角”）。

③ Terminologie，p.120. 这荚亦称 tarmiš。

④ L. Leclerc：Traité des simples，Vol. II，p.16.

教作者们论述波斯的时候指出了这植物。木喀达西[①]和押忽特[②]两人都说它是萨布尔省出产的。阿布·满速儿在他所著的处方书里讨论了这果实的药性;他讲到一种叙利亚的和一种那巴提耶的xarnūb。[③] 史利默尔说[④]这树在吉兰的森林里很常见,它的荚可喂牛,也可制成甜蜜好吃的糖浆。在梵语里没有这树的名字,这树本身不见于古代印度。[⑤]

关于阿勒勃还有一个植物学上的问题要解决。杜阿尔德[⑥]说在接近阿瓦王国的云南省有山扁豆树(阿勒勃)。"这树很高,结长荚;所以中国人叫它做'长果子树';它的荚比我们在欧洲所见的较长,不是像普通豆类的荚那样由两个凸状的壳组成的,而是许许多多空管子由隔膜分成小格子,里面包藏着液质,在用途上完全和我们的山扁豆一样。"卫三畏[⑦]说过下面这段话:"中国人叫做'长果子树'的旃那树(Cathartocarpus)所结的长圆柱形的荚名叫'槐花青'(即阿勒勃)。在广西采集这荚是为了要用它的果肉和种子来制药。那果肉色微红,味甜,不像美国产的那样猛烈;如果在它的籽成熟之前摘取下来,它的味道有些苦涩。此物不常输出到海角

---

① P. Schwarz:Iran,p.32.

② Barbier de Meynard:Dictionnaire géographique de la Perse,p. 294.

③ Achundow: Abu Mansur,p.59.

④ Terminologie,p.119.

⑤ A. Borooah 编纂的《英梵词典》里所说的稻子豆的名称 çimbibheda 是现代假造的词,取自 çimbi 或 çimba("豆夹")。按华特所说,这树在盐区(Salt Range)和旁遮普的其他地区已经归化了。

⑥ Description of the Empire of China, Vol.I,p.14(或法文版,Vol.I,p.26).

⑦ Chinese Commercial Guide,p.114(5th ed.,1863).

以西的地方。”史密斯[①]引证这一段话说这种药材在华中没有人知道，在本草里面也没见过。司徒亚特[②]提到杜阿尔德和卫三畏时说：“没有找到其他的根据足以证明中国有这种植物，本草里也没提过。海关的商品单上也没有提，所以，假若真如卫三畏所说的有输入中国，那也一定是由陆路来的。这问题值得研究。”阿勒勃没有列在福布斯同亨穆斯雷的作品里。

无疑杜阿尔德和卫三畏所描写的那种树是有的，可是它是否已正确地鉴定了却仍然是个疑问。卫三畏所用的“槐”这个名字要指一种槐属植物倒更恰当些，槐属植物也结长荚，里面包藏着一粒或五粒籽，他描写的果肉是带微红色，也与阿勒勃不符合。与史密斯及司徒亚特的说法正相反，《本草纲目》（卷31，第9页）里提到了卫三畏所谈的那种植物。李时珍在他写的“阿勃勒”（不是“阿勒勃”）的附录里讨论了一种植物的种子名叫“罗望子”，他引证范成大（1126—1193年）著的《桂海虞衡记》，如下：“出广西。壳长数寸，如皂荚（Gleditschia 或 Gymnocladus sinensis）及刀豆（Canavallia ensiformis）。色正丹。内有二三籽，煨食甘美。”[③]这个“罗望”就是 Tamarindus indica，[④]我相信它也就是上面卫三畏所指的植物，它必须和阿勒勃加以区分；因为李时珍虽然说 Cassia fistula 是纯粹外国植物，他却没说它在中国也有。至于“罗望”，他只把它看做同类的植物，由于它的荚生得很特别：当然这并不意味

① Contributions towards the Materia Medica of China, p. 53.

② Chinese Materia Medica, p. 96.

③ 引文无误（见知不足斋丛书本，第24页）。

④ 松村任三：《日本植物名汇》No. 3076（日语为čosen-modama-rabōši）。

着所有结出这些荚的树都是彼此有关系的。罗望子的果实是四寸至六寸长的大肥荚,里面装满着酸味的果肉。在印度大半拿它当做食物,是咖喱和酸辣酱中所含受人欢迎的成分,腌鱼也使用它。或用以制冷饮料或冰果子露。[①]

## 水　　仙

46.《酉阳杂俎》(卷 18,第 12 页)里有一段记述:"棕祇出拂林国(叙利亚),苗长三四尺,根大如鸭卵,叶似蒜叶,中心抽条,其长茎端有花六出,红白色,[②]花心黄赤,不结子,其草冬生夏死,与荠(Capsella bursa-pastoris)麦相类,[③]取其花压以为油,涂身除风气。拂林国王及国内贵人皆用之。"

李时珍把这段节录在他所著的《本草纲目》(卷 13,第 16 页)记述"水仙"(Narcissus tazetta)[④]那一篇里;引证此文后,他又补充这么几句话:"据此形状,与水仙仿佛,岂外国名谓不同耶。"[⑤]他说的话完全正确,因为所描写的很符合水仙,除了把它和荠相比不大对。迪欧斯柯利兹也把水仙的叶子和葱葫属的叶子相比,并且说

① Watt:Commercial Products of India,p. 1067.

② 参考提奥夫剌斯塔关于此花的描写(Hist. plant.,VII,13):"至于水仙,只有花茎向上长,花朵挺出。"迪欧斯柯利兹(IV,158)和普林尼(XXI,25)也描写过此花。

③ 在《本草纲目》里所复录的这段文里把这句话删掉了,这样做是对的,因为这种相比是不妙的。

④ 也有人说这种植物是由外国移植来的(见春草堂集里的《花木小志》第 19 页)。

⑤ 在他作品另外一处(卷 14,第 10 页),标题为"山柰"(Kœmpferia galanga)里他也引了此文,但是在此处他只附带说《酉阳杂俎》所描写的有些和山柰相像。

它的根是圆球形。[1]

语言学上的证据和这个解释一致;榇柢 nai-gi 显然符合于中古波斯语 nargi,新波斯语 nargis(阿拉伯语 narjis),[2]阿剌迈克语 narkim,亚美尼亚语 narges(来自波斯语),它指水仙在波斯这植物现在仍然种植着,作为医药上用。[3] 从水仙里可榨油。在希腊帕皮利语称此油为 ναρκίσσιον。[4]

夏德[5]误把这中国名字和甘松当做一回事。《酉阳杂俎》里所描写的完全和甘松不相符合,而且他从语音观点把这字复原到原来的语音也仍然是错误的。《康熙字典》并没有(如夏德所说)注明这名字的第一个字“ 榇”读作 not,而是注明读作 nai,ni 和 yiṅ。第二个字读作“祇”,是从 gi 声引申来的,但是不代表 ti 声,如夏德所理解的那样。[6]

还有其他原因证明“榇祇”不是甘松;因为中国人都知道印度 

① Leclerc:Traité des simples, Vol. III,p. 368.

② 照胡布史曼(Armen. Gram,p.201)所说,新波斯语这字的拼法可以推想是由帕拉菲语的 narkis 而来,照我看来,希腊語的 ιάρκισσος 是经小亚细亚的一个成语为媒介而得自伊朗语,却不是伊朗语得自希腊语,如诺勒笛克所想的( Persische Studien, II,p.43)。

③ Schlimmer:Terminologie,p.390。水仙是波斯的法尔思省比沙瓦尔市盛产的香花之一(G. Le Strange:Description of the Province of Fars,p.51)。此花备受诗人哈菲兹和札弥的赞赏。

④ T. Reil.,Beiträge zur Kenntnis des Gewerbes im hellenistischen Aegypten, p.146。关于水仙花的油,可阅读 Dioscorides, I, 50 和 Leclerc: Traité des Simples, Vol. II,p.103。

⑤ *Journal Am. Or. Soc.*,Vol. XXX, 1910,p. 22.

⑥ 特别参看 Pelliot:*Bull. de l'Ecole française*, Vol. IV,p. 291。

的产物 nard 叫甘松香。[1] 中国人用不着跑到拂林国去认识他们得自印度的产物,叙利亚人自己还是通过波斯得到这印度产物。[2] 希伯来字 nērd(赞美歌),希腊字 νάρδος,[3]波斯字 nard 和 nārd 都出自梵语 nalada,这字已见于《阿达波吠陀经》(Atharvaveda)。[4] 夏德在此事上也违反了他自己的理论:即拂林的语言为阿剌迈克语,而 nard 在阿剌迈克语中未见。

## 阿勃参(巴尔酥麻香)

47.《酉阳杂俎》(卷 18,第 12 页)里有如下一段文记载一种异国植物,此植物唯有叙利亚出产。其文曰:"阿勃参(a-bwut-sam)出拂林国,长一丈余,皮色青白,叶细,两两相对。花似蔓菁,正黄,子似胡椒,赤色。斫其枝,汁如油,以涂疥癣,无不瘥者,其油极贵,价重于金。"



《本草纲目拾遗》(卷 4,第 15 页)指出有两部作品中采录了这段阿勃参的记述:一部是《程赋统会》,此书只说它生长在拂林;另一部为《华夷花木考》,抄下《酉阳杂俎》的那段记载而未注明出处。两书都没有提供更多材料,至今《酉阳杂俎》上那一段仍是我们仅有的记载。

从这正确的译音"阿勃参"a-bwut(bwur)-sam 可以推到阿剌

① Stuart:Chinese Materia Medica,p. 278.

② I. Loew:Aram. Pflanzennamen, pp. 368—369.

③ 最先见于 Theophrastus,Hist. plant.,IX. vii,2。

④ 见本书第 303 页。

迈克语和塔勒木底语的 afursama NDDTIDN[①](希腊语 βάλσαμον 阿拉伯语 balessān),即古代有名的 balm of Gilead (Amyris gileadensis, Balsamodendron giliadense, 或 Commiphora opobalsamum,橄榄科 Burseraceae)。这事很有力地证实了夏德的看法:拂林的语言(或说得更恰当些,拂林的一种语言)是阿剌迈克语,后两字"勃参"(bwut-sam)确实能正确地作为希腊语的 balsam(香膏)的译音,但当头的"阿"字却排除了这个可能。它所转写的不是希腊语或其他有这个字的语言,而只能是阿剌迈克语。在叙利亚语里有 apursāmā 和 pursāmā(pursmā),从而有了亚美尼亚语的 aprsam 或 aprasam。[②] 在新希伯来语里,afobalsmōn 或 afofalsmōn 是出自希腊语的ὀποβάλσαμον。[③] 有些人认为旧约全书的希伯来语 bāsām 是指 balsam(香膏),可能代表希腊原字 balsamon;而另外一些人却认为这个希伯来字没有这个特殊的意义,[④]在我看来,如果原来是希腊字,l 的消失却不能在这希伯来字里得到解释。

段成式根据辗转听来的传说,对此树所作的描述相当正确。

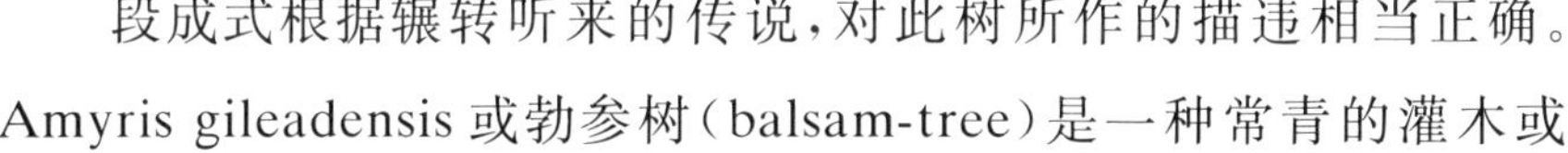

Amyris gileadensis 或勃参树(balsam-tree)是一种常青的灌木或

① I. Loew: Aramaeische Pflanzennamen, p. 73。又作 afarsma 和 afarsmōn (J. Buxtorf: Lexicon chaldaicum, p. 109; J. Levy: Neuhebr. Wörterbuch, Vol. I, p. 151)。参考 S. Krauss: Talmudische Archäologie, Vol. I, pp. 234—236。

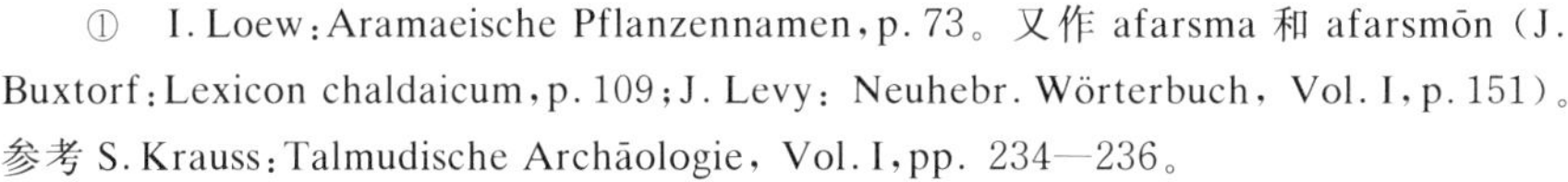

② Hübschmann: Armenische Grammatik, p. 107。这位作者推测此字来自波斯语,我却不信。

③ J. Levy,见所引证的作品 Vol. I, p. 137。

④ E. Levesque 在 Dictionnaire de la Bible, Vol. I, col. 1517。德尔贝洛特已经把 bāsām 与 balsamon 之争调解了(Bibliothèque orientale, Vol. I, p. 377),虽然他只说 basam 是波斯字,在阿拉伯语里这个字是来自希腊语。

树，属于 Amyridaceae 目，为热带植物，大半生长在阿拉伯南部，尤其在麦加和麦地那附近和阿比西尼亚。它确是在古代移植到巴力斯坦，所以段成式说它出产在拂林，说得对了。这树大约有十四尺高，树身的直径八至十英寸。有两层树皮，——一层是外皮，薄，色红，一层内皮，厚，色绿。嚼这树皮时有一种腻滑的感觉，口中留有余香。花是成双成对的，果实灰红色，如小豆大小，椭圆形，两头尖。这树很罕有，难于种植。段成式所说的油当然是从树枝流出的浅绿色的香胶，向来被视为贵重的药品，治创伤特别有效。[①] 它是非常值钱的药剂。段成式说它与金子同价，提奥夫剌斯塔说它为银价的双倍，两人的说法是一致的。

约瑟福斯[②]（公元第一世纪）认为勃参树移植到巴力斯坦是萨巴女皇的功劳，此树在他那时代还生长得很茂盛。在另外一段文里，[③]他说这树液的产地在离耶路撒冷三百孚朗[④]的恩及地城，离阿司发利蒂斯湖不远；他又说[⑤]哲利科也产此物。并说在所有药膏里，这香膏是最珍贵的，只要用锐利的石头在这树上划一口子，香膏就像浆汁似的流出来。

从所罗门王朝以来这植物就栽种在两处皇家花园里。提奥夫剌斯塔[⑥]有这么一段记载："勃参树生于叙利亚山谷中。据说只有



① Jeremiah，VIII，22.关于此物在阿拉伯人医药处方上的使用，可读 Leclerc：Traité des simples，Vol. I，pp. 255—257。

② Antiquitates judaicae，VIII. vi，6.

③ 同上书 IX. i，2。

④ 孚朗（Furlong），每孚朗等于八分之一哩。——译者

⑤ Antiquitates judaicae，XIV. iV，1.

⑥ Hist. plant.，IX，6（参考 A. Hort 的译本，Vol. II，p. 245）。

两个园子种植,一个园子约四英亩大,另外那个小得多。这树和大株的石榴树一般高,枝子很多。叶子像芸香(rue),但是颜色较淡;它是常青植物。所结的果实的大小,形状,颜色都很像笃薅香的果实,也很香,的确比这树的胶还香。相传采集此树胶是在天狼星出现的大热天里,用弯曲的铁片在树上划口,划在树干上或树的上半截。整个夏天不断采集,不过流出来的量不很大:一人每天采集的量可装满一贝壳。它的香味非常强烈,非常浓,所以只要有一丁点就可以在老远地方嗅到。可是,我们所得到的不很纯,采集来的总是有杂质掺混在内,因为它很容易和别的东西混起来。希腊产的常常掺加着杂质。[①] 它的树枝也很香。据说就是为了要这些枝子才修剪树(也还有其他原因),因为砍下的树枝可以卖大价钱。其实栽培这树的动机和灌溉这树的动机是一样的(这树经常要灌溉)。砍树枝也似乎是树长不高的一部分原因,因为常常砍伐,它就只长新枝而不把气力往一个方向发出。据说无论在什么地方,勃参树都没有野生的。从那大园子可收得十二桶香膏,每桶装三品脱;从那小园子只收得这样容量的桶四桶。纯胶价钱是银子的双倍,有杂质的要按所含纯胶的比例而定价格。在那时这香膏似乎非常贵重。”

因为这树在巴力斯坦没有野生的,只有人工栽培的。又因为它的产地在阿拉伯南部,约瑟福斯的说法看来是十分有根据的,虽然没有必要把它的移植和萨巴女皇的名字联系起来。

① E. Wiedemann (*Sitzber. Phys.-med. Soz. Erl.*, 1914, pp. 178, 191)曾论及来自阿拉伯的冒牌香膏,掺有其他物质。

斯特拉波(XVI. ii, 41)在描写哲利科平原时谈到一个宫殿和巴勒萨蒙园。他说:“巴勒萨蒙是一种有香味的灌木,状似金雀花属(苜蓿树)和笃耨香树。在树皮上划口子,把器皿放在下面承接树液,这液汁很像多油的牛乳。采集在器皿里以后它就凝固了。可治头痛,初发的眼睛涨红和目光模糊等症,极为有效。因此价格很高,尤其因为别地没有出产。”

迪欧斯柯利兹(I,18)说勃参树只出产在印度的某一个山谷和埃及,这是错误的;而伊宾·阿尔拜塔尔[①]在用阿拉伯语翻译迪欧斯柯利兹作品时加以改正,说这植物只出产在犹地亚,在一个叫做鲁尔的地区(约旦河流域)。我们很容易看出用希腊语转写的犹地亚(Judæa)会被人误读为“印地亚”(India 印度)。

普林尼[②]认为勃参树只出产在犹地亚。他根据提奥夫剌斯塔的说法,讲到两个园子,他还很详细地描写三种不同的巴尔酥麻香。

塔西佗[③]叙述巴力斯坦时说这地方的一切产品都比得上意大利,此外它还有棕榈树和勃参树;这个远近驰名的树引起了相继而来的侵略者的贪心。罗马大将庞培在公元前65年把这植物陈列在罗马的街头:罗马皇帝惠思葩西安在公元79年举行凯旋仪式时有一棵这样神妙的树。罗马皇帝提塔斯来袭期间,有两场战斗发生在哲利科的勃参树丛,最后那一场战斗是为了防止犹太人毁伤这些树。那时这些树成为公共的财产,由皇家卫队保护;但是这两



① Leclerc:Traité des simples,Vol.1 255.

② Pliny,XII,25,§111.

③ Hist.,V,6.

个园子存在了多久却没有记载。在这一方面中国的《酉阳杂俎》里的记载倒有些价值,因为它说明在第九世纪后半叶阿勃参还存在。它还提供鲜明的证据,以说明中国人的观念中的拂林国包括有犹地亚。

阿布德·阿勒·拉第弗(Abd al-Laṭīf,1161—1231年)[1]叙述在他那时代的埃及如何采集这种香膏。采集的季节最好是夏天。把树上叶子剪光,在树干上划口子,要当心不毁伤树木。在盛暑把树液收集起放入挖在地下的罐子里,然后把罐子放在太阳地去晒。油就浮在面上,把杂质去掉,就是真正纯粹的阿勃参香膏。这一点香膏只是一棵树所产总数量的十分之一。现今在阿拉伯,是把树叶和树枝煎熬。最初浮起的油是最好的,留为妇女使用,第二道的油才是商业上用。

从十一世纪到十七世纪初此树生长于埃及。大概是阿拉伯人移植来的。德尔贝洛[2]引证一个阿拉伯作者的话,他说开罗附近的玛特拉所产的香膏是基督教徒所喜欢用的,因为他们对这香膏有信仰。他们行坚信礼的时候用它做圣油。

爱尔兰香客赛米恩尼司于1323年启程到圣地去,他所写的关于埃及的勃参树的记述很有趣:[3]"城的北边有一个地方叫做玛特利埃,据说那里著名的葛藤原来是出在恩加地(参看Cant.,I,13),可以提取香膏。此树由三十个人小心看守,因为它是皇帝大

① Silvestre de Sacy:Relation de l'Egypte,p. 20(Paris,1810).

② Bibliothèque orientale,VoL.I,p.392.

③ M. Esposito:The Pilgrimage of Symon Semeonis:A Contribution to the History of Mediæval Travel(*Geographical Journal*,Vol. LI,1918,p.85).

部分财富的来源。它和其他的藤蔓不同，是矮小光滑的树，有香味，树皮和它的光滑都像榛树，叶子像一种叫做 nasturcium aquaticum 的植物。树茎细短，通常不到一尺高。每年从茎上长出新枝，二三尺长，不结果实。藤园的管理人雇用基督教徒来看守，他们用刀子或锐利的石头弄断枝头或切开几处，常常划成十字。不久香膏就从这些裂口流到玻璃瓶里。管理人说假如裂口是基督教徒划破的，流出的香膏要比回教徒所划出的多。”①

贝隆② 1550 年在开罗还看到这树。在 1612 年还有两株存在。但 1615 年最后一株树也死掉了。

《酉阳杂俎》所介绍到中国的闪语字似乎已被人遗忘。连《本草纲目》都没提到这字。但 Balsam 这个字是一个早期的耶稣会友带到中国的。著名的世界地理书籍《职方外纪》，③最初是庞迪我起草，他死后由艾儒略（公元 1582—1649 年）把它补充和校订，这书上称秘鲁的勃参树为“拔尔撒摩”。南怀仁（公元 1623—1688 年）在他所著的《坤舆图说》里用这同样的名字指这同样的香膏，因此中国的处方书里也采用了这名字，此字见于《本草纲目拾遗》。④中国的《澳门志略》⑤里说“巴尔麻香”是一种安息香，此字是葡萄牙语 balsamo 的译音。



① 参考 K. v. Megenberg（Buch der Natur, p. 358，1349—1350 著）相同的记载。

② Observations de plusieurs singularitez et choses memorables, trouvées en Grece, Asie, Indée, Egypte, Arabie, p. 246.

③ 卷 4，第 3 页（守山阁丛书本）。

④ 卷 6，第 19 页。又见 Watters: Essays on the Chinese Language, p. 339。

⑤ 《澳门志略》卷下，第 41 页（参考 Wylie: Notes on Chinese Literature, p. 60）。

# 拂 林 语 考

48. 前面论述拂林植物的文章显著地证实了夏德对拂林语的看法,他认为拂林语就是阿剌迈克语。现在还余下一个拂林的植物名字尚未鉴定,这名字亦见于《酉阳杂俎》(卷 18,第 10 页),如下:

“槃砮穑树出波斯国,亦出拂林国,拂林呼为群汉,树长三丈,围四五尺。叶似细榕,经寒不雕。花似橘。白色,子绿,大如酸枣,其味甜腻,可食,西域人压为油以涂身,可去风痒。”

“槃砮穑”这个译音相当于古代的 bwan-du-sek;“群汉”相当于古代的g'win-xan。我虽然长久不断地悉心研究,还是没有发现 bandusek 或 wandusek 型的伊朗植物名字,也没有发现像 ginxan 这样的阿剌迈克字。它的植物学上的特征也太含糊不清,无从得出可靠的鉴定。但我希望将来这个谜也可以得到解决。[①]

从拂林语的名字“阿梨去伐”a-li-k'ü-fa,我们看得出它是阿剌迈克语里借用印度语的一个外来词。我们不禁也要把“胡椒”的拂林语名字“阿梨诃陀”a-li-xa-da 看做阿剌迈克语里的印度外来词,

① 我的同事芝加哥大学的史布伦格林教授供给了我如下的材料:“橄榄油用以防止毒瘤(见 Winer:Bibl. Realwörtb., Vol. II, p. 170;和 Krauss:Archaeologie des Talmud, Vol. I, pp. 229,233,683)。无论在 Krauss 的作品或其他作品里我都寻不到和 ginxan 略有相似之处的产油树的名字。有一个词根 qnχ(‘擦’,‘摩擦’,‘涂’)。在理论上,q 是可以读成浊音,因而成为喉音 q,由这词根,加上词尾-an 可以推出一个名词 qīnχan,ginχan,几乎任何从‘擦’,‘涂’所推出的意义都可以加之于这字上,但是到底这么一个名词或形容词的存在与否,我没有任何证据。”

"阿梨诃陀"可以还原成 alixada，arixada，arxad；但是印度外来语或阿剌迈克语里都没有这么一个字。在阿剌迈克语里普遍作"胡椒"解的字是 filfol(出自梵语 pippala)。摩尔根[①]在某些库尔德方言里寻到一个字 alat，作"胡椒"解，但是我不能确信这字和我们那个拂林字有关系，那拂林字无论如何是代表一个外来词。

此外还有一个拂林字尚未正确地讨论过。《唐书》记载拂林的一章(《唐书》卷 221)里提到一种哺乳动物，叫做"[illegible]"，大小和狗相等，凶猛，狠毒，强壮。[②] 贝烈史奈德[③]把这字写错了，他鉴定这兽类为鬣狗(hyena)，却是正确的。亚洲东部没有这种兽类，故为中国人所不识。马端临又说这些兽类有的可以饲养。[④] 鬣狗确实是可以养驯的。《康熙字典》里没有这动物的名称"贙"字，但是却把它写成"贙"[⑤]字，读作"县"("黄练"切)，还引了《尔雅》的一段注释，和马端临谈"贙"的文章所说的一样。这个 hien 字(或读为 hüan 声)一定是希腊字 ὕαινα(鬣狗)，或 ὑαίνη 的译音。在另一方面，我们也要注意到这个希腊字也作为一个外来词传到叙利亚语里，[⑥]因此也未尝不可能是叙利亚人把这希腊名字传给中国人。这个问题完全不相干；因为我又从夏德的研究里知道了中国人有两个不同的拂林——小拂林，即叙利亚，大拂林是拜占庭帝国，首都为君

① Mission scientifique en Perse，Vol. V. p. 132.

② Hirth：China and the Roman Orient，pp. 60，107，220.

③ Knowledge possessed by the Ancient Chinese of the Arabs，p. 24.

④ 夏德(同前书，p. 79)译曰："有养者似狗。"但在"有养者"后面的"似狗"一语，乃另外一个句子。夏德所印行的材料里"方"应该删去(p. 115，Q22)。

⑤ Palladius 在他所著的汉俄字典里就是抄用此写法，读音为 süan。

⑥ R P. Smith：Thesaurus Syriacus，Vol. I，col. 338.

士坦丁堡。[①] 故而，拜占庭的希腊语必须算是拂林的语言之一。

至于拂林这个名字的由来，我曾经提到伯希和的新理论，据他说拂林也许是根据 Rōm，Rūm。[②] 我同意这结论，对这理论的基本原则我们的看法完全一致。其实这就是我这项研究自始至终所采用的方法：依靠中国的古代语音学可以正确地把汉语译音的字还原。伯希和先从古亚美尼亚语的 Hrom 或 Hrōm 着手，[③]此字里的 h 代表希腊字当头音 r 的粗气音。在某些伊朗方言里粗气音是用当头的元音来标志：如在帕拉菲语里是 Arūm，在库尔德语里是 Urum。正如梅叶所说：当头是 hr 的古代亚美尼亚字是来自帕提亚语。帕提亚方言把伊朗字当头的 f 改成 h，例如古伊朗字 framana（现在是 ferman，“秩序，命令”）成了亚美尼亚语 hraman，因此它是出自帕提亚语的 hraman。这样说来，粟特人所传来的 Frūm 一字，大概在汉语里就形成了拂林（Fu-lin 或 Fu-lim）。在我看来这汉语的读法不是根据 Frōm，而是根据 Frim 或 Frīm。Rīm 必定是 Rūm 的古代变体字。Rim 在目前仍是俄语里的罗马的名称。[④] 更重要的是：正如牟地所说，[⑤]在弗尔瓦丁神赞美诗里

① 参考 Hirth：*Journal Am. Or. Soc.*，Vol. XXXIII，1913，pp，202—208。

② The Diamond. Pelliot 的记载刊登在 *Journal asiatique*，1914，I，pp. 498—500。

③ 参考 Hübschmann：Armen. Gram.，p. 362。

④ 关于西藏语里的名称格撒儿（Ge-sar）和 P'rom，伯希和的见解纯粹是假设的，目前应该暂搁起来。我们对格撒儿（Ge-sar）的史诗知道得太少，不能从中得到历史的结论。此外，西藏语里拜占庭或土耳其的真正名称是 Rum，和新波斯语的构词法一致（《通报》，1916，p. 491）。关于这名字较近代的汉语译音，可参看 Bretschneider：Mediæval Researches，Vol. II，p. 306；和夏德的：《赵汝适》，第 141 页。

⑤ Asiatic Papers，p，244（Bombay，1905）.

有一个帕提亚语的名称 Sairima，它与帕拉菲古经《创世记》里的 Rum 是同一个字，还有在《波斯王纪》里的相等字是 Rum。据说这个国家划归为塞拉木亲王所有，故得此名；不过这个传统的说法不能说服人。在中古波斯语里有着 Rīma 或 Rīm 一字；我们根据汉语译音"拂林"Fu-lim 或 Fu-rim 可以有把握地推断伊朗语（也许帕提亚语）的原字是 Frim，中国译音就是从这字转写来的。

## 西　　瓜

49. 这种葫芦科植物（Citrullus vulgaris 或 Cucurbita citrullus）在中国叫做"西瓜"。种植的地带当今是由前亚细亚、高加索地区、波斯，一直到突厥斯坦和中国，还有俄罗斯南部和多瑙河下游地区。我们不能证明在伊朗、印度、亚洲中部或中国等地古代已种植西瓜；这与植物学上的观察相符合：这种植物在亚洲没有野生的。[①]

恩格勒[②]探索出西瓜的原产地在南非洲，他认为是在最古老的时代由那地方传播到埃及和东方，在公元前播种到整个南欧和亚洲。这个理论是根据观察的结果：西瓜在南非洲是天然产生的；但是他却没解释传播到古代埃及的经过。然而在亚洲所能获得的一切历史材料在我看来都似乎证明此果不是亚洲植物的说法是正确的。而且，既然它不出产在欧洲，那么它的原产地很可能是非洲。

---

① A. de Candolle：Origin of Cultivated Plants，p. 263.

② In Hehn：Kulturpflanzen，p. 323.

唐朝的任何作品里都没有提到西瓜，可注意的是在《太平寰宇记》里也不见。最早提到西瓜的是胡峤的日记，题名叫《陷虏记》，载于欧阳修（公元 1017—1072 年）所著《五代史》卷 73，此书已由沙畹[①]译为法文。胡峤于公元 947 至 953 年间游历契丹国境，"……遂入平川，多草木，始食西瓜。[②] 云契丹破回纥，得此种，以牛粪复棚而种，大如中国冬瓜，[③]而味甘。"[④]此文指出西瓜乃新奇的东西，为与契丹人同居住的一个中国人所发现，那时契丹人占据华北，他们宣称得自回纥国的突厥族。这篇文章里没有说明胡峤把这果实的种子带回到中国本部。这事应该强调，因为《本草纲目》的结论（阅下面）说中国从第十世纪就有西瓜，这结论并为贝烈

① Voyageurs chinois chez les Khitan（*Journal asiatique*，1897，I，pp. 390—442）.

② 沙畹翻译的"瓜类"（p. 400）不够完全。西瓜在法语叫做 pastèque 或 melon d'eau。当然胡峤只知道一般的瓜类，他以前所不知道的是这一种瓜。拿破仑远征埃及时，"人们吃扁豆，鸽子相一种美味的西瓜，南方各国称之为 pastèque。兵士们唤它为 sainte pastèque"（Thiers：Histoire de la révolution française）。

③ "中国、日本、印度、非洲等地种植这瓜，也常见野生的，但是不能肯定它是否本地所产。"（Forbes and Hemsley：*Journal Linnean Society*，Vol. XXIII，p.315）

④ 胡峤对北方地区的植物观察得很仔细，他的记载对于植物地理学颇重要，上面引了他提到西瓜的话，接着他又说："又东行至袅潭，始有柳（女真语 suxei），而水草丰美。有息鸡草，尤美而本大，马食不过十本而饱。自袅潭入大山，行十余日而出，遇一大林，长二三里皆芜荑（Ulmus macrocarpa），枝叶有芒刺，如箭羽，其地皆无草。""息鸡"显然是契丹语的译音。在黑龙江地区有三种榆树：Ulmus montana，U. campestris 和 U. suberosa（Grum-Gržimailo：Opisanie Amurskoi Oblasti，p. 316）。胡峤记载汤城淀云："地气最温，契丹苦大寒，则就温于此。其水线清冷，草耎如茸，可借以寝。而多异花，记其二种：一曰旱金，大如掌，金色烁人。一曰青囊，如中国金灯（Orithia edulis），而色类蓝（Indigofera），可爱。""旱金"一词显系契丹语译音，"青囊"或也是，虽然司徒亚特（Chinese Materia Medica）说 Sesamum 的叶子叫做"青囊"，然而这里所谈的不会是 Sesamum。

史奈德和坎多勒二人所支持。在当时只有契丹人所占领的中国地区有西瓜，但在中国人自己的地区的西瓜却未为人所识。[①]

把西瓜移植到中国本部的是中国派遣到金国（或女真）的使臣洪皓（公元1090—1155年），他在该地十五年（1129—1143年）。在他题名为《松漠纪闻》的日记里有下面这段记载[②]："西瓜形如扁蒲而圆，色极青翠，经岁则变黄，其瓞类甜瓜。味甘脆，[③]中有汁尤

① 《骈字类编》引《五代史》说是萧翰征服回鹘后，得西瓜籽，携带归国，此果是西方国家（"西域"，即中亚细亚）的产物，所以称为"西瓜"。我可惜不能在《五代史》里寻到这段文。《旧五代史》增补的《萧翰传》（卷98，第6、7页）里未提此事，这说法本身有两点可疑。萧翰娶永康王乌裕之妹为妻，公元948年犯叛国罪，第二年判处死刑（参考H. C. v. d. Gabelentz：Geschichte der graseen Liao，p. 65和沙畹的上述一书，p. 392）。胡峤为萧翰的秘书，随往契丹，他的主子死后，他无以为生，在契丹住了七年（直到953年）。就是在这一段流浪时期，他认识了西瓜。如果萧翰果真把这果品传到中国（那就是949年以前），我们可以断定他的秘书胡峤一定知道这事，一定不会把西瓜当做新奇的东西。而且所谓西瓜是萧翰传到中国的说法，和说它是十二世纪洪皓所传来的说法有了矛盾（见前）。既然这瓜是契丹人所种，那么中国的使节们带回种子，当然没什么稀奇。但是向例这类新获得的东西总是马上施种。如果萧翰携回种子来，洪皓就没有必要再带。所以我们最好是，或者认为上面所引的材料不可靠，或者认为那传说即使还存在，也是后代编造的，甚至完全错误的。

② 我因为得不到这原作品，姑且用《广群芳谱》（卷14，第17页）里这段引文，此书里的材料一般还是可靠的。

③ 坎多勒（Origin of Cultivated Plants，p. 261）提到他于1881年获得贝烈史奈德一封信，讲起西瓜，"从第一部提到西瓜的作品看来，西瓜似乎不过在公元第八世纪移植到中国的。中国人由张骞使节团跟巴克特利安那及印度西北部发生了联系是从第二世纪开始，或许在当时西瓜在亚洲种植得还不广泛。"贝烈史奈德发表过的作品里却没说过这话。在他著的《中国植物志》（pt. II，p. 197）里他说在中国目前当做食物而种植的所有葫芦科植物大概都是本国产的，除了黄瓜和西瓜，这二者从名字就看出是来自西方。《本草纲目》所收集的有关"甜瓜"的材料都没有提到它是产于西方。坎多勒谈葫芦（Lagenaria vulgaris）时，重述了贝烈史奈德一封信里的话："最早提到葫芦的作品是公元前第一世纪Tchong-tchi-chou（意谓《种树书》，误以书名为人名，并无Tchong-tchi-chou其人也——译者）的作品，在第五或第六世纪的一部书里引证了。"这似乎和唐朝的《种树书》（Bretschneider：Bot. Sin.，pt. I，p. 79）混淆了。当然古代寺院文学里

冷。洪皓出使，携以归，今禁圃乡圃皆有，亦可留数月，但不能经岁仍不变黄色。鄱阳[①]有久苦目病者，曝干服之而愈，盖其性冷故也。”从这记载可见西瓜是在第十二世纪后期才移植到中国本部。《事物纪原》[②]说最初中国无西瓜，是洪皓移植来的。金国或女真原为东胡族的国家，似乎从契丹人学会了种植西瓜。我们从一部女真译语里也知道了在女真语里西瓜叫做 xeko，相当于满语的 xengke，这是葫芦科植物的通称。在哥尔德语里，xinke（在其他东胡[通古斯]方言是 kemke，kenke）指的是黄瓜，而 seho 或 sego 指西瓜。在正规的满语里西瓜叫做 dungger 或 dunggan。因此东胡部族没有从回纥人采用波斯突厥字 karpuz（参看下面），而是把一个原来指另外一种葫芦科植物的本地字用于西瓜上。

下面是《本草纲目》里有关这个题目的材料。

这书引证了十三世纪浙江省一个医生吴瑞（《日用本草》的著者）的话：“契丹破回纥，始得此种，以牛粪复而种之，结实如斗大，而圆如瓠，色如青玉，子如金色或黑麻色，北地多有之。”李时珍说：“按胡峤《陷虏记》言，峤征回纥，得此种归，名曰西瓜，则西瓜自五

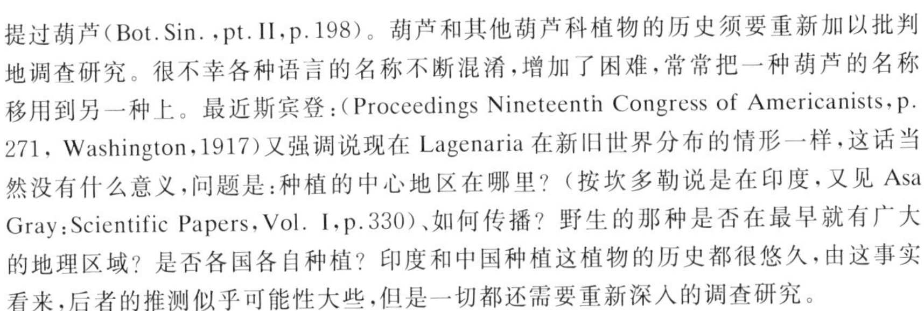

提过葫芦（Bot. Sin.，pt. II，p. 198）。葫芦和其他葫芦科植物的历史须要重新加以批判地调查研究。很不幸各种语言的名称不断混淆，增加了困难，常常把一种葫芦的名称移用到另一种上。最近斯宾登：（Proceedings Nineteenth Congress of Americanists，p. 271，Washington，1917）又强调说现在 Lagenaria 在新旧世界分布的情形一样，这话当然没有什么意义，问题是：种植的中心地区在哪里？（按坎多勒说是在印度，又见 Asa Gray：Scientific Papers，Vol. I，p. 330）、如何传播？野生的那种是否在最早就有广大的地理区域？是否各国各自种植？印度和中国种植这植物的历史都很悠久，由这事实看来，后者的推测似乎可能性大些，但是一切都还需要重新深入的调查研究。

① 在江西省饶州府。

② 宋朝高承的作品。

代时始入中国，[①]今则南北皆有，而南方者味稍不及。”他把西瓜分为甜的、无味的和酸的三种。

《陶弘景注》[②]里说在永嘉县（浙江省温州府）有一种“寒瓜”，非常大，可以留到第二年春天，这瓜据说就是西瓜。李时珍公正地反对这种看法，他说假如西瓜是在五代时期移植到中国，在当时决不会有“西瓜”这个名称。我们必须支持他所提的这反对的意见，主要因为我们没有见到第四世纪或甚至于唐朝的其他材料提到西瓜，它显然是唐朝以后移植来的。[③]

叶子奇在他的1378年所著《草木子》里说西瓜是在元世祖（忽必烈）征服中亚细亚时始移植来中国。这看法已为明朝《珍珠船》的作者陈继儒所驳斥，他提到这果实是胡峤所发现的，并说《尔雅》，和各种较古的本草，《齐民要术》，和其他性质相同的书籍里都没有提西瓜，可见古代中国无此果。所有论述这问题的中国作者在这一点上都意见一致，西瓜的历史是如此确定了，再也不会发生年月颠倒或归功于张骞之类的事情。

元朝的中国旅行者们常常提到波斯和中亚细亚的大西瓜[④]。在另一方面，伊宾·巴图塔也提到中国产优良的西瓜很像花剌子模和亦思法杭所产的。[⑤]

① 杨慎（1488—1559年）在《丹铅总录》里也是这样看法（见本书第167页）。

② 显系陶弘景（公元451—536年）作品的注释。

③ 所谓的西瓜别名“寒瓜”亦为贝烈史奈德（*Chinese Recorder*，1871，p.223）及其他人所采用，应该把它除去。

④ 参考Btetschneider：Mediœval Researches，Vol.I，pp.20，31，67，89。

⑤ Yule：Cathay，新版，Vol. IV，p.109。

清朝官吏福森布和苏尔德大约在1772年出版了一部《回疆志》，[①]据他们说突厥斯坦的西瓜，虽然样子和中国西瓜一样，味道却远远比不上中国的；相反地，比中国瓜差得多。其他种类的瓜都是突厥斯坦的产物，中国人称某些瓜为“回回帽”和“回回眼”。所谓的哈密瓜并不是一种西瓜，有十个不同的种类，颇享盛名。也许它是一种甜瓜，在回纥语和察合台语里叫做 kogun，kavyn，或 kaun，突厥语里叫做 qawāq。

据说西瓜迟至康熙年间（1662—1721年）才移植到中国，在当时价钱还很昂贵，不过在征服“回疆”之后就变得到处都有了。[②]《瀛涯胜览》里所提到其他出产西瓜的国家有苏门答腊，那里的西瓜绿皮红籽，长二三尺，[③]还提到印度的古里。终年都有西瓜。[④]在鞑靼国，西瓜重得要两个人才抬得动。据说扶南（即柬埔寨）也产西瓜，[⑤]如果中国人初闻有西瓜确实是在第十世纪以后（这个记载的真实性是无可怀疑的），那么中国很晚才种西瓜这一事倒是可以说明它传到中亚细亚也一样晚，或不会早多少，否则中国人在唐朝统治中亚细亚的时期决不会不获取它。这事已由伊朗和印度的

① 《回疆志》见本书第54页，第396页。

② 《回疆志》卷2，《植物名实图考》卷16，第85页。

③ 马来语 mandelikei、tambikei 或 semahka（爪哇语 semoṅka，占语 samkai），关于葫芦科植物的其他马来语名称，见 R. Brandstetter：Mata-Hari，p. 27。又参考 J. Crawfurd：History of the Indian Archipelago，Vol. I，p，435。

④ 关于古里（Calicut）的其他葫芦科植物，见 Rockhill 文刊于《通报》1915，pp. 459，460；但是“冬瓜”不是像这书上所说的黄瓜（cucumloer）。而是 Benincasa cerifara。

⑤ 《广群芳谱》卷14，第18页。参考 Pelliot：*Bull. de l'Ecole française*，Vol. II，p. 169。暹罗种植西瓜（Pallegoix：Description du royaume Thai，Vol. I，p. 126）。

情况所证实，在此二地西瓜从中世纪起才有，这个推测决不会错。

有人说西瓜或许在古时代在波斯是土生的，这说法很成问题。像 hindewāne（“印度果”）［阿富汗语为 hindwānā］或 battix īndi（“印度瓜”）[①]之类的名称使人不禁怀疑西瓜也许是从印度移植来的。[②] 加西亚达奥塔说：“据阿拉伯人和波斯人说，此果品是从印度来到他们国家的，为此他们称之为 Batiec Indi，意思是‘印度瓜’，阿维森纳在许多地方这样称呼它。”[③]波斯语的 herbuz，[④]中古波斯语 harbōjinā 或 xarbūzak（照字义是“驴瓜”）也不能证明它是本地土生的臆说。凡贝里[⑤]说突厥字 harpuz 或 harbuz 是出自波斯语，因此西瓜是来自波斯，虽然相反的观点也许看起来会同样有道理，上面这个解释也许只不过是由于共同词源的结果。然而凡贝里或许说得对；至少，接受他的理论会使我们比较容易说明西瓜的移植。假若如此，波斯就是西瓜的出发点，从波斯传播到中亚细亚的突厥人那里，最后传播到中国。[⑥] 有一点语言学上的论点可以支持这个突厥字出自波斯语的说法：除了带当头喉音的字之外，我们也见过当头齿音的变体字，这是由于语音上的异化。我们从

① 来自阿拉伯语；埃及语 bettu-ka，科普提克语 betuke；由是而有葡萄牙语，西班牙语 pasteca，法语 pastèque。Battīx hindi 已由伊宾·阿尔拜塔尔（L. Leclerc：Traité des simples，Vol. I，p. 240）和阿布·满速儿（Achundow，p. 23）讨论过，亚美尼亚语 ttum 和圣经上的 dudaim 并无关系，塞德勒（E. Seidel：Mechithar，p. 121）假设它们有关，圣经上这字是指曼陀罗华（mandragora）。

② Spiegel：Eranische Altertumskunde，Vol. I，p. 259 亦如此说。

③ C. Markham：Colloquis by Garcia da Orta，p. 304.

④ 亚美尼亚语的 xarpzag 是由此字引申来的。

⑤ Primitive Cultur des turko-tatarischen Volkes，pp. 217—218.

⑥ 凡贝里认为波斯和印度是这植物的产地，当然是错误的。广义地讲，产地是古埃及或非洲。

回汉语汇上知道回纥语有 karpuz 这个字:但是蒙古人称西瓜为 tarbus。同样地在突厥语有 tarbuz,还有 qarpuz。这个变体字决不是蒙古突厥语,而一定在波斯语里就存在了,有如在新梵语里有 tarambuja,在印度斯坦语有 xarbūza 和 tarbūza(还有 tarbuz 和 tarmus),相应地在西藏西部语里有 tarbuz。在阿富汗语的普世图方言里有 tarbuja,意义为“西瓜”,和 xarbuja,指各种的甜瓜。[1] 通过突厥族这同一字传到了斯拉夫族人民(有俄语 arbúz,[2]保加利亚语 karpúz,波兰语 arbuz, garbuz,harbuz)和拜占庭人(有希腊语 καρπούσια)。突厥部族似乎很积极于把西瓜播种到东方与西方。

要说西瓜是由伊朗传播到印度,如约勒[3]所说的,似乎也有道理,虽然输入的年月无人知道。反之,从印度材料里找不到任何记载可以说明这种植物有悠久的种植历史。那个所谓梵语的 chayapula,一字,坎多勒用之来证明西瓜很早就传播到亚洲,我却寻不着这字的迹象。在梵语里西瓜叫做nāṭāmra(“nāṭa作的芒果”),而goḍumba,tarambuja, sedu 都是近代才有的,只能在辞典编纂者那里看到;而其他的名字如kāliṅga(Beninoasa cerifera)原来是指其他葫芦科植物。华特只举现代俗话用的名称。

夏德[4]把汉语的“西瓜”和希腊语的 σικύα 等同起来,他武断地把这希腊字的意义说成是西瓜。他这点语言学上的收获被翟理士

---

① H. W. Bellow:Report on the Yusufzais,p. 255(Lahore, 1864).

② 在伊朗北部的方言中也见过 arhuz 和 arhoz 这种字(J. de Morgan:Mission en Perse, Vol. V,p.212)。

③ Plantes dans l'antiquité,Vol. II,p.252.

④ Fremde Einflüsse in der chinesischen Kunst,p. 17.

采纳到他所著的汉语字典里去(第6281条)。但是这个希腊字仅指黄瓜,西瓜仍然为古代希腊人所不知。[①] 后来的希腊语里这个果实的名称或许是 πέπων,这字只见于希波克莱特斯[②]的作品里。坎多勒[③]说得很对,他说没有一个古代希腊名字可以肯定地被认为指这一种植物,这说明此植物大约在公元初年才移植到希腊罗马地区。出自波斯语或突厥语的中古和现代希腊字 χαρπαυζά 或 καρπούσια 明显地说明拜占庭地区如何认识了西瓜。没有人能证明希腊字 σικύα 曾经深入流传到亚洲,而且接触到移植西瓜于中国的那些民族(回纥人、契丹人、女真人)。汉语名字不是译音,而只有字面的意义"西方的瓜";这名词里的"西"字并不达到希腊那么远,而是如《五代史》里说得那么清楚,它仅仅暗示这果品出产在突厥斯坦而已。"西瓜"只是"西域瓜"的缩写,西域瓜即"突厥斯坦的瓜"。[④]



据1709年出版的《太和本草》(卷8,第3页)所说,西瓜在宽永(Kwan-ei)时代(1624—1644年)初次移植于日本。

# 胡 芦 巴

50. 司徒亚特[⑤]论 Fenugreek (Trigonella foenum-graecum,

---

① A. de Candolle:Géographie botanique,p. 909.

② 连这个可疑的解释也为雷克勒柯(L. Leclerc)所否认(Traité des simples, Vol. I,p.239)。他鉴定这个希腊字为普通的葫芦。凡是对瓜属植物历史有兴趣的人都应该细读雷克勒柯和坎多勒的争论。

③ Origin of Cultivated Plants,p.264.

④ F. H. King:Farmers of Forty Centuriés, pp. 282, 283 里有中国西瓜田的插图。

⑤ Chinese Materia Medica,p. 442.

法语 fenugrec),即汉语的胡芦巴(日语 koroha)时说这个豆科植物的种子是从外国传到中国的南方各省的。而贝烈史奈德[①]正确地把这汉语名字鉴定为阿拉伯语的 hulba(xulba)。最早提到这植物是宋朝嘉祐年间(公元 1056—1064 年)的《本草》,著者掌禹锡在本书里说它出于广东省和贵州省,有人说岭南产的那一种是以外国萝卜(Raphanus sativus)的种子栽种的,不过他说这一点还没有经过调查。苏颂在《图经本草》里说:“今出广州,或云种出海南诸番,船客将种莳于岭外亦生,然不及番中来者真好。”然后这书里就讨论胡芦巴在处方上的用途。[②]《本草衍义》(卷 12,第 4 页,陆心源本)里也提到这药材。

“胡芦巴”这个译音非常有趣,因为这“胡”字也是译音的一部分,然而它同时也暗指种族的名称“胡”。从这译音的形式看来,它是唐朝以后所译的;因为在唐朝“胡”字的同音字还仍然带有当头的喉音,在当时一个外国音素 xu 一定会用一个完全不同的字来摹仿。



阿布·满速儿在他所著的波斯药剂书里 hulbat 的标题之下[③]讲述这植物的药性。在波斯语它的名字是 šanbalīd,在亦思法杭方言里是 šanbalīle,在失剌思方言里是 šamlīz,这字在印度就成为 šamli。大家都知道在喀什米尔、旁遮普、恒河上游的平原等地这

① Bot. Sin., pt. I, p. 65.

② 司徒亚特错误地说这种子从唐朝起就当做药材使用,而其实是宋朝以后才如此。我没见过任何唐朝文献提到这植物,这名字的译音为更有力的佐证。因为这名字不可能在唐朝起的。

③ Achundow:Abu Mansur, p. 47. 另外一个波斯语的拼法是 hulya。在亚美尼亚语里为 hulbā 或 hulbe(E. Seidel:Mechithar, p. 183),又见 Leclerc:Traité des simples, Vol. I, p. 443。史利默尔(Terminologie, p. 547)说“用这种子沏水是本地药材中治疗慢性尿道浓漏的好方法。”

植物是野生的，在印度很多地区，尤其在较高的内地诸省，它是人工栽培的。梵语的名称是 methi，methikā 或 methinī。[①] 在希腊语里它叫做βουκέρας（牛角），[②]在中古希腊语是χούλπευ（来自阿拉伯语），新希腊语是τῆλυ；拉丁语 foenum graecum。[③] 据坎多勒[④]说在波斯的美索不达米亚沙漠和小亚细亚，这植物是野生的（除了旁遮普和喀什米尔之外）。弗莱尔[⑤]把它列为波斯产物之一。[⑥]

阿拉伯人移植到中国的还有另外一种亚洲西部植物，叫做“押不芦”，周密（1230—1320 年）最早谈到它，说它是一种有毒植物，在伊斯兰教国家以西数千里地面上生长着（《癸辛杂识》续集上第 38 页，稗海本；和《志雅堂杂钞》卷上，第 40 页，粤雅堂丛书本）。这名字来自阿拉伯语 Yabruh 或 Abruh（波斯语 jabrūh），即曼陀罗华（一种麻醉剂）。我曾经在一篇用法文写的专论《曼陀罗华》里详细讨论过这题目，刊于《通报》1917 年，第 1—30 页。

## 番 木 鳖

51.《本草纲目》里提到 nux-vomica 或 strychnine 树，称之为

① 例如在印度超日王（Vikramāditya）的故事里就讲到用这东西做调味品（A. Weber：Abh. Berl. Akad.，1877，p. 67）。

② Hippocrates；Theophrastus，His. Plant. IV. iv，10 或 τῆλις：同前书 III. xvi，2；Dioscorides，II，124。

③ Pliny，XXIV，120.

④ Origin of Cultivated Plants，p. 112.

⑤ New Account of East India and Persia，Vol. II，p. 311.

⑥ 详见 Flückiger and Hanbury：Pharmacographia，p. 172。

"番木鳖"("外国的木鳖",Momordica cochinchinensis,一种胡芦科植物),还有它的别名"马钱子"(指马笼头上的钱币,因此日语称之为mačin)、"苦实把豆"("结苦味果实的巴豆"[Croton tiglium])[①]和"火失刻把都"。最后这个名字显然来自外国,至今还没有加以鉴定;即使要鉴定它也做不到,因为译音上有错误。公元1366年出版的《辍耕录》(卷7,第5页)里有这名字正确的写法,是"火失刺",这显然是波斯语kučla或kučula("nux-vomica")的译音,这名字在印度也很流行(亦流行于印度斯坦语里;在孟加拉语为kučila)。后半"把都"音既非波斯语,也非阿拉伯语;我认为一定是汉语"巴豆"。

《辍耕录》的原文是这样说的:"火失刺把都者,回回田地所产药也。其形如木鳖子而小,可治一百二十种症。每症有汤引。"这是我所能探寻到的中国材料中最早提到此药的;因为它没有列在宋朝的标准药物学书籍《证类本草》(1108年)里,我们可以断定它是十四世纪里元朝时期才移植到中国。它的译音方式符合于当时流行的书写外国字的规律,这是又一个证明。《广群芳谱》(卷6,第7页)所引证的关于这题目的材料就出自《本草纲目》,《本草纲目》确实是讨论这种药材的第一和唯一的本草。它着重说明这药材可用以毒害狗。现在这种植物出在四川。

① 这名字的意思并不是如司徒亚特(Chinese Materia Medica,p.425)所说的"苦籽的波斯豆"。司徒亚特(同上p.132)说阿拉伯语里Croton tiglium的名字是"batoo,这字或系来自汉语'巴豆'"。诚然阿拉伯人熟知此植物是由中国传入的(L. Leolerc:Traité des simples,Vol. II,p.95),但是它的名字叫做dend。我在任何阿拉伯语字典或在伊宾·阿尔拜塔尔的作品里都找不到batu一字。

在梵语里番木鳖叫做 kupīlu，从这字又派生出西藏语 go-byi-la 或 go-bye-la。[①] 后面这个字读作 go-ji-la，因此蒙古人采用这字成为 gojila。究竟这梵语名称和波斯语kučila有没有关系，我们还不能肯定。

据福勒吉格尔和汉柏雷[②]说，在印度大部分地区，特别是沿海地方，此树是土生的。在缅甸、暹罗、交趾支那和澳洲北部也有这植物。但是在印度使用这药材似乎并不很久远，可能是穆斯林在那里教他们用的。阿布·满速儿所著的波斯药物原理（No. 113）里提到这植物，用的阿拉伯语的名字 jauz ul-qei。[③] 史利默尔[④]还用了另外一些名字 azaragi 和 gatel-el-kelbe，并且说："久远以前此药就用于治瘫痪症，因为《麦克森·埃勒维耶》的作者曾提过它，而且说黑色的番木鳖是能使气质寒的人变为气质热。这个作者推荐用这药粉敷治腰部病和关节病。"



阿拉伯人说这种树只有在也门的内地出产，他们熟知这果实的药性。[⑤] 在越南也有番木鳖，占语salaiṅ和 phun akam，吉蔑语 slêṅ，安南语 ku-či；此名或许是 kučila 的译音。[⑥]

1917 年的伦敦西郊《国立植物园的报告》（第 341 页）有下面

---

① 参考 Loan-Words in Tibetan，No. 50（《通报》，1916，p. 457）。

② Pharmacographia，p. 428.

③ Achundow：Abu Mansur，p. 43.

④ Terminologie，p. 402.

⑤ L. Leclerc：Traité des simples，Vol. I，p. 380.

⑥ 参考 E. Perrot and P. Hurrier：Matière médicale et pharmacopée sino-annamites，p. 171；中国人和安南人的确并不是从"太古时代"就使用这药剂，如这些作者所说的，又见 C. Ford：*China Review*，Vol. XV，1887，p. 220。

这一段关于交趾支那产的番木鳖的记述:“在1917年的《国立植物园报告》(第184,185页)里提供了一些关于在交趾支那发现有野生的这种植物的证据。这记载刊登之后,我们收到了一封信和一包确实无疑的番木鳖的种子,这是交趾支那农商业局局长寄来的,他告诉我们说这些种子是从该国野生的树上摘取的。英国驻西贡的领事也寄来关于交趾支那的番木鳖的报告,是他从交趾支那农商业局局长摩朗吉先生处打听来的;另外还寄来他从一个中国出口商那里得到的一些种子。此树生长在交趾支那东部各省,主要在巴里亚森林里面。莫伊族的生番在森林里采摘这种子,把它卖给中国人;然后中国人把它输入到中国,再卖给在欧洲做出口买卖的商号。此树结果时期为十一月和十二月。摩朗吉先生认为此树肯定是交趾支那土生的,而非早年商人移植来的。”如果这树果真是当地土生的,那么在中国人讲来,它一定是在元朝以后才在交趾支那发现。梅特尔[①]讨论莫伊族的人涂在箭上的毒药,他断定这毒药是从“有巴斯树”(upas tree,Antiaris)上取得的。他没有提番木鳖。

## 胡　萝　卜

52. 胡萝卜[②](Daucus carota)(“伊朗萝卜”)(日语 ninjin)是

① Les régions Moi du sud indo-chinois, pp. 119—12I(Paris, 1909).

② 此字来自法语 carote,今称 carotte,意大利语 carota,拉丁语 car ta;希腊语 καρωτόν(在 Diphilus)。这字代替了盎格鲁撒克逊语 moru(出自 morhu。古高地日耳曼语 moraha,morha;俄语 morkov,斯拉夫语 mrkva)。关于“萝卜”一词的来源,见《通报》1916年,第83—86页。

北欧产的植物，在元朝（公元 1260—1367 年）初次移植到中国。这是李时珍的看法，他说此菜蔬最早在元朝从胡地传入，《广群芳谱》（卷 4，第 24 页）也认为胡萝卜最初由塞外国家来到中国。我不知道有什么文章更详细叙述它移植的经过并指出它的原产地。不过它的原产地很可能是伊朗某地区。李时珍说在他那时代华北、山东以及华中都种植得很丰盛。[①]

华特[②]根据柏德乌得的见解所写的胡萝卜史有着许多缺点。一个基本的错误在于这句话："其实从培养胡萝卜的证据可以推断它是从中亚细亚传播到欧洲，如果这话不错，那么也许可能从印度和波斯的名称里探索出欧洲的名称。"正相反，胡萝卜是很古老的欧洲产的植物，并不是东方人传播来的。在洛本豪森[③]的湖边椿屋都种胡萝卜。华特和柏德乌得所说的："在印度似乎都种植胡萝卜和吃胡萝卜，而在欧洲它只不过被看作野生植物而已"，这话也不中肯。盎格鲁撒克逊人在他们的老家史勒斯维格·霍勒史泰因种植胡萝卜，那时候我看印度还没有开始种植它呢；他们到了英国仍然继续种植它。[④] 而且，在不列颠胡萝卜是野生的，一般在欧洲北部温带和亚洲它都是野生的。无疑地人工栽培的胡萝卜是出自野生的，野生的胡萝卜经过几代就可以发展成为栽培的。[⑤] 盎格

① 还有一个未曾指出的名字是"伏萝卜"，来自"三伏"，即七月中旬到八月中旬这三十天。一伏播撒胡萝卜种子，二伏萝卜是淡红色，到了三伏就变成黄色（《善化县志》卷 16，第 14 页，1879 年本）。

② Commercial Products of India，p，489，或 Dictionary，Vol. TII，p.45.

③ J. Hoops：Waldbäume und Kulturpflanzeu，p.297；G. Buschan：Vorgeschichtliche Botanik，p. 148.

④ Hoops，同书，p.600。

⑤ A. de Candolle：Géographie botanique，p.827.

鲁撒克逊语 moru(非 mora,如华特作品中所写的那样)不可能和梵语 mūla 或 mūlaka 有什么关系。华特大胆断言说“似乎从相当古老的年代印度人就经常吃胡萝卜。”然而没有提出任何证据。他唯一引证过的材料是《巴倍尔回忆录》[1]和《阿克巴尔言行录》,两书都是十六世纪的作品。我找不到证据来证明胡萝卜在印度种植年代已久的说法。没有真正的梵语字是作此菜蔬解。说“梵语 garjaru 产生了波斯语 zardak 和阿拉伯语 jegar”(原文如此,jezer 写成 jegar)是不正确的。波页特林克解释 garjara 的意义为“一种草类”。本文下面指出阿拉伯人在第十世纪把胡萝卜带到波斯,我不信它在印度会早于那个时期就有了。据华特说,胡萝卜是喀什米尔和西喜马拉雅山海拔五千尺至九千尺地方的本地产物;在印度全国的欧洲人都种植胡萝卜,他们用来栽培的种子多半是每年输入的。本地人也种,用的或是土生的种子,或是归服了当地水土的种子。墨克吉[2]也说:“英国根菜作物中有营养价值且可当饥荒时的食粮和饲料的,就是胡萝卜。内地的胡萝卜或 gajra 不像欧洲胡萝卜那么有营养和滋味好,所有在这个国家试种过的胡萝卜中,似乎以在孔坡试验农场所种的那一种红色地中海胡萝卜为最好。”

罗克斯柏[3]说胡萝卜“相传为波斯土产,在印度只有栽培的。”

---

① 有人谋计毒死巴倍尔(Baber)那夜,巴倍尔吃了许多胡萝卜。参考 H. Beveridge: The Attempt to Poison Babur Padshah (*Asiatic Review*, Vol. XII, 1917, pp. 301—304)。

② Handbook of Indian Agriculture,第二版,p. 304。

③ Flora Indica, p. 270.

他举了两个梵语名字——grinjana 和 gargara。但是他的编辑者说这两字找不到根据。其实这两个字和华特所认为梵语的名字都不是真正的梵语，而只是印地语（在印地语为 gājara）；这个字出自波斯语（而不是如华特所说，波斯语出自梵语）。我所知道仅有的梵语字作胡萝卜解的是 yavana（"希腊或外国的菜蔬"）和 pitakanda（照字义是"黄根"），这两字只见于十五世纪初的作品《罗阇尼犍荼》（Rājanighaṇṭu）里。它们描写性的构词法就足以说明栽培的胡萝卜在印度人看来是生疏的。安斯理[①]也公正地下结论说："胡萝卜似乎最初是由波斯移植到印度的。"

据士外因福式[②]说在埃及胡萝卜的形状必定很奇特——此为古代栽培植物的特征。这话尚有待证实。无论如何，这话不能证明胡萝卜是古代埃及人种植的。劳贺雷和乌尼格两人都没有提古代埃及的胡萝卜。



在希腊语胡萝卜为 σταφυλῖνος（因此叙利亚语为 istaflīn）。提奥夫剌斯塔[③]和普林尼（XX，15）都提过它；δαῦκος 或 δαῦκον 是一种胡萝卜或荷兰防风草（parsnip），生长在克里特，为医药上用；因此新希腊语为 τὸ δαφκί（胡萝卜），西班牙语 dauco。坎多勒[④]说得很正确：希腊和罗马人不大种胡萝卜，但是，当他们改良了农业之后，这菜蔬也占了较重要的地位。

阿拉伯人认识一种野生胡萝卜，一种栽培的胡萝卜。野生的

① Materia Indica，Vol. I，p. 57.

② *Z. f. Ethnologie*，Vol. XXIII，1891，p. 662.

③ Hist. Plant.，IX，xv，5.

④ Géographie botanique，p. 827.

名叫 nehšel 或 nehsel,[①]是迪欧斯柯利兹[②]传授给他们,他们才认识的;栽培的那一种名叫 jezer,sefanariya(在马格里布的方言里叫 zorudiya)和 sabāhīa。[③] 从希腊字 δαῦκος 派生出来的阿拉伯字 danku 或 dūqū 专指野胡萝卜的籽。[④]

约勒[⑤]揣测古代伊朗人即知有胡萝卜这个植物,然而他所举的证据难以令人接受,他说:生长在波斯西部的道克斯·马克西摩司只是一种野生的胡萝卜。这个植物学上的事实不能证明伊朗人熟知栽培的胡萝卜。我们不知道这种植物有什么伊朗名字。直到穆斯林统治波斯的时候,在波斯才开始有人知道胡萝卜。当时波斯人只认识胡萝卜的阿拉伯名字 jazar 或 jezer,但是这字也许是由波斯语 gazar (gezer)引申出来的。阿布·满速儿[⑥]所著的波斯药物书里提到它,是用阿拉伯名字,他显然是从阿拉伯的材料里抄来的。他此外还指出一种名叫 šašqāqul 的野生胡萝卜,据阿洪多夫所说此即田刺芹。所以很可能是阿拉伯人在第十世纪移植胡萝卜到波斯。波斯名字除了 gazar (gezer)之外,还有 zardak[⑦] 和 šawandar;后者的意思是"甜菜根"和"胡萝卜"。

弗莱尔从 1672 到 1681 年在印度和波斯旅行,他把胡萝卜列为波斯产的根菜之一。[⑧] 这菜蔬很晚才来到波斯,这事实已由中

① L. Leclerc:Traité des simples, Vol. III,p. 380.

② 同上书,Vol. I,p.353。

③ 同上书,p.367。

④ 同上书,p.138。

⑤ Plantes dans l'antiquité,Vol. II,p.66.

⑥ Achundow:Abu Mansur,p.42.

⑦ 这字或来自 ard("黄色"):波斯语的 mūrāmum 据说是指一种野胡萝卜。在奥斯曼利语胡萝卜叫做 hawuj。

⑧ New Account of East India and Persia,Vol. II, p.310 (Hakluyt Soc., 1912).

国关于它在元朝移植到中国的传说所充分证实了。这事情经过的程序是合乎逻辑的。[1]

史利默尔[2]论这个问题有一段话如下："这种菜蔬，制成蜜饯品，波斯人认为可补肾益精。对于患浮肿病者，每天以胡萝卜为营养，很有好处。煮熟的胡萝卜，用醋腌了，可以消解脾脏充血。"在拔汗那只有黄色纺锤形短根的胡萝卜。[3]

## 香　料

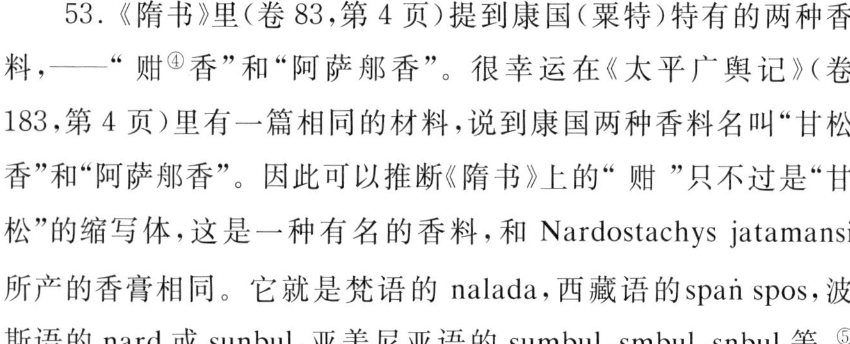

53.《隋书》里（卷83，第4页）提到康国（粟特）特有的两种香料，——"䞶[4]香"和"阿萨郝香"。很幸运在《太平广舆记》（卷183，第4页）里有一篇相同的材料，说到康国两种香料名叫"甘松香"和"阿萨郝香"。因此可以推断《隋书》上的"䞶"只不过是"甘松"的缩写体，这是一种有名的香料，和 Nardostachys jatamansi 所产的香膏相同。它就是梵语的 nalada，西藏语的spaṅ spos，波斯语的 nard 或 sunbul，亚美尼亚语的 sumbul，smbul，snbul 等。[5]



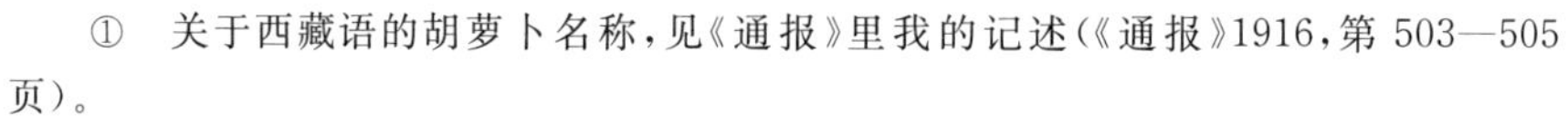

① 关于西藏语的胡萝卜名称，见《通报》里我的记述（《通报》1916，第503—505页）。

② Terminologie，p. 176.

③ S. Koržinski：Vegetation of Turkistan（in Russian），p. 51.

④ 此字未列在《康熙字典》里，但是这甘字旁说明它的读音必然是 kan，kam。

⑤ 阿布·满速儿（阿洪多夫的译本，第82，241页）提到印度的甘松香 sunbul-i-hindī。史利默尔（Terminologie，p. 36）鉴定此名字为 Andropogon nardoides 或 Nardus indica。在另一方面他又说（p. 555）在波斯还没看见过 Nardostachys 或 Valeriana jatamansi；但又说在治疗法上可用 Valeriana sisymbrifolia 来代替，这东西在德黑兰以南的山里很多。

有人说亚力山大的兵士们在格得罗西亚[1]所发现的甘松就是这一种，而有的人认为那是一种须芒草属。[2]

梵语名字 nalada 在《翻译名义集》(卷 8，第 4 页)里写作“那罗陀”，并很奇异地把此字分析为 nara-dhara(“人所佩带的”)，因为据说人们把这种香花系在他们的腰带上。nalada 这个字的历史很古老，因为它在《阿达波吠陀经》[3]里出现过。希伯来语 nērd，希腊语 nardos，[4]波斯语 nard 和 nārd 都是从这个字来的。[5] 因为圣经里用过这个字，所以它传到了所有欧洲的语言里。

据司徒亚特[6]说，这种植物在云南省和四川省西边境都有，但是它究竟是土生的还是移植来的尚不能肯定。如果中国其他地区没有这种植物，那么它或许是从印度来的，尤其因为云南自古和印度有接触，有许多印度移植来的植物。

54.“阿萨郝”[7]a-sar(sat)-na(《隋书》)，“阿薛那”(《魏书》卷 102，第 9 页)没有人加以解释。无疑它是一个伊朗名字的译音，说



① Arrian, Anabasis, IV, xxii, 5.

② Joret: Plantes dans l'antiquité, Vol. II, p. 648。又见 Periplus, 48; 和 Pliny XII, 28, Watt: Commercial Products of India, p. 792。马可·波罗(ed. of Yule, Vol. I, pp. 115, 272, 284)提到甘松香是孟加拉、爪哇、苏门答腊等地所产。尤勒(Yule)所提的马来字 nārāwastu(同前书 p. 287)必定与梵语 nalada 有关。

③ MacDonell and Keith: Vedic Index, Vol. I, p. 437; H. Zimmer: Altindisches Leben p, 68.

④ 最早是提奥夫剌斯塔提到的，IX, viii, 23。

⑤ 见本书第 274 页。

⑥ Chinese Materia Medica, p. 278.

⑦ 《康熙字典》无此字。《隋书》(第 4 页)同一页里这字又出现，是安国的河名“郝密”(Zara šan)，第 4 页有“郝色波国”(Na-sek-pwa; 沙畹著的 Documents surles Tou-kiue, p. 146 里作 Nakhšab 或 Nasaf)。在第 6、7 页写作“那密河”。又参考 Chavannes and Pelliot: Traité Manichéen, pp. 58, 191。

得更具体些，是粟特语名字的译音；但是我们至今还不知道粟特语里香料有哪一些名称。此词假定的原字为 asarna，axšana，asna。

55. 苏合香（Storax），一种有香味的物体（现在是从 Liquidambar orientalis 里提取；在古代是从药用安息香里提取），希罗多德（III，107）最早提到它，说它是腓尼基人输入到希腊的。中国人称之为"苏合"su-gap（giep），su-gab（日语 sugo），在《魏略》和《汉书》里都说它是大秦出产的。[①] "合会诸香，煎其汁，可为苏合。"[②]可注意的是这句子的开头一个字和末尾一个字都是"合"，这书里的解释未尝不可能是由于把"苏合"这个词作双关语，"苏合"无疑地是一个外国词的译音。除了字义上的解释之外，《广志》（公元527年以前写的）里还有一个地理学上的说法："苏合出大秦，或云苏合国。人采之，笮其汁以为香膏，卖滓与贾客。"[③]但是在中国的记载里从来没有谈到这个叫做苏合（Su-gab）的国家；因此也许这解释是虚构的，只是由于想给这神秘的外国字抓到似乎表面上讲得通的解释而已。

在《梁书》（卷54，第7页）里，苏合香列为从大秦和安息（帕提亚）输入的西印度的产品之一，解释为"诸香汁煎成，非自然一物也。"[④]此书讲述在大秦如何制造这香料，和《广记》上所说的一样。

---

① 《后汉书》卷118，第4—5页。E. H. Parker（*China Review*，VoL XV，p. 372）在一篇有关庄子的掌故里指出庄子愿吃蜣螂粪而不愿吃甘脂，因而推断在公元前第四世纪庄子时代中国就已经和亚洲西部国家有了间接的往来。他没提这故事的出处，或许它是后代编出的。

② 《续汉书》里也有这段文，改为"谓之苏合"。

③ 《翻译名义集》卷8，第9页。《太平御览》卷282，第1页。

④ 《翻译名义集》录有此文，说此物不是单纯的（纯一的）物质。

《梁书》在结束语上说"是以展转来达中国者,不大香也,"[①]《梁书》并记述扶南(柬埔寨)的阇耶范曼王[②]在公元519年进贡苏合香和其礼物与中国朝廷。[③]

最后,苏合香也列为萨珊时代波斯的产品之一。[④] 从伊朗和希腊的商业关系看来,从输出的产品的性质看来,可断言苏合香出售到波斯也像出售到印度一样。

汉梵辞典里"苏合"这名字有两个鉴定。在《瑜伽师地论》[⑤]的第三章里(此书在公元646—647年由玄奘翻译为汉语),见到一种香料的名字,叫做"窣堵鲁迦"sut-tu-lu-kyie;那就是梵语 sturuka = storax(苏合)。[⑥] 元应把这个名字鉴定为以前叫做"兜楼婆"du-lyu-bwa[⑦] 的东西。"窣堵鲁迦"这译音显然是根据一种写法,相当于埃及古写本希腊字 styrak-s,storak-s,styrákion(叙利亚语 stiraca,astorac)。"窣堵鲁迦"译音的还原提供了一个最有力的证据:中国人的"苏合"就是古代 storax 的名称。[⑧]

① 参看 Hirth:China and the Roman Orient p.47。

② 阇耶范曼名见《梁书》,《扶南传》,但本纪天监十八年(519)仅记扶南贡方物,不举王名。——译者

③ 参看 Pelliot: *Bull. de l'Ecole fançaise*, Vol, III, p.270。

④ 《隋书》卷83,第7页,或《周书》卷50,第6页。从这些材料并不能推断"苏合"或其他波斯产物是从该地输入中国,如夏德所推测的(《赵汝适》第16,262页)。这些材料仅仅记述这些产物出在波斯。

⑤ Bunyiu Nanjio:Catalogue of the Chinese Tripitaka, No.1170.

⑥ 《一切经音义》卷22,第3页。(参考伯希和文,刊于《通报》1912,第478—479页)。这材料是我自己寻着的,我不相信这名字和turuṣka有关系。

⑦ 或许梵语是 dūrvā(参考 *Journal asiatique*, 1918, II, pp.21—22)。

⑧ 汉柏雷的研究(Science Papers, pp. 127—150)仍然要算是最重要的药学上和历史上的探讨,凡对此事有兴趣的都不可不读。

《翻译名义集》(见同出处)鉴定了梵语译音的"咄鲁瑟剑"tu-lu-söt-kiam相当于梵语的turuṣkam,它与"苏合"为一物。在其他作品里甚至说是第六世纪(或更早)的《广记》所鉴定的。在《骈字类编》(卷195,第8页)里,这名字的第二个字不是"鲁"而是"竭"(g'iaδ),它说这个梵语字是出在《广记》里的。Turuṣka这个名字是指真正烧的香,[①]这种香料似乎从来没有叫做"苏合",看来这书里曾作了些拙笨的修改。

陶弘景(公元451—536年)叙述一个民间流行的传说;说"苏合"是狮子粪,又说这只是从外国传来的说法,并不正确。[②] 第八世纪的陈藏器[③]说:"按狮子屎赤黑色,烧之去鬼气。服之破宿血杀虫。苏合香色黄白。二物相似而不同。人云狮子屎是西国草本皮汁所为。胡人将来,欲人贵之,饰其名耳。"这个至今尚未解释的传说是可以有法解释的:在梵语里rasamala的意义是"粪便",这个字被爪哇人和马来人采用作为苏合的名称。[④] 这样一来,这个字的意义或许就被商人用来做宣传——这类例子在今日也不乏见。

在唐朝"苏合"也有从马来亚地区输入到中国的,尤其是从昆仑(在马来亚区)输入,据说那苏合是紫赤色,颇像紫檀(Ptero-



---

① 参考Language of the Yüe-chi,p.7。

② 陶弘景并没有肯定地说外国人声明过此事非真,而贝烈史奈德的翻译里误译为他是这样说的。(Bot.Sin.,pt. III,p.463)。只不过外国人可能把这说法传到中国,此事陈藏器已加以证明。此外,《唐本注》明明说这是胡人的谎言。

③ 《证类本草》卷12,第52页(1587年本)。

④ 贝烈史奈德误认为是加西亚·达奥塔说过Rocamalha应为Storax的汉语名称,司徒亚特找遍中国书籍也无法肯定这名字(Chinese Materia Medica,p.243)。其实加西亚是说流质的Storax在此地(即印度)叫做Rocamalha(Markham:Colloquies,p.63),他在此一事上连提都没提中国。

carpus santalinus，也是昆仑所产），坚实，非常芬香；[1]这植物是Liquidambar altingiana或高阿丁枫，是一种高大脱落性的树，生长在爪哇、缅甸、阿撒姆等地，它的木质芬香，出产一种有香味的树胶，一见风就凝固。十三世纪阿拉伯人输出流质的苏合到苏门答腊的三佛齐，[2]《太平广舆记》说苏合出产在越南，三佛齐以及诸番国，说它是从一种树胶里提取出来的，作医药上用。《梦溪笔谈》辨别出两种苏合，一种是红色固体的，很像硬木，另一种是胶状液体的，是为一般使用的。[3]

汉语译音“苏合”su-gap至今还没有人解释过。夏德[4]推测是希腊语 στύραζ 切开成了“苏合”，这说法难以令人满意，因为我们要从古代的读法su-gab着手，这个音和这个希腊字除了第一个音素之外并无相似之处。在古代草制纸的写本里没有任何树胶的名字可以和su-gab相比拟。[5] 闪语里也没有这种名字（参照阿拉伯

① 《证类本草》（见同处）。这树在《古今注》（卷下，第1页）里说是扶南所产，赵汝适说它是一种檀香木（夏德：《赵汝适》第208页）。李时珍（《本草纲目》卷34，第12页）说云南人呼“紫檀”为“胜”，这字很特别，云南音读作šeṅ，因此可以推出是čandan，sandan，sandal的方言变音。日语称之为šitan（松村任三，No，2605）。

② 夏德：《赵汝适》p.61。

③ 参考《骈字类编》卷195，第3页。Bretschneider：Bot. Sin.，pt. III，p.464。《本草》所引证的《香谱》是叶廷珪的作品，而不是洪刍的著作，这段文并不出在洪刍的书上（见唐宋丛书本第二页，云真品不易辨认）。欲知液体的苏合详情，可阅夏德：《赵汝适》，第200页。

④ 《赵汝适》p.200。

⑤ Muss Arnolt（*Transactions Am. Phil. Assoc.*，Vol. XXIII，p.117）推究出这希腊字来自希伯来语z'ri；希腊人应该把闪族语的外来词同化而成 στύραξ（长钉），这纯粹是幻想，而且这希伯来字和苏合无关，按盖森尼阿斯所说，它指一种香膏或树脂如乳香。据说Styrax officinalis在希伯来语里为nātāf（Exodus，xxx，34），Septuaginta στακή Vulgata stacte（E. Levesque在Diotionnaire de la Bible，Vol. V，col. 1869—1870）。

语 lubnā)。从这情况看来,我们可以提出这么一个问题:su-gab 会不会代表一个古代伊朗字?不过,这个推测在现今科学上也无法证明。在阿布·满速儿所著的波斯药物学里,苏合是用的阿拉伯名称 mī'a。[①] 波斯人还知道另一种叫做 rose-maloes 的苏合,据说是从一种生长在红海的卡布罗斯岛(在卡迪斯附近,离苏伊士三天的路程)的树上提取的,提取这产品的方法是把树皮放在盐水里煮,煮出胶状物体来。[②]

56—57. 最早记述"没药"的文章是在徐表所著的《南州记》里(写于公元第五世纪之前,但是只有节录保留在后代的作品里),如果《海药本草》可靠的话,其中有这么一段选录徐表的话[③]:"没药,波斯松脂也,状如神香,赤黑色,味苦温。"李时珍注释说他不知道神香是何种产物。《北史》里说"没药"为漕国所产,漕国在葱岭以北(葱岭即汉朝罽宾),[④]而这种产品在《隋书》记述漕国的部分却没提到。此外,也有人说"没药"是罽宾所产。此树在《证类本草》里有一幅粗略的插图,称之为广州(广东省)的没药,它说这植物生长在波斯,酷肖安息香。分成一块块出售,大小不一,色黑。

关于这个题目,李时珍[⑤]只引证宋朝的材料。他引了《本草衍义》(公元 1116 年)的作者寇宗奭的话,大意说没药出波斯,输入时呈大小不等的块状,色黑,像安息香。在陆心源所校订[⑥]的此书本



① Achundow: Abu Mansur, p. 138.

② Schlimmer: Terminologie, p. 495.

③ 《证类本草》卷 13,第 39 页,《本草纲目》卷 34,第 17 页。

④ 《太平寰宇记》卷 182,第 12 页。

⑤ 《本草纲目》,同上。

⑥ 卷 14,第 4 页。

文里没有包括这一段，只述说这药材的药性。[①] 苏颂说："今南海诸国及广州或有之，木之根株皆如柑榄，叶青而密，岁久者则有脂液流滴在地下，凝结成块，或大或小，亦类安息香，采无时。"

《酉阳杂俎》(卷18，第12页)里发生一个奇怪的混淆，它称桃金娘(myrtle)即爱神木为asa，这是它的阿剌迈克语的名字(阿拉伯语as)，而这一卷开头一句话就是"没树出波斯国。"[②]然而，也许正像夏德所说，在这一例上"没"字是用来代替中古和近代波斯语mūrd的译音，mūrd的意义是桃金娘(不但在帕拉菲古经《创世记》里如此，而且一般都如此)。[③] 没药(Myrrh)和桃金娘彼此毫无关系，不但属于不同科，而且不同目。桃金娘也不像没树似的产出一种树胶。所以，究竟在唐朝中国人知道不知道没药至今还很可怀疑。在这一事上，前面《南州记》里所引的那段话(一如那书里许多其他段的文一样)应该看作年代的错误。赵汝适的话是正确的，他说没树出东非洲的柏柏拉海岸和阿拉伯的海德拉谟特沿海地，关于这树胶如何取得，他还有一段颇正确的叙述。[④]

李时珍[⑤]认为"没"或"末"这个译音是代表一个梵语字。当

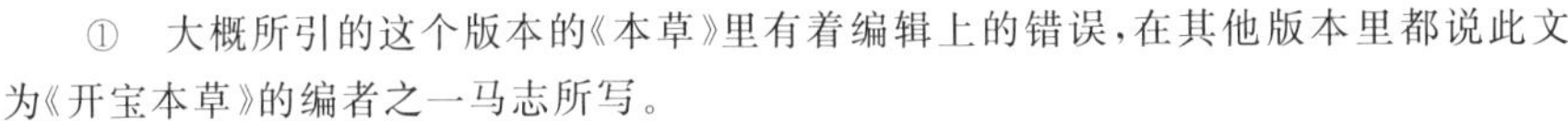

① 大概所引的这个版本的《本草》里有着编辑上的错误，在其他版本里都说此文为《开宝本草》的编者之一马志所写。

② 参考Hirth：*Journal Am. Or. Soc.*, Vol. XXX, p. 20。由于很奇怪的误解，《本草纲目》卷34，第10页里把《酉阳杂俎》这篇文章放在"密香"那一章内，因为误把"没香"当做"密香"的别名。

③ 这植物在新波斯语里另一名为anībā互或anītā。在后代阿维斯塔语里是muštemeša(Bartholomae：Altiran. Wört., col. 1189)。我不信这波斯字和亚美尼亚字murt是来自希腊字μυρσίνη(Schrader in Hehn：Kulturpflanzer, p. 238)或来自希腊字μύρτος(Nöldeke：Persische Studien, II, p. 43)。

④ 夏德：《赵汝适》，第197页。

⑤ 《本草纲目》卷34，第17页。

然，这是错误的：没药并非印度产物，只是从非洲的索马利海岸和阿拉伯输入印度的。汉语的"没"字相当于古代的 mut 或 mur；"末"字相当于古代的 mwat，mwar 或 mar。"没"字无疑地是试图用来作为这个闪语-波斯语名字的译音——希伯来语 mōr，阿剌迈克语 murā，阿拉伯语 murr，波斯语 mor（希腊语 σμύρα，σμύρον，μύρον，拉丁语 myrrha）。[①]

汉语这名字究竟是阿拉伯语的译音还是波斯语的译音，至今还不能肯定：如果这个译音真是迟至宋朝才出现，那么原字是阿拉伯语的可能性较大些；但是如果它是唐朝或更早些就有的，那么它很可能是伊朗语。

提奥夫剌斯塔[②]提过在阿里亚地区有一种"荆棘"，其上有一种外貌及气味都像没药的树胶，一经太阳晒过它就下滴。斯特拉波（XV. ii，3）肯定地说格得罗西亚出产各种香料，尤其是甘松香和没药，产量甚丰，亚力山大的军队在行军时用它涂在帐篷罩和卧床上，这样就便他们所呼吸的空气充满香味，更增进健康。然而现代的植物学家们在格得罗西亚或伊朗的任何其他地区都没有发现这种植物。[③] 大概古代的伊朗没药是一种不同的密儿拉属植物（Balsamodendron，或许是 B. pubescens 或 B. mukul）。据



① Pliny，xii，34—35；Leclerc：Traité des simples，Vol. III，p. 300；V. Loret：Flore pharaonique，p. 95。mwat 似系爪哇语及柏利语 madu（"没药"；马来语 manisan lebah）的译音。在一篇由粟特语或叙利亚语文章的回鹘语译本中出现过 zmurna 或 znmran（"没药"）与这希腊字有关（F. W. K. Müller：Uigurica，pp. 5—7）。

② Hist. Plant.，IV，iv，13.

③ C. Joret：Plantes dans l'antiquité，Vol. I，p. 48.

格意加[1]说,Balsamodendron mukul 在俾路支语里叫做 bōd, bōδ 或 bōz,这字的意思只是"香味,芬芳"而已。这字来自阿维斯塔语的 baoiδi,在帕拉菲语里是 bōd,bōī,粟特语 *fraβōδan*,*βōδa*,新波斯语 bōī,bō(欧塞提克语 bud,"香")。[2]

还有一件值得注意的事是中国古代关于萨珊王朝波斯的记载里未提没药。如果把植物学上的证据加以适当的考虑,就可以看出《南州记》、《酉阳杂俎》、《开宝本草》和《证类本草》所说的产没树的波斯不会指伊朗波斯。的确这树也不产于马来亚地区;但是因为这产品显然是路经马来西亚而推销到中国,因而在中国人中就可能流行一种看法,认为这物品的产地是马来亚波斯。

日本人称没药为 mirura,这只是 myrrha 的现代译音而已。[3]

58."青木香"据说是萨珊朝代的波斯所产。[4] 这究竟是一种什么物体,未见解释。然而这名字和"木香"及"蜜香"通常是指姜属植物(costus)的根或马兜铃(putchuck 或 pachak),仅从这一事我们可以推断这波斯香料与之性质相同。夏德[5]也作如此想,不过这事仍然是带有几分假定的。诚然,这汉语名字没有什么植物学上的意义,因为它只是商业上的命名,乃来自极不相同的地区所产的各种不同的树根的通称。假如赵汝适把出产马兜铃的植物和

① Etymologie des Baluči,p.46.

② 关于摩尼教徒使用拜香,可阅 Chavannes and Pelliot:Traité manichéen, pp. 302—303, 311。

③ 松村任三:《日本植物名汇》No.,458。

④ 《魏书》卷 102,第 5 页;《隋书》卷 83,第 7 页。

⑤ 《赵汝适》第 221 页。Putchuck 非 Aucklandia costus 的根,而是 Saussurea lappa 的根(见 Watt:Commercial Products of India,p.980)。

丝瓜，一种华南的胡芦科植物 Cucurbitacea 相比（他把小豆蔻也和它相比），那就显然可见他没有揣摩出 Saussurea lappa 的真正姜属植物根是什么样子，那是一种高而壮大的草本植物，是喀什米尔山谷周围八九千尺高的潮湿辽阔的山坡上土生的。假如他又说这种产品出于海德拉谟特和索马利海岸，我认为我们没有理由说他这看法是错误的，因为一种名叫“木香”的产品确实在他那时代从那地区来到中国。这种说法有何不可呢？迪欧斯柯利兹也提过一种阿拉伯的姜属植物，白色，有香味，质量最好；此外，他还提一种印度的姜属植物，黑色而光滑，一种叙利亚种，蜡色，微黑，香味极强。显然这三种东西符合于三种不同植物的根，它们有某些共同的属性；我们很有理由不信现代的姜属植物和古代的是相同的东西。阿拉伯人采用了迪欧斯柯利兹[①]所用的名字。多德王辨别出一个白色的印度种，一个黑色的中国种和一个红而重的种，又说这是一种 Agallochum 树。在亚洲几乎每一地区都看得见有香味的树根，多少都符合于印度 kuṣṭha 的属性。譬如在西藏和蒙古，这印度的 kuṣṭha 是和木香属（Inula）列在一起，西藏字 ru-rta 原来指一种 Inula，被佛经翻译者采用来翻译梵语的 kuṣṭha。[②] 同样地，汉语“木香”早先是指一种云南土生植物，据古代作品《别录》所说，生长在永昌的山谷里。[③]《蛮书》证明了这传说是正确的。它

① Leclerc：Traité des simples，Vol. III，pp. 85—86.

② H. Laufer：Beiträge zur Kenntnis der tibetischen Medicin，p. 61.

③ 吴其浚（《植物名实图考》卷 25，第 11 页）也说过这植物不是番邦所产的 putchuck。他的话是对的。他的三张 putchuck 插图，一为江苏海州产，一为广东产，一为安徽滁州产，都是从《图书集成》里临摹下来的（第二十册，卷 117），说明三种不同的植物。

提到一个名叫“青木香”的山脉，在永昌迤南三天的路程。这山脉因产大量的这种树根而得名。[①]《蛮书》又说南海的昆仑国也产这东西；[②]唐朝的苏恭说他所知道的这两种木香，以昆仑产的为最好，而杭州西湖[③]所产的不太好。[④] 在陶弘景时代（公元 451—536 年）这树根不再由永昌运来；而大部分从外国舶来，并说它来自大秦[⑤]——因此这大概就是和迪欧斯柯利兹所说的阿拉伯和叙利亚姜属植物为同一物。第七世纪的 Cĕn Kwan[⑥] 引证《南方草木状》说此树根出产在印度，是一种草本植物的产品，样子像甘草根。《太平御览》（卷 982，第 3 页）说此文引自第三世纪的《南州异物志》，而《广志》却说这产品是出在交州（越南北部）和印度。苏颂关于这植物又有不同的描写。因此中国所提供有待鉴定的树根品种无疑地已证明是来自不同的植物，如：Aplotaxis auriculata，大叶

① 《滇海虞衡记》（卷 3，第 1 页，见本书第 54 页注②）说木香出产于云南省的车里土司，以前该地叫“产里”。

② Pelliot：*Bull. de l'Ecole française*，Vol. IV，p. 226.

③ 杭州西湖未闻有产木香之说。重修《政和证类本草》（四部丛刊影印本）卷 6“青木香”条引唐本注云“此有二种，当以昆仑来者为佳，出西胡来者不善。”按“昆仑采者”指从海上外舶进口品，“西胡来者”指从西域陆路来者。有的本子“胡”字误加水旁，成“西湖”，此书著者又任意加“杭州”二字，遂有此误。——译者

④ 这树根出产在昆仑国的说法并非虚构，这传说已为加西亚达奥塔所证实，他确定 pucho 产在马六甲，由是地输入中国。

⑤ 此文真实可靠，已载于《太平御览》内（卷 991，第 11 页）。

⑥ 此名不见有关各书，当是“甄权”之误。按《古今图书集成》草木典第 117 卷木香部引“甄权曰：《南州异物志》云，青木香出天竺，是草根，状如甘草也。”本书著者所言《南方草木状》应是《南州异物志》之误。《南州异物志》成书在前，不待引《南方草木状》。著者未言此条所本，显系从西方学者著作中转引，未查对材料，故有此误。——译者

马兜铃、木香等。[①] 如果姜属植物(这是一个通称)不但在印度和喀什米尔有,而且在阿拉伯、叙利亚,中国西藏、蒙古、中国以及马六甲等地都有,那么波斯也同样可能有一种它本国的姜属植物或是从印度[②]及叙利亚输入的,这是一个不能确切决定的问题。语言学上的证据是不充分的,因为波斯字 kust 是来自阿拉伯语。当然这阿拉伯语是可以追溯到梵语 kuṣṭha,此物已经传播到全世界。[③] 这一件事,有如商业史上许多其他事例一般,证明了世人多么不情愿让某些专利被人长久独占。真正的姜属植物过去是,现在仍然是喀什米尔的特产,但是各地都想探寻出相等品或代替品。商标仍然是一样的,而物品却常变。

59. 中国人叫做"安息香"的东西是两种不同香料合成的:一种是伊朗地区的古代产物,至今还没鉴定;一种是马来亚群岛的一种小安息香树 Styrax benjoin[④] 所产的。这两种必须截然加以区别。而且必须了解原来是指一种伊朗香料的古代名称,后来在伊朗停止输入时,就转用在马来亚的产品,也许因为这两件东西外貌很相像的缘故。然而这两种物质在植物学和历史上都没有相互的关系。赵汝适试给这二物建立起关系,他猜想这名字是得自"安



① Hanbury:Science Papers,p.257.Stuart:Chinese Materia Medica,p.43.

② 从加西亚的话( Markham:Colloquies,p.150)可知道姜属植物在十六世纪是由印度运往忽鲁模斯,再从是地运到波斯和呼罗珊,路经亚丁远到波斯和阿拉伯。

③ 吐火罗语里写作kaṣṣu(S. Lévi: *Journal asiatique*,1911,II,p.138)。

④ Benjoin 为阿拉伯字 lubān jāwī 之转讹("爪哇香",即阿拉伯之苏门答腊)。在葡萄牙语里变为 benzawi 又作 beijoim,benjoim(见于 Vasco da Gama 和 Duarte Barbosa);西班牙语为 benjui,menjui;意大利语为 belzuino; belguino;法语为 benjoin。参见 R. Dozy and W. H. Engelmann:Glossaire des mots espagnols et portugais dérivés de l'arabe,p. 239 ;S. R. Dalgado:Influência do vocabulário português,p,27。

息”(帕提亚),但是这物品是路经苏门答腊的三佛齐输入的,[1]他这说法毫无根据,因为这不是由帕提亚或波斯输入苏门答腊的问题,而是真正生长在苏门答腊、婆罗洲和其他马来亚群岛[2]的一种植物的产品。这产品在马来亚语叫做 kamiñan(加西亚达奥塔称为 cominham),爪哇语为 meñan,巽地语为 miñan。这物品的二重性和名称的相同自然在中国作者当中引起了很多的混乱,也许在欧洲作者当中也如此。至少这问题还没有人清楚地加以说明,尤其贝烈史奈德[3]没有解释清楚。

据苏恭说,安息香出产在西戎——西戎是一个含糊的名称,也许指伊朗各地。李珣在他所著的《海药本草》(第八世纪后半叶)里说这植物生长在南海(即马来群岛)和波斯国。把波斯和南海列在同等地位,很可能他是指马来亚的波斯而不是中亚的波斯,尤其因为李时珍自己也说这植物现在出产在安南、苏门答腊和所有的外国。[4] 为何“安息”这名字会应用在马来亚产品上,这理由可以用这么一件事实来说明:中国的西南面,伊拉瓦底河以西,有一个城名叫“安西”,贾耽的旅行日记和唐朝的《蛮书》[5]里都提到了。这

① 夏德:《赵汝适》第 201 页。

② 据加西亚达奥塔(C. Markham:Colloquies,p. 49)说,benjoin 只出在苏门答腊和暹罗。皮拉德(Vol. II,p. 360,ed. of Hakluyt Society)于 1601 并 1610 年游历各地,据他说此物主要出产在马六甲和苏门答腊。

③ Bot. Sin.,pt. III, No. 313.

④ 马来亚产品不在本文讨论之列,故不多论(见夏德:《赵汝适》第 201—202 页)。贝烈史奈德根据不可靠的《本草》所翻译的文章里,把“烧之能集鼠者为真”了解为“燃烧真正的安息香可以诱鼠(?)。”问号是他加的。我认为这话的意思是“能够引诱老鼠的那种香是真品。”

⑤ 参考 Pelliot:*Bull. de l'Ecole française*, Vol. IV, pp. 178, 371。

地方在何处尚未确定。此产品或因此地或其他同名地点而得名；不过在目前这仍然只是假设而已。《滇海虞衡记》(卷3,第1页)说“安息”出产在“八百大甸土司”,以前叫做“八百媳妇地”,在云南省。

《酉阳杂俎》(卷18,第8页)里有下面这段记载:“安息香树出波斯国,[1]波斯呼为辟邪树,[2]长三丈,皮色黄黑,叶有四角,[3]经寒不雕。二月开花,黄色,花心微碧,不结实。刻其树皮,其胶如饴,名安息香,六七月坚凝,乃取之。烧通神明辟众恶。”我虽不是植物学家,我却不能相信这段描写是指安息香树。此属的植物只有小树,从来到不了三丈高,花是白色而非黄色。而且,我不信这里所讨论的是波斯植物,不过我想《酉阳杂俎》里的波斯是指马来亚波斯。[4]

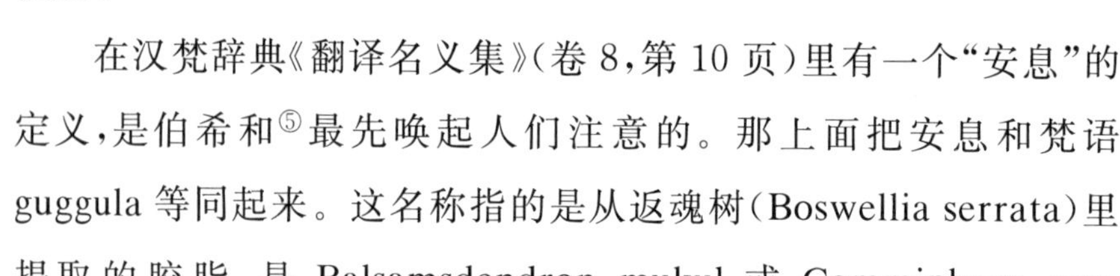

在汉梵辞典《翻译名义集》(卷8,第10页)里有一个“安息”的定义,是伯希和[5]最先唤起人们注意的。那上面把安息和梵语guggula等同起来。这名称指的是从返魂树(Boswellia serrata)里提取的胶脂,是Balsamsdendron mukul或Commiphora rox-

---

① 贝烈史奈德(Bot. Sin.,pt. III,p. 466)和夏德(《赵汝适》第202页)两人都把Po-se当做波斯。而不去调查所指的是何种植物;安息香树不产在波斯。加西亚达奥塔已说过benjuy(他是这么写的)不出在亚美尼亚、叙利亚、非洲,或施勒尼(Cyrene)而是只出产在苏门答腊和暹罗。

② “辟邪”不是外国语的译音,古体bik-dza既不成为波斯字也不成为马来语字。

③ 贝烈史奈德是植物学家,把“叶有四角”了解为“叶子向四角伸长(!)”,照字义是说叶子是四角形或方形。说叶子有“四棱”意指四个尖端,每端都很尖。

④ 见下面论“马来亚波斯”一章。

⑤ 《通报》1912,第480页。

burghii 的产物，希腊人称之为 bdellion。[1] 或许也包括其他的 Balsamodendron 植物；必须记住 Balsamodendron 和乳香属植物都是橄榄科或 Amyrideae 科的植物但不同属。伯希和认为这样解释就易于了解“安息香”这名称，这名称是附带在阿萨塞德朝代波斯的古汉语名字上，他这看法是对的。其实我们在俾路支斯坦的岩石上看见过产拜香的两种植物，Balsamodendron pubescens 和 B. mukul，[2]亚力山大的军队在格得罗西亚的沙漠上看见了这两植物，随军的腓尼基商人大量地采集它。[3]

虽然“安息香”这名字可能原用于表达“帕提亚的香”的意思，但我们不可忽略一事：在有关帕提亚（安息）和波斯的古代历史文件里没有提到此物，——这是一件罕有的情况，值得思考。这物品只被指出为突厥斯坦的库车和葱岭北面的漕国的产品。[4]

中国人除作了地理上的解释之外，还试图从这名称字面上的语原来解释。据李时珍说，“此香辟恶，安息诸邪，故名。或云安息国名也。”这种照字直译绝对是牵强而且离奇。

## 马来亚波斯及其产物

前面文章里屡次提到这么一件事实：除了伊朗的“波斯”作为

---

① 参考《通报》1914，第 6 页。

② Joret：Plantes dans l'antiquité，Vok. II，p. 48。前一种在俾路支语为 bayi 或 bai。

③ 同前书，p. 649。

④ 《隋书》卷 83，第 5、7 页。

古代国名 Parsa 的译音之外，中国人还认识另外一个同名的国家和人民，也是同样的写法，那国家的地点据说在南洋，可想而知它一定是属于马来亚群岛。中国作者把两个波斯混淆的事情有过很多，因此难怪欧洲的汉学家当中这种混淆更加严重。每逢中国的记录里讲到马来亚波斯，他们必定把它误认为伊朗波斯。所以现在来仔细考察一下我们对这个神秘的南海波斯有何认识，倒是一件很及时的工作。可惜中国人从来没有把有关南海波斯的零散的记述整理在一起；就我所知道的，他们的百科全书对这问题都没有过连贯的记载：就连波斯这个名字的双重意义都似乎从来没有引起中国作者的注意；至少我没有寻到什么文章强调这两个波斯的存在或拿它们对比。在我探索这事情中，很难希望对资料的研究能够全面，我相信有许多与此问题有关的文章漏过未看或得不到手。



大约公元 860 年樊绰所著的《蛮书》[①]（第 43 页）里提到了马来亚波斯，他说："骠国在蛮永昌[②]城南七十五日行程……与波斯及婆罗门[③]邻接。西去舍利城二十日程。"这文章很清楚地说明唐朝所认识的波斯在与缅甸相连接的某地区，在亚洲大陆上。

《蛮书》另外一段里（第 29 页）讨论一个名叫大银孔的地方（显然是一个银矿），还没有十分确定它的地点，或许它位于暹罗湾上，

① 欲知此作品，可参看 Wylie：Notes on Chinese Literature，p. 40；和 Pelliot：*Bull. de l'Ecole française*，Vol. II. p. 156；Vol. IV，p. 132。

② 永昌在云南省。《太平寰宇记》说骠国离这地区三千华里（参考 Pelliot：*Bull. de l'Ecole française*，Vol. IV，p. 172）。《蛮书》里的这篇文也录在郭允蹈所著的《蜀鉴》（卷 10，第 10 页 1236 年著）。

③ 我认为此名词并非印度通称，而是指缅甸附近的某一个国家。

在它的南面，婆罗门人、波斯人、阇婆人（爪哇）、渤泥人（婆罗洲）和昆仑人聚集交换货物。宝石很多；贵重的货物是金子和麝香。[①]无疑这里所说的是马来亚波斯，而不是伯希和[②]所推测的伊朗波斯。在《南夷志》里有一篇相似的材料，为《太平御览》（卷981，第5页）所引证了，它说："南诏有婆罗门、波斯、阇婆、渤泥、昆仑数种外道交易之处，多珠珍宝，以黄金[③]麝香为贵货。"这篇材料和《蛮书》上那篇相同，所不同的是这五个部族的人们交易的中心地点是在南诏国（今之云南省）。派克[④]注意到了《唐书》里提到了波斯，但是他却没表示这书里所指的是哪一个波斯。《唐书》谈骠国（缅甸）的那一卷里说在骠国首都附近有砂土山和荒地，邻接波斯和婆罗门，——这和上面《蛮书》[⑤]里那一段相同。

公元742年长江沿岸的扬州有一个和尚名叫鉴真，航行到日本，在航程中于748年也到过广州。我们从日本学者高楠所摘录他的日记[⑥]的短短一段里看到这样的话："广州珠江有婆罗门、波斯及昆仑人（马来族）之估舶无数。"这作品里的这一段我手边没有，不过毫无疑问它所说的三个国家：婆罗门、波斯和昆仑就是《蛮



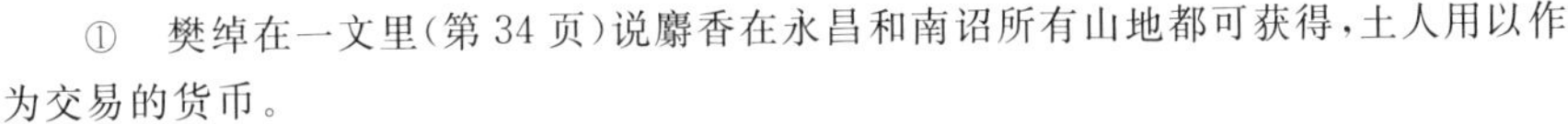

① 樊绰在一文里（第34页）说麝香在永昌和南诏所有山地都可获得，土人用以作为交易的货币。

② *Bull. de l'Ecole française*, Vol. IV, p. 287, note 2.

③ 文里有"煮金"二字，我不知"煮"字在此处作何解，或系"黄"字之误。《蛮书》里用的是"黄"字。

④ *Burma with Special Reference to Her Relations with China*, *p.* 14（*Rangoon*, 1893）.

⑤ 《旧唐书》里记述骠国部分无此文。

⑥ Premier Congrès International des Etudes d'Extrême-Orient, p. 58（Hanoi, 1903）；参考 G. Ferrand：Textes relatifs à l'Extrême-Orient, Vol. II, p. 638。

书》里所提的那些国家：讲的不是婆罗门教，而是在缅甸边境的婆罗门国和人民，缅甸的边境的波斯，和马来亚的昆仑。因此可看出第八世纪前半马来亚波斯人是操航海业的民族，和中国人在广州做交易。所以在海南岛的南岸这位旅行者所发现的据称为波斯人的居留地就是马来亚波斯人的一个殖民地。从这情况看来，可以再提出一个问题：义净在公元671年在广州乘搭的是否波斯船？[①]那船是开往苏门答腊的三佛齐，在马来亚海里行驶；我还是认为这里所说的是马来亚波斯，而非伊朗波斯。

马来亚波斯或许远远早于唐朝以前就已为人所知，因为公元527年之前所写的《广志》里好像已提过它。宋朝洪刍所著的《香谱》[②]里引了《广志》的话，说乳香[③]是南海波斯国的一种松树脂。这个波斯解释得很明确，不容把它当做伊朗波斯，而且伊朗波斯不产乳香。[④]



这段文也摘录在第八世纪李珣所著的《海药本草》[⑤]里，措辞稍有不同，但是大体上是一致的："乳香生南海，是波斯松树脂也，紫赤如樱桃，透明者为上。"《本草衍义》（公元1116年著）的作者寇

① Chavannes：Religieux éminents，p. 116；高楠顺次郎：《义净》p. xxviii.

② 唐宋丛书本，第5页。

③ 未必是由Boswellia取得的，与frankincense（乳香）也并非一物。上文说"乳香"为一种熏陆香。"熏陆"为香之通称，非专指某种香。我完全同意伯希和的看法（《通报》1912，p. 477），认为熏陆是中国字，不是如人们所想象的外国字的译音。

④ 《隋书》里把熏陆香列为波斯产品之一，意指香在中国为进口商品，但不能就由此推断它是"波斯船运到中国"（夏德：《赵汝适》第196页）。"波斯船"似乎是空想因为迟至穆罕默德时期波斯船才在远东出现。叙述此事的文章要以第八世纪慧超的记述为最好（Hirth：*Journal Am. Or. Soc.*，1913，p. 205）。

⑤ 《本草纲目》卷31，第16页。

宗奭说南番产的供香比印度南部产的更好。马来亚波斯属于南番。在有关供香的记述里所讲的是这个南番，而非伊朗波斯，《本草别说》的作者陈承把这事解释得非常明白，他说："西出天竺，南出波斯等国，西者色黄白，南者色紫赤。"从这段文字可推断南波斯出产一种特有的香，也很可能这种香是从一种松树上取得的，如《广志》里所说的。

《广志》里还有一段关于波斯的很有趣的记述。它说："柯树(Quercus cuspidata)生广南山谷，波斯家用木为船舫者也。"[①]这里指的又是马来亚波斯人。《广志》可能是晋朝(公元 265—420 年)[②]所写，那时伊朗波斯在中国尚未为人所知。在公元 461 年伊朗波斯的使节来到北魏的宫廷时，[③]这国名才初次传到了中国。还有一点也不可忽略，伊朗波斯和中国的交通总是经过中部亚细亚从陆路来，而马来亚波斯却有两条路通中国，或经陆路到云南，或经海路到广州。也可能这种橡树的名字"柯"ka 和它的别名"木奴"都是从马来亚波斯语来的。

公元 1080 年王存所著的《九域志》说波斯的居民头戴布巾，以黄绸制都缦(即围裙)。[④]

公元 1103 年缅甸、波斯、昆仑三个国家把白象和香料进贡与

---

① 第八世纪李珣所著《海药本草》里也转录此文(《本草纲目》卷 35，第 14 页)。李珣提到了马来亚波斯的几种植物和产品。

② Pelliot: *Bull. de l'Ecola française*, Vol. IV, p.412.

③ 参考 Devéria in Centenaire de l'Ecole des Langues Orientales, p.306。

④ 派克(E. H. Parker)在 China Review, VoL XIX, 1890, p.191 上介绍这篇文，他说"似乎所指的不是波斯，而是婆罗洲或马六甲的一个国家，如婆利国或婆罗国。"

云南大理王。森生[①]译文里说这是伊朗波斯，其实仍然不是。伊朗波斯向来和云南没有什么关系，而且从伊朗波斯如何能把大象运到云南去，是难以理解的。我们知道这些波斯人在第九世纪末唐朝的时候和云南所建立的商业关系一直延续到第十二世纪的宋朝。

《宋史》里曾附带提到波斯。[②] 公元992年爪哇一个使节团到达中国，据说这些使节的服装很像以前来进贡的波斯人。爪哇人的服装决不会像伊朗波斯人。葛罗尼费特[③]轻率地说这是指伊朗波斯人，其实爪哇人穿的衣服很像他们同种的马来亚波斯人。

周去非在1178年所著《岭外代答》（卷3，第6页）里有下面这段关于波斯的描写："西南海上波斯国，其人肌理甚黑。鬓发皆拳，两手钤以金串，缦身以青花布。无城郭。其王早朝，以虎皮蒙杌，叠足坐，群下礼拜。出则乘软兜，或骑象，从者百余人，执剑呵护。食饼肉饭，盛以瓷器，掬而啗之。"赵汝适也录下了这段文，略有一些修改。他的文里说波斯位于西南各国之上，这话不很正确。[④] 总之，宋朝作者所下的地理定义都太含糊，不能从中得出可靠的结论。《岭外代答》里的话不一定就是说波斯是在一个岛上，夏德推断它也许在马来半岛上或其附近。不管上面这段描写是多么含糊不清，但所讲的这部族是马来亚族或尼格利多族，却是不容置疑的事实。



---

① Histoire du Nan-tchao，p.101（1550年杨慎所著《南诏野史》的译本）。

② 《宋史》卷489。

③ Notes on the Malay Archipelago，p. 144.

④ 卷上，第33页；Hirth译本，第152页。

就我所知，明朝的历史及地理文献里没有提到马来亚波斯，但是关于那个国家的传说却流传下来了。李时珍论陈藏器的“阿勒勃”时（见前《阿勒勃》章），作了这样的注解：“波斯西南夷国名也。”

现存的一些材料证明波斯语属于马来语系。坪井熊三[①]着重提到波斯语的数目字，在一部十二世纪初日本作品《江谈抄》（大江家笔记）里传了下来。这些数目字用日语译音如下：

| | |
|---|---|
| 1 sasaa，sasaka | 9 sa-i-bira 或 sa-i-mi-ra |
| 2 toa | 10 sararo 或 šararo |
| 3 naka，maka | 20 toaro |
| 4 namuha（nampa） | 30 akaro，akafuro |
| 5 rima（lima） | 40 hiha-furo |
| 6 namu | 100 sasarato，sasaratu |
| 7 toku，tomu | 1000 sasaho，sasahu |

8 jembira 或 gemmira

福劳伦兹（Florenz）把这一系列数目字正确地辨认出为一种马来语，虽然不能把所有的数目字都和任何已知的方言证明完全相同（这是不大可能的）。若要确证，就必须把各种马来亚的语言都搬出来。然而即使如此做，有些字仍然还会认不清。这数字 1 相当于马来语 sa，satu；2 相当于 dua；4 相当于 ampat；5 相当于 lima；6 相当于 namu；7 相当于 tujoh；9 相当于 sembilan；10 相当于 sapuloh。数字 20 是 toa 2 与 ro 10（马来语 puloh）组成的；30 是 aka（= naka，3）与 ro 或 furo 10 组成的。数字 100 是 sasa 1 与

① Actes du Douzième Congrès des Orientalistes，Rome 1899，Vol，II，p. 121.

rato(=马来语的-ratus)组成的。

前面我曾指出《酉阳杂俎》(卷16,第14页)里所引用的两个波斯字不可能是伊朗波斯语,而看得出它原是马来语。[①] 这书上说波斯人称象牙为“白暗”,称犀牛角为“黑暗”。前者相当于古字bah-am;后者相当于hak-am或het-am。后者恰恰符合于查雷语hötam,比沙亚语itom,塔加罗格语ītim,爪哇语item,望加锡语,etaṅ,占语hutam (hatam或hutum),马来语hītam;所有这些字的意思都是“黑”。[②] 我起先以为“白暗”属于putih,pūteh系统,其实不对,而是属于另外一系:占语bauṅ,boṅ或bhuṅ;辛诺伊语biūg,马六甲的沙克伊语和赛满语的其他写法biok,biäk, biēg, begiäk, bekuṅ, bekog;[③]阿勒弗语、波洛文语、康都语、卡笙语、拉菲语、尼阿语bok、塞登语röboṅ、斯蒂恩语bōk(白色);巴那语bak(孟语bu)。[④] 所以看起来波斯语好像和马六甲各部族的语言都有些关系。波斯人称象牙和犀牛角为“白”与“黑”。语言学的材料无论多么不足,它总显示了与马来语的关系,推翻了贝烈史奈德的理论,[⑤]他说马来亚群岛的波斯——据说在苏门答腊——是由于“伊朗波斯人和苏门答腊人作很多买卖,或许在那里建立了殖民地”而产生的。这完全是没有根据的推测,也已为葛利尼[⑥]所驳斥;这些

① Chinese Clay Figures, p. 145.

② 参考Cabaton and Aymonier: Dictionnaire čam-français, p. 503。

③ P. Schmidt: *Bijdragen tot de Taal-, Land-en Volkenkunde*, Vol. VIII, 1901, p. 420.

④ 同上,p. 344。

⑤ Knowledge possessed by the Chinese of the Arabs, p. 16.

⑥ Researches on Ptolemy's Geography of Eastern Asia, p, 471.

波斯人不是伊朗波斯人，而是马来亚人。

葛利尼[①]对波斯问题颇有些研究，他认为波斯或许就是发苏国（据《古事纪》[Bhāgavata Purāna]上所说此国在屈奢洲[Kucadvīpa]）[②]，他又认为或许它就是兰贝西（Lambesi），即贝西（Besi）或巴西（Basi）（lam 意思是“村庄”），乃苏门答腊西海岸的一个小国，与亚齐南面邻接。这个鉴定，从语音学上看首先就是不可能的；汉语的“波”字向来没有古代的有声唇音，而仅是无声唇音（pwa）。[③]

坪井熊三[④]认为“波斯”是 Pasi，Pasei，Pasay，Pazze 或 Pacem 的译音，乃苏门答腊北面金刚石海角附近的一个港口，后来在财富上堪与马加巴利特及马六甲匹敌；马可·波罗称之为 Basma。[⑤]

布莱格登[⑥]谈到这个波斯时说：“人们很容易以为这名字代表苏门答腊东北面的 Pose 或（Pasai）；但是我得不到证据以证明这地方早在 1178 年就存在了。”如果真没法证明，那么布莱格登所提的说法更加难以鉴定了；因为我们知道中国人从第七世纪到第九世纪唐朝的时期，或者甚至于更早，就知道有波斯了。关于波斯在

① Researches on Ptolemy's Geography of Eastern Asia，p. 682。

② dvipa 梵语，义为“洲”，如 yamanadvipa.《大唐西域记》译为“阎婆那洲”。——译者

③ 在此书 471 页上葛利尼鉴定 Po-se 为马来半岛较南部的 Basisi 部族。然而很难理解葛利尼为什么往苏门答腊去寻找 Po-se，他根据派克的书引录了公元 802 年的一份中国材料，那材料说缅甸首都附近有砂土山，和一片荒漠，与 Po-se 奴婆罗门毗邻。

④ Actes du Douzième Congrès des Orientalistes，Rome 1809，Vol. II，p. 92.

⑤ 参考 Yule：Marco Polo，Vol. II，pp. 284—288。关于 Pase 王的记载，可阅 G. Ferrand：Textes relatifs à l'Extrême-Orient，Vol. II，pp，666—669。

⑥ *Journal Royal As. Soc.*，1913，p. 168.

地理上的位置，唯一能给我们一个大概线索的书籍就是《蛮书》；我认为在目前情况下，没有新材料之前，我们只能接受这个定义，至少对唐朝这个时期而言。从马来亚部族的行动看来，未尝不可能波斯人在宋朝把他们的地盘从大陆扩充到群岛上，不过我在目前是既不打算接受也不打算排斥他们在宋朝安居在苏门答腊的说法。

除了史书论及波斯之外，在另外一种文章里马来亚波斯也很引人注意，那就是本草文献和其他论述植物和产物的作品。我提议把这些著述详细地回顾一下。

60. 关于明矾，史密斯[①]说除了本国产地之外，据说也有从波斯、昆仑、大秦来到中国的。苏贝伦[②]说："明矾原采自波斯，现从西方输入。"梅利[③]把"波斯紫矾"翻译为"fan violet de Perse"。这些都是错的。夏德[④]对这事感到困难，因为明矾不出产在波斯，而是主要出产在小亚细亚。普林尼(xxxv,52)说西班牙、埃及、亚美尼亚、马其顿、本都和非洲都是产明矾的国家。夏德在《佩文韵府》里发现从《海药本草》摘录的一段，说"波斯矾"来自大秦。他认为"波斯矾"是一个误称，波斯只不过是向中国运出这产品的一个大市场而已。这一段文章不仅见于第八世纪的《海药本草》，而且远在更早以前也见于晋朝(公元265—419年)所著的《广州记》，那时



① Contributions towards the Materia Medica of China, p. 10.

② Etudes sur la matière médicale chinoise (Minéraux), p.2 (转载 *Journal de pharmacie et de chimie*, 1866).

③ Lapidaire chinois, p. 260.

④ Chinesische Studien, p. 257.

中国人还不十分知道波斯这个名字,《证类本草》(卷3,第40页)里引证《广州记》的话,说金线矾出于波斯国,另一段里说波斯白矾来自大秦。[①] 前一句话显然指因有杂质而变了色的明矾,现在印度和缅甸北部某些地方还有这种矾。[②] 因此马来亚波斯(因为这里所论及的只能是这个波斯)是出产不纯矾的地方,同时也是纯白矾的转运市场,把纯白矾从西亚细亚经过印度运到中国。显然可见就因为波斯的土产明矾早为人知,所以西亚细亚产的那种矾也以波斯为名。和波斯矾相等的有昆仑矾,它的颜色像黑泥。[③]

61. 第四世纪初张勃所著的《吴录》里有下面这段关于"蚁漆"的文章[④]:"居风县[⑤]有蚁絮藤,人视土中知有蚁,因垦发,有木枝插其上,则蚁出缘,如生漆坚凝。"除了伊利安[⑥]所写的荒谬离奇的记述之外,这要算最早提到漆虫的文章,漆蚁在越南语叫做 con môi,吉蔑语 kandîer,占语 mū,mur 或 muor。[⑦] 中国人的近乎传说的记载[⑧]和加西亚所谓这个大自然奇迹的东方传说不谋而合,

① 见于《本草纲目》(卷11,第15页)所录的《海药本草》的原文,文中分论两种波斯矾。

② Watt: Commercial Products of India, p, 61.

③ 《本草纲目》同前。

④ 《太平寰宇记》卷171,第5页。

⑤ 关于此地域,可参看 H. Maspero: Etudes d'histoire d'Annam, V, p. 19(*Bull. de l'Ecole française*, 1918, No. 3)。

⑥ Nat. Anim., iv, 46。关于此事,别无其他希腊及拉丁的记载。

⑦ 参考 Aymonier and Cabaton (Dictionnaire čam-français, p. 393),他们译此名为"termite, pou de bois, fourmiblanche"白蚁,木虱。

⑧ 但这还比伊利安的记述较有道理。

他说:“我受骗了许久。因为他们说在白古把小竿插到河底的淤泥,竿上就会出来带翅的大蚁,据说它们在竿上聚积大量的漆。[①]我问说这话的人是否他们亲眼见过这事。因为他们是靠收买红宝石和出售巴力穆产的布与孟加拉产的布以谋利的,他们回答说他们没有那么多闲工夫去看,只是听说过这个盛传的事。后来我同一位喜欢研究而有声望的人谈天,他告诉我说那是一种大树,叶似李树,大蚁把漆堆积在小树枝上。大蚁是泥土里或其他地方产生出来的。它们把胶聚在树上,当做一件官能上的事,有如蜜蜂制蜜一般;他说这是真事。然后把枝子从树上折下来,放在阴处去晾干。取下树胶,放在竹节里,有时连带着枝子一齐放进去。”[②]

《酉阳杂俎》(卷 18,第 9 页)里有如下的话:“紫铆[③]树出真腊国,真腊国呼为勒佉 lak-ka(即 lakka,lac)[④]亦出波斯国,树长一丈,枝条郁茂,叶似橘,经冬而雕,三月开花,白色,不结子。天大雾露及雨,沾濡其树枝,条即出紫铆。波斯国使乌海及沙利深所说并同。真腊国使折冲都尉[⑤]沙门施沙尼拔陁言,蚁运土于树端作窠,



① 这是葡萄牙语的“漆,虫漆”,laquer 可以推出它出自 lacre,词尾的 re 无解释。

② C. Markham:Colloqnies,p. 241.

③ 稗海本误作“鉟”。

④ 出自巴利语 lākhā(梵语 lāksa,laktaka),占语 lak,吉蔑语 lāk,暹罗语 tak(参考 Pallegoix: Description du royaume Thai Vol. I,p. 144)。因此我们大可在唐朝印度支那语里去寻这个印度字。这个字最早出现的经典作品为 Periplus (Ch. 6:λάκκος)唯有这一作品中有之。又参考普拉克立特语 lakkā;卡威语和爪哇语 lākā;塔加罗格语 la-kha。

⑤ 武官的头衔。

蚁壤得雨露，凝结而成紫铆[①]昆仑国者善，波斯国者次之。”[②]

这里所谈的是胶状漆或棒状漆（Gummi lacca；法语 laque en bâtons），亦名赤胶（kino），是一种叫做 Coccus 或 Tachardia lacca 的虫子所制的。这虫子生存于许多大不相同的树上，[③]树名“紫铆”或“紫梗”。周达观著的《真腊风土记》[④]里称之为“紫梗”，《本

① 白古产的胶状漆价值最低，其实它丝毫不差于其他国家所产的。贱价的原因是因为当蚂蚁在地面制造成堆的胶漆时（常常堆得其大如桶），掺杂进许多尘土。

② 英国在十六世纪末才知道虫漆和蚂蚁制漆的事情。吉拉德（John Gerarde；The Herball or Generall Historie of Plantes，p. 1349，London，1597，初版，或 Thomas Johnson 的增订本，p，1533，London，1633）叙述如下：“出产名唤 Lacca 这种排泄物的树，无论在欧洲商店或其他地方的商店都称之为 Loc Sumutri，这是阿拉伯人、波斯人、土耳其人的叫法，他们称之为苏门答腊的虫漆。有些给它命名的人们以为最早是大量来自苏门答腊，可是他们错了，因为它是大量来自白古，该地居民称之为 Lac，又有一部分人称之为 Trec。这树的历史据著名的草药学家克鲁细阿斯说是这样的：白古和马拉巴有一种大树，叶子似李树叶，小枝甚多，树身衰老时，各处腐朽，产生虫蚁，虫蚁夏秋辛苦操劳，储食以待严冬。或由于虫蚁辛勤，或由于蚁所居的树性质使然，或两种原因都有，它们所准备好冬日食料是一堆堆的东西，色红美观，无与伦比。此物不但可充食物，而且是画家们极贵重的颜料，叫做‘印度漆’。蚂蚁从树上吸取 Lacca 的原料，制出这种颜料，一如蜜蜂采集花草制造蜂蜜。当地居民寻采这 Lacca，一如我们英国人或他国人采蜜一般。他们寻到虫漆后，将它从树上取下，晾干成块。我们经常可以看到掉进漆块里的一些小树枝，这些树枝上有时有一些蚁翅。产虫漆的树出产在锡兰、马拉卫和东印度的其他地区。”1633 年的再版里，有如下的补充：“画家用的印度漆，颜色鲜艳，并非铺子里所卖的，也不是如克鲁细阿斯所描述的。这位作者所见的是完全另外一个东西，他弄错了，那是一种胶状物质，淡红色，完全不宜画图，而是单独或与其他物质调在一起用来做成极好的封漆。另外那一种是人工制造的，颜色艳丽、深红，它究为何物，如何制成，我还没读到真实的记述。”吉拉德的知识都是得自加西亚达奥塔。在当时加西亚达奥塔的基本著述是有关印度植物及药材的唯一资料。

③ Watt：Commercial Products of India，p. 1053；不一定是司徒亚特所说的 Erythrina（Chinese Materia Medica，p. 489）。马克安木（Sir C. Markham：Colloquies，p. 241）很生动地说这种胶状分泌物是雌蚁交媾和分娩时制造的，多妻的雄蚁（Coccus lacca）的后宫妻妾所制造的。雄蚁和众雌蚁在不断地繁殖后即死去，好像只为送给世上最有用的树胶，最鲜艳的染料和颜料。

④ Pelliot：*Bull. de l'Ecole françaisa*，Vol. II，p. 166.

草衍义》(卷14,第4页,陆心源本)里称为“紫鉚”。在更早的作品《唐会要》[1]里是用“紫矿”,这书中记述骠国(缅甸)的那一段里说该地的庙殿都涂上这种漆。大概这名字是一个译音:李时珍指出这名字是南番语。

《酉阳杂俎》文内的“波斯”不可能指伊朗波斯,就凭波斯和真腊的使节一同来到中国以及波斯和马来亚昆仑的对立这两件事已足够证明了。这产品本身就不是波斯的产品,在波斯,人们连知道都不知道这漆虫。[2] 还有一事要附带说一说:《酉阳杂俎》把这个波斯的产物和前面文章所讨论的伊朗波斯的植物并提;这书的作者段成式并没有把这两个同音名字加以区别。[3]

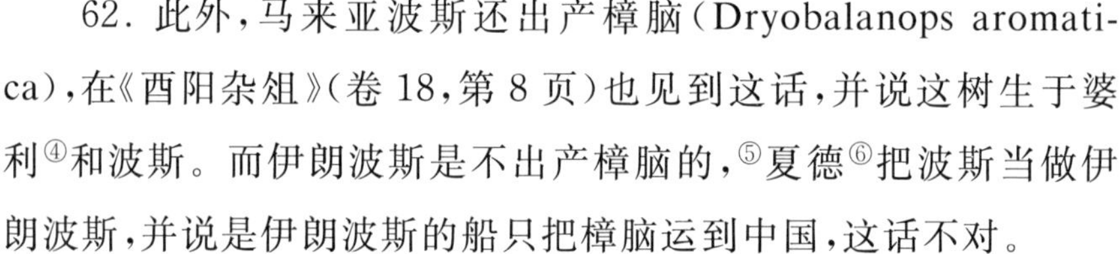

62. 此外,马来亚波斯还出产樟脑(Dryobalanops aromatica),在《酉阳杂俎》(卷18,第8页)也见到这话,并说这树生于婆利[4]和波斯。而伊朗波斯是不出产樟脑的,[5]夏德[6]把波斯当做伊朗波斯,并说是伊朗波斯的船只把樟脑运到中国,这话不对。



---

① 卷100,第18页唐朝苏恭和李珣也描述此产品。

② lak这字(阿拉伯字)或ränglāk(波斯字)出自印度语,或指印度这产物或指Zizyphus lotus和其他树的胶(Achundow:Abu Mansur,p.265)。十七世纪荷兰人在印度购买胶漆以输入波斯(Tavernier,见前),又参考Leclerc:Traité des simples,Vol. III,p.241;和G. Ferrand:Textes relatir's à l'Extrême-Orient,p.340。

③ 关于西藏漆棒的记述,可阅H. Laufer:Peiträge zur Kenntnis der tibetischen Medicin,pp. 63—64。

④ 此字的柏利语写法为“固不婆律”ku-put-bwa-lwut,颇像是根据马来语型的字“kāpor-bārus”的写法。又参考伯希和的注释(《通报》1912,第474—475页)。

⑤ 史利默尔(Terminologie,p.98)说:“波斯本国作者们夸赞婆罗洲的樟脑为最好。中国产的薄荷樟脑在波斯市上最近才有。”樟脑亦输入西剌弗(W. Ousley:Oriental Geography of Ebn Haukal,p.133;G. Le Strange:Description of the Province of Fars,p.42)。

⑥ 《赵汝适》,第194页。

63. 这两个波斯的混淆使段成式[1]把波罗蜜（Artocarpus integrifolia）说成是伊朗波斯所产，这种错误很容易产生，因为他同时也提到拂林。但是这树既不出在伊朗波斯也不出在西亚细亚。它是印度、缅甸及马来群岛所产。然而这位作者如何得来拂林这么一个名字[2]，至今还是一个谜。

据唐朝的苏恭说，胡椒是波斯的产物。这决不是伊朗波斯，伊朗波斯不出产胡椒。

我们在论胡桃那一章里说过公元 875 年段公路所著的《北户录》里提到一种野生胡桃生长在“占卑”国，波斯人采而食之。在较后期（889 至 904 年之间）所写的《岭表录异》说这果实出产在“占毕”，胡人采集之。此话显然是根据较早的作品《北户录》，《岭表录异》的作者刘恂以为这是伊朗波斯，就用“胡”字代替了“波斯”。可是，这决不是伊朗波斯：伊朗波斯人不吃野胡桃；就我们所知，占毕一定是马来亚某地区。[3] 我暂时把这植物鉴定为野胡桃，或者更可能是爪哇橄榄，或许是指另外一属的植物。至于占毕（或占卑）和唐朝波斯在何处，还要靠植物学上的证据来确定。我不信苏门答腊出产什么野胡桃。

第八世纪后半李珣所著的《海药本草》，从书名的含意就可看出它是描写海外各国及华南所产的药材。此书记载了几种波斯产品，这波斯应该解释为马来亚地区的波斯。安息香和莳萝也是那里的产物。

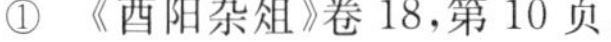

① 《酉阳杂俎》卷 18，第 10 页。

② 参考夏德：《赵汝适》，第 213 页。

③ 见第 100、101 页所提的参考资料。

前面讲过(第56—57项)《南州记》和其后三部作品都把没药看做波斯的产物,但是这决不能指伊朗波斯,因为没药不出在伊朗波斯。他们心目中所想的是马来亚波斯,因为没药的生意是从东非洲和阿拉伯的海德拉谟特海岸,路经马来群岛而入中国,因此使得中国人(错误地)认为这树本身出在马来西亚。

64. 芦荟(Aloe vulgaris 及其他属)的情形和没药非常相似,因为这种非洲植物也被看做波斯所产,后来在马来群岛发现一种代替品。又是唐朝的李珣最早提到它的产品"芦荟",说它出产在波斯国,状似黑糖果,是一种树汁。[①] 宋朝苏颂说:"今惟广州有来者,其木生山野中,滴脂泪而成,采之不拘时月。"李时珍对于此物究竟是树所产抑草所产颇为怀疑,他指出《大明一统志》所说,芦荟属于草类,出在爪哇、苏门答腊(三佛齐)和其他国家,他说这与唐宋本草的论据有矛盾。然而他不知道第一个说这话的作者赵汝适[②]确是把芦荟列在草类,说是来自阿拉伯的属国"奴发",在另外一段文里说它产自索马利海岸附近的一个岛屿,显然是指索柯特拉岛。此岛是佩里氏芦荟的产地,[③]目前还把这产品输入孟买。

夏德探索出"芦荟"这名字是出自波斯语的alwā。我们有许多原因不能接受这个理论。任何书上也没有说"芦荟"是波斯字。李时珍最善于识别外国字,连他都说"芦荟"尚未阐明。中国有关



① 《本草纲目》卷34,第21页。Aloe abyssinica 的汁是做成扁圆形的块状出售,几乎是黑色。

② 《诸蕃志》卷中,第11页(参考夏德的译本,第225页)。

③ 关于沉香的历史,特别要读 Flückiger and Hanbury: Pharmacographia, p.680。

伊朗波斯的历史文献也没说它是伊朗波斯所产，而且这产品不是由陆路来到中国，而只有从海路到达广州的。芦荟脂在波斯也只是输入品，[①]但阿布·满速儿没有提此物。史利默尔[②]所举的两个名字 sebr zerd 和 sebr sugutri（即 Sokotra）都是出自阿拉伯语，而且是较近代的阿拉伯语；他所引的伊朗波斯字 alwā 也是如此。伊朗波斯人从阿拉伯人采用了这个字，在阿拉伯人方面说，他们承认他们的 alua 是希腊语ἀλόη的译音。[③] 我们当然不该认为中国人在唐朝初次得到这产品时，是他们自己直接从非洲海岸或阿拉伯输入的，这东西是销售到印度，从印度又销售到马来群岛；如李珣所说，马来亚波斯人用船把它运送到广州。另外一点为夏德所忽略的是 Aloe vera 虽然原来不是印度所产，[④]它却完全归化了印度的水土已经很久。加西亚达奥塔甚至于说芦荟脂是在坎贝[⑤]和孟加拉制的。[⑥] 因此在印度这药材的俗名有 alia，ilva，eilya，elio，yalva 和马来语 aliva，这些名字都可以推到阿拉伯希腊语 alua，alwā。马来亚波斯人获得这个字，随同产物一齐传到中国，中国人去掉了 aluwa 或 aluwe 当头的 a 声，光留下 luwe。[⑦] 除了芦荟之外，还有其他的译音“奴会”或“讷会”，前者见于宋朝的《开宝本

---

① W. Ousley：Oriental Geography of Ebn Haukal，p. 133.

② Terminologie，p. 22.

③ Leclerc：Traité des simples，Vol. II，p. 367.

④ G. Watt：Commercial Products of India，p. 59.

⑤ 此用今图译名，郑和航海图作“坎八叶”。——译者

⑥ C. Markham：Colloquies，p. 6.

⑦ 瓦特尔斯（Essays on the Chinese Language，p. 332）把 lu-hui 的音译错了，他想把这汉语译音说成是直接来自希腊语 aloe，从历史观点看，这当然不可能。

草》,或许是自“奴发”国所联想起的,或许可以解释为由于l和n语音上的互相交换。我不明白夏德为什么说在明朝“芦荟是‘儿茶’(catechu),和现在一样,乃儿茶(梵语 khadira)的产物”。这理论没有引证什么书为根据;它是站不住的,因为中国人很熟知 catechu 或 cutch,称之为“儿茶”或“孩儿茶”。①

65.有一种植物叫做“缩砂蓥”suk-ša-m'it(m'īr),日语叫 šukušamitsu (Amomum villosum 或 xanthioides),最早是李珣提到的。说:“缩砂密生西海及西戎波斯诸国,多从安东道来。”②马志说它出华南,苏颂说它出岭南的沼地;因此可知它必是在唐宋之间来到中国。这名字无疑出自外国语,李时珍说其义未详。它肯定不是伊朗字,我知道 Amomum 不出在伊朗波斯。相反地,在缅甸、暹罗、柬埔寨和寮国都有这植物。③ 所以李珣所说的波斯显然又是马来亚波斯;但是他附加的西海和西戎容易令人怀疑他自己把两个波斯混淆了,在此一事上他所想的是伊朗波斯。我还没有找到汉语译音所根据的外国字,但是我觉得它肯定不是伊朗字。现在的俗名是“草砂仁”。④

66. 有一种尚未鉴定的植物叫做“婆罗得”bwa-ra-tīk 或“婆罗勒”bwa-ra-lak(lok,lek)。最早供给材料的人又是李珣,他说:



---

① 见 Stuart: Chinese Materia Medica,p.2,和鄙作 Loan-Words in Tibetan,No. 107,这些字的历史在那篇文章里都探索出来了。

② 《本草纲目》卷14,第13页。

③ Stuart: Chinese Materia Medica,p.38. Lonreiro(so-xa-mi)提到交趾支那也出产此物(Perrot and Hurrier:Mat. méd. et pharmacopée sino-annamites,p.97)。

④ 《植物名实图考》卷25,第72页。

“婆罗得生西海波斯国。树似中华柳树，子如萞麻子；方家少[①]用之。”[②]李时珍认为这字是梵语，这译音所用的字确实也表示它是梵语名字。它显然是梵语的 bhallātaka，从这字又引出纽瓦里语 pālāla，印度斯坦语，belatak 或 bhelā，伊朗波斯语 balādur 和阿拉伯语 belādur(加西亚达奥塔称为 balador)。这植物的其他梵语别名有aruṣka，bījapādapa，vīravṛkṣa，viṣāsyā和 dahana。包尔写本里有几处提到它。

这就是作印色布用的果树(打印果，为漆树科植物)，是印度树中的一属，印度所有较热的地区都有之，东边直达阿撒姆，也分布在马来群岛，直抵菲律宾群岛[③]和北澳大利亚。缅甸和锡兰无此植物，伊朗波斯和西亚细亚也没有。它的结果实的多肉质的花托里有一种苦涩的物质，在印度普遍地都用以代替印布墨水。中国人说得很明白，它可以把须发染黑。[④] 用以染棉织品，可使之呈黑色，据说它不溶于水，而溶于酒精。这果皮的汁在用来染布之前要和媒染剂石灰水掺和。在孟加拉有些地区经常用这果实作为棉布的染料。[⑤] 盛托果实的多肉质的萼放在灰里烤熟，可当食物吃。硬果的果仁也可食。据说可以刺激智力，尤其是记忆力。果皮的苦汁是很有力的发泡膏，果实为医药上用。

关于波斯阿拉伯字 balādur，伊宾·阿尔拜塔尔明确地说这是

① 此处本书作者劳费尔误译为“多用之”。——译者

② 《本草纲目》卷 35，第 7 页。《证类本草》卷 5，第 14 页。李珣在《证类本草》里说“西海与波斯”这定义是《南州记》作者徐表所提供的。

③ M. Blanco：Flora de Filipinas，p，216.

④ 《证类本草》卷 5，第 14 页。

⑤ 参考 Watt：Dictionary，Vol. VI，pt. 2，p，498。

伊朗字，[①]无疑它是出自梵语 bhallātaka。阿布·满速儿讨论这药剂的用途时，也用了这个字。[②] 现在主要的论点是：婆罗得是典型的印度植物，上面所提中国文献里的波斯不可能指伊朗波斯。然而因为此树出产在马来亚地区，所以推断它是指马来亚波斯，这是合理的。这情形和前面那一例相似，马来亚波斯人只是中间人而已。总而言之，运送有梵语名字的印度产品到中国，取道马来亚波斯要比取道伊朗波斯的可能性大得多。我也不禁要作出一般性的结论：即李珣著的《海药本草》里所提的波斯产品几乎都是专指马来亚波斯。

67. 有一种药材叫“补骨脂”，即 Psoralea corylifolia，宋朝《开宝本草》（公元 968—976 年）的著者之一马志最早明确地说此物生在岭南（广东）和广西各地区及波斯国。据《日华诸家本草》（公元 970 年出版）的作者大明说，这药材可能在徐表著的《南州记》（第五世纪以前）里面提到过，徐表确定它为“胡韭子”，胡人的韭。然而，这显然是弄错了时代，因为唐朝的作家既没提这植物也没提这植物所产的药材，而在宋朝的药物书里才初次出现。苏颂在他所著的《图经本草》里说现在这植物大量出产在华南山坡，和四川的合州，但本国产的比不上外国输入的。[③] 大明解释这两种产品的区别，说南番产的此药是红色，而广东产的是绿色。李时珍注解说这植物的胡国名字是“婆固脂”（bwa-ku-či，bakuči），但是一般都误写成“破故纸”，他说它是“胡国的韭”，因为这两种植物的种子很



① Leclerc：Traité des simples，Vol. I，pp. 162，265.

② Achundow：Abu Mansur，p. 30.

③ 按《陕西通志》（卷 43，第 31 页）所说，这植物出产在兴安府石泉县。

相似，但是事实上它和产在胡国的葱葫属并不相同。所有可得到手的史料只此而已。司徒亚特[1]下结论说这药材出在伊朗波斯；但是波斯语里既没有 bakuči 这么一个字，也没听说波斯有这植物（补骨脂）。中国材料所提供的证据也无助于这个结论，因为那些材料都指在中国以南和广东有商业上联系的国家。至于在四川一个地区独有这种植物的事，也很容易解释，因为有许多广东人移居在那里。其实从汉语译音还原所得的 bakuči 是起源于印度语：它相当于梵语 vākucī，这梵语字确是此植物 Psoralea corylifolia 的名称。[2] 在孟加拉语和印度斯坦语里它是hakūč[3]和 bāvacī，乌利亚语 bākuči，旁遮普语 bābcī，孟买语 bawacī，马剌特语 bavacya 或 bavacī 等。据华特说，它是一种普通的草本杂草，生在由喜马拉雅山经过印度到达锡兰的平原上。据安斯理说，这是一种深褐色的种子，大约和大针头一般大小，略带椭圆形，有一股香而油腻的味道，相当苦。这里所谈的这种植物是一年生的，少见长到三尺以上；在印度南部很多。每一节上有一片两英寸长一英寸半宽的叶子；花作浅肉色，开在细长的辅花梗上。在越南称之为 hot-bo-kot-či 和 p'a-ko-či。[4] 所以显然可见"胡韭子"是误称，这植物和指

① Chinese Materia Medica, p. 359；又 F. P. Smith（Contributions, p. 179）和 Perrot and Hurrier（Matière médicale et pharmacopée sino-annamites, p. 150）。

② W. Ainslie：Materia medica, Vol. II, p. 141.

③ W. Roxburgh（Flora Indica, P. 588）也提了此名。又见 Watt：Dictionary of the Economic Products of India, Vol. VI, p. 354。

④ Perrot and Hurrier：Mat. méd. et pharmacopée sino-annamites, p. 150。按这些作者所说，这植物产于华南，华西，以及暹罗，吴其浚说当时医师大量利用此物以代替肉桂（《植物名实图考》卷 25，第 65 页）。

伊朗人或波斯人的“胡人”毫无关系。上面所提的马志说的波斯其实就是马来亚波斯。

68.《本草纲目》引了《古今注》的一段文，为我们手边的现代版本里所不见的。它说乌文木(ebony)是由波斯海运而来的。司徒亚特[①]认为波斯是指伊朗波斯，这是错误的，因为在第四世纪崔豹写《古今注》的时候，或后世推测他写的时候，伊朗波斯还没有称为波斯；[②]而且乌文木也根本不是波斯的产品。[③] 既然这书也说乌文木是交州出产的，我们可以假定这波斯是指马来亚波斯；但是，即使如此，这段话还是可以看作是后人增补的，因为《古今注》里添改之处甚多。

汉语“乌樠”( u-mon)即 ebony (Diospyros ebenum 和 D. melanoxylon 的木材)并非如夏德[④]所说的波斯语 ābnūs 的译音。二者在语音上没有任何相合之处。任何书上根本都没说过这个中国字是波斯字或外国字。而且，也没有任何材料说过乌文木曾经从伊朗波斯推销到中国；相反地，中国的材料说它来自印度支那、马来群岛和印度；李时珍说它来自海南岛、云南和南番。[⑤] 有人推测这个字和这物品一并由“印度支那一个地区”传到东西方，这说法站不住；因为西部亚细亚和希腊产的乌木不是来自印度支那而



---

① Chinese Materia Medica, p. 253.

② 称 Persia 为波斯，是公元 461 年该国派遣使节来到魏宫时的事。

③ 乌木只输入到波斯(W. Ousley: Oriental Geography of Ebn Haukal, p. 133)。

④ 《赵汝适》，第 216 页。

⑤ 《格古要论》(卷 8，第 5 页，惜阴轩丛书本)说海南、南番和云南是乌木的产地；又说有许多人工染色的冒牌货。真腊国王的帐篷柱子，是乌木制的(《隋书》卷 82，第 3 页)。

是来自非洲和印度。上面那个汉语名字根本不是译音：第二个字“樠”只是宋朝用以代替古体的“文”字，如《古今注》里所用的，“乌文木”的意思是“有黑纹的木材”。《本草纲目》（卷35，第13页）里说“樠”字应读做“漫”，又说这树的名字是“文木”（《南方草木状》里也如此说），因为南方人把“文”读得像“樠”的声音，就用“樠”来代替了“文”。这个解释非常令人满意。但是《古今注》[①]保存了一个“翳木翳”或“瑿木瑿”的译名，这一定是交州语，因为产品是从那里来的。可比较吉蔑语 mak pen 和占语 mökiā（“乌文木”Diospyros ebenaster）。[②]

古代巴比伦即知有乌文木，梳子是用这材料制的。[③] 早年埃及碑文上说它是来自尼罗河上游的黑人国。的确，非洲是供给古人以这种贵重木材的主要中心地。[④] 每隔三年必有一百条乌木从埃塞俄比亚作为贡品献与波斯王大流士。伊策吉勒（xxvii，15）提到过太尔产的乌木。《环游记》（36）中谈到从印度的巴鲁格查运送乌木到波斯湾的奥曼那。提奥夫刺斯塔[⑤]是提到印度乌木树的第一个人，他辨别出两种印度乌木，一种是稀有贵重的，一种是普通的次等木。普林尼（xii，20）说，罗马大将庞培战胜密提里达提王的时候在罗马展览乌木；索列纳斯抄下这一段，并补充说乌木来自印度，那次是初次展览。据这位作者说，乌木只从印度一地运出，

① 卷下，第1页。它说这产物来自交州，黑色，有纹理，又称“乌纹木”。

② Aymonier and Cabaton：Dictionnaire čam-français，p，366.

③ Handcock：Mesopotamian Archæology，p. 349.

④ Herodotus，III，97.

⑤ Hist. plant.，IV，iv，6.

印度的神像有时纯粹用这木头雕刻的，酒杯也用乌木制。[1] 因此古人在还不知道有印度支那的时候就熟知乌木是非洲和印度的产品。西方古代记载论述这题目时也没有提到远东。这字本身来自埃及语：乌木为黑海地区的主要商品，称为 heben，希伯来字 hobnīm 与此字有关或直接借用此字，希腊字 ἔβενος 出自闪语。阿拉伯波斯语的'abnus 是被视为来自希腊语的外来语，印地语 ābanūsa 是从 abnūs 而来的。

因此显然可见中国记载里的"波斯"一词需要特别慎重对待，不应该盲目地翻译为 Persia。当它是用来指马来群岛时，它就不是伊朗波斯。马来亚波斯已成为有历史意义的事实。专心要鉴别这地区和人民的人不应忽视那里的植物和产品。夏德和柔克义[2] 推断从第四世纪末到第七世纪初所有印度支那、锡兰、印度和非洲东海岸的产品都被中国人称为"波斯的产品"，大多数运货物到中国去的商人都是波斯人，我完全不能同意他们这结论。这是一个很可笑的概括，由于误解"波斯"这一词以及误解《魏书》和《隋书》里关于波斯的文章而引起的。前面已经强调过：《隋书》完全没有提波斯向中国输入商品的事情，它只提供一个叙述波斯产品的名单。如果"波斯"一词附加在一个植物或是一个产品的头上，它只有两种意义：伊朗波斯或马来亚波斯——但是这个形容词从来没有乱用。我还没有看见过锡兰或印度的特产加上"波斯"二字。



① Solinus, ed. Mommsen, pp. 193, 221.

② 《赵汝适》，第 7 页。

# 波斯的纺织品

69. 锦缎,即金银线交织的纺织品,很早年代在伊朗就有制造。波斯古经(zaranaēne upasterene, Yašt xv, 2)里提到了金地毡。据说波斯王薛西斯赐给阿布德拉市市民一顶用金子交织的王冠。[①] 随从亚力山大的历史学家们常提到波斯这种锦缎,[②]普林尼(Pliny, xxxiii, 19, § 63)谈到罗马的金织品时,发现这种纺织术可以推原到阿塔利细斯的织品。他指出这纺织术是亚洲的国王们所发明的。[③] 这些古人的记载都有中国人为之证实。

《梁书》上说公元520年滑国[④]以"波斯锦"进贡武帝。波斯王身穿锦缎制的斗篷,锦缎即波斯所制。[⑤] 书上说得明明白白,这锦缎是"金缕织成",[⑥]这词读起来很像由波斯语 zar-bāf 翻译来的(字面的意思是"金织")。[⑦] 后周朝世宗时代(公元954—958年)又提到"波斯锦"和安息(帕提亚)产的棉织品"白氎"都是来自甘肃

① Herodctus, viii, 120.

② Yates: Textrinum Antiquorum, pp. 366—368.

③ 在波斯王宫里有特辟的一间工作室为纺织丝质、金质、银质的织造品之用,——称为 siār bāf xāne (E. Kaempfer: Amoenitatum exoticarum fasciouli V, p. 128, Lemgoviae, 1712)。

④ 《梁书》卷54,第13页。嚈哒在中国历史上最早的名称是"滑"(Chavannes: Documents sur les Toa-kiue occidentaux, p. 222)。

⑤ 《旧唐书》卷198,第10页(又见《梁书》卷54,第14页;和《隋书》卷83,第7页)玄奘记述波斯的文里提到了锦缎(《大唐西域记》卷11,第17页,守山阁丛书本)。

⑥ 《隋书》同上,《梁书》有"金线锦袍师子锦袴"句。

⑦ 参考 Loan-Words in Tibetan, No. 118.

瓜州的贡品。[①] 吉儿吉思人从安息、北廷(别失八里,在突厥斯坦)和大食(阿拉伯)得到为他们妇女做服装用的贵重衣料。阿拉伯人纺织的锦缎,疋头之大,要二十匹骆驼才驮得动。因此这些大疋料子都裁成二十小块,分用二十匹骆驼来驮,每隔三年阿拉伯人把这些锦缎送与吉儿吉思人。两个国家有互助盟约,吐蕃也是结盟者之一,这条约保证要维护他们的交易不受回纥人的掠劫。[②]《广舆记》[③]里谈和阗[④]时提到了"胡锦"一词(胡人的锦,即伊朗人的锦)。这锦缎的伊朗语名称虽然以前无人识,中国人也把它记录下来。那是"叠"字,在古时为 džiep, dziep, diep, dib,[⑤]等于中古波斯语 dīb 或 dēp,[⑥]相当于新波斯语 dībā("丝锦",是一种彩色的织品,经纬线都是丝制的),dībāh("金绢"),阿拉伯语化了的 dībādž("锦马甲,金织品")。这种织品和它的名称都来自萨珊时代的波斯,在穆罕默德时期才为阿拉伯人所知道。[⑦] 作为波斯织品名称的汉字

① 《五代史》卷 74,第 3 页,《旧五代史》卷 138,第 1 页。

② 《唐书》卷 217,中,第 18 页;《太平寰宇记》卷 199,第 14 页,参考德微理亚撰文,见 Centenaire de l'Ecole des Langues Orientales, p. 308。

③ 卷 24,第 7 页。关于此书各种版本,可阅本书第 80 页。

④ 《宋书》也提到 961 年和阗的贡品(Chavannes and Pelliot: Traité manichéen, p. 274)。关于中世纪作者们所说的波斯锦缎,可以阅看 Francisque-Michel: Recherches sur le commerce, la fabrication et l'usage des étoffes de soie d'or et d'argent, Vol. I, pp. 315—317, Vol. II, pp. 57—58(Paris, 1852, 1854)。

⑤ 按《一切经音义》(卷 19,第 9 页)所说,"叠"字的古代读音与"氎"同(见 No. 70),"徒颊"反切,即 t'iap, diab, d'ab 音。《唐书释音》(卷 23,第 1 页)用"徒协"反切得同音。"叠"音是梵语 dvīpa 的译音(Pelliot: *Bull. de l'Ecole française*, Vol. IV, p. 357)。

⑥ 魏斯特指出帕拉菲语 dēpāk(Pahlavi Texts, Vol. I, p. 286);因而有了亚美尼亚语 dipak。

⑦ C. H. Becker: Encyclopædia of Islam, Vol. I, p. 967.

见于《隋书》(卷83,第7页)。远在更早以前的《后汉书》(卷116,第8页)里也引用这名字,说它是云南哀牢地区的产物。这并不奇怪,因为在那时期云南和大秦取道印度彼此有了来往:公元120年掸国的国王雍由调献与中国帝王乐师和杂技团,这些人说他们来自海西,即大秦,又说掸国的西南有路通大秦。《汉书》注云《外国传》[1]里曾说到诸薄(爪哇)的妇女制造“叠”和“花布”。《汉书》里“叠”字前的“帛”字,是指另外一项物品,不是这译音的一部分,有如《隋书》里“叠”前的“锦”字一般;然而“帛”或“锦”和“叠”字联用在一起就表示而且证明后面这字是一种织锦绸缎。夏德[2]把“帛”和“叠”连成一个复合词,为了把这个词说成是他所心爱的突厥人的语言。他说:“帛叠这个名字确是起源于一种突厥语。和它最相近的同义词似乎是察合台突厥语的pakhta,意思是棉花。”这话里有两个基本的错误。第一,夏德每逢要找中国古音时总惯用粤语,而粤语却不代表中国古代的语言,它仅是语音非常退化的一种现代方言。要找古代汉语的发音只能凭借汉语语音字典里的注解和印汉比较语言学的材料。即使在粤语里“帛叠”也读成pak-tip,这个词的外语原字字尾也非有一个唇音不可。“帛叠”的古代语音不是pak-ta,而是bak-dzip或dip,这和pakhta没有关系。而且,也不能把汉朝在中国所见的外国字同较近代的突厥方言相联系起;何况有关这个词的中国材料也和突厥人扯不到一起;再说pakhta

① 参考 *Journal asiatique*, 1918, II, p.24。

② 《赵汝适》,第218页。

原来也不是突厥字，而是波斯字。[①] 到底“叠”这个字是否如沙畹[②]所说的和棉花有关，现在还不能肯定；但是从《南史》(卷79，第6页)或《梁书》[③]所描写的这植物看来，可以假定“帛叠”一词是后来转用在棉花上的。

帛叠的古音是bak-dib，因此也许bak这个音素代表中古波斯语pambak(棉花)，新波斯语panpa(欧塞提克语bambag，亚美尼亚语bambak)。如果这个假设可以成立，那么汉语“帛叠”(等于中古波斯语bak-dib = pambak dip)的意思就是“棉织锦”或“棉织品”。而且，帛叠是伊朗地区的产品：“金绣白叠”是萨珊王朝肘期康国(粟特)产品的名字；[④]上面说过，安息产的“帛叠”有特别的名称。此外，在印度也有帛叠。[⑤] 早在公元430年，印度产的帛叠从爪哇的呵罗单运往中国。[⑥] 据《旧唐书》[⑦]上一段文里所说，古贝(梵语karpāsa)[⑧]和帛叠不同之处在于：前者是一种粗糙的织品，



① Steingass：Persian-English Dictionary，p.237.

② Documents sur les Tou-kiue occidentaux，p. 352.

③ 卷54，第13页，参看沙畹的著作。同上，第102页；又见F. W. Müller：Uigurica，II，pp. 70，105。

④ 《隋书》卷83，第4页。因此bak-dīb也可能是康国(粟特)字。

⑤ 《南史》卷78，第7页。

⑥ 《宋书》卷97，第2页。

⑦ 卷197，第1页，为伯希和所指出(*Bull. de l' Ecole française*，Vol. III，p.269)。

⑧ 显然“古贝”这个译音不是根据梵语karpāsa，但是我不同意瓦特尔斯(Essays on the Chinese Language，p.440)和夏德(《赵汝适》，第218页)的看法，说这个汉语译音是根据马来语kāpas，因为这汉语译音除了没有s尾音之外，还有很不像马来语的元音，在当今的语言里，巴那语的köpaih(“棉”)要算和汉语的古贝(ku-pei或ku-pai)最相近了。所以我认为中国人是从印度支那语里获得这个词。

中国棉花的历史很需要大大审订一番。从下面引的一段文可以看出讨论这问题

后者是精细的织品。《唐书》语汇里解释叠为“细毛”或“毛布”；这两个名称的确是指棉织品，可是同时也说明中国人在唐朝还不知道棉花真正的性质。《广舆记》说帛叠是吐鲁番的产品；据说纺织用的纱线是野蚕吐的，很像细麻。

据我看，俄语 altabás（“金锦”或“银锦”，“波斯锦”：Dal'），波

中曾有过很大的误解。贵州省产一种形似棉花的植物，叫做“古终”（ku-džun，kuduṅ），把纱线染色，织成“斑布”。此事记载在第五世纪沈怀远所著的《南越志》里（见《本草纲目》卷 36，第 24 页）。叔特虽然承认这是本地名词，却说如果此字可读作kutuṅ而不是kučuṅ，那就可以肯定地把它看做来自阿拉伯语quṭun，这阿拉伯字变成为欧洲的coton，cotton，kattun 等字（见他著的 Altaische Studien，III，*Abh. Berl. Akad.*，1867，pp.137，138；他所说的出处只是“一篇华南的记述”而没提书名及日期）。梅尔斯也有相同的看法，夏德（《赵汝适》，第 219 页），坚信福州读音ku-tuṅ（瓦特尔斯在他的 Essays，p.440里也译为ku-tuṅ音）接受了出自阿拉伯语的说法。当然这是错误的，因为在第五世纪中国还没受到阿拉伯的影响，而阿拉伯人自己那时也不知有棉花。而且贵州植物怎会在那时或在其后用了阿拉伯语的名称，这也是难以理解的。而且古终在中国也不是棉花的通称；上面所提作品至今还是唯一提到这植物的。李时珍提出古终是“木棉”（Bombax malabaricum）；原产于南番，宋末时移植于江南。司徒亚特的话（Chinese Materia Medica，p.197）颇有可能，木棉在中国自古就有，所产的棉在棉花（Gossypium herbaceum）传到中国之前就用以织布。其实《南越志》又说“南诏诸蛮不养蚕，唯收娑罗本子中白絮，纫为丝，织为幅，名娑罗笼段”。宋朝祝穆著的《方舆志》也提到此树，据说树高三丈至五丈。《格古要论》（卷 8，第 4 页，惜阴轩丛书本）提到棉织品“兜罗锦”（＝绵；tou-lo＝梵语 tū-la），产于南番，西藏（西番）和云南，乃用娑罗树籽里的棉所织的。此织品颇像天鹅绒，五六尺宽。可做被褥及衣服。《滇系》写作“梭罗”（G. Soulié：*Bull. de l'Ecole française*，Vol. VIII，p.343）sa-la 是这树的土名，至今彝族人还用此名以称棉花（Vial：Dictionnaire française lo-lo，p.97）。在普帕语也是 sa-la，在卓可语为 sö-lö（*Bull. de l'Ecole française*，Vol. IX，p.554）。我也相信 ku-džun 是贵州省土著语言里用来称呼这树或类似的树的名字。参照雷普恰语 ka-čuk ki kuṅ（“棉花树”）新波语（Siṅ-p'o）ga-duṅ（棉花树），见 J. F. Needham 所著的 Outline Grammar of the Singpho Language（p.90，Shillong，1889），苗语čoa（“棉”），见于 M. L. Pierlot 著的（Vocabulaire méo，Actes du XIV[e] Congrès int. des Orientalistes Alger 1905，pt. I，p.150）。

兰语 altembas 和法语 altobas 只不过是从上面所讨论的阿拉伯波斯语 al-dībādž 摹仿来的。说这字出源于意大利语 alto-basso 是一种流行逗笑的说法；说它出自突厥语 altun（金）和 b′az（织品），[①]也讲不通，这种织品虽然后来在欧洲也有制造，此事和这字的语原没有关系，也不发生冲突，伊那斯特朗捷夫想从欧洲语里去找这字的来源，这是错误的。[②] 在第十七世纪俄罗斯人从希腊人得到 altabás；伊宾·洛士德在公元 903 年著书时就谈到了希腊的 dibādž。[③] 据马克利说，dībādž 是阿拉伯人在西班牙的阿勒美里亚[④]制造的，此地为阿拉伯丝业中心地。[⑤]

70. 毾㲪，dap（＝榻）[⑥]-daṅ（＝登），羊毛毡。这织品的名字见于公元第三世纪的《魏略》里，是大秦的产品[⑦]《汉书》里说它出于印度。[⑧]《隋书》（卷 83，第 7 页）说它出于波斯。《释名》里离奇的

① 在 Erman's Archiv, Vol. VII, 1848, p. 228 里沙维勒叶夫（Savel'ev）提出此说。

② K. Inostrantsev: Iz istorii starinnyx tkanei (*Zapiski Oriental Section Russian Archaeol. Soc.*, Vol. XIII, 1901, pp. 081—084).

③ G. Jacob: Handelsartikel, p. 7; Waren beim arabisch-nordischen Verkehr, p. 16.

④ G. Migeon, Manuel d'art musulman, Vol. II, p. 420.

⑤ Defremery: *Journal asiatique*, 1854, p. 168; Francisque-Michel: Recherches Sur le commerce, la fabrication et l'usage des étoffes de soie, d'or et d'argent, Vol. I, pp. 232, 284—290 (Paris, 1852).

⑥ "徒颊"反切，即 du-kiap＝ d′iap 音（《一切经音义》卷 19，第 9 页），或"它阖"反切，即 du-hap＝dap（《后汉书》卷 118，第 5 页）。

⑦ F. Hirth: China and the Roman Orient, pp. 71、112、113、255，提到有五或九种颜色的"毾㲪"。

⑧ E. Chavannes: Les Pays d'occident d'après le Heou Han Chou（《通报》，1907, p. 193）。亦见于《南史》（卷 78，第 5 页）和《赵汝适》（夏德和柔克义的译本第 111 页）。

解释仅仅是由于想使用双关语，已为沙畹公正地驳斥了。其实这个名字是代表一个译音，相当于中古波斯语里一个字，与字根 $\sqrt{\text{tāb}}$（“纺绩”）有关；参看波斯语 tāftan（“织”，“纺”），tābaδ（“他纺绩”），tāfta 或 tāfte（“亚麻织的衣服，一种丝织品，线缎”）。希腊语 τάπηs 和 ταπήτιον 时常见于古代草制纸的文书中；ταπίδυφοι（“织毯工人”）出自伊朗语。[①] 还有一个后期阿提喀语的写法 δάπίs。汉语译音所根据中古波斯字或许是 tāptāṅ或 tāpetān，-āṅ 是复数的词尾。这波斯字最终成了英语的 taffeta（中古拉丁语 taffata，意大利语 taffetà，西班牙语 tafetan）。

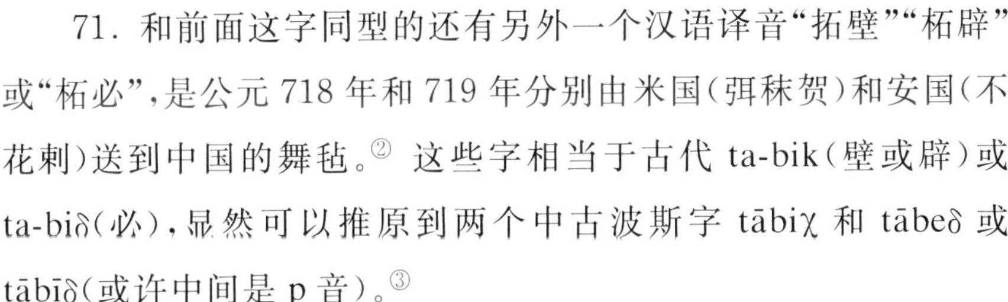

71. 和前面这字同型的还有另外一个汉语译音“拓壁”“柘辟”或“柘必”，是公元 718 年和 719 年分别由米国（弭秣贺）和安国（不花剌）送到中国的舞毡。[②] 这些字相当于古代 ta-bik（壁或辟）或 ta-biδ（必），显然可以推原到两个中古波斯字 tābiχ 和 tābeδ 或 tābīδ（或许中间是 p 音）。[③]

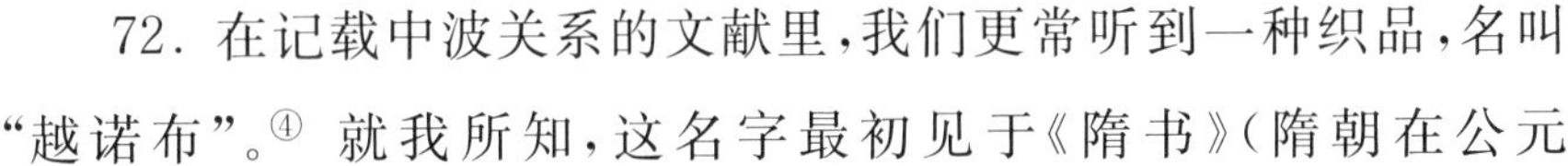

72. 在记载中波关系的文献里，我们更常听到一种织品，名叫“越诺布”。[④] 就我所知，这名字最初见于《隋书》（隋朝在公元

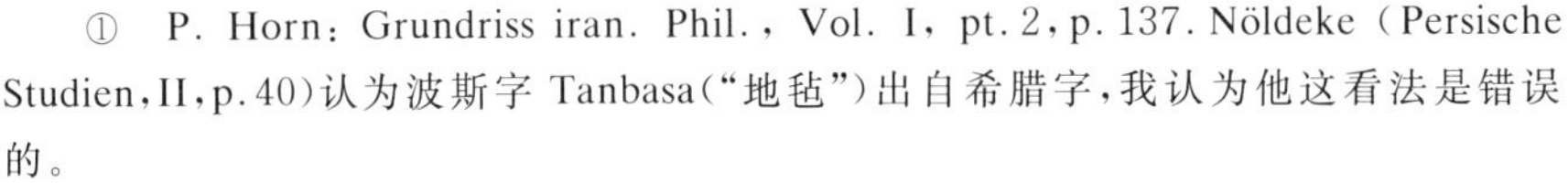

① P. Horn：Grundriss iran. Phil.，Vol. I，pt. 2，p. 137. Nöldeke（Persische Studien，II，p. 40）认为波斯字 Tanbasa（“地毯”）出自希腊字，我认为他这看法是错误的。

② 沙畹文刊于《通报》1904，p. 34。

③ 这两个对等字或许可解释古高地日耳曼语（Old High-German）里的 teppīh 和 teppīd 二字。后者可直接推原于意大利语 tappeto（拉丁语 tapēte，tapētum），但是在 teppīh 中的摩擦音 x 的来源还没有解释，它不能来自 t 尾音，不知能不能说它是直接或间接来自一种伊朗语？

④ 按夏德（《赵汝适》第 220 页）所说，这是“棉织薄纱，有二种，一种纯白，一种镶金”，但是这个说法不可靠。

590—617 年)里记述波斯那一卷。[①] 这说明我们所谈论的这东西和它的名称是来自萨珊时代的波斯。

在《唐书》里可读到开元(公元 713—741 年)初期康国(粟特,伊朗地区)进贡与汉宫以下贡品:铠甲、水晶杯、玛瑙瓶、鸵鸟蛋、名叫"越诺"的织品、侏儒和胡旋(Xwārism)舞伎。[②]《册府元龟》里把这事情的年代说得更明确,是在 718 年。[③] 大约公元 860 年唐朝的樊绰所著的《蛮书》说"越诺"是小婆罗门国出产的,这个国和骠国(缅甸)及弥臣国邻接。[④] 云南哀牢出产"叠",也有类似的事实来说明。

《宋书》说越诺是阿拉伯人输入中国的。[⑤] 周去非所著的《岭外代答》(卷 3,第 2—3 页,1178 年)说白色越诺布产在阿拉伯国家,巴格达;普通的越诺布产在"幭"国。



夏德[⑥]是第一人发现赵汝适的书里用了"越诺"这个名字,赵汝适认为白色的越诺是巴格达出产的。夏德根据粤语译写的 yütnok 对于说明这名字的古音乃是毫无价值的,他把这字假定为

---

① 《隋书》卷 83,第 7 页。以前论述这问题的作者们如夏德,沙畹,伯希和等都没注意到此字最初见于《隋书》,《隋书》的这段文又被录到《太平寰宇记》(卷 185,第 18 页)。

② 参考沙畹所著:Documents sur les Tou-kiue occidentaux,pp. 136,378,经伯希和修订(*Bull. de l'Ecole française*,Vol. IV,1904,p. 483)。关于"胡旋舞",可阅宋朝李上交所校勘的《近事会元校勘记》(第 3 页)(畿辅丛书第 10 套)。

③ 沙畹文刊于《通报》1904,p. 35。

④ 《蛮书》第 44 页(《云南备征志》)关于"弥臣",参看 Pelliot:*Bull. de l'Ecole française*,Vol. IV,p. 171。

⑤ 《宋史》卷 490,Bretschneider:Knowledge possessed by the Chinese of the Arabs,p. 12。贝烈史奈德承认他不知此产物。

⑥ Länder des Ialam,p. 42(Leiden, 1894).

cuttanee,这种说法也必须否定;至于他把第二个字"诺"和马可·波罗的 nac 联系起,方向倒是对的。但是第一个"越"却把他难住了,他说:"这字从汉语绝对没法解释,然而它却是这外国名字的一部分。"因此在他所翻译的这全部作品里,[①]他承认至今还不能鉴定这个名字。他后来又说上面所引的那段《唐书》里所说的也可能是一个"越诺国"(安国),这说法是由于误解了本文,文里只说到一种或几种织品。这名词以前总是不能解释,原因是没有认真去把它还原到古代语音。[②] 而且也没有认识到"越诺"是两个伊朗字的联结起来的,这两个伊朗字各指一种伊朗纺织品。

(1)现在读作"越"的声音在古代读成 vat,vaδ,wiaδ 声,或者尾声是流音 var 或 val。[③] 因此可以推断汉语的译音符合于中古波斯语 vār 或 vāl 型的一个字。有一个波斯字 barnū 或 barnūn("锦缎"),vālā,它的意义是:"一种丝织品",[④]和 bālās,"一种细软

① 《赵汝适》第 220 页。

② De Goeje 把"越诺布"和 djannābī 等同起来(Hirth:Länder des Islam,p. 61),这是完全失败的,因为"布"并不构成译音中的一部分,这译音只能读作 vasδnak, var-nak 或 val-nak。坪井熊三(Actes XIIe Congrès international des Orientalistes Rome 1899, Vol. II,p. 112)已经推翻这说法。

③ 例如,见 Chavannes: Mémoires historique do Se-ma Ts'ien, Vol. IV,p. 559;特别参看 Pelliot 文(*Journal asiatique*, 1914, II,p. 392)。

④ Steingass:Persian-English Dictionary, p. 1453. 霍昂(Horn:Grundriss iran. Phil., Vol. I,pt. 2,p. 29)把这个字译为"一种细布",他认为这字是来自希腊语的 βῆλον("纱料"),我想这说法最初是诺勒笛克提出的(Persische Studien,II,p. 39)。在我看这字源不大有说服力,相反地,vāla 却是地道的波斯字,意思是"优秀的、高贵的、高尚的、可敬的、崇高的、华美的";若说这个形容词转用于一种精细的纺织品,也是说得通的,而且,是波斯人教希腊人纺织术,并不是希腊人教波斯人。尤斯提(F. Justi:Iranisches Namenbuch,p. 516)说 vālā 也作"绸旗"解。

的薄绢”，一块旧布，一种粗的毛织品。[①]

(2)“诺”字相当于古代的 nak，[②]很容易看出它是波斯语 nax (nakh)，意思是“两面都很美丽的长绒毛毛毡；绒毛短的小毛毡；任何一种生线纱”，[③]但也指“锦缎”。这汉语名字在很早就有人提到，尤其是在《隋书》里，由此可以肯定 nak 或 nax 甚至于还是中古波斯语里的音素。在中古以前只有在中世纪作者的书里见到，如《元朝秘史》、《元史》以及伊宾·巴图塔、鲁不鲁克、马可·波罗、斐各勒提等人作品。[④] W.班在一篇很有趣的文章里说：[⑤]库蛮

① Steingass，同前书，第 150 页。此字为伊朗语，可从帕米尔语中的瓦赫语 palás 和萨里郭勒语 palūs(粗毛布)看得出。或许汉语 vat，val 的原字为波斯语 bat(细毛料)。瓦赫语 böt，萨里郭勒语 bal(参看 W. Tomaschek：Pamirdialekte，Sitzber. Wiener Akad.，1880，p. 807)。

但是我不同意汤玛薛克的说法认为这一系列的字和梵语paṭṭa及lāṭa或亚美尼亚语 l tik(“斗篷”)有什么关系。我认为 l tik 来自希腊语 λῶδιξ(“被”，“毡”)，此字出现于 Periplus(§24)和公元第一世纪的 Greek Papyri (T. Reil：Beiträge zur Kenntnis des Gewerbes im hellenistischen Ægypten，p. 118)。

② 例如，见《通报》1914，第 77 页与 1915，第 8 页，说这个字在此书里是作为西藏语 nag 的译音，它也相当于安南语、朝鲜语和日语等的 nak，也用在一些梵语字的译音上。

③ Steingass：Persian-English Dictionary，p. 1391.

④ 见 E. Bretschneider：Notices of the Mediæval Geography，p. 288，或 Mediæval Researches，Vol. II，p. 124，高亨利所校订的新版尤勒著的 Cathy，Vol. III，pp. 155—156，169，Yule：Marco Polo，Vol. I，pp. 63，65，285；W. Heyd：Histoire du commerce du levant au moyen âge，p. 698；尤其重要的是 F. Michel：Recherches sur le commerce etc.，des étoffes de sois，Vol. I，pp. 261—264。奥腾·式因德勒(A. Houtum-Schindler，Journal As. Soc. Bengsl，Vol. VI，1910，p. 265)谓 nax 一字见于 Rašid-eddin 的一封信里。

⑤ Ueber den angeblichen “Introitus natorum et nascitorum” in den Genueser Steuerbüchern，发表于 *Bull. de la Classe des Lettres de l' Académie royale de Belgique* No. I，1912，pp. 27—32。

的圣经古抄本(Codex Cumanicus)里也有 nac(库蛮语)这个字,和波斯语 nagh,拉丁语 nachus 相等,它的意义是“金锦缎”,他又说大约在 1420 年热那亚的税率书里登记已生或将生的册中提到这些纺织品,这与送新生婴儿的礼品毫无关系,只是把这个字译错了。W.班也指出安娜女皇的《新世界词典》(1611 年伦敦出版)里解释 náchi 为“一种精细的丝织品”。在中世纪文学里早在十一世耙就出现过 nac,nak,naque 或 nachiz 这个字,而且列在 1315 年坎特伯雷教堂的物品清单里。

73. 护那,γu-na,一种波斯产的纺织品[①](或作“护邮”)。[②] 我不知道古代伊朗语的同义字,想来必定是 γuna 或 guna。这字或许和石南语,即帕米尔语的 gháun(“粗布袋”),喀什米尔语 gun,梵语goṇī,[③]安格鲁印度语 gunny,gunny-bag(粗布袋和麻袋的商品名)[④]等都有关系。

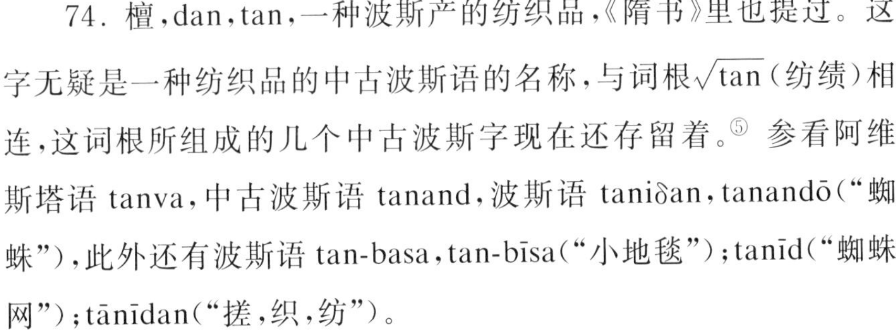

74. 檀,dan,tan,一种波斯产的纺织品,《隋书》里也提过。这字无疑是一种纺织品的中古波斯语的名称,与词根$\sqrt{\text{tan}}$(纺绩)相连,这词根所组成的几个中古波斯字现在还存留着。[⑤] 参看阿维斯塔语 tanva,中古波斯语 tanand,波斯语 taniδan,tanandō(“蜘蛛”),此外还有波斯语 tan-basa,tan-bīsa(“小地毯”);tanīd(“蜘蛛网”);tānīdan(“搓,织,纺”)。

① 《隋书》卷 83,第 7 页。

② 《太平寰宇记》卷 185,第 18 页。

③ W. Tomaschek:Pamirdialekte(*Sitzer. Wiener Akad.*,1880,p.808).

④ Yule: Hobson-Jobson,p.403.

⑤ Salemann:Grundriss iran. Phil.,Vol.I,pt.I,p. 303.

75. “撒哈剌”(sa-ha-la),或“琐哈嗽”,[①]绿色;《明史》里说这是1392年从撒马尔罕进贡来的。按贝烈史奈德所述,[②]《大明一统志》却说此织品乃孟加拉和索里所产,是用羊毛织成的,很柔软。有红色与绿色二种。贝烈史奈德谓撒哈剌系指波斯语的 šāl,这看法必须否定。[③] 1416年出版的《瀛涯胜览》里把撒哈剌列为马六甲输入的商品之一,葛罗安尼费特证明其为马来语的 saklat 或 sahalat。[④] 又有把撒哈剌说成是忽鲁模斯和亚丁所产。[⑤]

1387年曹昭所著的《格古要论》(卷8,第4页,惜阴轩丛书本),1459年经王佐增订,里面把这个词的译音写作“灑(=洒)海剌”,[⑥]据说是西番(西藏)所产,每段宽三尺,为羊毛所织成,坚厚如毛毡,十分为西藏人所珍视。在同书里“普罗”(=西藏语 p'rug)[⑦]的标题之下说这种西藏毛织品和洒海剌相似。

瓦特尔斯[⑧]和奥腾·式因德勒[⑨]把波斯语 sakirlāt,sagirlāt 和汉语“撒哈剌”并提,但是汉语撒哈剌并不是根据这个波斯字,而是根据 saqalāt 或 saqallāt,以及saqalāṭ,saqallāṭ(“红布”)。罗斯博



① 此为明朝文震亨所著《长物志》中之译音(粤雅堂丛书本第8卷,第1页)。书中描绘此材料很像羊毛料,其厚如毡,来自西域,价甚昂。

② Mediæval Researches, Vol. II, p. 258.

③ 此波斯字之汉语译音可参看柔克义的文,刊于《通报》1915, p. 459。

④ Notes on the Malay Archipelago, p. 253.

⑤ 柔克义,《通报》1915,第444、606、608页,但从此文并不能推断撒哈剌就是一种薄纱或薄罗,因为下面“毯纱”一词显系另外一种材料。

⑥ 这种写法亦见于上述的《长物志》。

⑦ 《通报》1914,第91页。

⑧ Essays on the Chinese Language, p. 342.

⑨ *Journal As. Soc. Bengal*, Vol. VI, 1910, p. 265.

士[1]在 1549 年出版的中伊字汇里很巧地发现了这么一个公式:汉语"撒哈剌"=波斯语 saqalat。这就很明确地把问题解决了。此外还有波斯语 saqlāṭūn 或 saqlaṭin,据说它的意思是"鲁木(Rūm)的一个产红布的城名,或指红布或此红布制的衣"。saqlaṭin 一字早在公元 1040 年和 1150 年拜哈其和爱德里西都分别提到过。[2]据爱德里西说,它是西班牙的阿勒美里亚所产的一种绸缎,无疑这就是所指的鲁木城。押忽特说到这种绸缎是在塔不利思制造的,因此中国人关于撒马尔罕的说法就可以理解了。但。是中国记载里所说的印度,忽鲁模斯和亚丁产的撒哈剌,显然是指欧洲的宽幅呢,西藏语 sag-lad 亦指此物。[3]

《阿克巴尔言行录》里谈到鲁木(土耳其)、佛郎机(欧洲)和葡萄加里(葡萄牙)所产的 suklāt:这个波斯字现今用在某种毛织品,特别是欧洲的宽幅大呢。

sakirlāt 和 saqalāt 这两个波斯字互相并没有关系,这一点可以用由两种类型的波斯语所引申出来的两组欧洲语来说明:sakirlāt 是 scarlet(红色)的老词根(中古拉丁语 scarlatum,scarlata;古法语 ecarlate,新法语 écarlate,中古英语 scarlat 等);saqlāṭūm 或 sīqlatūn 产生了古法语 siglaton,古布罗温斯语 sisclaton(十二世纪),英语已废的 ciclatoun(早在 1225 年就废而不用了),中古高地日耳曼语 ciclāt 或 siglāt。究竟这些所谓波斯语衍生的字正确与否还是一个可争辩的问题,不能在这里来讨论;杜·

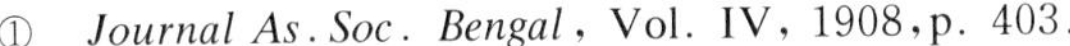

① *Journal As. Soc. Bengal*, Vol. IV, 1908, p. 403.

② Yule: Hobson-Jobson, p. 861.

③ 参看 Loan-Words in Tibetan, No. 119。

甘治说 siglaton 是从希腊语 κυκλάs(cyclas)引出来的,这更讲不通。[1] 罗斯博士认为:"scarlet 的根源似乎还是一个谜,说它起源于阿拉伯或波斯语也似乎不大有道理。"

76. 后魏(386—532 年)的高宗,或称文成帝(公元 452—465 年)末年,疏勒国遣使献释迦牟尼佛袈裟一件,长二十余丈。高宗审视后,认为确是佛衣。这佛衣果然很神奇,皇帝为了要辨其真伪,下令把它放在猛火中烧一整天,结果它没有烧毁。旁观的人都震惊得发呆了。[2] 在各地都常常用石绵布来做这种试验,我所著的"石绵与火鼠"[3]一文里引了许多这种例子。中国人自己也很容易就知道了疏勒国的佛衣是一种耐火的材料所制。一部近代的作品《卢长公史隙》,[4]对史书里所提的火浣布加了许多宝贵的注解,这书证明了疏勒国的佛衣与西域和扶南(柬埔寨)的火浣布相同,即石绵。

唐朝开元和天宝年间(公元 713—755 年),波斯派遣十个使者到中国,献礼中有"火毛绣"。[5] 沙畹[6]把这名字译为"des broderies en laine couleur de feu"(火色绣布),在我看来,所说的就是石

---

① 又参看 F.-Michel, Recherches sur le commerce etc., des étoffes de soie, Vol. I, pp. 233—235。他所提的希腊字非指一种纺织品,而指的是一种衣服(κυκλάs,"圆形,环形",即ϵσθής,"周身有滚边的妇女外衣")在 Suetonius (Caligula, lii)里 cycladatus 指一种鲜艳滚边的腰带。

② 《魏书》卷 102,第 4 页。

③ 《通报》1915,第 299—373 页。

④ 青照堂丛书本,第 40 页。第 41 页上有一段关于防火布的短文,其中引证早期作品,皆见于我所著的文内。

⑤ 《唐书》,卷 221 下,第 7 页。据《唐会要》所载此事发生于 750 年。

⑥ Documents sur Tou-kiue, p. 173.

绵。这名称早已为烈缪萨[①]所发现。我曾说过波斯人和阿拉伯人都熟知石绵,这矿物产于巴达克山。[②] 另外一条材料也说了这同样的话,可以在这里引用一下。902 年伊宾·阿尔发鸠说:“在起儿曼有木,火不能烧毁。[③] 一个基督徒[④]想用这木材行骗,说它是得自救世主的十字架。信基督教的人们都受骗了。一个神学家识破此人,把一根来自起儿曼的木头给了他们,这木头比那人的十字

① Nouveaux mélanges asiatique, Vol. I, p. 253. 用以称石绵的“火布”一词见于《宋书》(卷 97,第 10 页)。我认为波斯的冰蚕丝织品在汉语中的概念必须和石绵加以区别(参看 H. Maspero: *Bull. de l'Ecole française*, Vol. XV, No. 4, 1915, p, 46)。中国的资料(主要是《纬略》卷 10,第 2 页)并没说这种纺织品具有石绵的性质。马伯乐说用树木所制的那种所谓的石绵是一种真正的具有不燃性的纺织物,在我看来,这话很错误,他以为我受了卫三畏不正确的译文的骗。首先,这文章不是卫三畏所译,而是如我所着重指出(见同书,第 372 页)是法人 d'Hervey-St.-Denys 的文章,由卫三畏翻译成为英文,其中如果有错(即使有也是无关重要的)那也不应归罪于卫三畏或我本人,而应归罪于法语译者,他应受马伯乐的批评。其次,马伯乐说这译文影响了我在 338 页上对此文的理解,这是完全错误的,这事绝对不可能,因为我写这段文时完全不知有 St.-Denys 与卫三畏的那篇文章,那文章是在我已完稿付印后才读到的,因此才把它收纳在校样时所嵌进的补遗里,马伯乐的解释得不出确切的道理,简直是一点也不说明什么,他的结论说一种石绵是纺织品,另外一种是毛毡,从这话就显然看出他的话不能说明什么。的确并没有什么石绵制的毛毡。马伯乐怎能否认中国传说是根据马来亚的树皮布,指的马来亚地区?这传说我不是不知道。《梁书》上说得再清楚不过了,“至自然大洲,其上有树生火中,洲左近人剥取其皮,纺绩作布,极得数尺,以为手巾,与焦麻无异。”(第 346,347 页)此物如非树皮布,安得有他?马来群岛从未见有石绵亦不制造石绵,怎么能就假定有马来亚不燃布?我对马伯乐的学问非常敬佩,希望他原谅我在此事上不接受他的看法而坚持我本人的判断。在这里我再引曼德斯罗的《东印度航行记》的一段文作为补充(p. 133, London, 1669):“在摩鹿加有一种树木,置于火中,即燃烧,冒火星,发火焰,而不会烧毁,但是放在两指之间可以捻成碎粉。”

② 《通报》1915,第 327—328 页。

③ Qazwīnī 在这段上又补充一句:“即使放在火中数日。”

④ Qazwīnī 所谈的是一般的骗子。

架更耐火。”据译者施华兹[①]说，这是化石木。然而肯定地这应该理解为石绵。因此上面那段《魏书》里的文章要算是最早提到伊朗地区所产的石绵。

下面这些记述可以作为我以前文章的补充。周密（1230—1320年）在他所著的《志雅堂杂钞》[②]里两次提到耐火布。在一段里他说：“余家有火浣布尺余，乃外祖在泉州日[③]得之里人。后归予家。每酒边出示坐客，置之炉火中为戏。后为赵孟议借去不还。”在另一段文里，他引证霍清夫的话说：“火浣布乃北方石炭之丝抟而织之，非火鼠须也（salamander）。”这话之后又加上注解说：“石炭即煤，岂能成丝。”但是今保定[④]有“不灰木”（一种石绵）。《格古要论》[⑤]里也有关于石绵的一段简短的记述，这书只是重述旧谈。关于河北省产的石绵，见《畿辅通志》（卷74，第10、13页），四川的石绵见《四川通志》（卷74，第25页）。十八世纪中国人于澳门葡萄牙人处见过石绵，不过在市上很少见。[⑥] 村上钣藏说石绵产于东三省盛京金州附近。[⑦]



---

① Iran im Mrttelalter，p. 214.

② 上卷第20页；下卷第25页（粤雅堂丛书本）。

③ 从所提到的这个地区我们可以肯定此物是由中世纪阿拉伯人输入中国的（我的文章331页）。勿斯离产的石绵在《岭外代答》里已提及。

④ “不灰木”一词早于宋朝的《证类本草》已出现过，产于上党（山西之东南部，河南之北部），今产于泽潞山，是一种石头，绿白色，貌似朽木，而火烧不化，有人称之为皂石根。

⑤ 第八卷，第4页（惜阴轩丛书本），第七卷，第17页，有关于“不灰木”石之记载，说它是山西省泽州及潞安之产品，用以作灯。

⑥ 《澳门志略》下卷，第41页。

⑦ *Journal Geol. Soc. Tokyo*, Vol. XXIII，No. 276，1916，pp. 333—336.同上刊物 Vol. XXV，No.294。March，1918，刊登 K. Okada 所著一文，论日本及朝鲜产的石绵。

佛朗西斯格·迈克勒[1]谈火鼠时引证了《Traditions tératologiques de Berger de Xivrey》(Paris, Imprimerie royale, 1836, pp. 457, 458, 460, 463),和杜沙雷的《L'Apollon sauroctone》(《考古学报》Revùe archéologique, Vol. VI, 1850, pp, 87—90);及马胡德勒的著述《法国皇家学院碑志文艺部藏文稿辑刊》,第4卷,第634—647页。佛朗西斯格·迈克勒由中世纪小说引证几段火鼠织品的例子,他说:"这种布来自远方,是火鼠毛织的,很可能是商人编造的故事,传布到诗人当中。像其他远方来的东西一样,这故事很容易迷惑人。也有用它做外套,至少《高卢人古伊的故事》(Roman de Gui le Gallois)一书里的亚菲特妇人是用这种材料制外衣。"

凡对这问题感兴趣的人都应该读一读拉伯雷著的《卡冈都亚与庞大固埃》第3卷,第52章,标题是"著名的庞大国埃里翁草如何泡制和使用"。

77. "Drugget"这个字,或拼作 droggitt, drogatt, druggit(古法语 droguet,西班牙语 droguete,意大利语 droghetto),在《牛津英文字典》里的定义是这样的:"最早的语源不明。利特雷说它出自 drogue drug,是'一种不值钱的织品';有些英国作者认为它是从爱尔兰的地名德罗赫达(Drogheda)衍生而来,但这只是随便推测,没有任何历史根据。以前它是指一种纯羊毛的织品,或半毛半丝,或半毛半麻的织品,为制衣服用。现在它是指一种粗羊毛料,

---

① Recherches sur le commerce, la fabrication et l'usage des étoffes de soie, d'or et d'argent, Vol. II, pp. 90, 462(Paris, 1854).

为铺地用,或做桌布等等。”《本世纪字典》说:“看不出它和 drug 有什么关系。”

辞典编纂家们没有看出这同一个字在斯拉夫语里也出现过。米克罗什[①]曾经指出塞尔维亚语 doroc(“pallii genus”)和麦格雅语 darócz(“一种粗布”),可是他没有提人们所熟知的俄语 dorógi 或 dórogi,这字显然是出源于西欧字。伊那斯特朗捷夫[②]在他研究某些古代纺织品的历史所写的一篇有趣的文章中曾讨论了这俄语字。据这位作者说,俄语的 dorógi 是有条纹的丝织品,产于吉兰、柯山、乞昔勒八失、土尔和波斯的押失。达里所著的俄语字典里说这种织品有时用金和银交织。1844 年维特曼提出俄语的 dorógi 与盎格鲁法语[③]的字是相同的。贝烈津认为它出自波斯语 darādža,这说法被伊那斯特朗捷夫公正地驳斥了。而他自己却把这字和波斯字 dārāi(“一种红色丝织品”)[④]说成是有关系,而且还从维塞多夫斯基的《莫斯科公国时期的罗斯与波斯的外交和商业关系资料》里摘下一段,在这段文里波斯字 dārāi 是用俄语的 dorógi 来翻译的。可惜我得不到这篇译文,所以我不能判断它的好坏;但是用 dorógi 翻译 dārāi 还不能证明前者真是由后者派生来的。从语言学观点看来,我认为这理论不能成立:很难理解俄国



① Fremdwörter in den slavischen Sprachen, *Denk. Wiener Akad.*, Vol. XV, 1867, p. 84.

② Iz istorii starinnix tkanei, *Zapiski of the Russian Arch. Soc.*, Vol. XIII, 1902, p. 084.

③ 即诺尔曼人征服英国后在英国流行的法语。——译者

④ 例如《阿克巴尔言行录》(布洛克曼译本,卷 1,第 94 页)所论各种丝织品目录中提到过。

人为什么要从一个波斯字 dārāi 去构出 dorógi 来。所有欧洲的语言都一致保留了中间的 g 音，而 dārāi 就不能解释这一点。所以在我看来，似乎是另外一个字形或许是回鹘语 torgu，察合台语 torka，可伊波勒语 torga，蒙古语 torga(n)，意思都是"丝绸"。[①] 把这个字传到斯拉夫语里去的突厥语还有待寻求。

# 伊朗的矿物、金属和宝石

78.《隋书》(卷 83，第 7 页)呼洛 χu-lak 或 fu-lak，fu-rak，是一种波斯产物，但是没说明它是什么。在我看来，这字或即中古波斯语 furak = 新波斯语 būrak，būra，亚美尼亚语 porag 的译音，即硼砂。我虽然不能肯定上面的鉴定是对的，却希望下面这段关于硼砂("borax")的记述能有些用处。大家都知道波斯和西藏是硼砂的两个中心产地；全世界都靠这两地供应。古代中国人亦深知这事，因为《太平寰宇记》(卷 185，第 19 页)里记波斯那一篇就说过："地有咸池，人代盐味。"英语"borax"(词尾 x 本是西班牙语，现在西班牙语写作 borraj)就出自波斯语。第九世纪阿拉伯人才把这波斯字传到拉丁系语言中去。俄语 burá 是直接从波斯语传来的。英语"tincal，tincar"(一种天然硼砂，出产在波斯和西藏的湖沼底)也是出于波斯语 tinkār，tankāl[②] 或 tangār，梵语化成为

① 参看《通报》1916，第 489 页。

② 据罗迪格和波特说(z. f. K. Morg.，Vol. IV，p. 268)，这字是西藏语，其实不是。

ṭaṅkaṇa，ṭaṅka，ṭaṅga，ṭagara，[①]马来语 tingkal，吉儿吉思语为 dänäkär，奥斯曼利语为 tängar。[②] 还有一个属于同类的波斯字 šora（指硝石"nitre，saltpetre"）为西藏语所采用，写法仍然是 šora，但西藏人还保有原来本地语 ze-tsʻwa，ba-tsʻwa（"乳盐"cow's salt）和 tsʻa-la。这波斯字转梵语为 sorāka，印度用以指硝、硝石或硝酸钾。[③]

79．硇砂。汉语"硇砂"（sal ammoniae，氯化铵，chloride of sodium 氯化钠[④]）显然出自波斯语 nušādir 或 naušādir，但也有人说这波斯字来自汉语。梅利[⑤]说硇砂是会意字。并引《本草纲目》的话："硇砂出陕西，山上有红烟涌起，触之为人患；又出西戎（鞑靼地区）牧地。取之为硝石。狄人用腌肉以当盐。"因此梅利推断波斯人采用汉语"硇砂"，加上词尾 dzer，一如 bezoar（牛黄）在波斯语为 badzeher。[⑥]

但是事情完全不是如此。硇砂是谐音字，而非会意字，从《隋书》里古译音"铙沙"和"硇沙"[⑦]（本音nuṅ-ša，但念为 nao-ša）就可

① 从这种种拼法可看出这字出自外国语，与供给此物的民族名字没有关系。托勒密说喜马拉雅山上有 τάγγανοι 民族（Yule：Hobson-Jobson，p. 923）。喜马拉雅山怎会出硼砂！

② 见 Klaproth：memoires relatif à l'Asie，Vol. III，p. 347。

③ 又见《通报》1914，第 88—89 页。

④ D. Hanbury：Science Papers，pp. 217，276.

⑤ l'Alchimie chez les Chinois（*Journal asiatique*，1895，II，p. 338）.

⑥ 这些话既未加鉴别，又不合语言学原理。所说的波斯字是 pāzahr（解毒剂），它和 nušadir 的词尾都不是 dzer，而且两字也无相似之处。

⑦ 《证类本草》（卷 5，第 10 页，1587 年版）引《别本注》说硇砂当为胡言，即伊朗语。显然是把伊朗语里的 u 转鼻音。唐《石药尔雅》说它是硇砂的同义字。

以看出；还有宋朝苏颂《图经本草》里见过它的同义词“狄盐”（蛮夷的盐）和“北庭砂”（北庭在突厥斯坦），这都说明它产于外国。《本草纲目》明指出这词是外来语，而且这物品的来历也证明这点。在任何中国古书里都没有见过这个词。中国人于第六世纪从康国（粟特）和库车始知有硇砂。药方书以《唐本草》为最早提到此物。《唐本草》校订者苏恭，和《证类本草》作者只知道西戎是它的产地，梅利译西戎为鞑靼地方。只有宋朝苏颂《图经本草》说：“今西凉夏国及河东（山西）陕西近边州郡亦有之。”（注意文中的“今”字和“亦”字）。他又接着说“西戎来者，颗块光明，大者如拳，重三五两，小者如指面，入药最良。[①]”中国人向来在认识了一种外国产品后，立即在本国遍地寻求，有时寻得了，有时只找到近似的代替品。在硇砂一事上，苏颂明白指出本国产的质量较差。可见这决不是真硇砂，因为硇砂不出在中国。据汉柏雷[②]说中国所产的是氯化钠。早在十八世纪卬勒斯[③]说在北京所见标名为硇砂的没有一个和真硇砂相像。

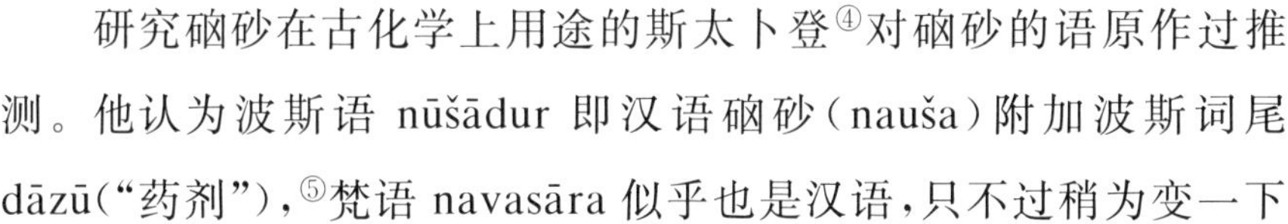

研究硇砂在古化学上用途的斯太卜登[④]对硇砂的语原作过推测。他认为波斯语 nūšādur 即汉语硇砂（nauša）附加波斯词尾 dāzū（“药剂”），[⑤]梵语 navasāra 似乎也是汉语，只不过稍为变一下

① 又见《本草衍义》卷 6，第 4 页（陆心源本）。

② Science Papers, pp. 217, 276.

③ Memoires concernant les Chinois, Vol. XI, 1786, p. 330.

④ Sal Ammoniac: a Study in Primitive Chemistry (*Memoires As. Soc. Bangal*, Vol. I, 1905, pp. 40—41).

⑤ 他从通俗语原学 nūšdārū，（即“续命汤”life-giving medicine）一词推出，当然不可把这当真。

字形。斯太卜登是化学家，而非语言学家，他所说的硇砂字音完全可以分析成为汉语词根[①]的说法和他的推测，都是不足为据的。

印度斯坦语里的名称更不能视为这汉语的语源，如史密斯[②]和瓦特尔斯[③]所说的，因为这汉语译音早在第六世纪就已构成；那时候印度斯坦语还没有产生。这印度斯坦语是从近代波斯语借用的，有如新梵语的 naiçadala 也是如此；而梵语 navasāra, navasādara 或 narsāra 拼法常变，足见它是外来词，可以推原到较古的伊朗字。

《隋书》(卷 83，第 4，5 页)里用“铙沙”一词，说它产在康国和库车。[④] 在《北史》(卷 95，第 12 页)谈同一题目的文里是用了硇砂，因此我们知道“铙”和“硇”相同。《隋书》凡记载伊朗事物，用字多很特别；而《北史》却用简单字，为后代所沿用当做标准写法。总之，《隋书》多变体字，正说明多是译写外国字。既然这词来自康国，那么无疑地它是康国语 navša 或 nafša，的转写(参考梵语 navasāra，亚美尼亚语 navt'，希腊语 νάφθα)，而波斯语的 nasādir, nušādir, naušādjr, naušādur, nōšādur 却是后来形成的，俄语的

① 即使如他所说，也不能证明这字出自汉语。现在人们都知道中国人音译外国语同时又选择能达意的字，是最容易不过的事。

② Contributions toward the Materia Medica of China, p. 190.

③ Essays on the Chinese Language, p. 350.

④ 据 Masūdi 说(Barbier de Meynard: Les Prairies d'or, Vol. I, p. 347)硇砂矿在粟德(Soghd)，回族商人由呼罗珊赴中国时携带此物。库车现今还产硇砂(见 A. N. Kuropatkin: Kashgaria, pp. 27, 35, 76)。满洲两官员福森布及苏尔德所著《回疆志》(卷 2)也提及此事，这二人发现硇砂矿在库车西四十五里的沙达齐(Šartatsi)山：有红色及白色。又参看 M. Reinaud: Relation des voyages faits. par les Arabes et les Persons dans l'Inde et à la Chine, Vol. I, p. clxiii。

nušatyr 也是由此而来。据我看，这个康国语和波斯语 neft 相通，neft 可能出自阿维斯塔语的 napta（“潮湿”）。[①]

以硇砂入贡的事在中国史里时常提到。公元 932 年可汗回鹘王仁美献的贡品中有“大硼砂”[②]（borax）和“硼砂”[③]（sal ammoniao）。938 年和阗王李圣文遣使献硇砂和大硼砂。959 年回鹘[④]遣使献玉器和硇沙。后面这件事在《旧五代史》（卷 138，第 3 页）里也有记载，写的是“硇砂”。显然是硇砂的变体。[⑤]《旧五代史》（卷 138，第 1，3 页）说吐蕃（西藏族）和党项（青海地方一种藏族）也有硇砂（同样写法）。在唐朝此物很有名。《石药尔雅》[⑥]有许多汉语同义词，如“金贼”，“赤砂”，“白海精”。

硇砂曾发现于起儿曼地方的迪明登。押忽特（1179—1229 年）根据第十世纪伊宾，阿尔发鸠的作品，记述硇砂如何取得。梅纳德[⑦]翻译这段文为法语，大意如下：

“此物主要产于当巴温德山，山高约三法沙离居瓦昔尔七法沙，顶上有一深洞，从洞中发出轰轰之声，涌出浓烟。这烟是硇砂的来源。当它附在洞壁上到相当数量时，就凝结成硇砂。城里和

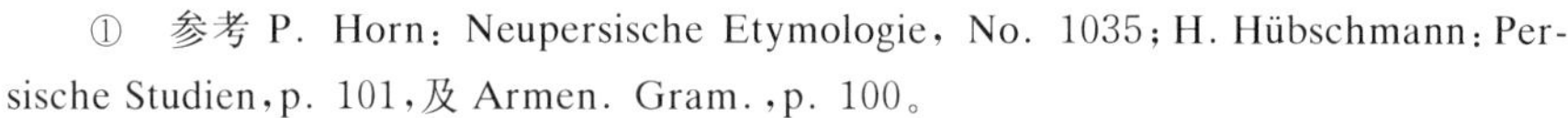

① 参考 P. Horn：Neupersische Etymologie，No. 1035；H. Hübschmann：Persische Studien，p. 101，及 Armen. Gram.，p. 100。

② 以前我曾说过（见《通报》1914，第 88 页）汉语“硼”（buṅ）是西藏语 bul 的译音。

③ 《册府元龟》卷 92，第 19 页。

④ 《五代会要》卷 28，第 10 页，卷 29，第 13 页（武英殿本）。

⑤ “硇”没有列在康熙字典内。

⑥ 见 Beginning of Porcelain。

⑦ Dictionaire geographique de la Perse，p. 235（Paris，1861）。伊宾·阿尔发鸠的文曾由施华兹译出（Iran im Mittelalter，p. 252）。据伊宾·贺柯尔说（W. Ouseley：Oriental Geography of Ebn Haukal，p. 233），硇砂矿在玛威尔剌纳（Maweralnahr，即 Transoxania）。

附近居民每隔一月或两月就来采集一次。波斯王派人到那里去征税。以五分之一归国库,其余归居民分配,运销到全国各地。”

伊宾·贺柯尔记述塞特鲁士德的硇砂矿如下:[①]“硇砂矿在山上,有一洞穴,气从中冒出,白昼看起来像烟,在夜间就像火。正对着喷气孔道上面盖起一间屋子,门窗封闭,涂上粘土,使烟不漏出。绿矾就聚集在屋顶下面。开门之前,挑选一个善跑的人,满身涂上粘土。门一开他就尽力收取绿矾,然后立即跑开。若一延迟就要烧死。这喷气时时换地方,一处停止了喷气,就掘发另一处,至气喷出为止,然后在上面又盖一屋子。如不建屋,喷气就会燃烧起来,或蒸发掉了。”

在这地区现在还用硇砂纳税。阿布·满速儿曾详论这东西的药性。[②]



西藏人似乎是从印度获得硇砂,由他们所用的名称 rgya ts'was(印度盐)就可以看出。直译成蒙古语为 Änätkäk dabusu。

① W. Ousley:Oriental Geography of Ebn Haukal,p. 264.

② Achundow:Abu Mansur,p. 144.——烈缪萨(Mélanges asiatiques,Vol. I,p.209,1825)曾译日语本之《三才图绘》,有下列这段有趣的记载:“硇砂(波斯语 nouchader),又名‘狄盐’或‘气盐’,出产在中亚之两火山脉,一为吐鲁番之火山,吐鲁番东三里之城因此而得‘火州城’之名,一为别失八里之白山。这两山不断喷出火焰。山上有洞,内聚集绿色液体,见风即变为盐,就是硇砂。土著采集之以治皮革。在吐鲁番山常见一缕浓烟涌出,夜间则冒火焰,如火炬,照得禽兽都现红色。人们称此山为‘火焰山’。采集硇砂的人都穿木底鞋,如穿皮底鞋,立刻烧焦。也有采集绿色液,放锅中熬炼成盐,状与普通盐无异。以白净的硇砂为最好。这盐性很强烈。放锅里悬火上,立即变干。加姜即可久藏。若受冷或受潮,即融化或消失。”据贝烈史奈德在他所著的 Mediæval Researches(Vol. II,p. 190)上说,中国皇帝遣王延德出使高昌(公元981年),他最早记述突厥斯坦的硇砂山。又见 F. de Mély:Lapidaire chinois,p. 140; W. Schott: Zur Uigurenfrage,II. p.45(*Abh. Berl. Akad.*,1875)及 Ueber ein chinesisches Mengwerk(见同书,1880,p.6),Geerts: Produits,p.322。

蒙古语 Änätkäk 即汉语“印度国”。叩勒斯[①]听人说北京商店里的硇砂大都从西藏或其邻近地方来的。洛克哈特在北京听说它来自四川和西藏某些火山喷泉。[②]

80. 密陀僧,一名“没多僧”,即黄丹(黄色氧化铅),铅渣,它和波斯字 mirdāsang 或 murdāsang 音义都相同。[③] 这两个译音都见于第七世纪中期的《唐本草》。[④] 因此我们可以推断这波斯字在中古波斯语里就有。《唐本草》的校订者苏恭说:“密陀,没多,并胡言也。”此物来自波斯或产于波斯,形状像黄龙齿,而较坚重。也有白色带纹理如云南大理石。宋时苏颂说当时广东福建银铜冶铸厂里也有此物。1116 年的《本草衍义》(卷 6,第 6 页,陆心源本)也简单地提到它,据说以金色的那种为最好。

据押忽特说起儿曼地方的当巴温德或底玛温德附近出产锑矿[⑤](通称 razi),黄丹、铅及矾类的矿。阿布·满速儿的波斯药书曾在阿拉伯语化了的名称 murdāsanj 下叙述黄丹的药性,此外他又附加一个同义字 murtak。[⑥] 十四世纪斐各勒提按通俗语原学把这字写作 morda sangue。[⑦]《四体合璧文鉴》(卷 22,第 71 页)上载有汉语“密陀僧”,西藏语 gser-zil(直译为“金光”),[⑧]满洲语



① Mémoires concernant les Chinois, Vol. XI, p. 331.

② D. Hanbruy: Science Papers, p. 277.

③ 参考 Hübschmann: Armen. Gram., p. 270。

④ 见《证类本草》卷 4,第 31 页,《本草纲目》卷 8,第 8 页。

⑤ Barbier de Meynard: Les Prairies d'or, Vol. I, p. 237.

⑥ Achundow: Abu Mansur, p. 139. 这字原是中古波斯语 murtak 或 martak。

⑦ Yule: Cathay, new ed., Vol. III, p. 167.

⑧ Jaeschke 的《藏语字典》不能解释这字。

čirčan，蒙古语 jildunur[①] 四个字对照。

81. 紫磨金。帕拉第阿斯[②]提到“紫磨金”，意指波斯金，却没有讲这词的出处。《本草纲目》(卷 8，第 1 页)把波斯紫磨金列在五种外国金之首。[③] 但其他的话没有提。这名词也见于佛经里：沙畹[④]曾于《佛本生经》见过，建议译之为“红色精炼金块”(un amas d'or raffiné rouge)。虽然都知道它是指一种金子或金子的合金，但这个词究竟是何意义却没有人知道。《水经注》(卷 36，第 18 页，1877 年武昌版)说按中国习惯最上等的金子称为“紫磨金”，而按夷人习惯，称上等金为“阳迈”。从这话看来，“紫磨”是汉语而非外国语。

《格古要论》(卷 6，第 12 页)记述“紫金”如下：“古半两钱[⑤]即紫金，今人用赤铜和金为之，然世人未尝见真紫金也。”1349 年汪大渊[⑥]所著《岛夷志略》说这合金是麻呵斯离所产。我不能肯定这“紫金”就是“紫磨金”。



中国人也谈到外国银，犹如谈外国金一般。外国银有四种，即新罗(在朝鲜)银、波斯银、林邑银、云南银。金和银都是波斯萨珊王朝所产。《海药本草》引第五世纪的《南越志》说波斯国有天然银

---

① Kovalevski 的《蒙古语字典》误释此字为“云母”。

② 见《华俄字典》(Chinese-Russian Dictionary)，Vol. II，p. 203。

③ 其他四种外国金为：东部的黑金，林邑的赤金，西戎金，占城(柬埔寨)金。远在第十四世纪的《宝藏论》里已提过五种外国金。

④ 见 Fables et contes de l'Inde，载于 Actes du XIV$^{e}$ Congrés des Orientalistes，Vol. I，1905，p. 103。

⑤ 见 Beginnings of Porcelain，p. 83。

⑥ 见 Rockhill 文，《通报》1915，p. 622。

屑用作药，也用作试药指环。① 我怀疑这里所说的波斯不是中亚波斯(Persia)。据说大食国特别产金屑。②。

82. 盐绿。据说“盐绿”(各种氧化铜)是波斯萨珊朝③和库车④所产。唐朝(第七世纪)苏恭说它出在焉耆国，产在水中石下。第八世纪后期的作者李珣说它“出波斯国，生石上，舶上将来谓之石绿。装色久而不变。中国以铜醋造者不堪入药，色亦不久。”李时珍称之为“波斯绿盐”。⑤ 此药用以治眼疾。

这就是波斯语的 zingār(阿拉伯语 zinjar)，托名亚里士多德的石谱上说它是用醋放到铜或黄铜里而提炼出的。许多眼药里都含有这个成分。⑥

83. 五色盐。隋炀帝(公元605—616年)继位之后，派遣杜行满出使西域。他到了安国(不花剌)，得“五色盐”而归。⑦ 伊思塔忽理说在德拉皮其尔特地方有白、黄、绿、黑、红诸盐山；其他地区的盐是出于地下或水中，成结晶体，而这种盐出于平地以上的山里。伊宾·贺柯尔说这种盐有各种颜色。⑧

《北户录》(卷2，第11页，陆心源本)说盐有赤、紫、黑、青、黄

① 《证类本草》卷4，第23页。

② 同上书，卷4，第21页。

③ 《隋书》卷83，第7页。

④ 《周书》卷50，第5页；《隋书》卷83，第5页。

⑤ 又见 Geerts：Produits，p，634；F. de Mély：Lapidaire chinois，pp. 134，243。据 Geerts 说，在日本这字指铜制的醋酸盐，以前是从外国输入，现在本国可制造。

⑥ J. Ruska：Steinbuch des Aristoteles，p. 182 和 Steinbuch des Qazwīnī，p，25.

⑦ 《隋书》卷83，第4页。

⑧ P. Schwarz：Iran，p. 95.

各色。赤盐像朱砂。白盐像玉，出高昌国(吐鲁番)。[①] 黑盐出在葱岭以北的漕国，[②]也出在南天竺。[③] 这些杂色盐可能是不纯的盐，或是异种矿物。

84. 鍮石。《隋书》(卷83，第7页)说鍮石与金、银、铜、镔、铁、锡，同是波斯萨珊王朝所产。《太平寰宇记》(卷186，第9页)说它出产在葱岭[④]南的女国，乌茶国(乌苌那)北的阿罗伊罗[⑤]和大食国。[⑥] 玄奘《西域记》里提了三次鍮石，一次说它和金、银、铜、铁都出在北天竺境，两次说它是铸佛像的材料。[⑦] 第六世纪的《荆楚岁时记》上说，七月七夕[⑧]妇女所用的针是金、银或鍮石制的。[⑨] 唐朝用鍮石制官章饰，如八九品官员的袍带。[⑩] 伊朗地方常以鍮石为贡品，如公元718年米国(弭秣贺在撒马尔罕西北)[⑪]进贡鍮石。

① 《隋书》卷83，第3页；《太平寰宇记》(卷180，第11页)说车师(吐蕃)也有此产物。

② 《隋书》卷83，第8页。

③ 《唐书》卷221上，第10页。

④ 《太平寰宇记》卷186，第9页。

⑤ 同上书，第12页。

⑥ 同上书，第15页。

⑦ 参阅 S. Julien: Mémoires sur les contrées occidentales, Vol. I, pp. 37, 189, 354。儒莲正确地译此词为黄铜。Palladius《华俄字典》(Chinese-Russian Dictionary, Vol. II, p. 16)解释为“铜铅混合物，有吸引力。”翟理士说它是波斯的一种金和铜或青铜矿，这定义不正确。鍮石只是像金而已，所有东方作者都说黄铜像金。参看 Beal: Records of the Western World, Vol. I, p. 51；沙畹也接受这唯一正确的解释，即它应当做黄铜解(《通报》1904，第34页)。

⑧ 参看 W. Grube: Zur Pekinger VolkSkunde, p. 76; J, Przyluski，《通报》1914，第215页。

⑨ 《佩文韵府》卷100上，第25页。

⑩ Jade, p. 286；又参照《大唐六典》卷8，第22页。

⑪ 沙畹论文，见《通报》1904年，第34页。

《格古要论》说："鍮石乃自然铜之精者，炉甘石所煮炼者为假鍮。崔昉云：铜一斤炉甘石一斤，炼之成鍮石。真鍮出波斯。鍮石如金，火炼成红色，不变黑。"这里所描写的显然是黄铜，它主要是合铜与锌而成的。李时珍[①]说鍮石就是现代所谓黄铜，即 brass。檀萃的《滇海虞衡志》（卷 2，第 3 页）说鍮石出产在云南车里土司。

中国人解释"鍮"或"鍮石"，和波斯人及阿拉伯人所解释的 tūtiya 正相符合。锌最初出在波斯，用以制一种新的铜合金，即黄铜。伊宾·阿尔发鸠于公元 902 年曾记述起儿曼地方当巴温德山的锌矿。这矿当时是政府的专利[②]（至今仍然是）。约巴利于 1225 年曾记述冶炼的方法。[③] 这名词最初见于第九世纪托名亚里士多德的阿拉伯石谱。[④] 那书上说 tūtiya 出于矿山中，种类很多，有白、黄、绿各种；矿坑在兴德和信德的海岸上。也许这是指胆矾或硫酸铜盐。[⑤]

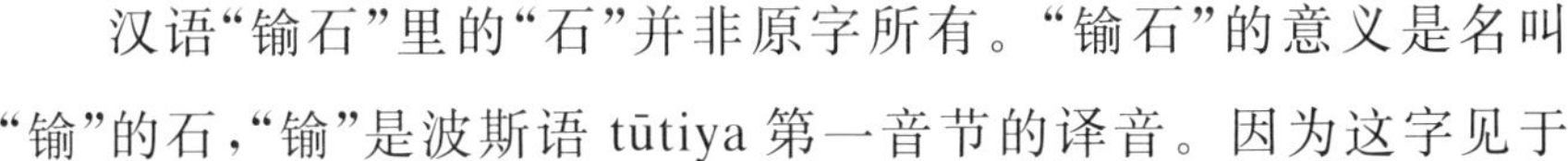

汉语"鍮石"里的"石"并非原字所有。"鍮石"的意义是名叫"鍮"的石，"鍮"是波斯语 tūtiya 第一音节的译音。因为这字见于

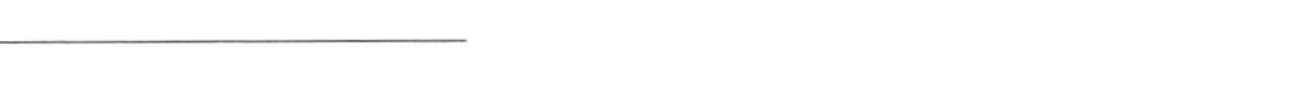

① 《本草纲目》卷 8，第 3，4 页。又见 Geerts：Froduits，p. 575。

② P. Schwarz：Iran im Mittelalter，p. 252.

③ G. Ferrand：Textes relatifs à l'Extrême-Orient，p. 610（又 pp. 225，228；及 Leclerc：Traité des simples，Vol. I，p. 322）.

④ J. Ruska：Steinbuch des Aristoteles，p. 175. J. Beckmann（Beyträge zur Geschichte der Erfindungen，Vol. III，p. 388）说这字最初见于十一世纪之阿维森纳著作里。

⑤ Feldhaus 著的 Technik（col. 1367）里有一个离奇的错误，他说"喀兹微尼于第六世纪说过中国有锌，能使之柔软。"但喀兹微尼于 1134 年撰百科全书，无一语提及中国的锌（参看 Ruska：Steinbuch des Qazwīnī，p. 11）；但是他提到西班牙一种 tūtiyā 矿（G. Jacob：Studien in arabischen Geographen，p. 13）。

《隋书》,所以我们认为它是中古波斯语。瓦特尔斯[1]推测汉语"鍮石"出自突厥语,夏德[2]不加辨别地接受了这说法,这其实是完全不可能的。这里所说的这突厥语只见于奥斯曼利语和其他近代方言里,而它明明是出自波斯语,在回鹘语里没见过,夏德认为它见于回鹘语,是错误的。他们这理论似乎把"石"字看做原字的一部分译音,这是绝对不可能的,因为"石"代表古音 šek 或 sak, zak,不可能有上颚音。而且中国这方面的记载只讲到伊朗而不是讲突厥,突厥人同这事完全没有关系。[3] 这波斯字传到欧洲语言中去,有两种变体。阿拉伯人把它传入西班牙,成为带有阿拉伯冠词音的 atutia,在葡萄牙语为 tutia,在法语为 tutie,在意大利语为 tuzia,在英语为 tutty。语尾有上颚音的见于下面这个语系,奥斯曼利语 tuj 或 tunč,新希腊语 τούντζι,阿尔巴尼亚语tuč,塞尔维亚语和保加利亚语tuč,罗马尼亚语 tuciŭ。有人说梵语 tuttha 和这波斯字有关,我看并不见得,因为梵语仅指绿矾或青矾。[4] 要知道波斯字 birinj(黄铜)是piriṅ(库尔德语 pirinjok,亚美尼亚语 plinj)[5]较新的变体,它尚未传到任何外国语里去,因此我不相信英语 bronze("青铜")会出于这种型的字。[6]



---

① Essays on the Chinese Langnage, p. 359.

② 《赵汝适》第 81 页。文里所说的鍮石不是指白铜,而是黄铜。白铜是中国的一种不同的合金(见本书《伊朗中国编》第 20 节)。

③ 把这字说成与意大利语 tausia(正写为 taunia)及德语 tarischieren 有关,犹之说德语 tusche 出自汉语"土司"一样离奇(Hirth:Chinese Studien, p.226)。

④ P. C. Ray: History of Hindu Chemistry, 2nd ed., Vol. II, p. 25.

⑤ Hübschmann: Persische Studien, p.27.

⑥ O. Schrader: Sprachvergleichung und Urgeschichte, Vol. II p. 73.

日语鍮石读作 čūseki。日本人以前常由中国输入这合金，他们的本草上载有炼合金术。[1] 朝鲜语读这字为 not 或 not-si。法国教士解释鍮石为“以各种金属混合而成，可制羹匙等物，一如黄铜，红铜（最上品）与铅。”[2]

锌在东方的历史至今还不很清楚，至少从金属历史家的记载看来是如此。英格勒斯[3]说过：“我们不知道是谁提炼出锌这个金属；这提炼法或许最初是在东方发明的。十六世纪锌从中国和东印度输入欧洲，称为 tutanego（由此而有了英语 tutenegue），可能欧洲在更早就从中国和印度知道了锌……工业上炼锌是开始于英国，相传所用的方法出自中国，是罗逊博士特别到中国去学来的。1740 年，占皮恩在布里斯托尔开设工厂，正式开始炼锌，不过产量很少，大部分仍由印度及中国输入。”贝克曼[4]也着重说十八世纪欧洲的锌大半是由印度运来的，他在 1792 年又说很可惜不知道印度于何时何地用何法炼取这种金属，又于何年始输入欧洲。他又说从几篇有关这问题的著述看来，最初是来自中国、孟加拉、马六甲和马拉巴，铜和黄铜也出在这些地方。在另一方面，安斯理[5]却说印度的锌绝大部分来自交趾支那或中国，这些地方也产碳酸锌矿（calamine 或称炉甘石）和方硫锌矿（blende，或称闪锌矿）。儒

① Geerts: Produits, p. 641; F. de Mély: Lapidaire chinois, p. 42.

② Dictionaire coréen-français, p. 291.

③ Production and Properties of Zinc, pp. 2—3 (New York and London, 1902).

④ J. Beckmann: Beyträge zur Geschichte der Erfindungen, Vol. III, p. 408.

⑤ Materia Indica, Vol. I, p. 573.

莲[1]又说古书里不见提到锌，大概到第十七世纪初中国才知道锌。

霍默勒[2]说炼锌术发源于印度，而中国人从印度得到的。当然霍默勒不知道这话在中国记载里没有证据，我想一定有许多人接受了这种印度起源论。依我看炼锌术既不起源于印度，也不起源于中国，而是波斯。伊宾·阿尔发鸠说过起儿曼的锌矿是在第十世纪采掘的。中国古时书籍已提到鍮石，即足以证明在波斯萨珊王朝制锌业就已经很发达，至少亦得推到第六世纪就开始了。

李时珍[3]说波斯青铜可制镜。我在其他书籍里还没读到关于这个金属。

85. 镔铁。史书上说镔铁出于波斯萨珊王朝，[4]或说出于罽宾。[5] 中古作者常德等说印度和哈密也有出产。[6]《格古要论》（卷6，第14页，惜阴轩丛书本）说镔铁出产在西蕃，面上有呈现螺旋纹的，也有呈现芝麻雪花的。这种金属所铸的刀剑或其他用具要用金线来擦，擦亮后花纹就显了。这金属价值比银子还要贵。显然这是一种钢，正如大马士革的钢，涂上腐剂酸，上面就生细黑纹。[7]

李时珍[8]说镔铁出在西蕃，他引第十世纪轩辕述所著《宝藏论》，大意说铁有五种，其中一种是镔铁，坚锐可以切金属和坚石。



---

① Industries de l'empire chinois, p. 46.

② *Chemiker-Zeitung*, 1912, p. 905.

③ 《本草纲目》卷8，第3页。

④ 《周书》卷50，第6页；《隋书》卷83，第7页。

⑤ 《太平寰宇记》卷182，第12页。

⑥ Bretschneider: Mediæval: Researches, Vol. I, p. 146;《广舆记》卷24，第5页。

⑦ 杨瑀《山居新话》（知不足斋丛书本，第19页）也记镔铁。

⑧ 《本草纲目》卷8，第11页。

《康熙字典》说镔制的刀很锐利。以前研究镔铁的人都没注意到镔铁始自波斯萨珊王朝，他们只注意中古宋代史书里的记录。[①]

"镔"这个字至今不知作何解。甚至于泛突厥民族的语言中也尚未发现过此字。它和伊朗语 spaina，帕米尔语 spin，阿富汗语 ōspīna 或 ōspana，奥塞提克语 äfsän[②] 都相通。这"镔"字即由此构成的。梅尔斯说过这字也可以写成不带金字旁的"宾"，它仅是按语舌转写的，完全没有意义。

86. 瑟瑟。瑟瑟 sit-sit（日语 šitsu-šitsu）假定其原字为 sirsir，是萨珊朝波斯的宝石。我在《东方绿松石考》（*Notes on Turquois in the East*，pp.25—35，45—55，67—68）一文里已作过详细的讨论，所以在这里只记其概略，加一些补充和修改。我不相信瑟瑟是示格南语或阿拉伯语 jaza 的译音，但是我现在相信瑟瑟是一个伊朗字的译音（很可能是康国语），然而这字源尚未详。中国的记载不讲这伊朗瑟瑟的性质，只把它列为波斯和康国[③]所产的宝石之一。《唐书》（卷 221，第 10 页）说瑟瑟矿在康国的药杀河东南，[④]路经和阗[⑤]输入中国，景教教友常以瑟瑟输入中国，用作寺院的装饰。《唐书》又说拂林（叙利亚）的宫殿以瑟瑟为柱，[⑥]这里所说的是建筑用的石材。又古时西藏以瑟瑟为官员的服饰，臂上佩戴瑟

① Bretschneider：On the Knowledga possessed by the Chinese of the Arabs，p. 12及 *China Review*，Vol. V，p.21；W. F. Mayers：*China Review*，Vol. IV，p，175.

② Hübschmann：Persische Studien，p. 10.

③ 《北史》卷 97，第 7 和 12 页；《周书》卷 50，第 6 页；《隋书》卷 83，第 7 页，《魏书》卷 102，第 5 及 9 页。

④ 《唐书》卷 221 下，第 2 页。

⑤ 《唐书》卷 221 上，第 10 页。

⑥ 《旧唐书》卷 198，第 11 页；《唐书》卷 221 下，第 7 页。

瑟串，表示最高官职。其次是金，再次是金镀银，再次是银，最下是铜[①]——这显然说明古时西藏视瑟瑟为珍贵宝石，价在黄金之上。西藏妇女发髻上常戴着瑟瑟珠，据说一珠的价值和一匹良马相等。[②] 因此有了“马价珠”之称。《格古要论》(卷6，第5页)里专条讨论这种珠宝，与绿松石区别开。[③]

唐时南蛮(中国南部土著民族)妇女用瑟瑟石作装饰品，系在发上；[④]在南诏国[⑤]也知道此宝石。四川维州妇女把瑟瑟穿成串，挂于发上。[⑥] 此外，我们也常听说中国人亦有用瑟瑟，而且在中国境内采掘。有时瑟瑟也指建筑石材；有时它是透明的宝石，用做帘幕，价值很高，和真珠及贵重金属相等。[⑦] 786年《旧唐书》说“陕州观察使[⑧]李泌奏卢氏山冶出瑟瑟，请禁以充贡奉。上曰瑟瑟不产中土，有则与民共之，任人采取。”这段文里所讲的似乎是冶金中的一种副产品。高似孙《纬略》说在他那时代(宋朝)瑟瑟是炼石制的，和这说法相符。

我从《考古图》(卷10)和《古玉图谱》(卷28,97)里举了两个用瑟瑟作美术品的例子。又在《博古图录》(王黼著，1107—1111年

① 《唐书》卷216上，第1页。

② 《新五代史》卷74，第4页。

③ 纪尔德(Geerts)在他所著 Produits de la nature japonaise et chinoise, p. 481里说“马价珠”(日语 bakašu)只是“祖母绿”的同义词。《本草纲目》卷9，第17页指出二者不同之处。“靛子”称为“碧”，“马价珠”称为“翠”。

④ 《唐书》卷222上，第2页。

⑤ 《蛮书》第48页。

⑥ 《太平寰宇记》卷87，第9页。

⑦ 《明皇杂录》卷下，第4页；《纬略》卷5，第3页，《杜杨杂编》卷上，第3、8页。卷下，第5、9、14页。

⑧ 道台之官称。

出版)里两次看这个名字。这书里有一处(卷3,第15页)把周朝鼎上的铜锈比做瑟瑟的颜色:锈有青绿诸色,因此这话不足以说明瑟瑟为何颜色。在另外一处(卷6,第46页)讲到一个汉朝小鼎,镶着金银,并以七宝石(saptaratna)与辉煌的瑟瑟为华饰。这是很令人惊异的,因为汉朝记载里没有提过瑟瑟,它最初见于波斯萨珊朝的记载上:所以我怀疑这里所说的不是汉朝,而是唐朝,或者,如果是汉朝的,这位宋朝作者所断定为瑟瑟的一定与唐朝的瑟瑟不同。我说过宋人不知唐朝的瑟瑟为何物,唐朝的瑟瑟在宋朝已失传了;当时所流行的代替瑟瑟的宝石仍然袭用这名称而已。

元时瑟瑟之名又复兴。1259年常德出使巴格达,说那里所产的宝石中有珍珠、兰石、金刚钻和瑟瑟。金州(在东三省盛京)发见过一种宝石,价值不高,也叫做瑟瑟。[①] 据说元成宗时(1295—1370年)有以瑟瑟两千五百余斤当做现金支付以哄骗官吏们,这种做法不久就被皇帝下令废止了。[②] 到了明朝,瑟瑟仅成为含糊地传古时宝石之意的名词而已,被转用于人工制造的有色玻璃珠或烧料珠之类。[③]

中国记述瑟瑟和古代记述翡翠非常相似。翡翠或当做一种宝石,用作指环;或当做建筑石材。提奥夫剌斯塔[④]说:"翡翠于眼有益,镶在指环上,以便常看。但很稀有,又不很大。埃及王朝史上说巴比伦王曾以宽三腕尺,长四腕尺的翡翠作为赠礼;丘必特神寺

---

① 《元史》卷24,第2页。

② 同上,卷21,第7页。

③ 参照 Notes on Turquois,p.34。

④ De lapidibus,p.42.

院有一方尖碑是四块翡翠合成的，高四十腕尺，宽四腕尺，厚二腕尺。假翡翠各地都有，尤其在塞浦路斯的铜脉里，翡翠纵横充积其中，不过很少见到有可做指环那么大的。”林兹[①]认为假翡翠即孔雀石。或许伊朗和西藏的瑟瑟就是翡翠。拂林用做柱子的瑟瑟是孔雀石。凡见于中国记载里的瑟瑟都没有详加定义。我们要等有了其他材料后才敢确证它是何所指。

佛经里翡翠写作“摩罗伽陀”，[②]即梵语 marakata。1336 年出版的《辍耕录》[③]最初提到翡翠称之为“助木剌”，十七世纪才写作“祖母绿”。《四体合璧文鉴》(卷 22，第 66 页)把这名字写作“硃砸碌”，这是波斯语 zumurrud 的译音。

这字的语原出于闪语。在亚述语为 barraktu，见于波斯王阿塔薛西一世[④](公元前 464—前 424 年)三十五年的巴比伦文稿里。希伯来语为 bāreket 或 bārkat，叙利亚语为 borko，阿拉伯语为 zummurud，亚美尼亚语为 zemruxt，俄语为 izumrud。希腊语的 maragdos 或 smaragdos 是出自闪语，而梵语 marakata 出自希腊语，西藏语 mar-god 又出自梵语。[⑤] 阿拉伯波斯语的 zummurud 似乎是直接根据希腊语加上当头唑音。



---

① Mineralogie der Griechen und Römer，p. 20.

② 《翻译名义集》卷 8，第 14 页。

③ 《辍耕录》卷 7，第 5 页；《物理小识》卷 7，第 14 页。这书说元朝作品的写法“助木剌”是正确的，在他那时代都误写为“祖母绿”是由于“绿”指宝石的颜色，而把这名字通俗化了。这宝石的俗名是“绿宝石”。参照 Geerts：Produits，p，481。

④ C. Fossey：Etudes assyriennes(*Journal asiatique*，1917，I，p.473).

⑤ 参照 Notes on Turquois，p.55；《通报》1916，第 465 页。穆斯·安诺特(*Transactions Am. Phil. Assoc*. Vol. XXIII，1892，p.139)说希腊和闪语两字皆直接出自梵语，此说不确。要探索外来语的出处必须先查明物品的来历。

87. 绿松石。关于绿松石，我只准备简单地谈一谈。波斯的绿松石，出于尼撒不耳和起儿曼，最初见于1336年的《辍耕录》里，称为"甸子"。这并不是说中国人从那时开始才认识这种波斯宝石。契丹人似乎早就知道绿松石。[①] 瓦特尔斯[②]认为"碧绿"是波斯字 firūza（即绿松石 turquois）的译音，他却没指出这个中国词的根源，我不信这说法。这个中国词即使有，也恐怕只限于近代的通俗方言。我还没有在文献[③]里见过。远在1290年云南会川就掘发了这种宝石。[④]《大明一统志》（卷86，第8页）说云南安宁州有绿松石矿，书里称之为"碧瑱子"。檀萃[⑤]说"碧瑱"出产在云南孟养土司。《兴安府志》（卷11，第11页）说以前这地方（陕南兴安府）出产"碧瑱"，唐宋时代都有采掘，明初才停闭了。这段记述很可疑；我们没听说唐宋时代已有"碧瑱"或"甸子"，这名词是到了元朝才有的。[⑥]

88. 金精。唐时金精似指"青金石"。出产在巴达克山[⑦]的名矿。

① 我在 *American Anthropologist*（1916，p.589）里已论述过。甸子产在班达里，见1349年汪大渊《岛夷志略》（Rockhill：《通报》1915，第464页）。

② Essays on the Chinese Language，p. 352.

③ 《本草纲目》（卷8，第17页）说有石名"缥碧绿"，因石为"碧"色。瓦特尔斯的话或即根据此说。

④ 《元史》卷16，第10页。又见 Notes on Turquois，pp. 58—59。

⑤ 《滇海虞衡志》卷1，第6页（问影楼丛书本，1799年）。土司为酋长统治之地区，酋长亦受中国官吏之督管。

⑥ 1769年 G. Soulié（*Bull. de l'Ecole française*，Vol. VIII，p.372）在《魏氏闻见记》一书中未识出绿松石，此书所讨论的应为珊瑚与绿松石，乃古宗（西藏一部族）妇女作首饰的宝石，故该书的译音"yüan-song"（缘松）应改作"绿松石"。

⑦ Chavannes：Documents sur les Tou-kiue，p.159；又《通报》1904，第66页。

在元朝青金石有了新名称，叫做“兰赤”。1269 年蒙古王蒙哥派遣常德到他兄弟波斯王旭烈兀那里为使节。常德的行纪《西使记》1263 年经刘郁修订。行纪上说兰赤产于波斯南的山石上。《兰赤》这两个字的意思是“兰花”和“红色”，没有什么意义，所以贝烈史奈德[①]断定这两字是外国名字的译音，这话是对的。他认为这名字和青金石的阿拉伯名 landshiwer 相同。新波斯语为 lāžvard 或 lājvard（阿拉伯语 lāzvard）。另外一个阿拉伯名是 līnej。迪欧斯柯利兹的 cyanos 就是译成这字。[②] 阿拉伯语 lanjiver 一词，我不知道何所指。

马可·波罗[③]的记载说：“巴达克山国还有一座山也产青金石，是世上最好的青金石，得自矿脉中，和银子一样。还有其他山里蕴藏着大量银矿，所以这国家是非常富有的，”尤勒注释说：“Lájwurd 矿（由此字转写出 l' Azur 和 Lazuli）一如红宝石矿，驰名已久。矿在科克恰河上游之可兰山谷中扬甘地带。通俗的语原是 Hamah-kán 或‘万矿山’。1838 年伍德曾视察这些矿山。[④] 据说近来所产的每年只有三十至六十普德（每普德为三十六磅），质和量都很差。最优等的在不花剌出售，每普德[⑤]值三十至六十提拉（tillas 钱币名），即十二至二十四镑。”《四体合璧文鉴》（卷 22，第 65 页）里它的汉语名是“青金石”，藏语为 mu-men，蒙古语和满



① *Chinese Recorder*, Vol. VI, p. 161 或 Mediæval Researches, Vol. I, p. 151.

② Leclerc：Traité des simples, Vol. III, p. 254.

③ Yule's edition, Vol. I, p. 157.

④ Wood：Journey to Oxus, p. 263.

⑤ 又见 M. Bauer：Precious Stones, p. 442。

洲语为 nomin。

中国人说钻石也出在波斯萨珊王朝。我以前曾说过有几个伊朗民族在公历纪元初就知道这种贵重宝石。[1] 钻石是唐时由波斯输入中国。[2]

89. 琥珀。中国记载中最早提到的是在罽宾的琥珀。[3] 又提到琥珀产于大秦[4]和萨珊王朝波斯。[5] 波斯出产琥珀已由帕拉菲语的古经《创世记》一书为之证实。此书里也用帕拉菲语称琥珀为 kahrupāī。[6] 这词等于新波斯语 kāhrubā,即 kāh(“稻草”)和 rubā(“举起,吸引”)[7]组成的复合语。阿拉伯语的 kahrubā(最初见于伊宾·艾勒·阿巴斯的作品里)出自波斯语;在第九与第十世纪之间这字从阿拉伯语传到叙利亚语里。[8] 在亚美尼亚语为 kahribā 和 kahribar。这字又向西推行:西班牙语为 carabe,葡萄牙语为 carabe 或 charabe,意大利语为 carabe,法语为 carabé,拜占庭语为 κεραβὲ,库蛮语为 charabar。明朝以琥珀为哈烈国、和阗、撒马尔罕[9]

① The Diamond,p.53.

② 《大唐六典》卷 22,第 8 页。

③ 《前汉书》卷 96 上,第 5 页。

④ 见《魏略》及《后汉书》(参考沙畹的文章,《通报》1907,第 182 页)。

⑤ 《南史》卷 79,第 8 页;《魏书》卷 102,第 5 页,《隋书》卷 83,第 7 页;《隋书》波斯传改《琥珀》为《兽魄》,为避唐高祖之父李虎的名字。琥珀、珊瑚、银,都是产在波斯伏卢尼国的尼山,呼似密国也出产。《魏书》卷 102,第 6 页。

⑥ West:Pahlavi Texts,Vol.I,p.273.

⑦ 各国语言都有相似的字:汉语叫“拾芥”,梵语叫riṇagrāhin(“拾稻草”);西藏语 sbur len 或 sbur loṅ,意义与法语 tire-paille 同(法语今已不用)。波斯语又称琥珀为 šahbarī。

⑧ 参考 E. Seidel:Mechithar,p.146 及 G. Jacob:ZDMG. Vol. XLIII,1889,p.359。

⑨ 《大明一统志》卷 89,第 23、24、25 页(1461 年版)。

的产品。又有特殊的一种,名叫"金珀",为阿拉伯(天方国)所产。[①]

现在的问题是:波斯人从何处得到琥珀?哲刻布[②]研究阿拉伯资料得出结论说它是得自波罗的海滨。波罗的海滨所产的琥珀在通商史上的重要是尽人皆知的。不过我以为专家们把这重要性过分夸大了些,人们每每忽视了世界上产琥珀的地方不止一处。我不否认阿拉伯人所获得的琥珀大半来自波罗的海,然而我却认为这理论(因为它仅仅是理论而已)不能直接从阿拉伯作者的记载推断出来。记载里只说琥珀来自俄罗斯和保加尔国,可是谁能证明俄罗斯的琥珀来自波罗的海一地,我们确知俄罗斯和罗马尼亚出产琥珀。伊宾·阿尔拜塔尔似乎不知这俄罗斯国和保加尔国产琥珀,但是他谈到阿勒·哲菲其时,提过两种琥珀,一种来自希腊和东方,一种发现于西班牙西部,产于海滨和地下矿。[③] 普林尼根据菲里蒙的说法,说琥珀是一种化石质,司乞特有两处出产此物,一处所产的为白色和蜡色,名叫 electrum;另一处所产的为红色,叫做 sualiternicum。[④] 司乞特或南俄的琥珀当时由伊朗司乞特人贩卖到伊朗。如果明确地断定古代波斯和阿拉伯琥珀的来源,首先要获得一定数量的真正波斯和阿拉伯的古代琥珀,以化学分析来研究。古代琥珀产地多已采尽。因普林尼和古时中国人都认为琥珀是印度产物,虽然现今印度已不见琥珀矿。[⑤] 早先云南永昌县曾产琥珀,陕西省华山圣地也有过。[⑥]

① 《大明一统志》卷 91,第 20 页。

② 参考前面所提哲刻布的著作,及 Arabische Handelsartikel,p.63。

③ Leclerc:Traité des simples, Vol.III,p. 209.

④ Pliny, XXXVII,II, § 33.

⑤ 参考《前汉书》卷 96 上,第 5 页(罽宾国之琥珀):《南史》卷 78,第 7 页。

⑥ 参考《华岳志》卷 3,第 10 页(1831 年版)。

哲刻布[1]提到:若认为汉语"琥珀"是从帕拉菲语 kahrupāi 来的,那一定会在证明它的年代上遭遇到无比的困难。而在语音上困难却更要大,因为汉语琥珀的古音是 gu-bak,它与 kahrupāī 没有任何相似之处。若把希腊语的 harpax[2] 说成是这汉语的依据,就更不足信了。据我看汉语琥珀出于古代云南的掸族或傣族方言,中国人不晚于公元第一世纪已从那里获得一种琥珀。王充称琥珀为"顿牟",它的语原也相同。[3]

克拉卜罗斯说汉语"琥珀"的原字是回鹘语的 kubik,其实并非如此。相反地,这回鹘字(犹如朝鲜字 xobag)却是汉字的译音。蒙古语 xuba 和满洲语 xôba 也是如此,只不过这些字借用得较晚,那时汉语"珀"字(bak 或 bek)末尾的辅音已经变成无声了。[4]

90. 珊瑚。珊瑚原是动物质,但因为东方人总是把它当做宝石,[5]所以现在简单地谈一谈它所涉及的中波关系。中国因与大秦(亚细亚希腊)有了交通而知道了真珊瑚。《魏略》和《汉书》[6]都



---

① 见 Jacob:ZDMG,Vol. XLIII,1889,p.355。

② 夏德主此说,见 China and the Roman Orient,p.245。此字仅为叙利亚方言,出自希腊语 ἀρπάζω。[在叙利亚也用此物做妇女纺车上的梭,而名为 harpaga(抓机)],因为它能抽树叶、粃糠和衣服的纱线。

③ 参考 A. Forke,Lung-heng(论衡)pt. II,p. 350,这问题我已在 Ancient Remains from the Languages of the Nan Man 一文中讨论过,此处不再谈。

④ 欲知琥珀之详,可参考我著的 Historical Jottings on Amber in Asia(Memoires Am. Anthr. Assoc. Vol.I,pt.3)。我还希望在中希问题研究中再更加详细地讨论这问题,以说明凡有关琥珀的来历与性质的中国传说,大半都受了古代学说的影响。

⑤ 证明珊瑚的动物性质,是近代科学的成就。Peyssonel 最早于 1727 年证明所谓珊瑚花是真动物,Pallas 因此称珊瑚为 Isis nobilis;Lamarck 为之特设一属名叫 Corallinm rubrun(参考 Lacaze-Duthiers: Hisrtoire naturelle du corail, Paris,1864;Guibourt:Histoire naturelle des drogues,Vol.IV,p.378)。亚洲人都认为珊瑚是海中树。

⑥ Hirth:China and the Roman Orient, pp. 41,73.

说大秦国有珊瑚;出产之多,当地人甚至于盖房子也用它做中柱。《唐书》[①]说它是水产,人们乘坐大船在珊瑚岛中用铁丝网捞取。当珊瑚初生在岩石上时,色自如蕈。一年后变成黄色。三年后成红色。那时枝干交错,高达三四尺。[②] 夏德说捞取珊瑚的地方是红海,景教经书上所说的"珊瑚海"和《魏略》所说的"海出珊瑚真珠"似乎都是指红海,[③]他这话也许正确。但又像是波斯湾或地中海。普林尼[④]对红海的珊瑚不很称赞;硕弗[⑤]的《环游记》所说珊瑚输入印度,就是地中海的珊瑚。中国人自己也谈到波斯网捞珊瑚的事情,如《证类本草》(卷 4,第 37 页)引《异物志》说珊瑚出波斯国,当地人视为至宝。《本草衍义》(卷 5,第 17 页,陆心源本)讲波斯国海中有珊瑚岛,[⑥]所说网取珊瑚事和《唐书》拂林(叙利亚)传里所述相同。宋朝苏恭说珊瑚出在南海,但也有从波斯和锡兰来的,后面这句话宋朝的《图经本草》也如此说。有趣的是《唐本草》说珊瑚上一定要有孔,东方人至今仍然觉得有孔才是真珊瑚(这看法是正确的)。到了唐朝珊瑚才在药书上提到。史书都把它看做波斯萨珊王朝的产物。[⑦]《唐书》说波斯珊瑚高不到三尺。[⑧] 无疑



① Hirth:China and the Roman Orient,p.44。

② 同上书,p.59。

③ 同上书,p.246。

④ XXXII,11.

⑤ The Periplus of the Erythræan Sea,p.128.

⑥ 产珊瑚树之珊瑚岛,公元 1000 年一个亚洲作者亦曾提及(G.Ferrand:Textes relatifs à l'Extrême-Orient,Vol.I,p.147)。又见 E.Wiedemann:Zur Mineralogie im Islam,p.244。

⑦ 《周书》卷 50,第 6 页;《隋书》卷 83,第 7 页;又《魏书》卷 102,第 6 页,说波斯北伏卢尼国产珊瑚。

⑧ 《唐书》卷 221 下,第 6 页;《梁书》卷 54,第 14 页,说波斯珊瑚树高一二尺。

地波斯珊瑚亚洲各地都有，或许西藏人还有保存，他们珍视珊瑚，琥珀、绿松石在一切之上。中国人在罽宾[①]所见到的珊瑚或许最早是波斯所产。可惜古代伊朗资料里没有谈到这个问题，我们也不知道珊瑚在古代伊朗的名称。索列纳斯告诉我们说苏鲁支曾相信珊瑚具有相当功效，又能增进健康；[②]普林尼更说珊瑚具有神力，能化险为夷。这种概念很像是从波斯传来的。波斯小儿现在仍然在腹部悬挂珊瑚一枚，做为避灾的护符。[③] 按普林尼说这是他那时代的习惯。只不过那时是把珊瑚枝挂在小孩的颈上。

汉语“珊瑚”san-hu（日语 san-go）或许是起源于外国语，或许不是。[④] 现在西亚细亚语或伊朗语中没有一字与之有关。在希伯来语是 ra'mot，希腊七十二学者译它的音为ῥαμοθ，或译它的意为μετέωρα。新波斯语通称之为 marjām（从而有了俄语的 maržan）；又称 birbāl，xuruhak 或 xurohak，bussad 或 bissad（阿拉伯语 bessed 或 bussad），在亚美尼亚语为 bust。[⑤]

91. 婆娑石。夏德[⑥]最早说汉语“婆娑”（bwa-sa）是波斯语 pāzah，或 pādzahr[⑦]（即 bezoar“牛黄”，意译为“解毒药”）的对音。

① 《前汉书》卷 96 上，第 5 页。珊瑚一词最初见于这段文（《后汉书》卷 118 无此文。夏德在他的《赵汝适》第 226 页采纳了贝烈史奈德的说法是错的）。

② 确如琐罗亚斯德所说，珊瑚一物在古时效力颇大，用之制药，能增进健康。

③ Schlimmer：Terminologie，p. 166.

④ 贝烈史奈德说“此似非汉语”（*Chinese Recorder*，Vol. VI，p. 16）。

⑤ 参考 Patkanov：The Precious Stones according to the Notions of the Armenians (in Russian)，p. 52。

⑥ Länder des Islam，p. 45.

⑦ 巴赞（Pāzand）语为 pādazahar（参看 Hübschmann：Persische：Studien，p. 193）。Steingass 又作 pānzahr，说它采自 bād（风）的说法不确（H. Führer：*Janus*，Vol. VI，1901，p. 317）。

据我看这不能成立，虽然有伯希和[1]支持此说。可是伯希和也看出中国人所谓“婆娑”或“摩娑”并不是牛黄，而且这样译写也不合常例。[2] 既然如此，我们还是不要接受夏德所拟的对音，而且此外还有其他重要理由。中国记载没有说波斯产牛黄或波斯人贩牛黄至中国。中国人过去（和现在）都熟知牛黄[3]（我本人在中国就收集了不少），而且牛黄也容易鉴别。那么，如果“婆娑”或“摩娑”就是波斯 pāzahr，即一种牛黄，那么中国人一定马上就会说“婆娑”即波斯牛黄，然而他并没说过这样的话。相反地，《本草纲目》（卷10，第 10 页）论婆娑所引证的文章也没提波斯，而都一致说婆娑来自马来群岛。宋朝马志说它出产在南海。李时珍引《庚辛玉册》（1430 年）说这种石来自三佛齐（在苏门答腊）。[4] 梅利只称它为“试石”，并提到烈缪萨[5]的话，说它与砂金石（aventurine）同。牛黄是哺乳类动物胃里的石灰结石，东方文献里颇多从动物腹中取出结石的记载。中国人不但没说“婆娑石”来自动物身上，而且恰恰相反，他们明白地说此物原从矿中得来。《庚辛玉册》叙述船过苏门答腊一座山下时，人们用刀斧从岩石上凿取此石，这石子燃烧了发出硫黄味道。马志说这石子是绿色，无斑点，凡有金星者，摩擦了就流出乳状汁液的为最上品。所有这些话都和牛黄不符合。



---

① 《通报》1912，第 438 页。

② 波斯语译写成汉语时，字首必须是无声的唇音。《北户录》里的“婆萨”恐未必指“婆娑”，它也没说明所指何石。《本草衍义》卷 4，第 4 页说“摩娑”是后有的。

③ 初见于古代作品《别录》，再见于第三世纪《吴氏本草》。陶弘景也曾说过。

④ 又见 1618 年的《东西洋考》（卷 3，第 10 页）参考 F. de Mély：Lapidaire chinois，p. 120。

⑤ 同书 pp. LXIV，260。

《本草衍义》(卷4,第4页,陆心源本)里所说的也只是指一种矿石。

远在唐朝"婆娑"就仅是指一种石类。李德裕(公元787—849年)所著的《平泉山居草木记》的跋提到"婆娑"是一种奇石,贮藏在河南省长殿南"婆娑亭"内。

伯希和说札答(yada或jada)是一种牛黄,但是中国人对这个突厥蒙古语感兴趣不是因为它具有牛黄的功能,而是因为它具有唤雨的神力。李时珍[①]有专条讨论它,题为"鲊答",他说它是一种牛黄。这条紧附在论牛黄条之后。[②]

这个波斯字迟至十七世纪才由耶稣会士传到了中国。庞迪我和艾儒略两人所著的《职方外纪》(卷1,第11页)(1623年出版)提到一种婆罗洲产的动物,既像羊又似鹿,名叫"把杂尔",[③]它的腹内生一石,能治百病,极为西方人所珍视。中国人说这是一种牛黄。[④] 牛黄产于婆罗洲,主要是从猿(Simia longumanis,即达雅克

① 《本草纲目》卷50下,第15页。

② 关于雨石的记载很多。最早的古时中国文献我所知道而伯希和又未引证的有唐朝王仁裕的《开元天宝遗事》第20页,和1805年张澍的《续黔书》(卷6,第8页,粤雅堂丛书本)。押忽特人称此石为sata(Boehtlingk, Jakut. Wörterbuch, p. 153),巴勒斯(Pallas)用喀尔木克语写为sādan。又见W. W. Rockhill: Rubruck, p. 195; F. v. Frdmann: Temudschin, p. 94; G. Oppert: Presbyter Johannes, p. 102; J. Ruska: Steinbuch des Qazwīnī, p. 19及Der Islam, Vol. IV, 1913, pp. 26—30。(最有趣的是据Mohammed Ben Mansur所著的the Persian mineralogical treatise说:雨石来自中国边疆矿山,或取自中国边疆一种名叫surxab的大水鸟巢。如此则突厥人或许是从中国获得牛黄。)Vámbéry: Primitive Culture, p. 249; Potanin: Tangutsko-Tibetskaya Okraina Kitaya, Vol. II, p. 352中尚引有其他文献。

③ 这字与1516年Barbosa的pajar很相似。

④ 参考《卢长公史隙》,第48页。

语之 buhi）和猬身内取得。马来亚人称牛黄为 gulīga；据我所知，马来人不用波斯字。[①] 中国的《澳门志略》提到一种像羊的动物，腹内生一石，可治百病，名叫“把杂尔”，[②]参看葡萄牙语 bazar，bazoár，bezoar。

在另一方面，牛黄在中世纪初期用得很广。阿拉伯人也从中国和印度输入牛黄。[③] 波斯语 fādaj 解释为“中国产之石，牛黄”，由此可见中国人也贩牛黄至波斯。人们都知道在波斯牛黄常用作药剂和驱邪，[④]很受珍视。

## 萨珊王朝政府的官衔

92. 萨宝 saδ(sar)-pav。是在西安担任波斯宗教事务的官吏称号，这个职务要推源到该地修盖火神庙的时期，大约在公元 621 年。伯希和收集所有与这职务有关的文献写了一篇很杰出的文章。[⑤] 但是我以为我们不应该接受德微理亚的理论认为这个汉语

① 马来人珍视牛黄。可参考 Mitt. Anthr. Ges. Wien（1900，pp. 179—180）里 L. Bouchal 的文章，Beccari：Wanderings in the Great Forests of Borneo，p. 327，在 Bijdr. taal-landen volkonknnde（1914 年版，p. 38）中 Kreemer 的文章。

② 《澳门志略》卷下，第 37 页。

③ J. Ruska：Steinbuch des Aristoteles，p. 148.

④ 阿柯斯塔（C. Acosta：Tractado de las drogas，pp. 153—160，Burgos，1578），克木弗尔（E. Kaempfer：Amoenitates exoticae，pp. 402—403），古波特（Guibourt. Histoire naturelle des drogues simples，Vol. IV，pp. 106，et seq），和坎兹（G. F. Kunz. Magic of Jewels and Charms，pp. 203—220）都供给了有趣的材料。又见 Yule：Hobson-Jobson，p. 90；E. Wiedemann：Zur Mineralogie im Islam，p. 228；D. Hooper：*Journal As. Soc. Bengal*，Vol. VI，1910，p. 519。

⑤ Le Sa-pao，*Bull. de l'Ecole française*，Vol. III，pp. 665—671.

字是叙利亚语 sābā(“老人”)的译音。这显然和伯希和本人所严格阐明和极力主张的译音规律相冲突,他的规律是:必须找出理由以说明“萨”这个字里的末尾为什么是齿音或流音。这种尾音是唐朝的译音里经常见到的。假如波斯人会使用一个叙利亚字来作为他们圣职的名称,那也是一件怪事。很显然这汉语译音相当于一个来自古波斯语 xšaθra-pāvan(xšçpava,xšaçapāvā)的中古波斯字,这字产生了亚述语的 axšadarapān 或 axšadrapān,希伯来语 axašdarfnim,[①]希腊语 σατράπης(亚美尼亚语 šahapand,梵语 kṣatrapa)。产生汉语译音的那个中古波斯字必定是 šaθ-pāv 或 xšaθ-pāv。“萨”这个字也是中古和新波斯语 sar(“首脑,头子”)的译音。[②]

93. 库萨和 Ku-saδ(r)-γwa,是波斯王的称号或“字”。[③] 这个译音似乎是根据一个伊朗字 xšaθva 或 xšarva,相当于古伊朗语 xšáyavan-,xšaivan,粟特语 xšēvan(“国王”)。[④] 可以看得出当头的摩擦音 x 在汉语里很清楚而恰当地用“库”字来表示,[⑤]而在前面那译音里,这个声是去掉了。这种现象或许可以说是由于时代不同,“萨宝”这个译音是从大约公元 621 年传下来的,而“库萨和”

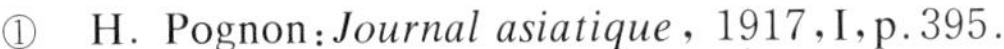

① H. Pognon:*Journal asiatique*, 1917,I,p.395.

② R. Gauthiot: *Journal asiatiqne*, 1911,II,p.60.

③ 《隋书》卷 83,第 7 页。

④ R.Gauthiot:Essai sur les vocalisme du sogdien,p.97。又参看 A.Christensen 所著的 L'Empire des Sassanides,p.113 中 Andreas 的注释。有些学者(如 Chavannes: Documents sur les Tou-kiue occidentaux,p.171,与 Hirth: *Journal Am. Or. Soc.*,Vol. XXXIII,1913,p.197)说这个汉语译音相当于 Khosrou,我不以为然。

⑤ 在 Manichæan 译音中这声音为“呼”xu(hu)。见 Chavannes and Pelliot:Traité manichéen,p.25。

是《隋书》里所载，它属于第六世纪的后期。据萨勒曼[①]说，伊朗语的当头 xš 音发展成为中古波斯语的 š；只有来自最古老的亚美尼亚语外来词是用 ašx 代替 xš，否则经常都是用 š，除非 šx 代替了交互声 xš。[②] 由汉译的伊朗字看来，这个规则也许必须重新考虑，但是这应该留待伊朗学者去讨论。

94. 杀野 šat(šaδ)-ya。波斯王子的称号（《魏书》卷 102，第 6 页，《太平寰宇记》，卷 185，第 17 页）。它相当于阿维斯塔语 xšaθrya（"君主，统治者"）。[③] 萨珊帝国的王子叫做 saθraδārān。[④] 按照萨珊的习惯，国王的儿子们统治各省，也称"王"。[⑤] 这伊朗字译音里的"杀"字，可以参看"药杀"河 Yaxartes（《隋书》卷 83，第 4 页），即 Yak-šaδ（šar）。因为中古波斯语名是 Xšārt 或 Ašārt（Pāzend Ašārd），[⑥]我们不得不假定这汉语译音的原字是 Axšārt 或 Yaxšārt。

95. 医吙，但是，因为第二个字是"才割"切，所以正确的读音是 i-ts'at，i-džaδ，i-dzaδ，这是波斯王的名称[国人号（或"谓"）王曰

① Grundriss der iran. Phil, Vol. I, pt. i, p. 262.

② 又参看 Gauthiot，同前书 p. 54 § 61。

③ 欧利（K. Hori）将此字与新波斯语 šāh 等同起来（Spiegel Memorial Volume, p. 248）这是必须否定的，《魏书》时代明明是指萨珊王朝的波斯，即中古波斯语言。

④ A. Christensen，见同书 p. 20。参看古波斯语 xšçm，xšaçam（皇室，王国）阿维斯塔语 xšaθrem 梵语 kṣatram（A. Meillet: Grammaire du vieux perse, p. 143）。xšaθrya 相当于梵语 kṣatriya。

⑤ Nöldeke: Tabari, p, 49; Grundriss Vol. II, p. 171. 我认为 H. Pognon 的说法是正确的（*Journal asiatique*, 1917, I, p. 397），他说"satrap"纯粹是一种光荣的称号，国王不但把这称呼赐给各州的州长，而且也赐给高级官吏。

⑥ West Pahlavi Texts: Vol. L, p. 80.

医嚈;《魏书》卷102,第6页;《太平寰宇记》,卷185,第17页]。这汉语名字显然是 Ixšeδ 的译音,Ixšeδ 即阿勒,比鲁尼书中的 Ixšīdh,是粟特王和拔汗那王的称号,是古波斯语 xšāyaθiya 的一种方言读法。[①] Ixšēδ 是阿维斯塔语的 xšaeta(“辉煌的”),后来的一种读法是 šēdah。我们不要忘记粟特语是混合语,是中亚细亚的国际语,甚至于还是传播文化的工具。[②] 欧利说这个汉语译音应该代表波斯语 izad(“神”)。[③] 这说法令人难以接受:第一,这字不可能是新波斯语,只能是中古波斯语;第二,izad 并没有被证明为波斯王的称号。相反地,如诺勒笛克所说,[④]萨珊王朝人们把 bag(“神”)这个字用来称呼他们自己,而不是用 yazdān,而这后者即使在那时代也是作为“神”的正确的字眼。

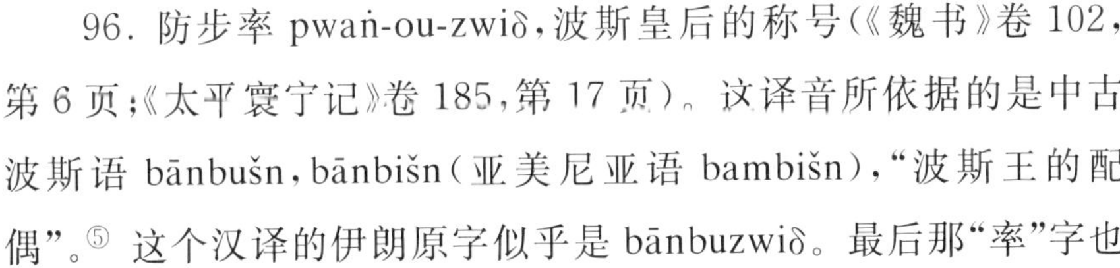

96. 防步率 pwań-ou-zwiδ,波斯皇后的称号(《魏书》卷102,第6页;《太平寰宇记》卷185,第17页)。这译音所依据的是中古波斯语 bānbušn,bānbišn(亚美尼亚语 bambišn),“波斯王的配偶”。[⑤] 这个汉译的伊朗原字似乎是 bānbuzwiδ。最后那“率”字也



① 参看 Sachau:Chronology of Ancient Nations, p.109;F.Justi:Iranisches Namenbuch, p. 141; A. Meillet: Grammaire du vieux perse, pp. 77, 167 (xšāyaθiya pārsaiy,波斯王) F.W.K. Müller:Eir Doppelblatt auseinem manichäischen Hymnenbuch, p. 31。

② R.Gauthiot:Essai sur le vocalisme du sogdien, p.x;P.Pellioi: Les influences iraniennes en Asie centrale et en Extrême-Orient, p.11.

③ Spiegel Memorial Volume, p.248.

④ Tabari, p. 452.

⑤ Hübschmann:Armen.Gram.,p. 116.他认为从亚美尼亚语来看,bānbušn 的写法是错误的,但汉语的译音却充分证明它的真实性。

许和粟特语 wáδu 或 wyδyšth(“配偶”)有些关系。[①]

97. 摸胡坛 mak-ku(mag-gu)-dan。波斯司法部门的官吏,“掌国内狱讼”(《魏书》,卷 102,第 6 页)。欧利[②]没注意到“坛”字也是译音的一部分,他只是把“摸胡”和阿维斯塔语 moγu 等同起来。“摸胡”这译音显然是根据中古世波斯语 magu,所以是完全正确的。后来的译音“穆护”muk-gu 是根据新波斯语 muγ,mōγ。[③] 末尾上的 dan 可联系 herbeδān(“法官”)和 mobeδānmōbeδ(“波斯僧之首”)这一类的字,mobeδ 是古波斯语 magupati,亚美尼亚语 mogpet,帕拉菲语 maupat,新波斯语 mūbid(据斯坦因格斯编的波斯语字典,这字也作“审判官,法官”解)。最重要的是要参照来自亚美尼亚语的 movpetan(亦作 movpet,mogpet,mog)。[④] 因此我们可以断定有一个中古波斯语 magutan 或 magudan,汉语译音是正确地从这字而来的。

98. 泥忽汗 ni-hwut-γan。波斯掌管财政的官吏,(《魏书》,卷 102,第 6 页)。事实上这是一个姓字或称号,希腊作者把它写成 Ναχοραγάν,Ναχοεργάν,Σαρναχοργάνηs(加上词头 sar“头,上部”)。费尔都西(波斯诗人 940 ? —1020 年?)屡次提到霍司鲁二世时代

① R. Gauthiot:Essai sur le vocalisme du sogdien, pp. 59,112。上述三个称号业经列缪萨在马端临之后指出(Nouvelles mélanges asiatiqued Vol. I,p. 249),但是译音中有一部分是错的:“王之称号为 Yi-thso;王后为 Tchi-sou;王子为 Cha-ye。”

② Spiegel Memorial Volume p. 248.

③ Chavannes and Pelliot:Traité manichéen,p. 170。因此不能引这例子来证明 muk 也可以译为 mak,如伯希和以前所说(*Bull. de l'Ecole française*, Vol, IV, p. 312)。

④ Horn: Neupersische Etymologie, No. 984;及 Hübschmann:Persische Studien,p. 123.

的一个姓 Naxwāra 的人,这位国王的财政大臣称为“Naxwāra 之子”。[①] 财政部也因他而称为 al-Naχīrajān。汉语译音是按帕拉菲字 Niχurγan 或 Neχurγan 而组成的;的确,也见过 Niχorakan 这字。[②]

99. 地卑勃 di-pi-bwiδ(bir,wir)。波斯管理公文及一切事务的官吏(《周书》卷 50,第 5 页)。在《魏书》论同一题目的一卷里(卷 102,第 6 页)把第二个字印错为“早”;[③]“地早”和任何伊朗字也不符合。从“地卑勃”的定义看来,很明显“地卑”这个译音相当于 dipi(“文件,题铭”)。[④] 中古波斯语 dipīr 或 dapīr,新波斯语 dibīr 或 dabīr(亚美尼亚语 dpir);“地卑勃”相当于中古波斯语 dipīvar,从 dipi-bara 来的,词尾-var(古代写作 bara)的意思是“携,负”。[⑤] Dipīr 和 dibīr 这两种写法都是 dipīvar 的缩写。从定义看,当然这个词必定包含有 dēvān 这个字的意义,即萨珊帝国的行政部院。

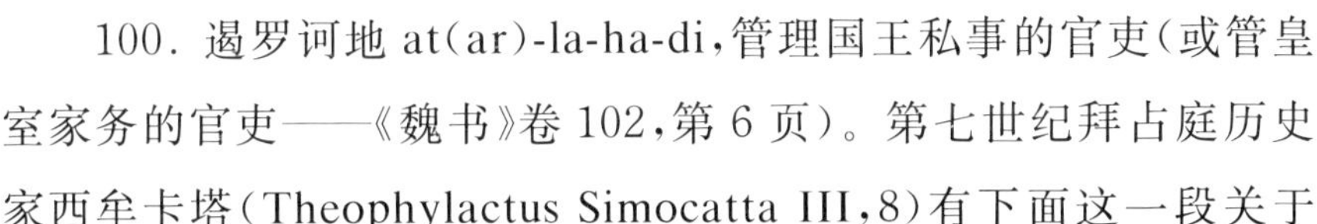

100. 遏罗诃地 at(ar)-la-ha-di,管理国王私事的官吏(或管皇室家务的官吏——《魏书》卷 102,第 6 页)。第七世纪拜占庭历史家西牟卡塔(Theophylactus Simocatta III,8)有下面这一段关于

---

① Nöldeke:Tabari,pp. 152—153,439.

② Justi:Iran Namenbuch,p. 219. 在 Naχuraqān 及 Naχīrajān,这两个字里的 q 和 j 代表帕拉菲语的 g。谋第(Spiegel Memorial Volume,p. lix)将此字及其他汉译伊朗字按现代汉语发音还原,这样误谬无须讨论了。

③ 此错字不仅见现今版本中,即在 1596 年的版本中亦已见过,可能在初版中即已存在,两字混淆,显然可见。

④ 见于古波斯语碑文里,为直接目的格形式 *dipim*,及位置格形式 *dipiyā*(A. Meillet:Grammaire du vieux perse,pp. 147, 183)。

⑤ C. Saleman: Grundriessiran. Phil., Vol. I, pt. i, pp. 272, 282.

萨珊帝国七大贵族的世袭职务："号称阿塔比德兹那个家族执着王家高位并执行国王加冕之职；另一族指挥军事，一族管理社会事务，一族处理因争执而要求调停的诉讼。第五个家族统率骑兵队，第六个家族征收租税和管理皇家财库，第七个家族管理军备和军需。"诺勒笛克[①]说 Artabides（'Αρταβίδης）应读作 Argabides（'Αργαβίδης），与 Argabeδ 同义。还有一个写法ἀργαπέτης，和帕拉菲语 arkpat 相等。这个头衔最初指的是城堡的司令官（arg"城堡"），后来指高级的军职。[②] 在较后代的希伯来语里这个头衔写成 alkafta，arkafta，或 arkabta。[③] 上面的译音显然是根据 Argade（'Αργαδη）= Argabeδ。

101. 薛波勃 sit-pwa-bwiδ。波斯的"掌四方兵马"的官吏（"兵马"即步兵与骑兵：pāiγan 与 aswārān；"四方"即四个 pātkōs：pāt"省"，kōs"防守"，见《魏书》卷 102，第 6 页）。《周书》（卷 50，第 5 页）里第一字写作"萨"sat，sar。这字相当于中古波斯语 spāhbeδ（"将军"）；帕拉菲语 pat，新波斯语-bad，-bud（"长官"）。Ērānspāhbeδ 是萨珊帝国陆军大元帅的称号，直到霍司鲁一世时代为止。在帕拉菲语里这字写作 spāhpat；[④]但是汉语译音和新波斯语 sipahbaδ 更相合，所以也可以推断出一个中古波斯字 spāhbaδ（-beδ 或-buδ）。



---

① Tabari，p.5.

② Christensen，同前书，p. 27；Nöldeke 同前书，p. 437。Hübschmann：Persische Studien，pp. 239，240。

③ M. Jastrow：Dictionary of the Targumim，p. 73.

④ Hübschmann：Armen. Gram.，p. 240.

102. 五思达 u-se-daδ。河南开封府1489年所刻的犹太人的碑文里"列微"(Levi)①的名下用了这个称号。德微理亚正确地辨认出这个译音代表波斯语 ustād,意指"教师,先生"。② 波斯的犹太人们用这个名词来翻译希伯来的称号 Rāb (Rabbi),虽然在波斯语里人名是放在这称号的后面。中国的犹太人只是采用汉语的表现方式,把人名放在称号上面,"五思达列微"和"Rabbi Levi."意义相同。这译音本身似乎比明朝还要早,无疑是在 ta 的末尾辅音还发出声音的时候就记录了下来。我在以前一篇文章里曾经从犹太人碑文的材料来证明中国犹太人从波斯移居来到中国不早于宋朝。这个历史证据为语言学上一个证据所着重证实了。在《元史》(卷33,第7页;卷43,第11页)里,称犹太人为"术忽"或"主兀"。这种写法只可能是根据新波斯语带有当头腭音的 Ju-hūδ 或 Jahūδ 所转写的译音。我们都知道,把当头的 y 变成 j 是新波斯语的一个特点。③ 在帕拉菲语里有 Yahut,一如在希伯来语为 Yehūdi,在阿拉伯语为 Yahūd。中古波斯字 Yahūt 对中国人来说,是很容易译音的。但是他们译音的形式本身就说明它是根据新波斯语的模型构成的,它不可能早过于第十世纪或宋朝。

# 伊朗中国编

讨论了中国人在文化上从伊朗人吸取了些什么之后,现在应

① J. Tobar: Inscriptions juives de K'ai-fong-fou, p. 44.

② 关于此字,主要参看 H. Hübschmann: Persische Studien, p. 14。

③ 参考 Horn: Grundr. iran. Phil., Vol. I, pt. 2, p. 73。

当反过来看看这问题的另一面，想一想伊朗人从中国人获得了些什么。

1. 有些中国的产物到达伊朗远在中国人踏上伊朗国土之前。当张骞在公元前128年到了大夏（巴克特里亚）的时候，他很惊讶看见那里有“邛竹杖”[①]和“蜀布”。这蜀布到底是什么布，不得而知。[②] 这两件东西都是从现在的四川去的，“邛”就在四川省南部的嘉定府。当这位中国使节询问大夏人他们怎么得到中国产品时，他们回答说是在印度购买来的。因此张骞就断定印度离四川一定不会太远。后来这个地理观念引导中国人发现了云南，这是人所尽知的。古代有一条通商路线由四川经过云南到达印度的东北部，又因为印度的西北边疆和伊朗的领土相接连，中国的商品就这样得以到达伊朗。中国人证明“邛竹”，或称“筇”，就是所谓的方竹（Bambusa 或 Phyllostachys quadrangularis）。[③] 一般的竹子都是圆筒形，因此欧洲人初听到在中国和日本有四角形茎梗的竹子时都认为这是神话，或一种畸形怪状病态的竹子。现在人们已经确信这也是一种常见的正常的竹子，野生在云南的东北部，主要是为了装饰花园或寺庙的院庭而种植的，长的竹竿用做拐杖，短的竹竿用来做烟斗。这种竹子的笋用做菜蔬被视为比其他所有竹笋都



① 他一定没有见到夏德所说的“竹棍子”（*Journal Am. Or. Soc.*, Vol. XXXVII, 19.7, p.98），他所看见的是一种大量进口的制成品。

② 此物决不是像 F. v. Richthofen 武断地所推测的丝绸（China, Vol. I, p. 465）“布”字从来不指丝质的材料。

③ 关于这个题目有一篇有趣的文章，见于 D. J. Macgowan: *Chinese Recoder*, Vol. XVI, 1885, pp.141—142；另外，在该期刊 1886, pp. 140—141, E. Satow: Cultivation of Bamboos in Japan, p. 92（Tokyo, 1899），据说方竹（日语 šikakudake）乃由琉球输入日本。Forbes and Hemsley: *Journal Linnean Soc.*, Vol. XXXVI, p. 443。

名贵。

《北户录》[①]里有下面这一段关于方竹的记述："澄州产方竹，体如削成，劲挺堪为杖，亦不让张骞邛竹杖也。其融州[②]亦出，大者数丈。正声集云：南方有方竹杖，白蝉嗓其上，陈贞节尝咏之。又海晏[③]出芦，堪为柱杖。高潘州[④]出千岁蕨柱杖，小类具多更有疏竹，僧道多以为杖。皆奇物。又按王最云：溱川通竹，直上无节，空心也。"

《格古要论》（卷8，第9页，陆心源丛书本）说方竹出产在四川西部，浙江西湖的飞来峰上也有；这种竹子的节子上有刺，所以在四川也称它为"刺竹"。

据十七世纪后期周亮工所著的《闽小记》（说铃本，第17页）上说，方竹和方竹所制的拐杖出产在汀州府永定县和邵武府泰宁县，这两个地方都在福建省。[⑤]



据说山东省登州府也产方竹，也用以做手杖。[⑥] 因为佛门僧侣喜用这种手杖，故又得"罗汉竹"之名。[⑦]

① 《北户录》卷3，第10页（陆心源本）。

② 在广西柳州府。

③ 在注释中此二字作地名解，但海晏在何处并没说明，我亦不知。

④ 今之茂名县，广东省高州府之府城。

⑤ 《山海经》云"狭竹盛产于龟山。"郭璞（公元276—324年）注释此书，说"狭竹"即"邛竹"。按《广记》所说，邛竹产于南广地区（今之南溪），及四川省之筇都。《罗浮山（在广东）记》说邛竹原产于邛山，与张骞在大夏所见相同。又说村长老用以当手杖。故在一篇论竹的文章里称之为"扶老竹"。这些引文皆见于《太平御览》（卷963，第3页）。

⑥ 《山东通志》卷9，第6页。

⑦ 见《黔书》，卷4，第7页（粤雅堂丛书本，第24套）及《续黔书》卷7，第2页（同前书），又参见1299年李衎所著《竹谱详录》（卷4，第1页，知不足斋丛书本）。

显然可见从四川经过云南输入印度，再由印度运到大夏的竹子就是这个做成手杖的方竹。印度产竹甚丰，只有印度所无的特种的竹子才值得费这么大事，花这么多钱，由这么老远经过当时那样艰苦的路程把它运到那里去卖。我得承认多年来我总不解为什么四川的竹子要运到那么远的大夏，直到我读了《北户录》上那一段文，这疑问才满意地解决了。[①]

2. 在古代使中国驰名遐迩的最重要物品当然是丝绸。这个题目范围太广，研究它的专论又那么多，我用不着在这里再重复了。我只打算追忆这么一件事情。中国的绸料经过中亚细亚之后到了伊朗帕提亚人的手里，这些人又充当中国与大秦[②]做这项买卖的中间人。据推测养蚕业传到波斯，尤其是传到至今此业还很发达的吉兰，是发生于萨珊王朝的后期。由于一位中国的公主在419年所介绍，和阗人懂得了养蚕，很可能因此促进了这个新工业更向西面发展，渐渐传播到叶尔羌，拔汗那和波斯。[③] 费尔都西常提到中国的锦缎，说它在波斯成为非常卓越的装饰品。[④] 他还讲起一种很细致有采饰的中国绸缎，名叫 parniyān，相当于中古波斯语 parnīkān。[⑤] 伊朗人有一个特殊的字眼称呼绸缎，这字还没有一个令人满意的解释，它是帕拉菲语 aprēšum，aparēšum；新波斯语 abrēšum，abrēšam（亚美尼亚语 aprišum 是来自波斯语）；因

① J. Marquart 关于这种竹子的臆测（Eranšahr，pp. 319—320）必然站不住，张骞并无误解。《史记》所载亦完全正确清楚。

② Hirth：Chinesische Studien，p. 10.

③ Spiegel：Eranische Altertumskunde，Vol. I，p. 256.

④ J. J. Modi：Asiatic Papers，p，254（Bombay，1905）.

⑤ Hübschmann：Persische Studien，p. 242.

而有了阿拉伯语 ibarīsam 或 ibrīsam；帕米尔方言 waršum，waršüm，粟格尼语 wrežōm 等；阿富汗语 wrēšam。[①] 的确这个字和任何作为“丝绸”解的中国字都没有关系。在这里我要提出我非常不相信克拉卜罗斯所首倡的传统看法，他说希腊语的 ser（“蚕”；由此而有了 Seres，Serica）应该与蒙语 širgek 及满洲语 sirge（“丝”）联系起来看，满洲语 sirge 又应该与汉语“丝”联系起来看。[②] 我可以极简单地讲一讲为什么我不能接受这理论。我以为希腊字不能用蒙语或满语来解释，——我们只认识最近代的蒙语和满语，蒙语从第十三世纪开始，满语从第十六世纪开始。无论是这个希腊字或这蒙字满字都不能和汉语“丝”发生关系。“丝”字从来没有带过子音的字尾。克拉卜罗斯的假设说在边境一带地区的中国古代方言里也许有 r 声。但情形绝对不是如此。我们知道北京话名词所常带的尾舌“儿”，只有较短的历史，不早于元朝（第十三世纪）；开始使用这尾音或许是在第十二世纪末，或甚至于第九世纪。[③]

① Hübschmann：Arm. Gram.，p. 107；Horn：Neupers. Etymologie，No. 65. 梵语“kṣauma”的派生词肯定是错误的。保加尔语 ibrišim，罗马尼亚语 ibrišin 也与伊朗语系有关。

② 参看 Klaproth：Conjecture sur l'origine du nom de la soie chez les anciens（*Journal asiatique*，Vol. I，1822，pp. 243—245，及烈缪萨的附注 245—247）；Asia polyglotta，p. 341；和 Mémoires relatifs à l'Asie，Vol. III，p. 264。克拉卜罗斯的看法被一般人轻率地接受（Hirth：同前书，p. 217；F. v. Richthofen：China，Vol. I，p. 443。Schrader：Reallexikon，p. 757）。我相信伯希和（《通报》1912，第 741 页）最先指出汉语的“丝”字从来不带末尾的辅音。

③ 见《通报》1916，第 77 页我的短文，和 H. Maspero：Sur quelques textes anciens de chinois parlé，p. 12。马伯乐在第九世纪一篇文章里见到“猫儿”一词。不管这“儿”字是指小词还是后缀，关系不大，最初或许有指小的意思，后来发展成为纯粹的后缀；又参考 P. Schmidt 著的 K istorii kitaiskago razgorornago yaeyka，载于 Sbornik stat'ei professorov，p. 19（Vladivostok，1917）。

无论如何，在古代出现了希腊字 ser 的时候，“儿”字还没有出世。而且，这个词尾“儿”并不是随便用的；某些字可以加“儿”，某些字要用“子”，有些字任何词尾也不能加。然而“丝”字从来没有和“儿”联用，它的古音大概是 si，sa。所以从语音上看蒙满字决不可能来自这个字，烈缪萨所后加的朝鲜字 sir 也不可能由它而来。我不否认这一系列字可能出源于一个中国字，然而其根源决非“丝”字。我也不相信俄语 šolk（“丝”）是由蒙语 širgek 来的；虽然人们（甚至于连达里在内）都常这么说。首先，所谓的语音相同，根本不存在；第二，古代俄语字不能和蒙古语直接有关。必须向突厥语里去找相同或相似的字，可是突厥语里也没有；突厥语称丝为 ipäk，torgu，torka，等。这个俄语字（古斯拉夫语 šelk，立陶宛语 szilkaī），和英语的 silk 一样，可以推原到 sericum。我们毫无理由把希腊字 ser，Sera，Seres 等说成是由汉语来的。这一系列字最初是伊朗人传播的，我认为它们的语原是伊朗语（参照新波斯语 sarah“丝”；从而有了阿拉伯字 sarak）。



波斯语里一种“金锦缎”叫做 kimxāw 或 kamxāb，kamxā，kimxā（阿拉伯语 kīmxāw，印度斯坦语 kamxāb）或许出于汉语“锦花”kim-xwa.[①]我前此已有论述。[②]

3—4. 水果里主要以桃和杏是由中国传到西方的。这两个礼物或许是绸缎商人带去的，首先带到伊朗（公元前二百年或一百年），从那里再到亚美尼亚、希腊和罗马（公元第一世纪）。在罗马

① 汉语无“锦花”一词，此系著者杜撰，Kimxā 系“金花”对音。——译者

② 《通报》1916，第 477 页，Yule：Hobson-Jobson，p，484。

迟至罗马帝国的第一世纪才有这两种树，普林尼（XV，II，13）和哥伦美拉称之为 Persica 和 Armeniaca arbor。提奥夫剌斯塔对两种树都没提，这说明亚力山大的远征人员在亚洲没注意到这两种树。[①] 坎多勒很有力地解释了桃杏的原产地是中国，恩格勒[②]也同此看法。尽管出产野杏树的地带由俄属突厥斯坦一直延伸到逊加里亚，蒙古东南部和喜马拉雅山；但是中国人从古代起就最先种植这种果树，这却是一件历史的事实。以前的作者们把桃杏向西方移植这件事很公平地看做与中国在张骞出使西域之后和西亚细亚来往密切起来是有关的。[③] 波斯语里这两种果子只有描写性的名字，桃叫做 šaft-ālu（"大李子"），杏叫做 zard-ālu（"黄李子"）。[④] 两种果子在帕拉菲语文献里都提到（见本书的序言）。

关于中国桃子怎样移植到印度，中国玄奘的回忆录[⑤]里有一段很有趣的记述。当远近驰名的印度司乞特国王迦腻色迦在朝时

① 坎多勒（Origin of Cultivated Plants，p. 222）误说提奥夫剌斯塔亦知有桃。约勒（Plantes dans l'antiquité，p：79）已指出这错误，兹再重述以告诫仍似坎多勒此书为根据之植物学家们。

② 在 Hehn：Kulturpflanzen，p. 433。

③ Joret，同前书，p. 81；Schrader in Hehn，p. 434。

④ 在帕米尔诸语言中，"杏"有一共同名称，明疆语čeri，瓦赫语čiwān或čoān（但萨里郭勒语 n š，锡格尼语 naž），这字型亦见于达都各种语言（jui 或 ji 指杏树，jarota 或 jorote 指果实，juru 指已熟的果实），亦见于卡斯米里语（Kāçmīrī）（tser，tser-kul）；此外，西部西藏语ču-li 或čo-li，巴勒提语 su-ri，康诺利语čul（其他西藏字作"杏树"解的有 k'am-bu，a-šu 和 ša-rag，最后一字乃干杏，没有多少果肉，硬得几乎像石子）。克拉卜罗斯（*Journal asiatique*，Vol. II，1823，p. 159）曾以不花剌语记述杏，该字写作 tserduli。要确定这字型如何移用于外语里，是很不容易的，汤玛薛克（Pamir-Dialekte，p. 791）倾向于认为此字原为西藏语，因巴勒蒂斯坦产最佳之杏子。至于我，我从帕米尔语言中推出此西藏字（《通报》1916，第 82 页），此字决非藏语，其起源非帕米尔语即达都语。

⑤ 《大唐西域记》，卷 4，第 5 页。

期，黄河以西的部族（甘肃省的河西）惧怕他的势力，派遣人质到他那里。迦腻色迦王非常厚待他们，分配给他们特殊邸宅和警卫兵。他们冬天所住的地方得了“至那仆底”（Cīnabhukti）之名（“中国地”，在旁遮普省东部）。在这王国和全印度原来都没有桃树和梨树。桃梨是这些人质所种植的。所以桃子名叫“至那你”（cīnani）（“中国果”），梨叫做“至那罗阇弗呾逻”（cīnarājaputra“中国王子”[①]）。这些名字现在还流行。[②] 玄奘在公元630年记述的五百年前发生的故事，虽是他在印度无意听到的口头传说，但是他这人是确实可靠的，已久经考验。无疑地这个故事在印度是存在的，也许真可以追溯到迦腻色迦王时代发生的事情，这事件的确实年月至今仍然还在争论中。[③] 我之所以接受玄奘的记载，有着两个原因：从植物学观点来看，桃树不是印度土生的，在印度只有栽培的



① 《大唐西域记》卷一，“迦毕试（Kapis）国”条云：“闻诸先志曰：昔健驮逻（Gandara）国迦腻色迦（Kaniṣka）王威被邻国，化洽远方，治兵广地至葱岭东，河西蕃维，畏威送质。迦腻色迦王既得质子，特加礼命寒暑改馆，冬居印度诸国，夏还迦毕试国，春秋止健驮逻国，故质子三时住处各建伽蓝。今此伽蓝即夏居之所建也，故诸屋壁图画质子，容貌服饰颇同东夏。”卷四，至那仆底（cīnabhukti）国条云：“昔迦腻色迦王之御，宇也，声振邻国，威被殊俗；河西蕃维，畏威送质。迦腻色迦王既得质子，赏遇隆厚，三时易馆，四兵警卫。此国则质子冬所居也，故曰至那仆底（原注：唐言汉封），质子所居因为国号。此境乙往，洎诸印度，土无梨桃，质子所植，因谓桃曰至那你（原注：唐言汉持来），梨曰至那罗阇弗呾逻（原注：唐言汉王子）。故此国人深敬东土，更相指告语是我先王本国人也。”——译者

② 用“China”组成的产品还有几个其他印度名称：cīnapista（“朱色”），cīnaka（“Panicum miliaceum”，茴香，一种樟脑），cīnakarpūra（一种樟脑），cīnavaṅga（“铅”）。

③ 参考 V. A. Smith：Early History of India，第三版，p.263。（我不同意史密斯的说法“家里拥有人质的君主，他的领土似乎离喀什噶尔（疏勒）不远”。汉朝之河西，即今之甘肃省从兰州至安息）；T. Watters：On Yüan Chwang’s Travels，Vol. I，pp.292—293（他对此桃的故事的评语很不中肯，他对Cina一名词的注解都是错误；又参看 Pelliot：*Bull. de l’Ecole française*，Vol. V，p.457）。

桃树，而且生长得不茂盛，果实质量不高，而且味酸。[①] 这树也没有古梵语的名字，它在印度民间传说里也不像在中国那么重要。此外，关于它移植到印度的时代，那是和它移植到西亚细亚的时代相同，不管迦腻色迦王的在朝时期是公元前第一世纪还是公元后第一世纪那都和问题无关。

5. 肉桂的波斯名字 dār-čīnī 或 dār-čīn（"中国木"或"树皮"；阿拉伯语 dār-ṣīnī）就足以说明它是波斯人和阿拉伯人从中国得来的。[②] 在公元 844 和 848 年之间著书的伊宾·赫达日贝是阿拉伯作家中最早把肉桂列为中国出口的产品之一。[③] 中国出口的这货物数量不会很大，因为中国的记载里没有提到。赵汝适关于此事也一字未提。[④] 锡兰在过去一向是出产肉桂的地方，肉桂树（Cinnamomum zeylanicum）是锡兰森林里的土生植物。[⑤] 这树的皮亦名 dār-cīnī。人所尽知古典作家提到过两种肉桂（cassia 和 cinnamon）。关于古代肉桂的出处曾引起过各种各样离奇的推测。希罗多德（III，107，111）说肉桂的产地是阿拉伯，并且讲了一个奇妙的关于怎样采集肉桂的故事。提奥夫剌斯塔[⑥]认为这两种

① C. Joret：Plantes dans l'antiquité，Vol. II，p. 281.

② Leclerc：Traité des simples，Vol. II，pp. 68，272. 亚美尼亚语中之外来词 daričenik 证明此字在中古波斯语里就有（dār-i čēnik）；参看 Hübschmann：Armen. Gram.，p. 137。

③ G. Ferrand：Textes relatifs à l'Extrême-Orient，p. 31.

④ Schoff（Periplus，p. 83）说在第三世纪至第六世纪之间这种货品以中国船只由中国运往波斯进行海上贸易很是活跃。无引证，不知出在何书。

⑤ De Candolle：Origin of Cultivated Plants，p. 146；Watt：Commercial Products of India，p. 313.

⑥ Hist. plant.，IX，iv，2.

肉桂以及乳香和没药等的产地是阿拉伯半岛，在萨巴、哈德拉穆特、启提贝那和玛玛利附近。斯特拉波①指出它的产地是在沙班国，阿拉伯，埃塞俄比亚和印度南部，最后他说有一个"产肉桂的国家"在印度洋海岸②南方各国的尽头。普林尼(XII，42)说肉桂生长在埃塞俄比亚国，托罗格罗戴提人用木筏把它运过海。

从提奥夫剌斯塔③所写的关于两种肉桂(cassia 和 cinnamon)的记述里可以看出古人对于这两种植物究为何物并没有一致的看法。提奥夫剌斯塔自己的话就是得自传闻(他说"相传 casaia 和 cinnamon 二者都是灌木，不很高大……这是一种说法。另外一种说法：cinnamon 是灌木或矮林，有两种，一黑，一白。")这两种肉桂不同之处在于 cassia 的枝子较粗，含有纤维质，树皮不易剥下。有用的部分即树皮；味苦，有强烈的气味。④

cinnamon 和 cassia 两字肯定是起源于闪语。⑤ 加西亚达奥塔⑥知道阿拉伯和埃塞俄比亚不出肉桂。他想探索出古代的肉桂产在中国，⑦可惜没成功。穆斯・阿诺特⑧因此得到这么一个理

① Strabo, XV, iv, 19; XVI, iv, 25; XV, i, 22.

② 同上，I, iv, 2。

③ Hist. plant., IX, v, 1—3.

④ Theophrastus, IX, V, 3.

⑤ 希腊语的 κασία 来自希伯来语 qesî ā 或与亚述语的 kasu kasiya 有关(Pognon: *Journal asiatique*, 1917, I, p. 400)，希腊语 kinnamomon 起源于希伯来语 qinnamōn (Exodus, xxx, 23)。

⑥ Markham: Colloquies, pp. 119—120.

⑦ 福勒吉格尔与汉柏雷亦有此说(Pharmacographia, p. 520)，他们的论点完全不顾年代，因此站不住脚，例如波斯字 dar-čīnī 绝对为中世纪才产生的，不能用以证明肉桂是公元前几百年由中国输出的说法。

⑧ *Transactions Am. Phil. Assoc.*, Vol. XXIII, 1892, p. 115.

论:“腓尼基人从埃及输入肉桂,在埃及叫做 khisi-t。埃及人又是得自黑海地方,黑海地方又是从日本输入的,在日本它名叫 kei-chi(桂枝),或更恰当地叫 kei-shin(桂心),shin 读如 sim。这个日本字本身又是出于汉语 kei-ši(?)。埃及字末尾的-t 是阴性的词尾。”从史剌德[1]的文章里可以看出叔曼在 1883 年为最早提出此说的人。史剌德本人对这说法有些怀疑,认为在那么早的年代中国商品不可能在埃及市场出现。从汉学研究的观点看,这个推测无论在语音方面或在历史方面都必须完全驳斥。公元前 1500 年日本根本不存在,而黑海地方的肉桂树那时已在埃及碑文里提到;当时的中国只是在内地的一个农业小国,仅限于现在中国的北部,并不知道南方的肉桂树。在那个时代中国也决不会有航海和海外贸易。汉语的“桂”字在很早的年代就见过,但它只是樟科植物(Lauraceae)的通称;在中国大约有十三种的 Cassia 和十六种的 Cinnamomum。关键问题在于古代文献绝对未提“桂皮”,即这种树皮的产物。肉桂是广西、广东、越南的土生植物;中国人在汉朝开始向华南开拓殖民地和合并华南的时候初次认识了这植物,第一篇记述这植物的文章是在第三世纪的《南方草木状》里。[2] 那文章讲起广东满山都是肉桂树林,也讲到交趾(印度支那的东京)花园里栽培此树。最早把这树加以人工栽培的不是中国人而是越南的非中国族的人民,这树也像所有其他南方的植物一般只是被远征的中国人所收取。谈到以这树皮(“桂皮”)用于医药上的人最初

① Reallexikon,p. 989.

② 与此题目有关的较重要的文献可在贝烈史奈德著的 Bot. Sin., pt. III, No.303里读到。

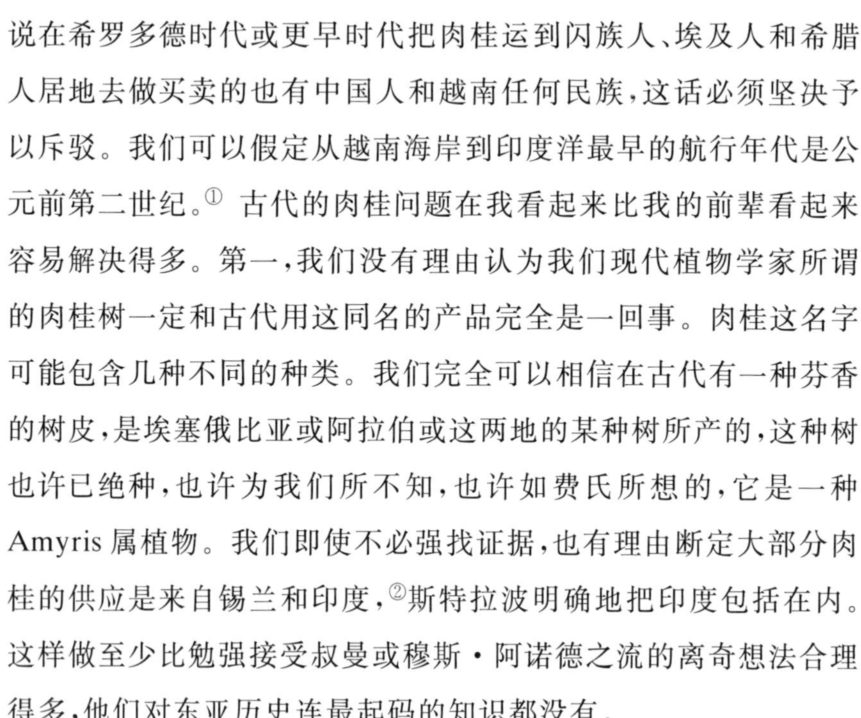

是陶弘景(公元 451—536 年),在他之前或许没有人知道。但是若说在希罗多德时代或更早时代把肉桂运到闪族人、埃及人和希腊人居地去做买卖的也有中国人和越南任何民族,这话必须坚决予以斥驳。我们可以假定从越南海岸到印度洋最早的航行年代是公元前第二世纪。[①] 古代的肉桂问题在我看起来比我的前辈看起来容易解决得多。第一,我们没有理由认为我们现代植物学家所谓的肉桂树一定和古代用这同名的产品完全是一回事。肉桂这名字可能包含几种不同的种类。我们完全可以相信在古代有一种芬香的树皮,是埃塞俄比亚或阿拉伯或这两地的某种树所产的,这种树也许已绝种,也许为我们所不知,也许如费氏所想的,它是一种 Amyris 属植物。我们即使不必强找证据,也有理由断定大部分肉桂的供应是来自锡兰和印度,[②]斯特拉波明确地把印度包括在内。这样做至少比勉强接受叔曼或穆斯・阿诺德之流的离奇想法合理得多,他们对东亚历史连最起码的知识都没有。

6. 波斯和阿拉伯产品里的"支那"这个字眼,和把某些产品看做中国所产,这两件事都不可以完全照字面来理解。有时它不过指一种远东的物产,[③]有时甚至于指一种印度产品、有时指中国人所经营或采办的物品而不管它们出在何地。但是这种种情形都是



① 参考伯希和文章,《通报》1912,第 457—461 页。

② 马可・波罗及其他一些人都提到过马拉巴的肉桂(Yule's ed., Vol. II, p.389)。

③ 我在《通报》1915,第 319 页里举了这样一个例子,biš 是一种可食的附子,并非如达米里所说的产于中国,而是产于印度,但是加西亚(C. Markham: Colloquies, p.169)谈荜澄茄时,否认它产于中国,并说它称为 kabāb-čīnī只是因为是中国人传来的,这说法错了,我在同书中已讲过,从宋朝以来中国已种植荜澄茄(cubebs)。

例外。通常这些波斯阿拉伯名称只应用于真正的中国产品。

史利默尔[1]在 Killingca monocephala 名下提到中国的"莪术"。他说:据皮丁登所著的《植物丛录》上所说,这必定是出产有名的树根的植物,那树根在波斯语叫做 jadwāre xitāi("中国的 jadvār");真正的树根被视为神奇的万应药,常常要以四倍于金子的价钱才能买得。但是这个鉴定是不大正确的,因为 K. monocephala 在汉语里叫做"金牛草",[2]在中国药物学上没什么重要。史利默尔心目中的那植物肯定是 Curcuma zedoaria,是孟加拉的土生植物,或许中国和亚洲其他各地区也有。[3] 它在梵语里叫做 nirviṣā("无毒")或 ṣida,在库车语或吐火罗语里叫做 viralom 或 wiralom,[4]波斯语叫 jadvār,阿拉伯语叫 zadvār(因此有了英语的 zedoary,法语的 zedoaire)。阿布·满速儿称它为 zarvār,说它是和姜属植物相似的一种药,是很好的解毒药。[5] 在中世纪它是很贵重的商品,欧洲商人在地中海东部购买它,在当地它是作为极远东的产品出售。[6] 波斯语 zarumbād,阿拉伯语 zeronbād,指一种芬香的树根,颇像莪术,从这字产生了英语 zerumbet。[7] 虽然我们

---

① Terminologie, p. 335.

② 这个论证也是不可靠的(Stuart: Chinese Materia Medica, p. 228)。

③ W. Roxburgh: Flota Indica, p. 8; Watt: Commercial Products of India, p. 444 及 Dictionary, Vol. II, p. 669。

④ S. Lévi: *Journal asiatique*, 1911, II, pp. 123, 138.

⑤ Achhndow: Abu Mansur, p. 79. 又参看 Leclerc: Traité des simples, Vol. I, p. 347。

⑥ W. Heyd: Histoire du commerce du levant, Vol. II, p. 676.

⑦ Yule: Hobson-Jobson, p. 979.

不能肯定中国有 Curcuma zedoaria[①](我不知道它的汉语名字),可是值得注意的是如上所述波斯人认为这树出自中国:因此在斯坦格斯所著的波斯语字典里把 kažūr(出自梵语 karcūra)也解释为"zedoary,一种中国产的树根"。此外,māhparwār 或 parwîn 项下的定义是"zedoary,一种中国产的似姜的树根,但有香味。"

7. 阿布·满速儿在阿拉伯语名字 zanjabīl 标题之下列了三种不同的姜(为 Amomum zingiber 的产物,或 Zingiber officinale),——中国产的,赞齐巴产的,和麦利阿威产的,以中国产的为最好。[②] 斯坦格斯[③]字典说波斯字 anqala 指"一种中国姜"。[④] 这个波斯字(阿拉伯字亦如此)说明此产物得自印度:参照普拉克立特语 singabēra,梵语 çṙṅgavera(出自近代语原),[⑤]古阿拉伯语 zangabīl,帕拉菲语 šangavīr,新波斯语 šankalīl,阿拉伯波斯语 zanjabīl,亚美尼亚语 sṅrvēl 或 snkrvil(来自 singivēl),希腊语 ζιγγίβερις,拉丁语 zingiberi,麦达加细语 šakavīru(来自印度语)。[⑥]

---

① 即蓬莪术。——译者

② Achundow:Abu Mansur,p. 76.

③ Persian Dictionary,p. 113.

④ 有关于阿拉伯人种的姜,可参考 Leclerc:Traité des simples, Vol. II,p.217;有关姜的配制,参看 Ferrand:Textes relatifs à l'Extrême-Orient,p.609。

⑤ 参考 *Journal Roy. As. Soc.*,1912, pp. 475, 1093 上面 E. Hultzsch 与 F. W. Thomas 之讨论。又参看 Yule: Hobson-Jobson,p.374。

⑥ 库车语或吐火罗(乙)语中之姜字 tvāṅkaro(S. Lévi: *Journal asiatique*, 1911, II, pp. 124, 137)尚无解释。

Galangal 这个字，指 Alpinia galanga 的芬香的根茎，非出于汉语，最初是汉柏雷[①]以为它来自汉语，其后夏德[②]和翟理士[③]也都持此说。这错误主要是这样引起的：汉柏雷把产生这个欧洲名字的阿拉伯字误写为 khalanjān，而事实上它是 khūlanjān（xūlandžān），波斯语 xāwalinjān。虽然伊宾·赫达日贝在公元844—848年间著书曾提到 khūlanjān 是中国产物，[④]但这并不能证明此字是阿拉伯人从中国得来的；因为这种根茎不只是中国一地所产，而是在印度生长得很茂盛的，阿拉伯人就是在印度最早认识了这东西。伊宾·阿尔拜塔尔[⑤]明确地说 khūlanjan 来自印度；而且这个阿拉伯字很早以前就被辨认为由梵语 kulañja[⑥] 衍生来的，kulañja 指的是 Alpinia galanga。带有 ng 的欧洲字（galangan，galgan 等）都仿效较古的阿拉伯发音 khūlangān。[⑦] 在中古希腊语里有κολούτζία，χαυλίζέν，和 γαλαγγά；在俄语有 kalgán。这一系列的字都和满语“高粱姜”无关。[⑧] 而且高粱姜是指另外一种，即 Alpinia officinarum；而 Alpinia galanga 不出在中国，而是孟加拉、阿撒姆、缅甸、锡兰和刚康等地的土生植物。加西亚达奥

① Science Papers，p. 373.

② Chinesische Studien，p. 219.

③ Glossary of Reference，p.102.

④ G. Ferrand：Textes relatifs à l'Extrême-Orient，p.31.

⑤ 同上，p.259。又参考 Achundow：Abu Mansur，p.60。

⑥ Roediger and Pott：Z. K. d. Morgenl.，Vol：VII，1850，p.128.

⑦ E. Wiedemann（*Sitzber. Phys. -Med. Soz. Erl.*，Vol. XLV，1913，p. 44）也举 xaulangād 及 xalangān 为阿拉伯语。

⑧ 夏德不懂梵语，他对这字的解剖，毋庸说，是缺乏语言学的方法的。

塔早已区分了这两种植物。[①]

8. 阿布·满速儿提到了黄连(māmīrān)的药性。[②] 据阿洪多夫[③]说,德拉坚多夫叙述一种原产于中国的根茎,突厥斯坦语称之为 momiran,他认为这就是所谓 mishmee (得自印度黄连 Wall.)的那种树根,在高加索此物叫做mamiračin。他进一步证明这药材和 Ranunculus ficaria (χελὶ δόνιον τὸ μικρόν)也是相类似的。后来阿拉伯人称 Ranunoulus ficaria 为 mamirun。伊宾·阿尔拜塔尔引证阿勒·哲菲其的话说 māmirān 来自中国,它的性质和姜黄属植物相似,[④]但是这种树根也出在西班牙、柏柏国和希腊。[⑤] 多德王说印度所产的最上品种是带黑色的,而中国产的带黄色。伊宾·巴图塔[⑥]谈到中国输入 māmīrān,说它的性质和 kurkum 相同。哈只·穆罕默德记述中国的文章里(ca. 1550)谈到出产大黄的甘肃省肃州(?)的山地里生长着一种小根茎,他们称之为 Mambroni Cini("中国的黄连")。"此物甚贵重,多用以治病,尤其用以治眼病。他们把它和以玫瑰水,放在石头上研磨,再把它搽在眼

---

① Markham:Colloquies,p.208。加西亚说 lavandou 是此物在中国所用的名称,这显然是马来语的转讹体(参看爪哇语 laos)。他说在爪哇还有一种较大的,叫做 lancuaz,在印度这两种统称为 lancuaz, 此即马来语之leṅkūwas,玛克萨语之laṅkuwasa,占语之 lakuah 或 lakuak,塔加洛格语之laṅkuas。加西亚所写的阿拉伯名称为 calvegiam,chamligiam 及 galungem。当然,这作者的葡萄牙语拼法也应加以考虑。

② Achundow: Abu Mansur;p. 138.

③ 同上,p.268。

④ Leclerc:Traité des simples, Vol. II,p.441.迪欧斯柯利兹谓此植物之汁液,色如番红花。

⑤ 在拜占庭的希腊语中为μαμηρέ或μεμηρέν,由波斯阿拉伯字派生来的。

⑥ Defrémery and Sanguinetti 版,Vol. II,p. 186。

上。结果非常有效。”[①]1583 年洛乌夫[②]谈起眼药 mamirani tchini,带黄色,很像姜黄。

柏尼尔说黄连是驼队商人从西藏运来的产品之一。据一个现代伊斯兰教的资料所载,黄连和大黄都是由西藏输出的。[③]

Mamīra 是著名的眼药,这名字也用于效能相同而来源不同的苦树根。有些人认为它是印度黄连的根茎(西藏密失密地区呼此药为 tīta),有些人认为它是得自 Thalictrum foliosum 属植物,那是一种高大的植物,在温带的喜马拉雅山和卡西亚山里都很常见。[④] 但是在另外一段文里,尤勒[⑤]说这种树根或许是中国的人参,但这是不很可能的。

Mamīra 或许一般地指印度黄连的根而言。这是一种毛茛属的植物(ranunculaceous),它的根有时像鸟爪。是从中国(汉语叫“黄连”)路经新加坡大量地运到印度。中国把它看做能治各种病症的万灵药,尤其治眼肿。



9. 阿布·满速儿辨别出两种大黄——中国产的(rīwand-i sīnī)和呼罗珊产的,又说前者使用最广。[⑥] 因此有一种大黄(或许是 Rheum ribes)一定是波斯土产的。押忽特说最好的那一种出

① Yule: Cathay,新版,Vol. I,p.292。

② Peschreibung der Raiss inn die Morgenländer,p. 126.

③ Ch. Schefer: Histoire de l' Asie centrale par Mir Abdoul Kerim Boukhary, p.239. 又参考 R. Dozy: Supplément aux dictionnaires arabes,Vol. II,p.565。

④ Yule: Hobson-Jobson,p.548.

⑤ Cathay,Vol. I,p.292.

⑥ Achundow: Abu Mansur,p. 74. 在波斯语里中国产的大黄也叫 čīnī(“中国的”),在阿拉伯语叫 sīnī。

在尼沙不耳地方。[①] 据波伊细尔[②]说，大黄出在梵城的附近和亚美尼亚的阿格罗达和古尔地斯坦的泼欧玛格得兰山和波斯东部百泄波里附近的达约那山；波斯北部的阿塞拜疆省，和俾路支斯坦的山里。“大黄”有一个普通的伊朗语名称：中古波斯语 rēwās，新波斯语 rēwās，rēwand，rīwand，（由此有了亚美尼亚语的 erevant），库尔德语 rīwās，rībās，俾路支语 ravaš；阿富汗语 rawāš。[③] 与此同样写法的波斯名字也传到阿拉伯语和突厥语，传到俄语里为 reven，塞尔维亚语为 reved。也有人认为希腊语ῥῆον（出自 rewon）和 ῥᾶ 都是来自伊朗语，古代的人所熟悉的大黄可能是伊朗人所供应的。这两个希腊名字最早见于迪欧斯柯利兹[④]的作品里，他说这种植物生长在博斯普鲁斯海峡的外地，因此后来它叫做 rha ponticum[⑤] 或 rha barbarum（因此有了英语 rhubarb，西班牙语 ruibarbo，意大利语 rabarbaro，法语 rhubarbe），——这是很有趣的例子，与中国人的带有“胡”字的植物相似。在第四世纪阿米安努（XXII，viii，28）说这植物是因刺河（Ῥᾶ，芬兰语 Rau，Rawa）而得



① Barbier de Meynard：Dict. géogr. de la Perse，p. 579.

② Flora Orientalis，Vol. IV.，p. 1004。Rheum ribes 不产于中国或亚洲中部。

③ 此阿富汗字特别指 Rheum spiciforme，野生在阿富汗大部分地区，甚丰盛，当它是绿色时，叶茎叫做 rawāš，当它因周围堆上了石子，砂砾而变白色时，叫做 cukri，新鲜的可以生吃或煮熟了吃（Watt：Dictionary，Vol：VI，p. 487）。此处所谈的这一种亦出产于中国甘肃省。Forbes and Hemsley：*Journal Linnean Soc.*，Vol. XXVI，p. 355。因此我们没有理由要替这个伊朗字去寻找一个外国的词源（参考 Schrader：Reallexikon，p. 685），这伊朗词原为一种伊朗土产植物的名称，从第十世纪以来，这个词就用于 Rheum officinale 和 palmatum，因为是由中国输入这些品种的根。

④ III，2. Theophrastus 不认识此种植物。

⑤ “黑海的 rha”。——译者

名，因为它生长在剌河两岸。这指的是伏尔加河，但此地不出这种植物。显然阿米安努的看法是错误的，只是由于这植物名与河名同音而引起的。普林尼（XXVII，105）描写过一种树根名叫rhacoma，把它捣碎时产生一种色素，很像酒色，但稍带郁金色，是从黑海以外的地区运来的。这药材必定是一种大黄属植物，我认为它是和伊朗产的那种一样。[①] 有些作者推测古代的大黄来自中国，这种推测没有道理，因为中国人并非如前面所说的那样自古以来就知道大黄。凭它合成的名字“大黄”或“黄良”就足以说明这点，这名字只是描写性的形容词所组成的，而所有真正的古代植物都有一个单音的词根。认为神秘皇帝神农所著的“本经”或“本草”里提到大黄的说法，不能说明任何问题：这部作品是完全靠不住的，现在的版本是根据过去所保存的本草文献里的引文而改编的，全书窜改和时代的错误之处极多。[②] 唯一可肯定的事情是：中国人在汉朝知道了大黄，因为斯坦因在新疆所发现的汉朝木简，由沙畹[③]译解，其中一块上面有“大黄”字样。

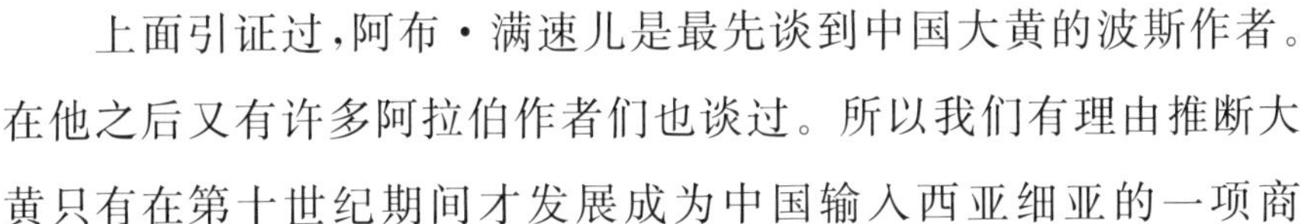

上面引证过，阿布·满速儿是最先谈到中国大黄的波斯作者。在他之后又有许多阿拉伯作者们也谈过。所以我们有理由推断大黄只有在第十世纪期间才发展成为中国输入西亚细亚的一项商

① Flückiger 和 Hanbury（Pharmacographia，p. 493）说“究竟它是产于黑海地区，还是只不过由较远的国家带到该地，至今还是不能解决的问题。”这两位作者不知道这个伊朗的品种，他们的怀疑是没有什么道理的。

② 据第三世纪吴普云，神农，与雷公都认为大黄有毒性，其实这并非事实，《本经》（或谓《别录》）说它是无毒的。

③ Documents chinois découverts dans les sables du Turkestan oriental，p. 115，No. 527.

品。1154年爱德里西说到大黄是中国的产品，出在布丁格群山中（大概在西藏的东北部）。[①] 十三世纪的作者伊宾·沙义德提到中国大黄很茂盛。[②] 伊宾·阿尔拜塔尔详细地讨论rawend，他认为这就是波斯和中国的大黄，[③]他论述rībās时说它“在叙利亚和北方国家是很普通的植物”，雷克勒柯鉴定这就是Rheum ribes。[④]

马可·波罗说肃州(?)群山中大量产大黄，商人到那里去采购，再运往世界各地。[⑤] 在另外一段文里，他又说大黄出产在江苏省苏州城周围的山中，[⑥]尤勒说学术上可靠的权威都认为这说法不对。诚然在江苏省或华中任何地方都没有见过大黄，中国记载里也没提到这事。记载里只说这植物的产地限于陕西、甘肃、四川、西藏。但是也可能在马可·波罗时代曾经偶尔在苏州附近试种过大黄。修道士欧多利克说大黄产在甘肃省，出产之盛只要花六枚古罗特[⑦]就可以买得一匹驴所驮的量。[⑧]



中国的记载关于这物品的出口贸易讲得很少。只有赵汝适提到它是三佛齐和马拉巴的进口品之一。[⑨] 我们要想从中国书籍里寻找论述这问题而且把这问题看得和西方人对它一样重视的文

---

① W. Heyd:Histoire du commerce du levant,Vol. II,p. 665.又参看Flückiger and Hanbury:Pharmacographia,pp. 493—494。

② G. Ferrand:Textes relatifs à l'Extrême-Orient,p.350.

③ Leclerc:Traité des simples, Vol.,Il pp. 155—164.

④ 同上,p.190。当我在上面证明波斯riwand即这种植物时，尚未读此段文，只是查了波伊细尔所著的Flora得出此结论。

⑤ Yule:Marco Polo,Vol.I,pL 217.

⑥ 同上,Vol.II,p.181。

⑦ groat,英国从前的四便士银币。——译者

⑧ Yule:Cathay, Vol.II,p.247.

⑨ 夏德:《赵汝适》,第61、88页。

章，恐怕是找不到的。

加西亚达奥塔确实这么说："所有从忽鲁模斯输往印度的大黄都是先从中国经鞑靼地区的乌兹别克省运到忽鲁模斯的。相传它是由陆路从中国运来的，但有人说它出产在乌兹别克省的一个名叫撒马尔罕的城市。[①] 然而这里所产的质量不高而且分量很轻。在波斯用此物作为马的泻药，我在巴拉盖特也看见它是作这样用的。在我看来，这就是在欧洲所谓土耳其的大黄，并不是因为它是土耳其所产，而是从土耳其来的。"加西亚达奥塔强调一点：除了中国产的大黄之外没有其他大黄，运到波斯或乌兹别克的大黄又由此二地运往威尼斯和西班牙，有些是取道亚力山大里亚到威尼斯的，大半是取道阿勒波和叙利亚的特黎波里，这些路程有一部分是海路，但主要是陆路；[②]这样大黄就不至颠得粉碎，因为在海程一个月所受的摩擦超过在陆路一年所受的。[③] 我们从伊宾·阿尔拜塔尔的作品里读到，早在十三世纪的时候阿拉伯人所谓"突厥或波斯的大黄"其实是从中国来的。同样地在较晚的时期欧洲有"俄国的、突厥的和中国的大黄"之分，这些名字只不过表示从中国运往欧洲的大黄所经的途径而已。[④] 阿柯斯塔也论述大黄在海上的腐烂情形和它从陆路运往波斯、阿拉伯和亚力山大里亚等地的运输

① 或即上述之 Rheum ribes。

② Leonhart Rauwolf（Beschreibung der Raiss inn die Morgenländer，1583，p. 461）云大量的大黄由印度海运或陆运往阿勒坡。

③ 参考 Markham：Colloquies，pp. 390—392。

④ 俄罗斯购进大黄一事，参看 G. Cahen：Le liver de comptes de la caravane russe à Pékin，p. 108（Paris，1911）。

情况。[①]

吉拉德[②]图解大黄草并注解说："它是出在西那(Sina)国(通称'支那')，此国在印度北部偏东，此草也出产在印度恒河以东和以北地区，而决不是出产在赛尼省(许多人错误地以为那里也产此物)，赛尼省离中国很远，是在富饶的阿拉伯"等等。"最上等的大黄是由中国运来的，是新鲜的"等等。

华特[③]提到 Rheum emodi 的一个波斯名 rēvande-hindi("印度大黄")。说起来很奇怪，在印度斯坦语里它叫做 Hindi-rēvand čīnī("中国的印度大黄")，在孟加拉语里叫"Bangla-rēvan čīnī"("中国的孟加拉大黄")，这表示在人们脑子里首先想到的是中国产的大黄，喜马拉雅山的大黄只是次等的代替品。

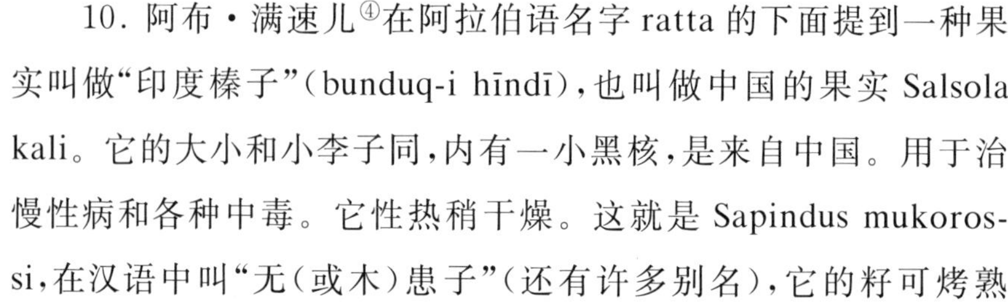

10. 阿布·满速儿[④]在阿拉伯语名字 ratta 的下面提到一种果实叫做"印度榛子"(bunduq-i hīndī)，也叫做中国的果实 Salsola kali。它的大小和小李子同，内有一小黑核，是来自中国。用于治慢性病和各种中毒。它性热稍干燥。这就是 Sapindus mukorossi，在汉语中叫"无(或木)患子"(还有许多别名)，它的籽可烤熟



① "大黄(一种值得珍视的药品)只有中国出产。在广州出售(广州为中国的一大商埠，葡萄牙人的居住地)，然后由该港又海运到印度。由海路运输的不多，因为大部分会受到损害(大黄在海上容易腐烂)。从陆路运输的先到鞑靼地区，又从乌兹别克省转运到忽鲁模斯、波斯、阿拉伯和亚力山大里亚，从这些地方又转运到欧洲各地。"(Tractado de las dragas，y medicinas de las Indias Orientales，p，287，Burgos 1576)，又参看 Linschoten(Vol. II. p. 101，ed. of Hakluyt Society)，他的有关印度的文章多是剽窃加西亚的。

② The Herball or Generall Historie of Plantes，p. 317(London，1597).

③ Dictionary，Vol. VI，p. 486.

④ Achundow：Abu Mansur，p. 74.

了吃。

11. 阿拉伯语 suk,乃由数种元素配成的药品,据伊宾·西纳说,它原来是中国的秘制药品,用 amlaj 制的(梵语 āmalaka,Phyllanthus emblica,柯黎勒)。[①] 在汉语叫"庵摩勒"an-mwalak。[②] 在波斯语叫 amala 或 amula。

12. 波斯语的 guli,xairā (xairū)解释为中国的或波斯的蜀葵。[③] 这就是中国人的"蜀葵",也叫做"戎葵"。乃普通的葵。司徒亚特[④]认为它或许原来是从某西方国家输入中国的。

13. 伊宾·阿尔拜塔尔[⑤]谈到一种"瓦尔德·锡尼"(ward sīni)("中国玫瑰"),通常叫做 nisrīn。按雷克勒柯的说法,这是锦葵属植物。波斯语里见过"古勒·秦尼"(gul-čīnī,中国玫瑰)一词,从斯坦格司的话看来,还不确知它属于何科何属。此外这位阿拉伯作者又提到"沙·锡尼"(šalı-ṣīnī"中国国王"),描写为一种药材,是用一种植物的液汁所制的黑色小薄药片。用做头痛发烧和疮口发炎等症的清凉剂是很有效的。把它磨成粉,敷在患处。[⑥] 雷克勒柯注解说,按波斯论文上的说法,这植物的名字就说明了它原产于中国,可治一般头痛。迪玛史基在1325年著的书里说"沙·

① E. Seidel:Mechithar,p. 215.

② 《本草纲目》卷30,第5页。《翻译名义集》卷8,第1页,司徒亚特(Chinese Materia Medica,p.421)误将此名与 Spondias amara 等同起来。

③ Steingass:Persian Dictionary,p. 1092.

④ Chinese Materia Medica,p.33.

⑤ Leclerc:Traité des simples,Vol. III,pp. 369, 409.

⑥ 同上,p.314。

锡尼"出产于马来群岛中的昌凯岛,并说它的叶子叫做"betel"。[①] 斯坦格司编纂的波斯语字典里解释这名字为"一种来自中国的植物,所榨出的汁能治头痛。"我不知这里指的是什么植物。

14. 据伊宾・阿尔拜塔尔说,芒果(阿拉伯语 anbā)只出产在印度和中国。[②] 它是 Mangifera indica(漆科植物 family Anacardiaceae),为印度土产,是印度水果中之王,有数百种。它的梵语名称为 āmra,中国人用它的译音"庵罗"am-la(ra)。波斯语 amba 和阿拉伯语 anbā 都是从这字派生出来的,在唐朝这种果品出在拔汗那。[③] 马来语 maṅga(一如英语 mango)是根据塔弥勒语 maṅgas,而汉语的"檬"又是根据马来语 manga。《隋书》(卷 82,第 3 页)里最早提到庵罗树出在真腊(柬埔寨),并说它的叶子和枣树叶相似,它的果实和李子相似。



15. 伊撒克・伊宾・阿姆阑说:"檀香是来自中国的一种木材。"[④]Santalum album 在广东也有一些种植,但是亚洲西部所用的檀香木更可能是印度产的(参照来自梵语 candana 的波斯语 čandān,čandal,亚美尼亚语 čandan,阿拉伯语 ṣandal)。

16. 安塔基记述印度和中国的 xalen 树("桦树");伊宾・阿尔拜塔尔说在中国、俄罗斯和不里阿耳(Bulgar)地方所产的桦树特别大,在这些国家里用桦木制成器皿和盘碟,输出到远方的国

---

① G. Ferrand:Textes relatifs à l'Extrême-Orient, p. 381.

② Leclerc:Traité des simples, Vol. II, p. 471. 参考 Ibn Baṭūṭa, Deférmery and Sanguinetti 版, Vol. III, p. 127;Yule:Hobson-Jobson, p. 553。

③ 《太平寰宇记》卷 181,第 13 页。

④ Leclerc:同前书, p. 383。

家。这种木材制的箭矢坚强无比。据喀兹微尼和伊宾·法德兰说,在塔巴里斯坦有这种树,它的木材由那里运到列夷国,[1]供制梳子匠使用。阿拉伯语xaleṅ,波斯语xadaṅ或 xadanj,是起源于阿勒台语:回鹘语qadaṅ,柯伊不勒语、索约特语和卡拉加斯语 kaden,卓瓦斯语(Čuwaš) xoran,押忽特语xatyṅ,莫德威尼语kileṅ,都是指桦树(Betula alba)。桦树在华北山里是一种很普通的树,第八世纪的陈藏器最早记述它。[2] 中国人用这树的皮做火炬,或装上蜡当蜡烛,用做内衣和靴子的填料及衬里,做刀柄或弓上的饰品,这弓叫做"桦皮弓"。[3] 相传西伯利亚诸部落普遍地用桦树皮做桶子、篮子和盘碟,以及盖屋顶。

17. 我们很希望能有更正确的材料关于喝中国茶(Camellia theifera)的习惯在何时及如何传布到穆斯林当中。在公元 851 年著书的阿拉伯商人苏来曼似乎是第一个以局外人的身份写了一篇正确叙述中国人用茶当饮料的文章,他用了那个怪名词 sāx。[4] 很奇怪后来论述中国事情的阿拉伯作者们对这问题一字未提。费瑯所收集和解释的有关东方的很精彩的阿拉伯文献里,连提都没提到茶。在阿布·满速儿所著的波斯药物学,和伊宾·阿尔拜塔尔



① G. Jacob: Handelsartikel der Araber, p. 60.

② 《本草纲目》卷 35 下,第 13 页。

③ 《格古要论》卷 8,第 3 页,又参考 O. Franke: Peschreibung des Johol-Gebietes, p. 77。

④ Reinaud: Relation des voyages, Vol. I, p. 40(参考 Yule: Cathay 新版 Vol. I, p. 131),现代汉语中之ča音在唐朝读作 ja(dža)音,但是由朝鲜语及日语之 sa 音看来,有些中国的方言中也可能有变体的 sa 音。由于汉字尾音从来不带有辅音,故苏来曼之 sāx 是阿拉伯语所特有现象(假设这手稿没有写错)。

所编纂的广博的文集里也都没有提到茶。在另一方面，中国的中世纪作者如周去非，赵汝适也都没记述茶作为中国的一项出口品。目前就我们所能断定的，喝茶的习惯传播到亚洲西部不早于第十三世纪，传播的人或许是蒙古人。在蒙古语、突厥语、波斯语、印度语、葡萄牙语、新希腊语、俄语里都同样找得到čai这个字，是根据华北读音“茶”字[1]构成的。拉穆西奥死后发表的他的《马可·波罗行纪》本（1545 年出版）的序言里说他从一个波斯商人哈只·穆罕默德[2]听到以茶为饮料的事。蒙德勒斯洛[3]在 1662 年还报道波斯人喝 Kahwa（咖啡）而非喝茶的新闻。第十五世纪一个从天方（阿拉伯）来的使节向明朝一位皇帝进贡品时，要求赐给他茶叶。[4]

1896 年的《国立植物园的报告》（第 157 页）有下面这段关于“波斯白茶”的有趣报道：——

“在关于亦思法杭和叶兹德贸易的领事馆报告书（外交部，1896 年年刊第 1662 期）里对波斯的茶叶作了如下的详述：供波斯人饮用之黑茶或加尔各答茶继续输入，数量不变，去年之供应量为二百万磅。中国产之白茶，尤以越南北部产之白茶，只在叶兹德有人饮用，因此数量有限。国立植物园得到驻亦思法杭之英国领事普利思的特许，替经济植物学博物馆讨得少量的上述的‘白茶’。结果发现此茶与国立植物园报告书里题为‘普洱茶’（《国立植物园



---

① 西藏人在茶的历史上占有特殊地位，他们现在古体字里还保留有汉语 ja（dža）。我在《通报》（1916，第 505 页）上曾提过，他们从唐朝以求就输入茶并且饮茶，其实在中国内地与西藏地方的经济上和政治关系上，茶都起着重要显著的作用。

② Yule：Cathay，新版 Vol. I，p. 292；或 Hobson-Jobson，p. 906.

③ Travels，p. 15.

④ Bretschneider：Mediæval Researches，Vol. II，p. 300.

报告书》,1889 年,第 118 与 139 页)所叙述的那种茶很相似。据说这种茶中最优等的留为御用。得自叶兹德的样品是未开的叶芽,上面有厚厚的一层细毛,使之呈现银白色。由于运输时受震动,有些细毛磨掉了,形成直径约八分之三英寸长的黄色小球。虽然它的毛比一般茶叶多,这茶叶肯定是得自阿撒姆的茶树(Camelliatheifera,Griff.),这茶树野生于阿撒姆的某些地区和缅甸,而现在大半是在缅甸和越南北部等地人工栽培。这种树也出产老挝茶(《国立植物园报告书》,1892,第 219 页),和雷皮特茶(《国立植物园报告书》,1896,第 10 页)。波斯白茶所沏出来的水是浅稻草色,带有中国好茶的清香。它在英国市场上也有人知,但现今不大受人赏识。"

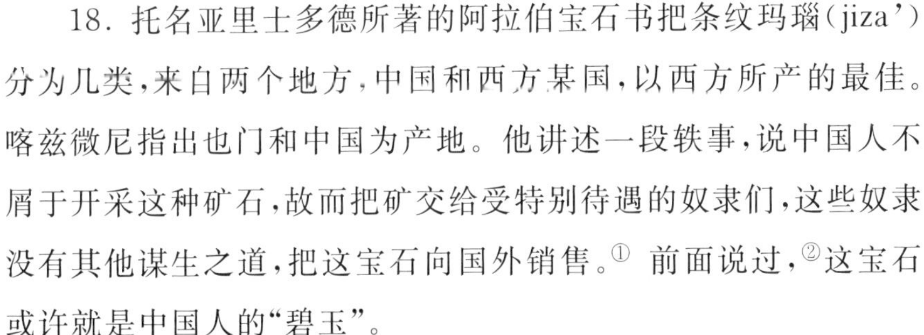

18. 托名亚里士多德所著的阿拉伯宝石书把条纹玛瑙(jiza')分为几类,来自两个地方,中国和西方某国,以西方所产的最佳。喀兹微尼指出也门和中国为产地。他讲述一段轶事,说中国人不屑于开采这种矿石,故而把矿交给受特别待遇的奴隶们,这些奴隶没有其他谋生之道,把这宝石向国外销售。[①] 前面说过,[②]这宝石或许就是中国人的"碧玉"。

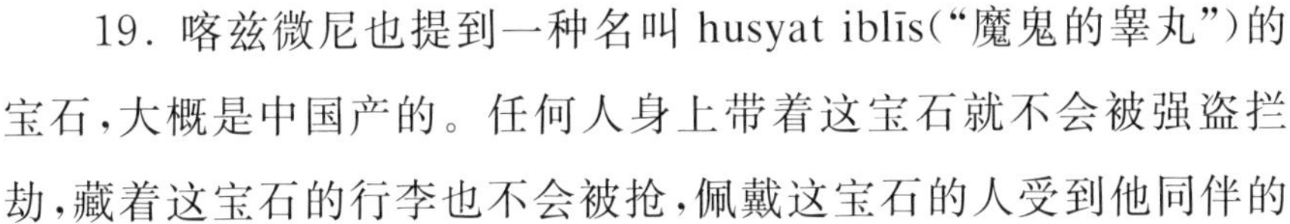

19. 喀兹微尼也提到一种名叫 husyat iblīs("魔鬼的睾丸")的宝石,大概是中国产的。任何人身上带着这宝石就不会被强盗拦劫,藏着这宝石的行李也不会被抢,佩戴这宝石的人受到他同伴的

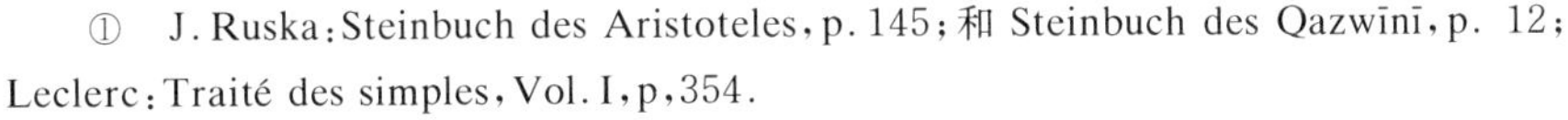

① J. Ruska:Steinbuch des Aristoteles,p. 145;和 Steinbuch des Qazwīnī,p. 12;Leclerc:Traité des simples,Vol. I,p,354.

② Notes on Turquois,p. 52.

尊敬。[1] 我不知道这里所说的是什么中国宝石。

20. 世所熟知的中国特有一种铜合金,含有百分之四十点四的铜,百分之二十五点四的锌,百分之三十一点六的镍,百分之二点六的铁,有时掺一点银和砷、砒素。完工时它是白色或银色,因此叫做“白铜”。在英印混合语里它叫做 tootnague(塔弥勒语 tutunāgum,葡萄牙语 tutanaga),[2]在东方的外国人也用广东话称之为 paktung。远在公元 266 年出版的字典《广雅》(卷 86,第 16 页,畿辅丛书本)就提到它,其定义说“白铜”称为“鋈”。

波斯人采用这种合金,称之为 xār-čīnī(阿拉伯语 xār-sīnī)。[3]波斯人说中国人用这种合金制镜子和箭头,中了此箭就会送命。[4]弗勒司引证诗人阿布·阿勒·玛阿尼的一句话:“弃绝朋友的人,以白铜刺其胸”。喀兹微尼谈到用这种金属制的矛头和鱼扠非常得用。波斯人还有 isfīdruj 这个字,意思是“白铜”,因此它是直译汉语的意义。此外还有波斯字 sepīdrūi(阿拉伯语 isbiadāri, is-bādārīh);即“面带白色”。英语 spelter(德语 spiauter, speauter, spialter,俄语 špiauter),是锌的名称,就是出自这个字[5]。迪马石奎于 1325 年著书解释 xār-ṣīnī。为一种中国产的金属,为铜的黄色和黑白色混合起来的;并说中国输入的镜子名叫“轩辕镜”(“变

① Ruska:同前书,p. 21。

② 参考 Yule: Hobson-Jobson, p. 932,当然这是误称,因为与波斯语 tūtiya 有关的印度字乃指锌。

③ 字面的意思为“中国石”,西班牙语 kazini 是由阿拉伯字派生来的。

④ Steingass: Persian Dictionary, p. 438.

⑤ 很奇特的日本字 sabari 或 sahari 也可能追原于这个波斯字,那日本字系指中国之白铜。这产品与外国的关系可从“胡铜器”一词看出。

形镜”)就是用这种合金制的。它是一种人工产品,刚而易碎。制炼之后,刚性稍失;火烧了就会损坏。喀兹微尼又说没有别的金属能发出如此铿锵的声音,也没有别的金属更适宜于铸造大小钟铃。[①]

21. 在第十三世纪阿拉伯人认识了来自中国的硝石;因为他们称它为 thelg-as-sīn(“中国雪”),称火箭为 sahm xatāī(中国矢)。[②]

22. 伊宾·阿尔发鸠称赞中国的技艺工业,尤其是陶器、灯,和其他这一类的耐用工具,它们受人称赞是由于它们的制造技巧高和经久耐用。[③] 波斯人称高岭土为 xāk-i čīnī(“中国土”)。质量高的高岭土出产在起儿曼沙,但那里的制瓷器术现在已失传了。[④]波斯语里的“瓷”字是 fagfūrī 或 fagfūr-i čīnī。[⑤] 就我所知,fagfūr(粟特语 vaγūr,“天之子”)是伊朗语里唯一的指中国事物的字眼,它是直译汉语“天子”。

23. 波斯语čūbi čīnī(“中国根”),新梵语 cobacīnī 或 copacīnī(在印度市集上称 kub-čīnī)是 Smilax pseudo-china 的根,即所谓中国的撒尔沙帕利拉(sarsaparilla)(土茯苓),它是治疗“美洲病”

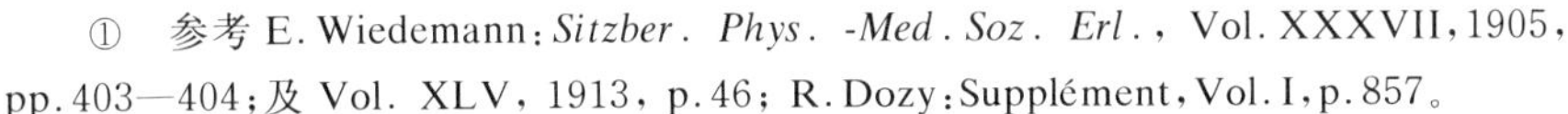

① 参考 E. Wiedemann: *Sitzber. Phys. -Med. Soz. Erl.*, Vol. XXXVII, 1905, pp. 403—404;及 Vol. XLV, 1913, p. 46; R. Dozy: Supplément, Vol. I, p. 857。

② G. Jacob: Oriental Elements of Culture in the Occident (*Smithsonian Report for* 1902, p. 520). 又参看 Leclerc: Traité des simples, Vol. I, pp. 71, 333 及 Quatremère: *Journal asiatique*, 1850, I, p. 222.

③ E. Wiedemann: Zur Technik bei den Arabern, *Sitzber. Phys. -Med. Soz. Erl.*, Vol. XXXVIII. 1906, p. 355.

④ Schlimmer: Terminologie, p. 334.

⑤ 参看 Beginnings of Porcelain, p. 126。

的良药，这病最初是哥伦布的水手们带回到欧洲，又由发斯哥·达加玛的水手们带到印度（梵语phiraṅgaroga，“西欧人的病”）。最早在十六世纪的印度作品中，特别是《婆缚波罗迦娑》（*Bhāvaprakāça*）里[①]，把这病和这中国药同时提起，加西亚达奥塔关于这问题有很好的报道，他说：“因为这些国家以及中国和日本都有这种 morbo napolitano 病，一位慈悲的神就供给这树根为之治疗，良医可以用它来治好此病，然而很多庸医错用此药。因为在 1535 年用这药治好了一个患者，[②]所以他们发现此药能治此病，就探索出这树根出产在中国。”加西亚达奥塔有一篇很详细的叙述这种灌木的文章，他说中国人呼此灌木为 lampatam，[③]这译音相当于汉语“冷饭团”，即“土茯苓”的别名，在粤语读做 laṅ-fan-t'ün，厦门语读做 liṅhoan-toan。我们不要忘记葡萄牙语的末尾 m 音不读成唇鼻音，而是把前面那个元音发成鼻音，am 和 ã 二者交替地用。汉语里常见的末尾喉鼻音 ṅ 总是代之以葡萄牙语鼻音化了的元音或复元音；例如，品多把 tufão（“台风”）作为一个中国字，这字里的 fão 等于汉语的“风”；tutão 是汉语“都统”（陆军中将）的译音。因此 lampatam 也是依同理的译音。这种树根的葡萄牙语名称是



---

① J. Jolly：Indische Medicin，p. 106.

② C. Markham：Colloquies，p. 379. 又参考 Flückiger and Hanbury：Pharmacographia，p. 712。皮拉德（Vol. I，p. 182；ed. of Hakluyt Society）于 1601 至 1610 年间周游印度，他说“性病虽有所发现，但并不常见，可用中国木医治，不用出汗或用其他方法。他们称此病为 farangui baescour（阿拉伯字 bāsūr，‘痔疮’），因其来自欧洲”。林舒登（Linschoten）有一长篇描绘此医疗之文章（Vol. II，pp. 107—112，ed. of Hakluyt Society）。

③ C. Acosta（Tractado de las drogas，p. 80）将此字写作 lampatan。

raiz da China("中国的树根")。

由陆路作这种树根的买卖是从中国内地经新疆到拉达克,或运到波斯。[①] 中国人从古代就知此植物,陶弘景曾经有过叙述。[②] 关于用这树根治疗"美洲病"("杨梅毒疮"),李时珍有很详细的记述,他引证嘉靖年间(1522—1566年)一个名医,即《本草会编》的作者汪机的一段文。这段文很好地证实了与他同时代的加西亚的记述,[③]李时珍明确地说:"杨梅毒疮古方不载,亦无病者,近时起于岭表,传及四方。"

24. 波斯语里来自汉语的词,赫恩[④]只举了čai("茶"),čādān("茶壶"),čāu("钞票"),或者还有 kāgaδ 或 kāgiδ("纸")。其实,波斯语里还有许多来自汉语的词;但其中没有"纸"这字,虽然波斯人是从中国人才认识了纸。这个理论最早是夏德提出的,[⑤]他断言:"来自波斯语作'纸'解的这个阿拉伯字 kāghid[⑥] 可以很容易地推原到'穀纸,(古音读作 kok-dz')意思是桑树叶制的纸,在古代就已经使用。"这个看法为卡拉拜塞克和贺厄恩勒[⑦]所接受。我们暂时假设这个推测所根据的前提是正确的:但是回鹘人、波斯人

① 《通报》1916,第477页。

② 《本草纲目》卷8下,第2页;又卷4下,第6页;Bretschneider: Bot. Sin, pt. III, p. 320。

③ 我有充分材料,日后可发表一部根据中国材料所写的关于此病的历史。

④ Grundriss der iran. Phil, Vol. I, pt. 2, p. 7.

⑤ 《通报》卷1,1890,第12页,或 Chines. Studien, p. 269。

⑥ 据我看来,此字出源于回鹘语(kagat, kagas),后来采纳于波斯语中,又从波斯语中为阿拉伯人所采取,在波斯语中存这样几种写法 kāγad, kāγid, kāγaz 和 kāgiz(俾路支语 kāgad),除了拼法上有各种不固定的写法之外,此字绝非波斯字。

⑦ *Journal Roy. As. Soc.*, 1903, p. 671.

和阿拉伯人怎么会从汉语“穀纸”构出 kāgaδ 一词？这母音 ā 是怎么来的，怎么这字到任何语言里生了根，这 ā 声总是继续存在（印地语 kāgad，乌尔都语 kāgaz，塔弥勒语 kāgidam，马来亚语 kāyitam，康那达语 kagāda）[①]？按照回鹘语和波斯语的语音规律，这两国的人若想摹仿这个中国字的发音是完全能够读得正确的；在事实上，这两国语言里所采用的汉字本身就很明显，无须苦苦去找证据。我个人看不出“穀纸”和 kāgad 有何相合之处。但是所说的“穀纸”其实并不存在。夏德所写的“谷”字谁都知道它的意义是“五谷”，没有一部字典说它有“桑树”的意义。它只是用来代替“构”字（古时读作 ku，末尾没有辅音），“构”专指楮树（Broussonetia papyrifera），也可以写为“楮”（这是最普通的字）。《本草纲目》（卷 36，第 4 页）用“谷”与“楮”同，并从古代字典《释名》[②]里引了“谷”字，明确地说这字读作“媾”，也可以写为“构”。因此“谷”字，读做“构”，只是变形的写法，它和作五谷讲的“谷”字没有关系。



据李时珍说，这个“构”（谷）字是从楚语来的，在楚语里它作“乳”解，因为这种树含有乳状的液汁，故而把这字转用于树。关于这一点值得我们注意的是在公元 105 年发明造纸的人蔡伦是楚国人。“构”这个字从方言上的来源就很好地说明两个根词指的是完全相同的树。这话李时珍已慎重地说过了，他认为把这两个字当

---

① 按 Bühler（Indische Paläographie）的说法，纸是在第十二世纪以后由穆斯林输入印度的。Hoernle（*Journal Roy. As. Soc.*，1911，p. 476）所探索出来的所谓梵语中之“纸”字 kāyagata，乃根据对梵语原文的错误了解而得的，这一点已由瓦德勒对照此文之藏语译本指出了（同前书，1914，pp. 136—137）。

② 见本书第 21 页。

做指两种不同的树是错误的，他也明确地驳斥把“构”字看做与指黍米等五谷的“谷”字有关的见解。据陶弘景说，“谷纸”这名词是，南方人用的，但是他们也说“楮纸”；的确“楮纸”比较普遍。夏德认为以前的发香是 kok，这推测我不能接受；即使所说的这 kok 音以前曾经有过，我也仍然不能相信他所提的波斯阿拉伯字的语源。不能只因为造纸是阿拉伯人和波斯人取法于中国人，就认为这两国语里纸的名称也是来自中国。就我所知，没有一种外国语采用过纸的任何汉语名称。英语的纸字是出自希腊拉丁字 papyrus；俄语 bumaga 原意是“棉”，最终可以推原到中古波斯语 pambak[1]。西藏人学会了造纸术，但是他们有自己的字来称呼纸（šog-bu）。日语（kami）和朝鲜语（muntsi）也如此。蒙古人称纸为 tsagasun（不里牙特语为 tsāraso，sārahaṅ），这是一个纯粹蒙古字，意思是“白色的”。我在黑龙江上的哥尔德族里记录下了 xausal 这个字。彝族语有 t'o-i；越南语 bia，占语 baa，baar 或 biar，吉蔑语 credas，这字是从阿拉伯语 kirtas（希腊语 χάρτηs）来的，[2]一如马来语 kertas。上面说过，这个波斯阿拉伯字是从一种突厥语言来的：回鹘语为 kagat 或 kagas；吐巴语，雷贝德语，古满都语，库蛮语为 kagat；吉儿吉思语，喀拉·吉儿吉思语，塔朗齐语，卡宗语为 kagaz。这字的根源可以从突厥语里找到。因为在雷贝德语，古满都语和硕尔语里有 kagaš 这个字，意思是“树皮”。

我不需要在这里重述那个常常被人谈起的故事：在公元 751

---

① 参看本书第 344 页。

② S. Fraenkel: Die aramäischen Fremdwörter in. Arabischen, p. 245.

年中国俘虏如何把造纸术传到撒马尔罕。早在这个时期以前的650到651年，和其后的707年，[①]中国纸就已经输入撒马尔罕了，这事已由卡拉拜塞克证明了。在萨珊王朝的波斯就知道了中国纸；不过它是很稀罕的物品，只留作皇帝的公文使用。[②]

25. 纸还以另外一种方式传到波斯，那就是纸币。尽人皆知中国人是钞票的创始者。[③] 元朝统治者最早在1294年把纸币传到波斯。这些纸币是完全摹仿忽必烈的纸币，连中国字都照样抄下来作为票面上图案的一部分，中国字“钞”也被使用了，后来波斯人把这字改为čāu或čāv。[④] 关于这件事最有趣的一点是在那一年(1294年)中国的木版印刷法第一次在塔不利思用来印这些钞票。

马可·波罗[⑤]在他叙述可汗利用纸币的那篇生动的记载里说了下面这段话：“他命令人取下某一种树的皮，其实就是桑树，叶子



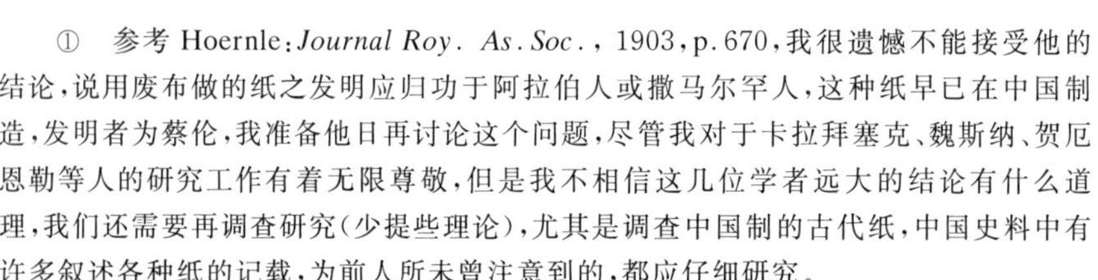

① 参考Hoernle：*Journal Roy. As. Soc.*, 1903，p. 670，我很遗憾不能接受他的结论，说用废布做的纸之发明应归功于阿拉伯人或撒马尔罕人，这种纸早已在中国制造，发明者为蔡伦，我准备他日再讨论这个问题，尽管我对于卡拉拜塞克、魏斯纳、贺厄恩勒等人的研究工作有着无限尊敬，但是我不相信这几位学者远大的结论有什么道理，我们还需要再调查研究(少提些理论)，尤其是调查中国制的古代纸，中国史料中有许多叙述各种纸的记载，为前人所未曾注意到的，都应仔细研究。

② 此乃Masudi之看法(B. de Meynard：Les Prairies d'or，Vol. II，p. 202)；又参看E. Drouin：Mémoire sur les Huns Ephthalites，p. 53(按Le Muséon 1895版复印的)。

③ Klaproth：Sur l'origine du papier-monnaie(刊登在他所著的Mémoires relatifs à l'Asie里，Vol. I，pp. 375—388)；Yule：Marco Polo，Vol. I，pp. 426—430，无名氏：Paper Money among the Chinese(*Chin. Repository*，Vol. XX，1851，pp. 289—296)；S. Saburo：The Origin of the Paper Currency(*Journal Peking Or. Soc.*，Vol. II，1889，pp. 265—307)；S. W. Bushell：Specinlens of Ancient Chinese Paper Money(同前书，pp. 308—316)；H. B. Morse：Currency in China(*Journal China Branch Roy. As. Soc.*，Vol. XXXVIII，1907，pp. 17—31)；等。

④ 详情见前进尤勒的书中。

⑤ H. Yule：The Book of Ser Marco Polo，Vol. I，p. 423.

是喂蚕用的,——这种树非常多,到处都是。所取下来的是树里面的木质与外面的厚皮之间的白色薄皮,把这薄皮制成很像纸张的东西,但却是黑色的。纸张制造好了时,便裁成大小不同的块。"在尤勒著名的作品第三版里,编辑者高亨利①加了下面这个注解:"贝烈史奈德博士《植物发现史》,第一册,第四页)说:'马可·波罗讲到可汗命人取下大桑树的皮,制成像纸似的东西,当做钱币用。'他似乎弄错了。中国纸不是桑树制的,而是用楮树制的,楮树属于桑科(Moraceae)。在中国有些地区也用这种纤维织布,当马可·波罗说'在贵州省制造某些树皮的纺织品,可制很漂亮的夏衣'时,他或许指的就是这种树。"

这是贝烈史奈德的一个突出的错误。马可·波罗是完全正确的:中国人不但用桑树皮造纸,而且更喜欢用这种纸做纸币。贝烈史奈德说纸是楮树作的固然是对的,但是他说在中国不用桑树造纸却肯定是错了。这件事他可以很容易地从儒莲②的作品来查究,儒莲两次提到桑树纸,第一次说"桑树的根和皮所制的纸;"第二次在谈到楮树皮所制的纸时说:"也用扶桑和桑树的皮制纸。桑树制的纸也可用来收集蚕卵。"后面这个作用可从儒莲论养蚕的早期作品③里的图片上看出。那作品里也提到桑树皮制的纸。

① H. Yule: The Book of Ser Marco Polo, Vol. I, p. 430.

② Industries anciennes et modernes de l'empire chinois, pp. 145, 149(Paris, 1869).

③ Résumé des principaux traités chinois Sur la culture des mûriers et l'education des vers à soie, p.98(巴黎,1837)。儒莲云,中国人认为任何麻制品,如麻绳及麻织品皆不准出现于养蚕处所,我们欧洲产的纸亦对蚕有害。雌蚕下卵用之桑纸似乎对食桑叶之蚕有良好的影响。

第十世纪末期苏易简所写的一篇论纸的文章题名为“纸谱”，里面谈了他那时代所制造的各种纸，其中也提到北方人用桑皮所制的纸。[①]

桑皮制的中国纸币在第十四世纪初即蒙古人统治时期，流通于伊斯兰教地域。因此纸币必定在元朝就在中国制造了。活了九十三岁于1338年死在开罗的阿合马·昔拔不丁遗留下一部很重要的地理作品，共三十册，其中有从实地目击者口里所听到的关于中国有趣的报道，关于纸币他所说的话，薛弗尔[②]把它翻译为法文如下：“中国人把桑树纤维所制成的长方形纸片当做钱币，上面印着皇帝的名字。使用这纸币的时候，把它拿到官吏那里，打些折扣，取得另一票子，犹如在我们的造币厂以金块银块变换铸造的硬币。”[③]

在另外一段里说：“中国钱币是桑皮所制的票子。它有大有小……是用桑树的软皮制的，在上面盖了皇帝的图章之后，就能流通了。”

明朝的钞票，如《明书》[④]上所说的，也同样“以桑穰为料，其制方高一尺，广六寸，质青色”。显然可见明朝皇帝像采取其他许多制度一样，从他们前朝的人仿效了这种发行钞票的实施。克拉卜

---

① 《格致镜原》卷37，第6页。

② Relations des Musulmans avec les Chinois(Centenaire de l'Ecole des langues orientales vivantes, Paris, 1895, p.17).

③ 同上书，p.20。

④ 《明史》卷81，第1页“以桑穰为料其制方高一尺，广六寸，质青色。”这段文亦见于1375年所发行的纸币，菲塞林将之复制并翻译(On Chinese Currency，见卷末之图片)。财政大臣受命用桑树所制的材料制这种纸币。

罗斯[1]说宋、金、元朝的纸币都是楮树的皮制的，而明朝纸币是用各种植物制的，[2]这话错了。

1772年出版的两个清朝官吏苏尔德和福森布所著的《回疆志》，[3]是一部记述突厥斯坦的很有趣的作品，其中有一篇标题为“回子纸”的记述说：“回子纸有黑白二种，以桑皮棉布絮和作成，粗厚监（坚）韧，小不盈尺。用石子磨光，方堪写字。”

斯坦因[4]记述在和阗现在还用桑树造纸。对古代各种纸富有研究的魏斯纳[5]把桑和黑桑的纤维也包括在他的研究范围所及的材料中。

1520年出版的黄省曾所著《西洋朝贡典录》（卷下，第10页，别下斋丛书本）里把桑皮纸说是孟加拉制造的。朝鲜目前也仍然

① Mémoires relati s à l'Asie, Vol. I, p. 387.

② 柔克义亦复述此语（Rubruck, p. 201）。当然我不否认纸币是用楮制的，就我所知，中国的古钱研究家们在叙述古代纸币时未提及此原料（例如《泉布统志》，卷5，第42页；卷6上，第2页；卷6下，第44页）。《元史》（卷97，第3页）也没说元朝钱钞所用的纸是何性质，我的论点是这样的：元人虽用楮制纸币，同时也用桑皮纸，而明朝则专用桑皮纸。

③ A. Wylie: Notes on Chinese Literature, p. 64. 芝加哥的John Crerar图书馆有此作品之旧笔稿，写得很清楚，共四章卷，有九幅插图，如回教人的墨笔写生，还有一张地图，这些卷册都没标明页数。

④ Ancient Khotan, Vol. I, p. 134.

⑤ Mikroskopische Untersuchung alter ostturkestanischer Papiere, p. 9 (Vienna, 1902). 这位学者犯了一个离奇的错误（p. 8），我对之不能保持缄默。他说还没有人证明过Cannabis sativa（他称之为“真正的麻”）是中国种植的，又说所谓的中国麻制的纸是指中国草。任何一个研究中国事物的生手也知道大麻（Cannabis sativa）乃中国最古老的栽培植物之一，麻制纸也列为公元105年蔡伦所发明的各种纸之一（参考Chavannes: Les Livres chinois avant l'invention du papier, *Journal asiatique*, 1905年复印版p. 6）。

制造这种纸,它比较中国制的还要厚些,结实些。[①] 掸族人用一种桑皮造纸。[②]

既然波斯人因为丝织业的关系而热心于栽培桑树,那么也很可能元朝钞票所用的波斯纸也是桑树的产品。[③] 无论如何,一切对马可·波罗的误解已经洗刷掉了,他的真实性和正确性被重新树立起来了。

在废布制的纸输入波斯之前,波斯人是用羊皮写字;赫尔兹费勒德认为是黑斯塔斯普把皮革使用到皇家档案,但是这种说法引起了争论。[④] 第欧多拉斯(II,32)所保存的斯特西亚斯著的零篇文稿提到了波斯皇家档案处使用羊皮(διφθέρα)的事情。这种使用似乎始于闪族,或许是叙利亚最早。第一世纪罗马人在经商上以羊皮代替木板。[⑤]《Artāi-virāf-nāmak》(I,7)里说到波斯古经(Avesta 和 Zend)是用金色墨水写在加工过的牛皮上。伊朗字 pōst(“皮”)产生了梵语 pusta 或 pustaka(“卷”“书”)[⑥],从而又产生了西藏语 po-ti。[⑦] 在另一方面,波斯人从希腊语 διφέρα(“皮”“羊皮”)派生出了自己语言里的 *daftar* 或 *defter*(“书”,阿拉伯语 *daftar*,*diftar*),这波斯字又传播到亚洲中部(西藏语 *deb-t'er*,蒙

① C. Dallet: Histoire de l'église de Corée, Vol. I, p. clxxxiii.

② J. G. Scott and J. P. Hardiman: Gazetteer of Upper Burma and the Shan States, pt. I, Vol. II, p. 411.

③ 波斯语中之桑树 tūδ,据说是来自阿剌迈克语(Horn: Grundriss iran Phil., Vol. I, pt. 2, p. 6),但这是错误的。

④ 参考 V. Gardthausen: Buchwesem im Altertum, p. 91。

⑤ K. Dziatzko: Ausgewählte Kapitel des antiken Buchwesens, p. 131.

⑥ R. Gauthiot in *Mémoires Soc. de Linguistique*, Vol. XIX, 1915, p. 130.

⑦《通报》1916,第 452 页。

古语 *debter*，满洲语 *debtelin*）。[①]

帕提亚（安息）人使用羊皮，这已经有张骞的记述，记录上说：帕提亚人在皮革上横着写下符号，作为笔记。因此可以肯定早在公元前第二世纪伊朗就使用皮革了。后来的文献里也提到用皮革的事：例如，在《南史》（卷79，第7页）里说胡人（伊朗人）用羊皮当纸。中国人不常用羊皮写字，但是他们制革（羊、驴、牛的皮所制）是为了剪成皮影戏的人物。在中国所发现的唯一用皮革写的手稿是开封犹太人的圣典，这事在中国碑文上也提到了。[②]

26. 波斯语采用的汉语是第十三世纪蒙古统治者（所谓伊儿汗系1265—1335年）传播去的，主要尽是些有关官吏和行政机关的名称。其中最有名的是牌子（pāizah），它是摹仿汉语“牌子”，是一种正式的传票或徽章，上面刻着圣旨、通行证、征用证、按佩带人的职位高低而有银制，铜制，铁制之别。这是蒙古人因袭了辽和金朝[③]的做法，鲁不鲁克、马可·波罗[④]和剌失德丁都曾提过。

27. 称号中如“王”“大王”“国王”“太后”“夫人”“公主”等，也是为蒙古人统治下的波斯所采用。[⑤] 波斯语 jinksānak，[⑥]即蒙古

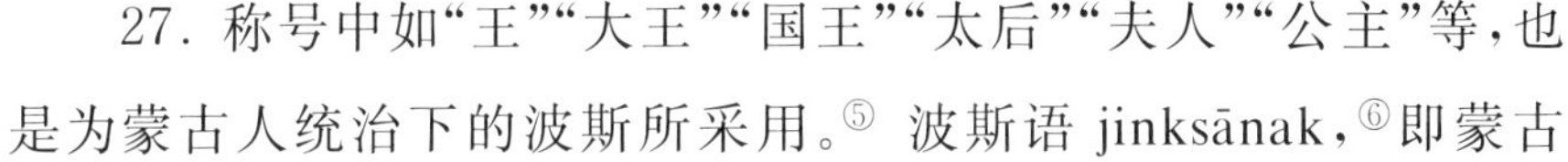

① 《通报》1916，第481页。

② 参考 J. Tobar：Inscriptions juives de K'ai-fong-fou，pp. 78，86，96（note2）。

③ Chavannes：*Journal asiatique*，1898，I，p，396.

④ 牌子之历史参看 Yule 本，Vol. I，p. 351；又参看 Laufer：Keleti Szemle，1907，pp. 195—196；Žamtsarano：Paiza among the Mongo's at the Present Time（*Zapiski Oriental Section Russian Archœol. Soc.*，Vol. XXII，1914，pp. 155—159）。

⑤ E. Blochet：Introduction à l'histoire des Mongols de Rashid Fddin，p. 183；和 Djami el-Tévarikh，p. 473。关于“王”的称号，又参看 J. J. Modi. Asiatic Papers，p. 251。（“大王”、“国王”原书误从 Blochet 作“太王”、“高王”。——译者）

⑥ 此字应作čīnsāng，即“丞相”，原书译写非是。——译者

司令官或总督的称号，是汉语“丞相”的译音。①

28. 波斯人从突厥部落采用了 *toγ*（*togh*）或 *tuγ*② 字，是指系在旗顶上或是总督盔上的马毛缨（盔上的表示爵位）。在亚洲中部的突厥人中，军官的旗帜是用犛牛的尾绑在竿子的顶端做成的。据说这东西也用以标志圣人的坟墓。③ 在回鹘人的语言里，这字是 tuk。④ 烈缪萨⑤只依赖奥斯曼利语，他正确地看出这个突厥字是从汉语“纛”字来的，纛的古音是 duk，见于很早年代的《周礼》和《前汉书》。它原来指出殡的时候所举着的旗子；在汉朝，它是大都督的军旗，据蔡邕（公元 133—192 年）说，它是犛牛尾制的。⑥ 古代在印度和亚洲中部，犛牛尾（梵语 cāmara，英印语 chowry）是用做皇族或高官的勋章。⑦

29.《周书》（卷 60，第 6 页）说波斯和中国所产的五谷和动物是一致的，除了波斯没有米和小米。小米是用复合词“黍稌”来表达的，那就是，一种黏性的稷和一种黏性的有穗的粟。现在在波斯语里发现了 šušu 一字，意思是“稷”。为了要查究这字是否来自汉

---

① 参考《通报》1916，第 528 页中我的文章。

② 在一种帕米尔语的肃格南（Šugnan）方言中，这字为 tux（Salemann，in Vostočnye Zam ätki，p. 286）。

③ Shaw：Turkī Language，Vol. II，p. 76.

④ Radloff：Wört. der Türk-Dial.，Vol，III，col. 1425.

⑤ Recherches sur les langues tatares，p. 303.

⑥ 见《康熙字典》糸部。

⑦ Yule：Hobson-Jobson，p. 214. 在 Khanat Bukhara 的长官统治之下有 toksaba 这个称号，获得此称号的人可有特权令人高举 tug 在前开路，因而为 toksaba 一字的起源（Véliaminof-Zernof：*Mélanges asiatiques*，Vol. VIII，p. 576）。又参考派克的一篇短文（*China Review*，Vol. XVII，p. 300）。

语;它的历史还有待我们去研究。

史利默尔[①]说 erzen,是波斯字,指稷。

30. 波斯字(也是奥斯曼利字)čänk(“竖琴或六弦琴,尤其是妇女所弹的”)或许是由汉语“筝”来的。(“一种十二根铜弦的有键乐器”)。

31. 波斯语里一个最有趣的来自汉语的字 xutu (khutu),来自汉语“骨触”(有各种不同写法),主要指海象的牙。这个问题我曾在两篇文章里讨论过。[②] 弗勒斯[③]给这波斯字写了七个定义:(1)一种 Sinensis 牛的角。(2)犀牛角。(3)巨鸟之角。此鸟居住在介于中国与埃塞俄比亚之间的广大地区。角质劣者,用以制指环和犁耙,又可用以检验物品是否有毒。(4)千年蛇之角。(5)毒蛇角。(6)长寿鱼之角。(7)一种动物之牙。这些定义里的第三个是阿勒·阿克发尼所下的,所说的鸟是 buceros。第四个定义是抄《辽书》里的“骨触犀”的定义(“千年蛇的角”)。波斯人和阿拉伯人怎么得来其他这些定义,从我以前讨论这问题的文章里就可以很容易明白。在亚力山大故事的埃塞俄比亚语译本里提到中国皇帝送给亚力山大的礼物中有二十个(叙利亚语译本说是十个)蛇角,

① Terminologie, p. 420.

② Arabic and Chinese Trade in Walrus and Narwhal Ivory(《通报》,1913 年,第 315—364 页,及伯希和之补遗,第 365—370 页);和 Supplementary Notes on Walrus and Narwhal Ivory(同前书,1916 年,第 348—389 页),有关波斯的海象牙制的物品,见第 365—366 页。

③ Lexicon Persico-Latinum, Vol. I, p. 659.

每个都有一腕尺长。[①]

同时我查到了“骨触”的一个新的汉语定义。周密（1230—1320年）在他所著的《志雅堂杂钞》（卷上，第29页，粤雅堂丛书本）里说，伯几[②]云：“今所谓‘骨触犀’，乃蚍角也，以至毒，能解毒，故曰蛊毒犀。一刀靶可直数十定。”

在《格古要论》（卷6，第9页，惜阴轩丛书本）里，论“骨触犀”一文与我在《通报》（1913年，第325页）所引的那段有些不同，这文里不把“骨触犀”鉴定为“碧玺”，如《佩文韵府》和《本草纲目》所说的，但“碧玺”是价值特别高的一种“骨触犀”。

《澳门志略》（卷下，第37页）有一段关于“海马”的记述：“其牙坚白莹净，文理细如丝发，可为念珠等物。”

最后我发现了另外一篇文稿，文里说俄罗斯的鱼齿即海马牙。这说法见于弗雷恰尔的作品《俄罗斯国》（1591年伦敦出版）[③]里，它是这样说的：“除此之外（那些尽是很好有价值的商品），他们还有各式各样次要的物品，是该国的天然产品：如鱼齿（他们称之为ribazuba），除了他们自用之外，波斯人和保加利亚人亦从俄罗斯输入鱼齿，用以制珠子，刀子和贵族及绅士的剑柄，以及其他种种



① E. A. W. Budge：Life and Exploits of Alexander The Great，p. 180. 又他所译的叙利亚语本，第112页（叙利亚版第200页）。在叙利亚语里还有另外一个来自汉语的词“一千talents（重量单位）的mai-kâsi”（直译为“杯中水”），Budge将此问题悬置未决，显然这里是一个汉语译音，我猜想它是mak，mag（今之“墨”字），在蒙古语及满洲语此字为bexe，在喀尔木克语为beke。

② 鲜于枢之别号，他是十三世纪末之书法家及诗人。（见伯希和文，刊于《通报》，1913年，第368页）。

③ E. A. Bond版，p. 13（Hakluyt Society，1856）。

用途。有人用这东西的粉解毒，像独角兽的犄角一样。长着此角的鱼叫做 morse，在培卓拉附近所捕获的，这鱼齿有的长达二尺，每只重十一二磅。"[1]

"碧玺"这个名称伯希和[2]和我[3]二人都曾写过短论。就目前所知道的，此字似乎最早出现在《格古要论》。以前一直以为这名词是现代的俚语，伯希和劝我去书里追溯其原，现在我就这样做。

---

① 下面这段故事很有趣，它说明鲸角怎样从北冰洋一直到达了印度。发勒(Pietrodella Valle)(Vol.I，p.4，Hakluyt Soc.版)于1623年由波斯湾航行到印度，他叙述这个故事："星期一，风平浪静，船长和我，站在甲板上，谈论着种种事情，他乘机示我一段兽角，是他于1611年航行到北方一个国家获得的，那个国家他们称之为'格陵兰'，位于纬度七十六度，他叙述如何在地里得到这块兽角，这可能是死于该地的某种兽类的角，又说完整的角有五六尺长，角根最粗处周围七英寸。我所见到的这一段大约有半拃长，不及五英寸厚(一拃为从大指尖至小指尖伸开之长度)(因为此角已敲碎，在几个地方片段售出)。它的颜色是白的，略带黄色，就像年代久的象牙一般，中心是空的，内部很光滑，但外部有圈纹。船长未见过那个兽类，不知它是陆地上的还是海里的，因为从他获得此物的地点看来，海陆都有可能。但是他确信那是独角兽的角，因为都说它能防毒，而且它和书上所描绘的独角兽符合。然而在这一点上我和他意见不一致，因为，如果我没记错，独角兽的角希腊人称之为 Monoceros。据普林尼所描绘的，它是黑色，而非白色。船长又说，据传说在美洲北部某些地方离格陵兰国不远，有独角兽，因此在格陵兰亦有此兽，也是可能的。格陵兰为邻国，还不知道它是大陆还是岛屿。如果非岛屿，独角兽也许是由美洲邻近地方来到那儿的……英国的格陵兰商业公司掌有此角，即船长所得到的那只。因为商船的船长们都是公司付薪水所雇的人员，除了薪金之外，不得在航海中有其他利润。他们所寻获的任何东西，只要一为人所知，而不隐瞒，就要全数交给公司。当这只兽角还是完整的时候，就送到君士坦丁堡出售。有人出价两千镑，而这英国公司想取得更高价，未在君士坦丁堡售出，而将之送往莫斯科。在那里也只有出到大约同样的代价。拒而不卖，将之带回土耳其，价格大跌，较前低得多。公司觉得把它敲成数块较一整块容易脱手些，因为没有人能出得起那么高价购一整只。因此就把它击碎，分为几段在各地出售。尽管如此，所卖得的总钱数大约才有一千二百镑。他们以一段赠给寻得这兽角的船长，我所看见的就是这一段。"

② 《通报》1913年，第365页。

③ 同前书，1916年，第375页。

檀萃在他所著的《滇海虞衡记》[①]（1799 年出版）里有一段文章，谈到了云南省产的矿藏，动物，植物，和土著居民，他说“碧霞玺”，或“碧霞玼”，或“碧洗”，都是云南省猛密土司[②]产的一种宝石。显然这些名称只是一个非汉语名词的译音；假如我们能肯定这词起源于云南，那就可以推断它是来自土著傣族或掸族的语言。檀萃又说：“碧洗以深红透水为最，紫、黄、绿间白色次之，白黑二色最下。”所以我们现在所讨论的这些宝石，它在矿物石上的类属还有待于鉴别。

32．在波斯语里称“中国”为 Čīn，Čīnistān 或 Čīnastān。在中古波斯语除了 Čēn 和 Čēnastān[③] 之外，我们看见过“弗尔瓦尔丁（神）赞美诗”里的 Sāini 和帕拉菲语古经《创世记》[④]里的 Sini。带有当头腭音的字，一方面亚美尼亚语的 Čen-k'，Čenastan，Čenbakur（“中国皇帝”），čenazneay（“开始于中国”），čenik（“中国的”）等字已为之证实了；在另一方面，又为粟特语的 Čynstn（Čīnastān）所证实。[⑤] 当头 č 和 s 并用恰恰等于希腊语里的对似语 Σῖναὶ 和 θῖναὶ（= Čīnai），伊朗语带有 č 的写法在梵语的相对字是 Cīna（Čīna）。由这情形看来，或许可以假定中国在印度语、伊朗语和希腊语里的名称是出于一个共同的来源，而且这个原字或许



① 《滇海虞衡记》卷 1，第 6 页（问影楼舆地丛书本）标题和论述的手法都是摹仿第十二世纪范成大所著的《桂海虞衡记》。

② “土司”为土著酋长所管辖的，酋长本人或多或少隶属于中国当局。

③ Hübschmann：Armen，Gram.，p.49.

④ 参考 J.J.Modi：References to China in the Ancient Books of the Parsees，重刊载于他所著的 Asiatic Papers，pp.241 及以下数页。

⑤ R. Gauthiot：《通报》1913 年，第 428 页。

可以在中国国内去找。我现在觉得那个陈旧的理论或许有几分可信,它说"支那"这个名称应该可以推原到秦朝。以前我不接受这理论,只是因为一直没有人能提出有力的论证;[①]伯希和[②]在当时所提的起源于秦朝的论证也没有使我改变看法。伯希和引证了几个实例,从中可看出即使到了汉朝中国人在亚洲中部还是被人称为"秦人"。这件事本身是有趣的,但是并不足以证明 Čīna,Čēn 等外国名字都是根据这"秦"字。必须能在语音上证明这种转生语是可能的,而这正是伯希和所不能证明的:他连想都不想"秦"字古代发音的问题。如果这字在古代的发音和现在一样,那么所说的与外国名字语音相合就没有什么价值了。古代"秦"字的发音是当头带有齿音或腭音[③]的 din,dzin,džin(jin),dž'in;汉语当头的 dž 音到了伊朗语里成了无声腭音 č 是可能的,而且也合乎语音规律

① 《通报》1912 年,第 719—726 页。

② 同前,第 727—742 页,在侨胝釐耶(Cāṇakya 或 Kauṭilya)著的《政事论》(Arthaçāstra)里所提的"Cina"这个名字,以及哲刻布对于这问题的见解都没有使我获得这看法,如伯希和所说的,我至少在十年前就持有此种看法。哲刻布的文章只不过给了我发表看法的机会而已。伯希和对梵语作品的日期闹得天翻地覆,实在是多余。我只要指出史密斯的意见(Early History of India,3d. ed.,1914,第 153 页)。他说"《政事论》是孔雀王朝真正的古代作品,大概是侨胝釐耶所著。当然这个意见并不排斥现存此书中包括有后代小添改的可能性,但此书的大部分肯定是摩利耶王朝所写。"我还要指出济次(A. B. Keith:*Journal Roy. As. Soc.*,1916,p. 137)所说的话:"《政事论》完全可能是古老作品,可以断定它是公元前第一世纪的作品,而它的内容主旨很可能比公元前第一世纪还要古老得多。"对于 China 这个字起源于秦朝持有怀疑的态度的人各处都有,因此牟地(J. J. Modi:Asiatic Papers,p. 247)臆测《弗尔瓦丁神赞美诗》或许在早于公元前第四,第五世纪就写成了。他说"如果是如此,这古材料中称中国为'Saini,一事就使人怀疑中国获得此名是在公元前第三世纪的秦朝了,所以,看起来,这名字早于公元前第三世纪。"

③ 在上海话里还是读作dziṅ。

的。一方面是语音上的一致,另一方面是梵语、伊朗语、希腊语里对中国的称法相同,因此使得我承认“秦”字语原是站得住的理论;没有人能肯定地说这字确是如此转生来的。在汉朝还用“秦”字称呼中国人是历史上附带提到的事情,但这不成为基本的证据。

33. 以上所论述的应该只能算作一系列研究的摘要,还须要和熟悉阿拉伯的伊朗史地材料的波斯学者和阿拉伯学者协力合作再加以发展。广泛地去研究一下有关中国的波斯材料还是需要的。另外一项可做的有趣工作就是去探索波斯及阿拉伯诗人所描绘的理想化了的中国人是如何发展而成的。我们都知道东方国家写的亚力山大故事里,也出现有中国,是亚力山大所到过的许多国家之一。费尔都西(935—1025年)著的书里说亚力山大以自己的使节的身份来到中国,Fagfūr(天子)以上宾之礼相待。他向天子递书,声明如果天子承认他为君主,向他进贡本国所产的各种水果,他可以允许天子保有领土和职位;天子应允了这要求。尼萨米著的《亚力山大传》说亚力山大由印度经过西藏来到中国,那里希腊画家和中国画家在举行比赛,希腊画家最后获胜。[①] 埃塞俄比亚人写的亚力山大故事里说:“中国王命人在长椅上铺上贵重的垫子,长椅是金质的,嵌着珠宝,镶着金图案。他坐在大殿里,他的太子们和贵族们环绕着他,当他说话的时候,他们都恭顺地回答他。然后他就命令典礼官把亚力山大大使带进来。当我(亚力山大)跟着典礼官进来的时候,典礼官叫我站在王的面前,那些穿着金银衣

① 参看 F. Spiegel:Die Alexandersage bei den Orientalen, pp.31.46。

服的人都站了起来;我在那里站了好久,也没有一个人和我讲话。”[①]磕头的问题显然没有提起。再往下念更加有趣:中国王叫这位使节和他并坐在长椅上,——这是决不可能的场面。天子送给亚力山大精致材料所制的衣服,重一百磅,二百个帐篷和男女仆人,二百个象皮制的盾牌,二百支镶金的印度剑,上面装饰着贵重的宝石;二百匹帝王骑的马匹,一千担最好的金子和银子,因为在这个国家里有山,山里可以采金。城墙是金子筑成的,居民的住宅也是金子盖的;大卫之子所罗门就是从这里取得金子来盖圣堂,他的器皿和盾牌都是用中国金子制的。[②] 1273年或1274年死在大马士革的阿勒·梅金所著的《世界通史》里的《亚力山大传》把中国的西南和中国的东北分开了。[③]

关于亚力山大在中国的故事讲得最天真有趣的是阿勒·塔阿利比(961—1038年)[④]用阿拉伯语所写神话式的《波斯历代国王历史》里那一段说:当亚力山大带着他的军队进入中国时,中国王大吃一惊,不能入睡。他趁着黑夜往访亚力山大,表示愿意归顺,以免流血,亚力山大最初索取他五年的全部国家岁入,可是后来慢慢地让步到只要一年的三分之一岁入。第二天一支庞大的中国军队把亚力山大的军队团团包围住,亚力山大以为他的死期到了,谁知中国王出现了,从马上下来,拜伏在地(!)。亚力山大责他不忠不义,中国王否认此事。“那么这些军队是干什么的?”——中国王回



① E. A. W. Budge: Life and Exploits of Alexander the Great, p.173.
② 同上书,p.179。
③ 同上书,pp. 369, 394。
④ H. Zotenberg: Histoire des rois des Perses, pp. 436—440.

答说："我要你看看我并非因为软弱或兵少而屈服。我看出这是天意，允许你征服比你更强的国王们。谁要反抗天命必遭失败。为此我要屈服于你以表示屈服上天，顺从你，执行你的命令以表示顺从上天。"亚力山大回答说："对你这样的人不应该有所要求。我从来没有见过比你更贤明的人。现在我取消我对你一切的要求，我要走了。"中国王回答说："你这样做不会有所损失。"于是他送给他丰富的礼品，如一千件绸缎、彩绸、锦缎、银、貂皮等，并保证每年进贡。虽然这整个故事是虚构的，它把中国人用外交手腕战胜敌人的方法却描写得很不错。

# 附　　录

## 附录一　蒙古语里的伊朗语成分

在本书前面以及我所撰的《西藏语里的外来词》一文里曾指出一些可以推原到伊朗语的蒙古字。自从新疆发现了新资料之后，这个问题引起了人们一些兴趣。我认为在这里写一篇有连贯性的文章来讨论它，并总结一下我们对这事的认识，是有好处的。

1. 大约一百年前蒙古语言学的真正创始者史密德已知蒙古语与伊朗语的某些关系。史密德①远在1824年首先看出蒙古语Xormusda（Khormusda）起源于伊朗的鹘勿斯（Ormuzd）②或波斯古经中的"阿胡剌马兹达"（Ahuramazdāh）。就连史密德的反对者克拉卜罗斯也不得不承认这个说法是正确的。③ 烈缪萨的异议已由史密德本人加以反驳。④ 现在我们知道上述这个字是粟特

---

① Forschungen im Gebiete der Bildungsgeschichte der Völker Mittel-Asiens, p. 148.

② 此字在唐金俱吒译《七曜禳灾诀》中作"温没斯"，另译作"嗢没斯"，杨景风译作"鹘勿斯"，皆从粟特语转译。——译者

③ "这个臆说需要慎重调查，要请史密德先生再收集其他事实来印证。"（*Nouveau Journal asiatique*, Vol VII, 1831, p. 180）。

④ Geschichte der Ost-Mongolen（蒙古源流德译本），p. 353。

(康国)人将之传播到亚洲中部,写作 Xūrmazṭā(Wurmazṭ)和 Ōharmīzd。[①] 我们所尚未知道的是伊朗最高无上的神怎么会成了印度最高无上的神,因为在蒙古佛经里 Xormusda 这个名字严格地指 Indra 神。在数国语言对照的佛学词典里,汉语、藏语等的相等词都与 Indra 无关。

2. 蒙古人的佛经里,Esroa, Esrua 或 Esrun 是印度神"婆罗吸摩"(Brahma)的名称。首先倡说此字起源于伊朗语的人是席弗纳尔。[②] 据他说,这字虽然被视为梵语 īçvara("主")的转讹体,它似乎与阿维斯塔语的 çraosha(sraoša)或çravaṅh关系更密切些。这蒙古字肯定是出自回鹘语 Äzrua,在回鹘的摩尼教书籍里,Äzrua 似系一个伊朗神。萨勒曼[③]说过他准备讨论这个字,但是我始终没有见他的文章。另外一方面,哥提欧[④]根据粟特语的写法'zrw'(=azrwa)解决了这问题,粟特语的佛经里'zrw'似系"婆罗吸摩"的同义字。据他说,这个粟特字和阿维斯塔语的 zrvan 是同义字。

3. 蒙古语速不儿罕(suburgan)[⑤]"塔",Stūpa(梵语)是来自回鹘语 supurgan。这回鹘字或许出于伊朗语,原字是 spur-xān("完

① F. W. K. Müller. Die "persischen" Kalenderausdrücke, pp. 6, 7; Handschriftenreste, II, pp. 20, 94.

② 见于 W. Radloff's: Proben der Volkslitteratur der türkischen Stämme, Vol. II, p. xi, A. Schiefner 所写的序言里。Schiefner 亦由 Ormuzd 一字推断出 Soyon 的 Kurbustu。

③ *Bull. de l'Acad. de St.-Pét.*, 1909, p. 1218.

④ Chavannes and Pelliot: Traité manichéen, p. 47.

⑤ 译字从《华夷译语》。——译者

美的房子”),此乃哥提欧的推测。[1]

4. 蒙古字 titim,“王冠”(在意义上等于梵语mukuṭa,也可用以译写此梵语字)。这字可推源到粟特语 δiδim。[2] 原字是希腊语,διάδημα(由此而产生了英语 diadem),这字自从马其顿时期以来就一直保留在伊朗语里。[3] 在新波斯语写作 dāhīm 或 dēhīm,是由更早的写法 dēδēm 发展而来的。因此,蒙古语 titim 不可能来自新波斯语,但是它代表伊朗语的较早写法,这写法和粟特语的写法正确地有联系。

5. 蒙古字 šimnus“一种妖魔”(在佛经里用来翻译梵语 Māra“鬼”)无疑是来自回鹘字 šmnu,[4]这回鹘字又来自粟特字 šmnu。参看阿勒台语和特留提克语的 šulumys(“鬼”)。

6. 从蒙古语里的外来粟特语看来,šibagantsa,čibagantsa或šimnantsa(bhik ṣuṇī,“尼姑”;满洲语čibahanči)的后缀-ntsa(-nča),照缪莱的说法,[5]应该可以推原到粟特语的阴性词尾-nč(大概来自 inč“女人”)。这是很不可能的。回鹘语upasanč(梵语优



---

① 见于 Traite manichéen,p.132。

② Müller:Uigurica,p.47.

③ Nöldeke:Persische Studien,II,p.35;又参考 Hübschmann:Persische Studien,p,199。

④ F.W.K.Müller:Uigurica,p.58,Soghdische Texte I,pp. 11,27.在粟特语的基督教文献里,“魔王”是用此字来译的,按照缪莱(SPAW,1909,p.847)的说法,蒙古语的 nišan(封印,图章)及 badman(无释义)也都应该是中古波斯语,通过回鹘语为媒介而到蒙古语里来的。

⑤ Uigurica,p.47.

婆塞 upāsikā“女善士”)和蒙古语 ubasantsa 也有这个词尾。哥提欧[①]说得对:这互相依赖的关系没法解释;可是它的可能性很大,而且也似乎完全讲得通。

7. 棉织品在蒙古语叫做 büs(喀尔木克语作 bös),在女真语(亦作女直)作 busu,满洲语作 boso。首先,这一系列的字都可以推原到回鹘语 böz。[②] 如叔特所说,[③]这些字显然全与希腊字 βύσσος(“亚麻布”)有关系,这希腊字本身又出于闪语(希伯来语 būs,亚述语būṣu)。但是这个闪语字怎么来到亚洲中部,还没有人知道。它出现在回鹘语可以说是由伊朗语为媒介,但是在伊朗语的任何方言中至今都没寻到它的踪迹。也许景教的传教士直接把它传到回鹘的。果真如此,这情形就和蒙古字 nom[④](满洲语 ncmun) 一样,nom 采自回鹘字 nom,num(“圣书、法律”),烈缪萨[⑤]探索出这回鹘字是从希腊字 νόμος 通过闪语而来的。

在蒙古语里棉花本身叫 kübeṅ或 kübüṅ,在满洲语叫 kubun。叔特认为这字是由汉语“古贝”而来,但是这恐怕不可能,因为有着这清音的唇音。然而或许这蒙古字是和一个根据梵语 karpāsa 而构成的方言字有关系,而汉语“古贝”也可以推原到这梵语字。这字形必须往伊朗语里去寻。的确,在波斯语里有 kirpas(因此有了亚美尼亚语 kerpas),在阿拉伯语有 kirbās。在帕米尔语的一种方

① Essai sur le vocalisme du sogdien, p. 112.

② F. W. K. Müller: Uigurica, II, p. 70.

③ Altaisches Sprachengeschlecht, p. 5, 及 *Abh. Berl. Akad.*, 1867, p. 138。

④ 《华夷译语》作“那门”nomun。——译者

⑤ Recherches sur les langues tartares, p. 137.

言发赫语(Vaxī)里有 kubas一字,[①]它除了末尾的 s 之外,和蒙古语的写法是一致的。蒙古语和满洲语字尾的鼻音还须要加以解释。

8. 蒙古字 anar,"石榴"无疑地是来自波斯字 anār。在汉回字典里有 nara。[②] 因此在这一个例子上不能说回鹘语是沟通波斯和蒙古语的媒介。大概这果子是伊朗人直接运输到蒙古的,蒙古人就这样连果子的名称也一并采用。

9. 蒙古字"土鲁麻"(turma),"萝卜",是从波斯语的 turma("秃鹿麻")(或写若 turb,turub,turf)而来的。[③]

10. 蒙古字 xasini"阿魏",来自波斯字 kasnī ("Ghazni 的产品")。

11. 蒙古字 bodso,一种用大麦或牛奶制的酒,在科发列夫斯基编纂的《蒙古语字典》里,它和波斯字 boza 相通,boza 是用米、稷或大麦制的饮料。



12. 蒙古字 bolot,"钢",是从新波斯字 pūlād 来的,还不能确定它是直接来的还是通过突厥语为媒介。这个波斯字散布得很广。在西藏语、亚美尼亚语、欧塞提克语,格鲁辛尼亚语、土耳其语、俄语里都有此字。[④]

---

① Hjuler:The Pamir Languages,p. 38.

② Klaproth:Sprache und Schrift der Uiguren,p. 14;及 Radloff:Türk. Wört., Vol. III,col. 648.

③ 参考《通报》1916 年,第 84 页,Munkacsi 和 Gombocz(*Mém. Soc. finno-ougrienne*, Vol. XXX,p. 131)二人没有注意到这字来自波斯语,他们误认为此字的根源出于突厥语。

④ 参看《通报》1916 年,第 82,479 页。

13. 蒙古字 bägdär,“铠甲”,起源于波斯字 bagtar(察合台语 bäktär,西藏语 beg-tse。

14. 蒙古字 sagari 和 sarisu,“珠皮”,[①]来自波斯字 sagrī。在西藏语里写作 sag-ri,[②]在满洲语作 sarin(而满洲语 šempi 却是汉语“斜皮”的译音)。[③]

15. 蒙古字 kukur,kugur,“琉黄”,来自波斯字 gugurd,阿富汗字 kokurt(阿拉伯字 kibrīt,希伯来字 gafrit,现代叙利亚字 kugurd)。

16. 蒙古语里其他外来波斯语是从西藏语来的,譬如:蒙古字 nal“尖晶石”,“红玉”,来自西藏字 nal;波斯字 lāl(参考《蓝宝石考》)。蒙古字 zira,“莳萝”,来自西藏字 zi-ra,波斯字 zīra,žīra。

17. 在有些例子上蒙古语和波斯语的关系不显著。我们在突厥语里也找得到相等字,因此不能断定这蒙古字是从突厥语来的还是从波斯语来的。

譬如蒙古字 böriyä,“喇叭”(参考满洲语 buren 和 buleri),突厥语 boru,回鹘语 börgü,[④]波斯语 būrī。

18. 蒙古字 dsärän(dsägärän),“一种羚羊”(Procapra subgutturosa):阿勒台语 järän,“草原上的野山羊”,察合台语 jiren,“小羚羊”;波斯语 jīrān,“小羚羊”。

19. 蒙古字 tōs(写作 tagus,togos,表示长元音),“孔雀”,来自

① 《五体清文鉴》卷 24,第 38、39 页。

② 《通报》1916 年,第 478 页。

③ 在 Dictionary of Giles 里未提此词。

④ Pelliot:《通报》1915 年,p.22。

波斯字 ṭāwus(突厥字 ta'us)。

20. 蒙古字 toti,[①]“鹦鹉”,来自波斯字 totī(回鹘语和突厥语 totī)。

21. 蒙古字 bag,“花园”。此字见于1314年的一个蒙汉碑文上,其上相等的汉字意义为“花园”,如加贝连兹所指出,[②]它无疑地代表波斯字 bāγ(“花园”)。

22. 蒙古 šikär,šikir,“糖”,来自波斯语 šakar。

23. 蒙古字 šitara,喀尔木克语 šatar,“棋”,来自波斯语 šatranj。

布洛赛从波斯语 bokhta 追原出蒙古字 bogda,乃虚构的伊朗字。这个蒙古字不是外来词而是本国语。[③] 波页特林克在他所编的押忽特字典里,正确地把这字和押忽特语的 bogdo 相比。

# 附录二 “突尔吉”语(Turki)里的汉语成分

在本书前面我曾经不止一次提到中国新疆的“突尔吉”语的一些字。勒苛克[④]在吐鲁番地区所记录下来的文集里附加一个很好的“突尔吉”语词汇表。这个词汇表中有一部分来自汉语的字我想

---

① 《华夷译语》作“脱提”。——译者

② *Z. K. d. Morg.*, Vol. II, 1839, p. 12.

③ 参考《通报》1916年,第495页。

④ Sprichwörter und Lieder aus der Gegend von Turfan, Baessler-Archiv, Beiheft I, 1910.

在这里简单地讨论一下。

一般说来,这些来自汉语的字已由勒苛克正确地辨别指点出,来了,虽然他没有把它们和汉语里的同义字作对证。有几个他指为汉语的字并不是汉字;也有一些确是汉字而没指出;有一些注明是汉字却加上一个问号表示怀疑。属于第一类的有γaṅ-za(烟斗),说成是汉字,其实这是一个纯粹的阿勒台字,在汉语里从来未见过。[1] 波页特林克[2]已经指出过这字在押忽特语里写作 khamsa 或 xamsa。在蒙古语写作 gangsa 或 gantsa;[3]在塞冷金的不里牙特语为 gansa。[4] 这个字还更进一步到了维吾尔地区:乌沽语(Wo-gul)qansa,欧斯特牙克语(Ostyak)xoṅsa,萨摩叶德语(Samoyed)语 xansa。[5] 值得注意的是这个名词居然也跑到西藏语里去,在藏语里还没有被人看出它是外来词。它是写作gaṅ-zag(读作 gan-za);科发列夫斯基把它写作gaṅ-sa;拉姆塞说西部西藏语的写法为 kanzak;这种拼法是由于这字经大众使用而与西藏字 gaṅ-zag同化了的缘故。

勒苛克说 jū-xai gül(水仙)是汉语和突厥语组合而成的字,我却看不出。在汉语里这植物叫做"水仙"。[6] Gül 当然是波斯字 gul

① 汉语的(烟)"袋",见于哥尔德语及其他东胡语,读作 dai,因为东胡族的烟斗得自中国。

② Jakutisches Wörterbuch,p. 79.

③ Kovalevski:Dictionnaire mongol, pp. 980, 982.

④ Castrén:Burjatische Sprachlehre,p. 130.

⑤ A. Ahlquist (*Journal de la Société finno-ougrienne*, Vol. VIII,1890,p. 9)认为此回鹘字乃来自突厥语之外来词。

⑥ 见本书第 272 页。

(“花”)。Jüsäi(“蒜”)也不是汉语。Mājāzā(“椅子”)也非汉语,而勒苛克却说它是汉语。

属于第二类的有toṅ(“冷,冻结”),这显然和同义的汉字“冻”和tung(“桶”)为同一字。此外还有pän出于汉语“板”;yangza(“种类”)出自“样子”;qāwá(“葫芦”)出自“瓜”。

toṅ-kai(“一种游戏里用的驴子关节骨”)是属于带引号的汉字。《五体清文鉴》[①]里提此字时简单地描述了这游戏,并说在汉语(口语)里是“弹针儿辕儿”,西藏语t'e-k'ei-gan。其实t'e-k'ei-gan并不是西藏字,而肯定地是一个译音。但是这“弹针儿辕儿”也可能是译音。在满洲语里toxai指关节骨的平面,显然与突尔吉字toṅkai相通。

出在汉语的lā-zā(“红辣椒,椒”)是没有问题的。它是汉语的“辣子”。[②] 更不成问题的是ïr-žïn(“两个人”,即中国男人与突厥女人所生的后代子孙)当然是汉语“二人”。



下面的中国字是勒苛克所指出的可以辨认的,这里只挑选特别有趣的字:

dän,旅馆,平房,来自“店”字。中国人把这个字传遍亚洲中部。它也见于粟特语,写作ṭīm。[③]

gō-sī,公共场所所贴的官方公告,来自“告示”。

sai-puṅ,来自“裁缝”。

---

① 参考K.希姆利文,刊于《通报》第六卷,1895年,第280页。

② 参考Loan-Words in Tibetan,No. 237。

③ F. W. K. Müller:Soghdische Texte,I,p.104.

maupaṅ,磨坊主人,磨坊,来自“磨坊(主)”。

yaṅ-xō,火柴,来自“洋火”。

tunči bäk,翻译员;第一部分来自“通事”(参考 Loan-Words in Tibetan,No.310;和 *Journal Am. Or, Soc.*,1917, P.200)。

čän,钱,来自“钱”。

tī-za,乌鲁木齐总督所发行的钞票,来自“提子”。

jōzā,桌子(Le Coq 误认为“椅子”),来自“棹子”。

čāṅ,床,来自“牀”。

dā-dir,一种蚕豆,大概来自“大豆”。

daṅ-za,笔记本,来自“账子”。

śum-pō,中国总督的称号,来自“巡抚”(?)。

lā-tāi,蜡台,来自“蜡台”。



miṅ-läṅ-zä,门帘,来自“门绫子”。

yaṅ-yō,马铃薯,来自“洋药”:

在剌给特(G. Raquette)[①]所编的《突尔吉语汇》里我见到下列的汉字:

čiṅ-säy,芹菜,来自“芹菜”。

manto,肉馅团子,来自“馒头”。

čizä,中国尺,来自“尺子”。

lobo,一种长萝卜,来自“萝卜”。

jiṅ,一种中国磅,来自“斤”。

---

① Eastern Turki Grammar:*Mitt. Sem. Or. Spr.*, 1914,II,pp.170—232.

还有一些勒苛克所记录下的有关"突尔吉"字的详注可以抄在下面：

nähāl（"红宝石"），显然是波斯语的 lāl。

zummurät（"翡翠"）不是阿拉伯突厥语，而是波斯语。（见本书第 376 页，第 86 节）

palas（"布，帆"）的语原是出自波斯语，这是没有问题的，它和波斯语的 bālās 相同。（见本书第 349 页"波斯纺织品"项）

döwä（"山"）和突厥语 deve，teve（"骆驼"）同；（参考《通报》，1915 年，第 21 页）。

yilpis，（"雪豹"）和蒙古字 irbis（"豹"）同。

# 附录三　阿布·满速儿所著的波斯药物学中的印度语成分



前面曾经一再提到阿布·满速儿的作品，以证明波斯人熟知某些植物和产品，或以说明波斯和印度或波斯和中国的相互关系。阿布·满速儿所著的《药物学原理》是一部极重要的作品，因为它最早指出印度对波斯阿拉伯的医药及药物学上有多大贡献，以及印度药材如何更进一步运往欧洲。作者说他本人曾经游历印度，熟读了印度的医药文献。所以我认为在这里把他作品中所见到的印度成分收集起来，从而把印度在第十世纪对波斯的影响，全面地作出一个概括的叙述，是一项有用的工作。我的目的不仅是要探索出波斯语里起源于印度语的外来词，虽然有几个以前没有人看出的字（例如 balādur，turunj，dand，pūpal 等）都被我辨认了出来；

但是我想把阿布·满速儿的书里所有的印度药材或产品列成一个表，不管它们叫什么名字，然后拿它们和印度语里的同义字来对证。阿布·满速儿用阿拉伯语写这些名字；波斯语名称是来自阿洪多夫的注释和其他的资料。括弧里面的数目字是指阿洪多夫译本里的数目字。

约里对阿洪多夫所出版的书作了一些补充，把阿布·满速儿作品中所见的印度字加了些说明；但是真正的印度植物和药材他完全没提到，他所谓的鉴别只不过是推测而已。譬如他认为梵语的 amlaka，amlikā，āmra 是指 armāk 或 armal，但是这三个梵语字是指三种完全不同的植物，其中没有一种和书上所说的 armak 相符合，armak 是一种树皮，很像 kurfa（Winterania canella），最上品是来自也门，因此它是一种阿拉伯植物，而非印度植物。书上说 Harbuwand（No. 576）是一种比胡椒还小的谷粒，略带黄色，味道像 Aloëxylon agallochum；照约里的说法，这个字是从梵语的 kharva-vindhyā（"小豆蔻"）来的，但是 Harbuwand 所指的不是豆蔻，这两个字语音上也没有相同之处。书上说 kader（No. 500）是一种良药，可用来减少天花的小脓包。约里举出不下于四个梵语的植物名称——kadara，kadala，kandara，和 kandata，而伊斯兰著作（the Tohfat）上说在印度 kader 叫做 kawi；是像枣椰树的一种树，开的花叫做 kaburah；因此 kader 是一个阿拉伯字，而 kawi 是假设为印度语里的同义词，或许等于梵语 kapi（Emblica officinalis，Pongamia glabra 或 Olibanum）。举这些例子就够了。约里所鉴定的二十一个字不能令人信服，其中有许多已为阿洪多夫所驳倒。

波斯语里的印度外来词有机会时应该作为详细研究的一个题目。赫恩[1]列举了一些，但是他说 Kurkum（“番红花”）起源于印度语，这话是不正确的。上面所提的梵语 surā，在波斯语里写作 sur（“米酒”）。中古波斯语 Kapīk，波斯语 kabī（“猴子”），是来自梵语 kapi。[2]

1(1). aruz，波斯语 birinj，米（Oryza sativa）。（见本书第 214 页）

2(5). utruj，波斯语 turunj，香橼（citrus medica）。来自梵语 mātuluṅga（见本书第 135 页注④）；亦作 mātulaṅga，-lāṅga，和-linga。

3(11). ihlilaj，波斯语 halīla，诃黎勒（Terminalia chebula）。梵语 harītakī（见本书第 218 页）。

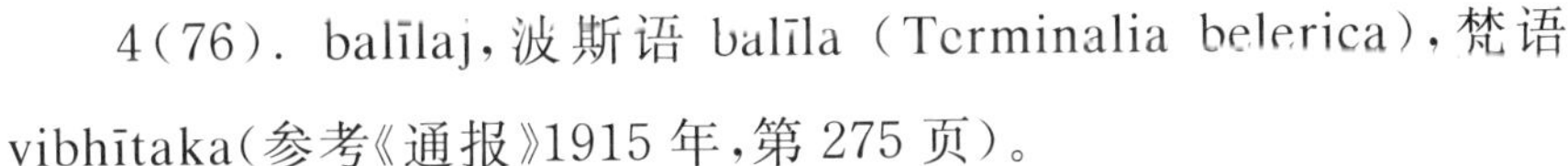

4(76). balīlaj，波斯语 balīla（Terminalia belerica），梵语 vibhītaka（参考《通报》1915 年，第 275 页）。

5(12). amlaj，波斯语 amīla（amela，amula），余甘子 Emblica officinalis 或 Phyllanthus emblica。梵语 amala（亦作 dhātrī），假设在植物学上这鉴定是正确的；但在语音学上看来波斯字 āmila 应该指梵语的 āmla 或 amlikā（罗望子）和汉语的“庵弭罗”。阿布·满速儿说：“有一种 sīr-amlaj；有些医生误读这名字为 šīr-amlaj，他们以为这药是用牛乳（šīr）送服；但是这是大错而特错的，它其实是 sīr，乃印度字，amlaj 的意思是‘无石”，我曾到过出产 amlaj

① Grundr. iran. Philol., Vol. I, pt. 2, p. 7.

② Hübschmann: Pers. Studien, p. 87.

的地方，亲眼见过此物。”这里所提的语原很离奇，但是或许是这作者在印度听说的。

6(33). atmat, Nelumbium speciosum 或 Nelumbo nucifera（见本书序言）。“它是像印度榛子似的果仁。它的功效与 Orchis morio 相同。是 Nymphœa alba indioa 的籽，像印度榛子一样圆。”无论植物学上的鉴定或这段翻译，在我看来，都有问题。参看 No.47。

7(36). āzādraxt, āzādiraxt, Melia azadiraota。阿布・满速儿又添上 šīšiān 作为这植物的阿拉伯语名称。伊宾・阿尔拜塔尔（Leclerc, Vol.I, p.54）解释这波斯字为“自由树”，因此雷克勒柯 azād-diraxt 派生出此字。梵语作 nimba, nimbaka, mahānimba。

8(40). ušnān, Herba alkali，主要意思是一种 Salsola。“有四种 alkali herb，一种白色，一种黄色，一种绿色，一种印度产的，即印度榛子（funduq-i hindi），也叫做 xurs-i sīnī（中国的 xurs'）和 rutta。”（参考《通报》1916 年，第 93 页，及本书《伊朗中国编》第 10 项）。

9(54). bitīx ul-hindī，波斯语 hindewāne，西瓜（见本书第 290 页）。

10(73). belādur, balādur，印色果树（Semecarpus anaoardium）（参看本书第 335 页）。

11(77). birinj-i kābilī，“合不勒的米”（Embelia ribes）。梵语 viḍaṅga（参看《通报》1915 年，第 282—288 页，1916 年，第 69 页）。

12(78). bang，韮沃斯（Hyoscyamus 天仙子属），用大麻籽制的麻醉剂。这麻籽是用以代替鸦片（Abu Mansur, No. 59）。梵语

bhaṅgā，大麻（Cannabis sativa）。这波斯字也可推原到阿维斯塔字baṅha"一种麻药"，但是在我看，还不如假定它是古时直接来自梵语。阿拉伯语 banj，葡萄牙语 bango，法语 bangue。波斯字 šabībī，"一种麻醉性的树根，能醉人的麻籽"。

13（85）. bīš，halahil，附子（Aconitum）。印度语 bīš，梵语 viṣā（Aconitum ferox）出自viṣa"毒"；梵语 hālāhala，"一种附子和用附子制的强性毒药"。参考《通报》，1915 年，第 219—320 页，注解。

14（87）. tūt，桑树（Morus alba），一种中国土生植物。诺勒笛克认为这个波斯字可以推原到闪语（Pers. Studien，II，p. 43），这是完全错的，因为这植物是从远东和印度传播到伊朗和欧洲，第十二世纪以后在地中海区域才开始栽培。梵语 tūda 和 tūla，孟加拉语和印度斯坦语 tūl，tūt，Morus alba 或 indica（Roxburgh：Flora Indica，p. 658）；参考 Schrader 文，刊于 Hehn 著 Kulturpflanzen，p. 393。Morus nigra，黑桑，是波斯本国字。

15（90）. tamr ul-hindī，波斯语 tamar-i hindī，罗望子树（Tamarindus indica）全印度和缅甸都栽培之。梵语 tintiḍa，tintiḍīka，tintilikā 等，jhābuka，amlīkā。

16（94）. tanbūl，波斯语 pān，barge-tanbōl，蒟酱（Piper betle）。梵语 tāmbūla，nāgavallikā.

17（111）. jūz-i buwwā，波斯语 jūz-i būya，肉豆蔻（Myristica moschata，officinalis 或 fragrans）。梵语 jāti，jātikoça，jātisāra，jātiphala。

18（112）. jūz-i mātil，波斯语 tātūra，dūtūra，Datura metel。

梵语 mātula，dhatūra。参考《通报》，1917 年，第 23 页。

19(142). habb ul-qilqil (qulqul)，为 Cassia tora (fœtid cassia，肉桂)的籽。梵语 prapunāḍa，prapunāṭa，prapumnāla，tubarīçimba；锡兰语 petitora(印度支那，中国，日本都有种植：Perrot and Hurrier，p. 146；Stuart，p. 96；日语 ebisu-gusa)。

20(248). duhn ul-amlaj，诃黎勒(oleum emblicae)的油。参看 No. 5。

21(251). duhn ul-sunbul，印度的甘松油(oleum Valerianae jatamansi)。参考 No. 32。

22(253). dār-ṣīnī，波斯语 dār-čīnī，肉桂(Laurus cinnamomum，Cinnamomum tamala)。阿拉伯语亦作 sadāj。梵语tvaca。

23(254). dār-filfil，波斯语 pipal，pilpil，长胡椒(Piper longum)。梵语 pippalī。



24(260). dand，dend，dund，为巴豆 Croton tiglium，出自梵语 dantī，即 Croton polyandrus(亦称 Baliospermum montanum)。阿布·满速儿补充说此植物在印度语称为čeipal。这就是梵语的 jayapāla，Croton jamalgota(后者来自印度斯坦语 jamālgōta)，亦称 sāraka。阿拉伯语亦称 dend ṣīnī (Löw：Aram. Pflanzennamen，p. 170)。参考本书第 295 页注①。西藏语里有 dan-da 和 dan-rog。

25(261). 波斯语 dīvdār，dēvdār，为 Pinus 或 Cedrus devdara，deodara 或 deodora。梵语 devadāru("神的树")。在波斯语里还有 sanōbar-i hindī，naštar；阿拉伯语 šajratuddēvdār， sanōbarul-hind。

26(272). zarīra,甜菖蒲(Acorus calamus)。阿洪多夫(192页)证明阿拉伯字 zarīra 为所谓的印度字 dhsarirah,乃伯兰德斯指出的,我却寻不到这么一个印度字。Zarīra 似乎是和阿拉伯字 dirira(据加西亚所说)或 darira("芬香")相等;(参考 Löw,同前书 342 页)。梵语 vacā,传到波斯语及阿拉伯语成为 vāj[加西亚云:古札剌特语 vaz,笛肯语 bache,马拉巴语 vazabu,空康语 vaicam,阿布·满速儿在 564 页里用了这些字,而阿洪多夫鉴定它就是Iris pseudacorus,在 272 页又把它鉴定为 Acorus calamus],ugragandha 和ṣaḍgranthā。

27(281). ratta,波斯语 bunduq-i hindī("印度榛子"),为 Sapindus mukorossi 和 trifoliatus(华特的书里无此字);阿洪多夫的鉴定显然是错误的。这明明指的是 Guilandina bonduc(参考 Leclerc,Vol.I,p.276),亦称 Cœsalpinia bonducella,fevernut,或 physic-nut,梵语kuberākṣī("Kubera 的眼睛"),latākarañja;波斯语 xāyahe-i iblīs;阿拉伯语 akitmakit,kitmakit。



28(288). šangalīl(中古波斯语 šangavīr),阿拉伯波斯语 zanjabīl,姜(Zingiber officinale)。有三种:中国产、赞齐巴产、梅里那卫产。这个字是根据一个印度土话的读法 s(š)angavīra,等于巴利语的siṅgivera,梵语çṛṅgavera;ārdraka(新鲜的根)。

29(292). zurunbād,波斯语 zarambād,蓬莪术(Curcuma zedoaria)。参考 Yule:Hobson-Jobson,p.979。

30(304). zarwār,为 Curcuma aromatica 或 zedoaria。"这

是一种印度药。"阿洪多夫(p.193)怀疑 zadwār(亦作 jadwār)是笔误。梵语 nirviṣa,vanaharidrā。参考本书第405页。

31(311). sukkar,波斯语 šakar,šakkar,甘蔗,糖(Saccharum officinarum)。普拉克立特语和巴利语 sakkharā,梵语 çarkarā。

32(315). sunbul,波斯语 sunbul-i hindi,为 Valeriana jatamansi。梵语 jatāmāmsī。

33(316). salīxa,为 Laurus cassia。梵语 tvaca。参考 No.22。

34(324). saqmūniyā,为 Convolvulus scammonia。"有三种:印度产,查姆甘(Čarmgān)产,安提欧齐亚(Antiochia)产;最后的这种最好,印度产的次之。印度产的那一种是 Convolvulus(或 Ipomœa) turpethum 的树胶。" Turpethum 是梵语的 tripuṭa 或 trivṛt;因此有了印度斯坦语的 tarbud,波斯语 turbid,阿拉伯语 turbund。C.scammonia 是叙利亚,小亚细亚,和希腊的土产植物,在印度某些地区亦有种植。

35(333). sātil。"它是一种印度药,颇像一种 Tuber terrae(菌类),能消除病气。"亦称为 šātil,在波斯语里叫 rōšanak。

36(361). šal(šul),"印度榅桲(Cydonia indica)。"阿洪多夫在注释里也引证了一个波斯字 bih-i hindī("印度榅桲"),并说史利默尔只提到一种 Cydonia vulgaris。这个 Cydonia vulgaris 究竟是什么东西现在还是一个谜:无论罗克斯柏或华特都不知道有这么一种印度植物。坎多勒早已知道这种榅桲没有梵语名称。阿布·满速儿提到波斯榅桲(No.309),称为 safarjal(波斯语 bih 或 beh 和 ābī)。

37(368). sandal(阿拉伯语),čandan,čandal(波斯语),檀香(Lignum santalinum)。有红色(取自柴檀 Pterocarpus santalinus)和白色(取自檀香 Santalum album)两种。梵语 candana。

38(386). tālīsfar,据说是肉豆蔻;但是在 247 页上阿洪多夫又收回这个解释。据多德说,它是得坎地方所产的桑树的皮。总之,此字似系印度字:参考梵语 tālīçapattra,"Flacourtia cataphracta 的叶子。"

39(422). fulful,亦写作 filfil,黑胡椒(Piper nigrum)。梵语 pippalī,marica。

40(434). fūfal,波斯语 pūpal,槟榔子(Areca catechu)。梵语 pūgaphala;锡兰语 puvak。

41(450). qust,波斯语 kust,为 Costus amarns 或 speciosus。梵语kuṣṭha,idem 和 Saussurea lappa。



42(456). qāqula,波斯语 hīl-i buzurg,乐园树的种子粒(grains of paradise seeds),较大的豆蔻籽(Amomum granum paradisi 或 melegueta)。

43(457). qaranful,波斯语 mexak,丁香(Coryophyllus aromaticus)。梵语lavaṅga。

44(459). qūlāni,一种来自印度的大麦。约里没有提印度名称就把它当做 Glycine labialis (Roxburgh,Flora Indica,p,565);华特没把它列为印度植物。参考 No.572,那上面叙述此物时称之为 hāl。

45(480). kundur,供香(Boswellia thurifera)。梵语 kunduru,kundura,kundu,kunduruka。阿洪多夫没有提起一个波斯语

的写法 kundurū，如胡布史曼所说的（Armen. Gram.，p. 172）。帕拉菲语 kundurūk 和亚美尼亚语 kndruk 都直接可以推原到梵语 kunduruka。

46(483). kāfūr（阿拉伯语和波斯语），樟脑（Laurus camphora）。这字在中古波斯语里已经出现过。梵语 karpūra。

47(512). lāk，rängläk，虫漆（Gummi laccae）。参看本书第 328 页。

48(517). māš，芝果豆（Phaseolus mungo）。梵语 māṣa（Phaseolus radiatus）。这个印度字广布全亚洲：西藏语 ma -ša，蒙古语 maša，突尔吉语 māš（“一种小豆”），塔隆起语（Tarančì）maš（“豆”），萨特语（Sart）maš（“扁豆”lentil），奥斯曼利语 maš。

49(525). mušktirāmušīr，mušktirāmšī，白鲜状牛至 Origanum dictamnus。“以印度产者为最佳。”据说这字是从叙利亚语来的。安斯理（Materia Indica，Vol. I，p. 112）称之为克里特的白藓属药草，并说他在印度从来没见过此物。的确它不出在印度。因此阿布·满速儿所讲的印度种一定是 O. marjorana，甜味的茉沃剌那，梵语phaṇijjhaka，阿拉伯语 mardakuš 或 mizunjuš。



50(550). nargīl（阿拉伯语 nārjīl），椰子（Cocos nucifera）。阿维森纳称为 juz hindī（“印度硬果”），梵语 nārikela，nārikera，等。

51(552). nīlūfar，波斯语 nīlūpar，为 Nymphœa alba，N. lotus 等。梵语 nīlōtpala（Nymphœa lotus）；亦作 kumuda，kamala 等（参考 Loew，同前书，p. 313）。

52(557). nīl，līla，靛青（Indigofera tinctoria）。梵语 nīla（见

本书第211页)。

53(572). hāl,波斯语 hīl-i xurde,小豆蔻(Cardamomum minus 或 malabaricum 或 Elettaria, cardamomum)。梵语 elā。

54(583). yabrūh 曼陀罗华(Atropa mandragora)。"有两种,一为印度产,叫做 yabrūh ul-sanam,一为那巴提耶产。"因为 Atropa 属植物不出在印度,除了只有西洋莨菪(A. belladonna),但也只限于从西姆拉到喀什米尔那一片地区,所以阿布·满速儿所说的曼陀罗华很显然是指一种 Datura。这件事很有趣,因为它又说明 mandrake 和 datura 同样使用(参考 Laufer 所著 La Mandragore,1917年《通报》,第1—30页)。

# 附录四　罗勒

我打算在这里简单地讨论一下历史学家们所未曾讨论过的一种植物——Ocimum,它在唇形科植物(Labiatae)中是很广泛的一属。注释提奥夫剌斯塔和普林尼作品的人们大半都认为这两人所说的ὤκιμον或 ócimum 就是林聂所说的 Ocimum basilicum 我却不同意这看法。提奥夫剌斯塔有几段文章提到 okimon;但是他所描写的是一种灌木而不是草类,他没有着重讨论 Ocimum basilicum 的特性。费(Fée)正确地批评普林尼,说他不了解这植物,它原产在印度(或者说得更恰当一些,原产在伊朗),而且从来没有野生的。他从瓦罗所说的话推断出普林尼所谈的罗勒属要在豆科植物里去找,是岩黄芪属,或山黧豆属 Lathyrus,或苜蓿属。[1] 这结

① 参考 Bostock and Riley: Natural History of Pliny, Vol.IV, p.249。

论的具体证据可从伊宾·阿尔拜塔尔的作品中得到，他所编纂的巨大文集主要是以迪欧斯柯利兹的书为依据，再加上阿拉伯诸作者的注释。伊宾·阿尔拜塔尔讨论我们所谓的 Ocimum 这植物时，并没有以迪欧斯柯利兹所说的 okimon 为依据，其实根本没有引证迪欧斯柯利兹①的话。他只转录阿拉值作者们的论据，这使得我们能肯定地否认古代的罗勒属和东方产的我们植物学上叫做罗勒属的那一种植物有任何关系。②

我们很有理由作这样的臆测：这植物至少有一种（如果没有很多种）是波斯土产，由波斯传布到印度和中国，或者也传布到西方。这一种是 Ocimum basilicum，即甜罗勒或普通罗勒。有一种 Ocimum 的希腊语名称 βασιλικόν（“王室的”）最早见于拜占庭文献及哀提厄斯（第六世纪）和西米恩·赛特的作品里；因为希腊人只简单地称波斯王为“王”（βασιλεύς），很可能这个希腊字只是按波斯字šāhsiparam (spram)或 šāh-i sfaram 仿造的，这波斯字的意思，是“王的香叶”，即指罗勒。③ 此植物因其叶而贵，叶子用于烹调上，放在汤或其他菜里以调味，味似丁香。叶汁为医药上用。

的确，从英语 basil 可看出：欧洲植物学者所认识的这植物就是用这中世纪希腊名称，而此名称在古代是不存在的。著名的吉

① 参考 Leclerc：Traité des simples，Vol. II，p. 186；Vol. III，p. 191。

② 虽然斯卜兰格、费和利特雷都持有与此处相同的见解，而雷克勒柯却持者相反的看法。

③ Pott：*Z. f. K. Morg.*，Vol. VII，1850，p. 145. 奥斯曼利语的 fesligen 或 fesliyen 亦是根据这个希腊字而组成的。按 Century Dictionary 所说，此字来处不明。牛津字典引普莱尔的话“或许因为此草用于皇家药膏，沐浴或药剂中”，这是毫无根据的臆测，其实此草从来没有这类用途。

拉德[1]说："后代的希腊人称之为 basilikon，在店铺里也叫 Basilicum 和 Regium；西班牙语称为 Albahaca；[2]法语叫 Basilic；英语叫 Basill，Garden Basill，the greater Basill royall，the lesser Basill gentle，和 Bush Basill。"多登斯（D. Rembert Dodoens）[3]谈 the greater Basill royall 和 the lesser Basill gentle 说："这个国家的草木学家在自己的园子里种植之。"西肯保格的说法很有道理，他说罗勒是十字军战士回到欧洲时移植来的，[4]而西班牙和葡萄牙所采用的阿拉伯名字却说明它是摩尔人移植到西欧的。

在波斯全境和俄属突厥斯坦有两种常见的罗勒——一种叶子是绿色，一种叶子深红。[5] 据阿维森纳说它出在亦思法杭的山里。[6] 阿布·满速儿着重谈到它在医药上的功能。[7] 印度、马来和中国亦有种植之。[8]

罗克斯柏格[9]说罗勒是波斯的本地产植物，从波斯运到加尔各答的植物园时是用波斯语名字 deban-šah 和 deban-macwassi。

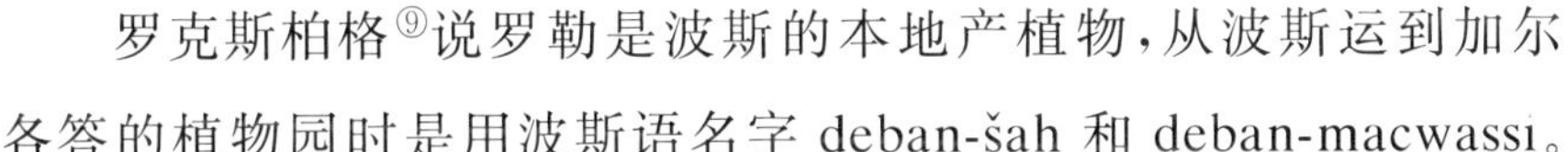

① The Herball or Generall Historie of Plantes，p. 547（London，1597）.

② 又有 alfabega，alhabega，alabega，葡萄牙语 alfabaca（法语 fabrègue），来自阿拉伯语 al-habak（rixāni）；后者见于 Leclerc 所著的 Traité des simples，Vol. I，p. 404。

③ Henry Lyte 所译的 Nievve Herball，p. 239（London，1578）。

④ Achundow：Abu Mansur，p. 211 中引证此语。

⑤ Koržinski：Očerki rastrtelnosti Turkestana，p. 51. 史利默尔谓 Ocimum album 及 basilicum 这两种植物产于波斯。

⑥ Leclerc：Traité des simples，Vol. III，p. 191.

⑦ Achundow：Abu Mansur，. pp. 66，90，103.

⑧ Forbes and Hemsley：*Journ. Linn. Soc.*，Vol. XXVI，p. 266. King and Gamble：Materials for a Flora of the Malayan Peninsula，p. 702（Perak，Penang，Malacca，或只有栽培的）。

⑨ Flora Indica，p. 464.

据安斯理[1]说这植物是玛勒坎爵士由盛产此物的波斯带到印度。这事很有可能;但是罗勒在更早以前就为印度人所知晓,也是无疑的,因为它有多种梵语名称。华特[2]也认为这种药草在波斯和印度是土生的。现今热带印度地区从旁遮普到缅甸到处都普遍栽培这植物。

Ocimum basilicum 的汉语名称是"罗勒"(la-lak)。最早记述这植物的是第六世纪的《齐民要术》,据此书上说石勒(273—333年)禁忌这个名字(因为第二字和他自己的名字一样。参看本书第131页注②),把它改为"兰香"。但是陶弘景(451—536年)又称它为"罗勒",并提到它的俗名"西王母菜"。《齐民要术》引证了一部更早的作品《韦弘赋叙》,大意说罗勒草出昆仑山——"出西蛮之俗"。这话似乎暗示它原是外国产;但是其后的本草都没提起它是从外国移植来的。在本草中以《嘉祐本草》(嘉祐1056—1064年)为第一部讲到罗勒的。"罗勒"一词在汉语里没有意义,初看好像是外国词,这两个字都常用在梵语的译音里。其实这植物有一个梵语名称,是 karālaka(或 karāla),汉语的"罗勒"完全与之符合;第一个音素 ka-有时在印度方言里消失了。[3] 假如这是偶合,此事也是很特殊。但是不能相信会有这种偶然的事。

此外,还有一种植物名叫"浮烂罗勒"fu(bu)-lan-la-lak,只有第八世纪陈藏器提到过它,说它出粟特(康国),状似厚朴(Magno-



---

① Materia Indica, Vol. II, p. 424.

② Dictionary, Vol. V, p. 441.

③ 参考例如 kakinduka("Diospyros tomentosa")——乌利加语(Uriga)kendhu,孟加拉语 kend。

lia hypoleuoa)；日语作 hō-no-ki。[①] 所以《本草纲目》把这段话录下，附在"厚朴"的后面。这个粟特植物和它的名字至今还没有鉴定。它自始就不像木兰科植物，木兰科植物是远东特有的植物。就我所知，任何伊朗地区都没发现过。波伊细尔所著的《东方之植物》(*Flora Orientalis*)里也未将之列入任何木兰科植物。"净烂罗勒"这个外国名字显然是一个复合词，它的第二个成分"罗勒"和 basil 用汉语译的印度音是相同的，所以我们有理由认为这整个名词是指一种伊朗产的罗勒，或指罗勒属植物中的另外一种。

在中古波斯语里，"罗勒"称为 palangamušk，在新波斯语为 palaṅmišk，阿拉伯波斯语 falanjmušk，faranjmušk，阿布·满速儿称之为 faranjamušk(亚美尼亚语 p'alangamušk)，[②]第二成分 mušk 或 mišk 的意思是"麝香"，第一成分指任何颜色斑驳的东西，如豹或长颈鹿。因此这字的意义就是"有斑点的和有麝香气的"。这定义很说得通，因为有些罗勒的叶子上是有斑点。巴金生[③]在讨论罗勒的各种名称时说："第一种通常叫做 Ocimum vulgare 或 vulgatius 和 Ocimum Citratum。在英语里叫做 Common 或 Garden Basill。另外一种叫 Ocimum minimum，或 Gariophyllatum，

① 《证类本草》卷 12，第 56 页；《本草纲目》卷 35，上，第 4 页；Stuart：Chinese Materia Medica，p.255。

② Hübschmann：Armen. Gram.，p. 254. 据其他人的说法，此字乃指 Ocimum gratissimum，灌木的罗勒(shrubby basil)，其实这没有多大关系，因为这两种草的性质与用途都相同。

③ Paradisi in sole paradisus terrestris，p. 450 (London，1629). 植物学家们用以称呼这叶子所用的术语为 subtus punctata (G. Bentham：Labiatarum genera，p. 5；de Candolle：Prodromus，pars XII，p. 32)。

Clove Basill 或 Bush Basill。最后一种,或由于它的产地,或由于叶子的形状是卷曲的且有斑点,或由于这两个原因,叫做 Ocimum Indicum maculatum,latifolium 和 crispum。在英语里是按拉丁名字称为 Indian Basill(印度罗勒),broade leafed Basill(宽叶罗勒),spotted or curled Basill(有斑点卷曲的罗勒),随便你爱用哪个名称都可以。"[①]它的阿拉伯语名称是从波斯语palaṅ 的语音发展来的。很奇怪多西[②]把阿拉伯语的 faranjmušk 解释为"佛兰克斯的麝香",虽然他也提到了 baranj 和 falanj 两个别名。

这中古波斯语的名称和汉语的译音虽然有某些相似之处,我却不认为汉语所译的就是这个中古波斯字。这汉语所译的字要有当头一个浊音和一个 u 元音;而这伊朗字却有一个当头清音,随着是 a 音,这已为亚美尼亚外来词所证实了。我是趋向于把"浮烂"看做粟特字,从粟特语的 bōδa,bōδan("芬香")转写来的。[③] "浮烂罗勒"这名字的意义因此就该是"芬香的罗勒"(等于英语 sweet basil),那奇特的香味是这种草类所特有的。既然这字只用在粟特语里,我们就十分有把握地认为它是粟特字;不过或许第二个香素并不是这粟特字的一部分,而是陈藏器加添的。或许这个词也可用在另一种罗勒属或一种由栽培而有了区别的特殊的罗勒,我们

① Linné(Species plantarum, Vol. I, p. 597, Holmiae, 1753)有 Ocymum latifolium maculatum sive crispum.

② Supplément aux dictionnaires arabes, Vol. II, p. 262.

③ R. Gauthiot: Essai sur le vocalisme du sogdien, pp. 45, 101, 102; F. W. K. Müller: Handschriften-Reste in Estrangelo-Schrift, II, p. 35.

知道新波斯语的 bōi,bō(“香味,芬芳”)和许多香料名词组合;[①]波斯语的 nāz-bō 的确是罗勒的名称,意思是“有一种悦人的香味”。同样地还有梵语 gandhapatra(“香叶,罗勒”)。

由印度传播到马来群岛有一种或数种的 Ocimum(basilicum, sanctum,和 gratissimum)。梵语名称 surasī 或 surasā 采用在马来语里为 sulasi,爪哇语为 selasih 或 sulasih,巽地语为 salasih。爪哇语又从梵语 tulasī 构成了 tulasih 或 telasih。[②] 在包尔的写本[③]里出现过这两种 surasā,白黑两种 Tulsī-plant。这植物在印度民间故事里常常提到。[④]《欧多利克行纪》说:“在这国家里每人都在房前种一棵粗如柱石的树,只要常浇水就永不雕残。”尤勒[⑤]说得很正确:这植物就是神圣的 tulasi(Ocimum sanctum)。它在波斯人和阿拉伯人[⑥]的药学上用途很广。阿拉伯语的名称为 badrūj, xauk,rixān, kebīr, aqīn, xamāxim。

# 附录五　西藏语里的外来词补注

在我所撰的“西藏语里的外来词”一文(1916 年《通报》,第

① Hübschmann: Armen. Gram., p. 123。又见本书“香料”章第 52 项,Horn: Neupers. Etymol., No. 240.

② 参考 H. Kern: Bijdragen tot de taal-, land-en volkenkunde, 1880, p. 564。

③ Hoernle's edition, p. 22,亦写若 suravallī 及surasāgraṇī,后二者属于白色种。

④ Yule: Hobson-Jobson, p, 931.

⑤ Cordier 的新版 Cathay, Vol. II, p. 116。

⑥ Leclerc: Traité des simples, Vol. I, pp. 92, 367, 403, 404, 456, 474; Vol. II, pp. 100, 104, 191, 375, 390.

403—562 页），有些问题只能简略地谈了一下，现在我要在本书里详细地加以讨论。那篇文章里关于郁金、莳萝、杏仁、苜蓿、胡荽等的简短论述现在要在这里加上一些补充。几内亚胡椒（No.237）的详尽的历史已完稿，要作为我所著的《美洲栽培植物之历史》中的一章。下列补充的注释上的号码是指前文里的号码。

注意从印度方言来的外来词末尾上的-e：bram-ze，neu-le，ṁa-he，seṅ-ge，ban-de，bhaṅ-ge。这-e 似乎和马加地语的主格-e 相同。

49. ga-bur，樟脑。哥利尔生爵士说："把当头的 k 音变柔而成 g，我想这不是印度语的习惯。"这西藏语的写法我总不能理解：拿它和梵语 karpūra 里的清音比较一下，就会发现不但当头的 g 音，而且唇浊音的 b 都是很特别的。谁都知道，这个字传到了西方，它当头的 k 音到任何地方都保留了下来：波斯阿拉伯语 kāfūr（Garcia：capur 和 cafur），西班牙语 alcanfor（Acosta：canfora）。这些写法和西藏语一样失去了当中的 r 香。这现象在印度语里早就存在；因为在印度斯坦语里有 kapūr，在锡兰语有 kapuru，在爪哇语及马来语有 kāpur。蒙古人从西藏人采用了同样的字 gabur；但是据科发列夫斯基说，还有一种西藏蒙古语的拼法 gad-pu-ra：这字只可能是汉语"羯布罗"的译音，在古代"羯布罗"读若 giaδbu-la，根据印度原字 garpūra 或 garbūra 而构成的。西藏语的 ga-bur 当然不会是根据这汉语名称；但这汉语名称无疑地证明了在印度语言范围之内这个字一定还有一个带有当头浊音的变体字。

54.《五体合璧文鉴》（27，p.31）中说 nališam（印刷成 ališam）是蒙古字；肯定非西藏字。满洲语里与此相等的字是 xalxôri。

58. 关于 šiṅ-kun 见本书第 203 页。

60. 关于汉语译音“苏泣迷罗细”，伯希和(1912 年《通报》，第 455 页)已指出最后的音素“细”不是译音中的一部分。这话是很可能的，但是《本草纲目》里的那个印度字的汉语译音却是这样写的。

64. 增补：梵语亦写作 bilāla，birāla。

66. 锡金语 noile，地马勒语 nyūl，波多语 nyūlai(“猫鼬”)。

74. ban-de，我的朋友芝加哥大学的克拉克推测此字和巴利语及禅那普拉克立特语 bhante，梵语 bhadanta(“牧师”)有关。

79. 我探索出西藏字 sendha-pa 是出于梵语的 sindhuja。在事实上这是正确的，但是从语言学观点看来，这西藏字却是根据意义相同的梵语 saindhava，(“关于海”，“关于印度河或来自印度河”，“印度河所产的马”，“印度区域的石盐”)。在汉语里也有这个字，写作“先陀婆”siän-da-bwa，意思是“石盐”(《翻译名义集》卷 25)。吐火罗语里也采用了此字，写作 sindhāp 或 sintāp(S. Lévi：Journal asiatique，1911，II，pp. 124，139)。

158. Journal of the Royal Asiatic Society (1917，p. 834)里关于 tarxan(tarkhan，原作 tarkan)这称号的讨论，由贝弗尔利治先生开了端，继而托玛斯博士也参加讨论(在同刊物，1918，p. 122)，然后贝弗尔利治再继续论辩(1918，p. 314)，这事引得我把以前所写关于这问题的论述加以扩充，并且就目前科学能力所及，正确地探索出这个怪称号的早期历史。

“达干”(tarkan)这个词是起源于古突厥语，而非蒙古语。最早的记录见于唐朝(公元 618—906 年)，它是一个官衔，通常是把姓名放在这称号之前，见于鄂尔浑的古突厥语碑文（例如 Apa Tarkan）和中国的《唐书》（参考 Thomsen：Inscriptions de l'Orkhon，pp. 59，131，185；Radloff. Alttürk. Inschriftan，p. 369；Wörterb：Türk-Dialecte，Vol. III，col. 851；Marquart：Chronologie d. alttürk. Inschriften，p. 43；Hirth：Nachworte zur Inschrift des Tonjukuk，pp，55—56）。与这称号的意义有关的古代中国注释似乎没有，或还没有人发现过。据夏德说，这称号是指军事方面的高级指挥官。现在汉语应解释为“高贵的”，这称号只授与立过战功的人（Watters：Essays，p. 372）。我所指的西藏语汇里解释为“赋有大权，执有权柄”是可靠的。后来的定义“免税”似乎是权宜的说法，过于狭义。1597 年的《阿克巴尔言行录》（布洛克曼译本，第 364 页）中有一篇长文，论述这称号的意义；但是元朝和蒙兀儿人统治时期的称号未必适用于唐朝的突厥时期。《唐书》（卷 217 下，第 8 页）上说，吉儿吉思的官吏分为六级，第六级称为“达干”。其他文武各级的职衔纯系汉语。所以在吉儿吉思人中间，达干是指很高的军级和职务。

沙畹和烈维在《悟空（公元 751—790 年）行纪》里发现这称号。悟空说罽宾国（Garidhāra 及与西方邻接之领土）于 750 年派遣使者到中国，伟大导师“萨波达干”（或“干”），古音读作：Sat，或 Sarpa dar-kan（参考 Journal asiatique，1895，II，p. 345）。沙畹和烈维发现当时罽宾统治者中有一突厥朝代，就认为“达干”也是突厥语的称号，但是没有加以鉴定（见同书，p. 379）。1903 年沙畹在文章中说到这汉语译音与突厥语的 tarkan 相等（Documents sur les Toukiue occidentaux，p. 239）。汉语译音“达干”不见得就是摹仿突厥语 darkan；但是古突厥语的写法确是 tarkan，已为新波斯语 tarxān 及亚美尼亚语 t'arxan 所证实（Hübschmann：Armen. Gram.，p.266）。波斯人称基督教徒为 Tarsā，在汉语也用同字译写为“达娑”，古音读作 dar-sa。[①] 这里所涉及的复杂的语音现象我将在另文里讨论。中国人每提到这称号，必然是指突厥的人物，例如玄奘在旅途中有突厥可汗所派的官员“摩咄达干”为伴（Watters：On Yuan Chwang's Travels，Vol. I，pp.75，77），欲知中国史书里的例子，可阅读上面所提夏德的著作。

在 Vita S.Clementis（XVI）一书里，有一个贝尔格莱德的指挥官 Bori-tarkános，这或许是突厥语 büri（“狼”）。在保加利亚语中，Bulias tarkános（古突厥语 boila tarkan）是两个最古的亲王称号之一（参考 Marquart；同前书，pp. 41，42）。tarxan 作为匈奴族的称号见于加兰加特瓦齐（Moses Kalankatvaoi）用亚美尼亚语写的阿尔巴尼亚史（Hübschmann：同前书，p.516）。这个字在俄罗斯的一个城名阿斯特拉罕中还可看出。此城原叫做 Haj 或 Hajji，Tarkhan，伊宾·巴图塔仍用此名称之（ed. Defrémery，Vol. II，pp.410，458），他又说突厥人称呼一个免税的地方为 tarkhan，斐各勒提人呼此城为 Gintarchan（Yule：Cathay，Vol. III，p.146）。贝弗尔利治以为马可·波罗的作品中有此字，其实没有。蒙古人亦不知 tarkan 这种写法，他们只有答剌罕（darkan 或 darxan）（Kovalevski，p.1676），这字有两个不同的意义，——“工匠，艺人”和“免税”。格司登斯基编的《蒙俄字典》里（Vol. III，p.63）的定

① 此字元时译为“迭屑”。——译者

义为“匠人，能手”；“免税，免义务”。这两个意义没有相通之处，布洛赛推断错了(Djami el-Tévarikh：Vol. II，p. 58)。合剌吉尔吉思语里的 darkan 意思是“匠人，艺人”，而这字在吉尔吉思语则指“可汗的宠臣”和“自由”。或许 darkan 是独立的蒙古突厥字，后来和古突厥语混合起来了。

西藏语的写法 dar-k'a-č'e① 和 dar-rgan 推原到回鹘语的 darkači(-či是后缀)和 dargan 或 darkan。西藏的传说却认为这些字出自回鹘语；因此我们可以合理地推断蒙古语本身从回鹘语取得此字，当头浊齿音是回鹘语所特有或因回鹘语而有的。此外西藏语译音对于重新构成回鹘字起了决定性作用，因为回鹘语的(或蒙古语的)tarkan 一定只能译写的西藏语 t'ar-k'an。这称号在蒙古人中使用得不广。撒囊色辰(Sanaṅ Setsen)的《蒙古源流》中不见此字。满洲语及其他通古斯(东胡)语言(Tungusian languages)没有从蒙古人采用此字；可见此字在蒙古人中亦是比较新的。把这字传到波斯语的也不是蒙古人，从波斯语写法 tarxān 就足以证明这一点。Dargan 演变出 daruga 来，虽然 daruga 是另外一个不同的字，本身有它的发展过程，但在根本上还是与 darkan 或 tarkan 有关。这两个字开始的意义都是“官吏，长官，司命，高官”，渐渐地意义贬抑了，daruga 只不过成为首长，市长，局长，经理，tarkan 只不过成为皇帝的宠臣。

我们不能证明第七或第八世纪以前这个称号在亚洲土地上就已存在了。中国人没有把它说成是来自匈奴或与他们有接触的任

① 此字即蒙古语“达鲁花赤”的藏译，与“答剌罕”无关。——译者

何早期突厥族，虽然中国人保留下了这些突厥族语言中许多称号与官职。我们无权说某某历史现象或某某语言现象是无限古老的，也不能相信贝弗尔利治先生所说的“这字的字原无人知，东方作者不得不作荒谬的推测，这就足以证明此字如何古老。”有许多古字的词原人们知道得非常清楚，有许多现代的词汇，它的出处却无人知或还可怀疑。贝弗尔利治先生所提 Tarchon，Tarquin 和 Tarkhan 这些名字或许相同，对此我没有成熟的看法；但是从年代和人种上来说，这理论似乎不大可能。总之，须要在语音和历史两方面作详细的调查，才能证明这些字相同，单单看这些字面上的符合证明不了多少，或根本什么也证明不了。

170. 格意加也坚持说 tupak 起源于突厥语(Lautlehre des Baluči，p. 66)：俾路支语 tūpak，tupaṅ，tūfaṅ，tōpak；伊达加语(Yidgā) tufuk。



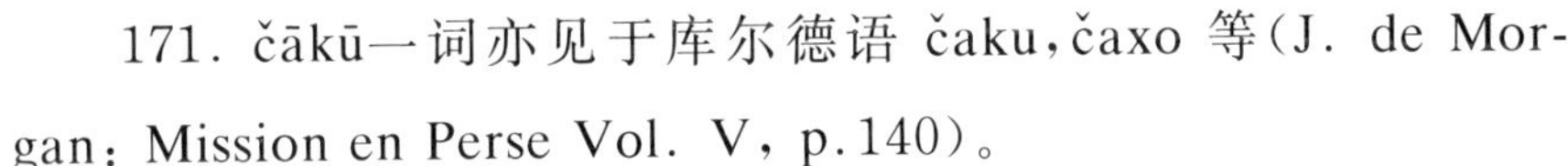

171. čākū一词亦见于库尔德语 čaku，čaxo 等(J. de Morgan：Mission en Perse Vol. V，p.140)。

183. se-mo-do 一词见于阿摩罗词典的西藏译本(p. 166)。

198. pir-t'i(“快燃火柴”)也与突尔吉语 piltä 有关(Le Coq，p.86b)。

207. Panicum miliaceum(稷)的另外一个梵语名称为cīṇaka(“中国的”)和 cinna。

279. k'ra-rtse，读若 ṭ'ar-tse，或许只是波斯 tarāzū(No. 128)的不正确的拼法。

299. t'ai rje 可能与蒙古语“台吉”(taiji)有关(参考O. Franke：Jehol，p.30)。

第 421 页上说 kun-ta 这种动物的梵语原字还没有探索出来，然而波页特林克的字典有梵语的 kunta，意思是“一种小生物，虫子”，但这一项可能只是根据西藏语 mDzaṅs-blun。这汉语译音的原字应该是 kunda。

波斯语外来词项内应添上 šo-ra（见本书第 233 页）。

阿拉伯外来词项内应添上 šeg（“酋长，族长”），来自阿拉伯语 šaix。

突厥外来词内应添上 gaṇ-zag（见本书第 449 页）。

承《印度语言调查》的编辑哥利尔生爵士阅览了鄙著《西藏语里的外来词》，以下列短评见赐，并蒙允许发表于此：

喀什米尔语里的“卵”（p.405）为 ṭūl。

15. 我以为 andañil 不可能是一个阿婆布琅沙语（Apabhramça）字（用于术语的意义上）。其中有 ñ 似乎指出此字是喀什米尔语，因为在此语言中，ni 常变为 ñi。梵语 nīla-在喀什米尔语中之同义字为 nīlu，读作 nyūl，在此语言里 ny 和 ñ 读音常相同。事实上，字中间的 ny 是写作 ñ（例如 dāña 来自梵语 dhānya-，“水稻”），这是照派撒西 · 普拉克立特语（Paiçācī Prakrit）的写法写的。

17. ’Ārya-pa-lo。这是典型的皮沙卡（Piçāca）字，ry 变为 r(i)y，v(b)变为 p。在所有印度普拉克立特方言里，ārya 都会变为 ajja-，字首为短音。

18. pōt'i 在印度全北部都是作“书”解的普通字。喀什米尔语的写法为 pūt'i。

21. sěndūra-是梵语 sindūra-在普拉克立特语里的正规写法。

28. 我不懂 ba-dan 怎么能代表 patāka。我认为在任何普拉克立特语或现代印度语里,字首的 p 变为 b 都是不可能的。当然,这变化或许是在西藏语里发生的。[①]

29. 在普拉克立特语里不可能有带有长音 ā 的 sāccha 这个字。可比较印度斯坦语 sācā("小丘")。

30. 在真正阿巴不拉姆撒语里,字当中的 k 常变为 g(Hemacandra,iv,396)。这说明了 mu-tig 里为什么有 g。但阿婆布琅沙语的写法就要是 mu(ŏ)ttiga-,而不是 mukt-或 mut-。

46. 西藏语 k'a-ra 不是等于印度坦斯坦语khaṛ"粗糠"吗?我却更倾向于以为这西藏字 ša-ka-ra 是来自波斯语的 šakar,而不是来自梵语的 šarkarā。如果这西藏字是来自印度,它应该是 sa-ka-ra。在正规的普拉克立特语里,在所有的现代印度亚利安语方言里,除了孟加拉语之外,梵语 š(ç)都变为 s。这个波斯字在喀什米尔语的写法 šakar 是经常用的,因此也可能传到了西藏。

68. 正规的普拉克立特语写法是 vidduma-,这是很通行的。例如,见 Sētubandha 的索引。我从来没看见过像 viruma-之类的写法。

113. 虽然 dār-cīnī 是字典上的字,dāl-cīnī 在印度北部各地却用得很普通。

118. 我在喀什米尔语里没有见过 cob-cīnī,但在这语言里其

① 须要记住,说 ba-dan 来自 patāka 的人是西藏语法家们。到底在客观上这说法是否正确,那是另外一个问题。无论如何 ba-dan 非西藏字,它所指的那东西是和佛教一起来自印度。

他带有 cōb 的复合词却很常见,它指各种植物的根。这使我想到这字也许是经过喀什米尔来到西藏语里。

122. tsādar,“围巾”,是纯粹喀什米尔字。从印度来到喀什米尔语里。

143. Araq 当然在印度北部各地都很常见,甚至于奉印度教的人也使用它,在印地语里也出现。在喀什米尔语里 arak 的意思是“汗”,是同一字。

143—156. 我想所有这些阿拉伯字都肯定是经过印度来的。它们在印度北部和喀什米尔都常用。唯一的例外是第 148。我在印度本部任何地方也没有见过这个讹写的 masjid。但是说也奇怪,在阿富汗所讲的奥木利语(Ormuṛī)里却有 masīt。当然,这带有 g 的 bagšis(No. 145)写法在印度是见不到的。[①]

173. Argon 见于喀什米尔语,意义相同。



① 字尾的 g(读 k 音)是纯属书写的符号,并非语音符号。藏语书写的文字没有末尾的 k。

# 译名对照表

## 二画

力究立亚　Liguria

## 三画

三桑　C. Sainson
于阗(和阗)　Khotan
士外因福忒　Schweinfurth
土尔　Tur
土阑　Turan
大流士　Darius
乞瓦　Khiwa
乞昔勒八失　Kizylbas
凡贝里　H. Vámbéry
卫三畏　S. W. Williams
卫利　A. Wylie
马三德兰　Mazanderan
马六甲　Malacca
马可·波罗　Marco Polo
马加巴利特　Majapalit
马吉安那　Margianna
马克安木　C. Markham
马克利　Makkari
马来西亚　Malaysia
马伯乐　H. Maspero
马其顿　Macedonia
马拉卫　Malavai
马拉巴海滨　Malabar
马胡德勒　Mahudel
马修迪　Masudi
马格里布　Magreb

## 四画

韦特里阿斯 Vitellius
木而坦　Multan
木克吉　N. G. Mukerji
木鹿　Merw
木斯堪那斯　Musicanus
木喀达西　Muqaddasī
不丹　Bhūtan
不花剌(安国)　Bokhara
太尔　Tyre
尤勒　H. Yule
尤斯提　Justi
厄尔伯斯山　Elburs
厄尔德金 G. W. Elderkin

厄斯启拉　Æschylus
扎罕吉尔　Jahāngir
扎拉弗桑河　Zarafshan
比厄贝隆·都蒙　Pierre Belon du Mons
比沙瓦尔　Bišavār
比哈尔　Bihar
比斯纳格　Bisnagar
瓦罗　Varro
瓦特尔斯　T. Watters
瓦德勒　LA. Waddell
日耳曼尼亚　Germania
贝史特　Besht
贝尔格莱德　Beilgrade
贝西　Besi
贝克曼　J. Beckmann
贝罗萨斯　Berosus
贝烈史奈德　Bretschneider
贝烈津　Berezin
贝隆　P. Belon
贝提隆　B. Pétillon
冈比西斯　Cambyses
毛里塔尼亚　Mauritania
勿斯离(莫苏勒)　Mirsir, Mosul
乌苌那　Uḍḍiyāna
乌苏里河　Usuri
乌兹别克　Uzbeg
乌浒河　Oxus
乌特拉　Utrad
乌鲁卡几那　Urukagina
火州　Qara-khoja
巴力斯坦　Palestan
巴力穆　Palem
巴士拉　Basra
巴巴尔河　Barbare
巴尔福　Balfour
巴亚科夫　Payarkov
巴西　Basi
巴达克山　Badaxšan
巴多明　Dominicus Parrenin
巴克特里亚(大夏)　Bactria
巴克提阿立斯　Bakhtiaris
巴里亚　Baria
巴库斯　Bacchus
巴沙拉　Baçara
巴拉盖特　Balagate
巴金生　J. Parkinson
巴格达　Bagdad
巴索拉　Bassora
巴勒蒂斯坦　Baltistan
巴鲁里斯坦　Baluristan (Kafiristan)
巴鲁格查　Barygaza
孔坡　Cawnpore

### 五画

玉勒·阿里克　Yül-arik
示格南　Shignan
艾生　G. Eisen
艾其孙　Aitchison

艾德里西　Edrīsī
艾儒略　G. Aleni
古扎剌特　Gujarat
古尔的斯坦　Kurdistan
古西斯坦　Kusistan
古里　Calicut
古兹尔拉塔　Guzuratta
本第舍利　Pondichery
本得米儿　Bend Emir
术鲁甫特　Juruft
札弥　Jāmī
可兰山　Koran
布丁格　Buthink
布石　Bushe
布列佐勒　H. Bretzl
布里安松　Brianson, Briançon
布拉亦克　Bulayiq
布拉克史东　T. B. Blackstone
布拉斯德勒　W. C. Blasdale
布洛克曼　H. Blochmann
布洛赛　E. Blochet
布莱格登　C. O. Blagden
布雷斯特岛　Blest Island
平多　Fernão Pinto
东胡(通古斯)　Tugusian
卡布罗斯岛　Cabros
卡尼斯卡　Kaniska
卡西亚　Kasia
卡西亚山　Khasia Hills
卡里士·布斯特　Kaleh Bust
卡拉布里亚　Calabria
卡拉卡　Caraka
卡拉拜塞克　Karabacek
卡迪斯　Kadez
卡曼尼亚　Carmania
卡斯旦尼亚　Castanea
卡斯米里　Kāçmīri
卡鲁满德海滨　Coromandel
占皮恩　J. Champion
占婆　Čampā
卢列罗　J. de Loureiro
叶尔羌　Yarkand
叶尼塞河　Yenisei
叶兹德　Yezd
叶斯特　Jescht
田那舍里(顿逊国)　Tenasserim
史布伦格林　M. Sprengling
史利默尔　J. L. Schlimmer
史剌德　O. Schrader
史莱格　G. Schlegel
史勒斯维格·霍勒史泰因　Scheawig-Holstein
史密德　I. J. Schmidt
P. Schmidt
R. Schmidt
史悲格　F. Spiegel
叩勒斯　M. Collas
失剌思　Shiraz, Shiras
丘必特(太阳神)　Jupiter
白古　Pegu

白晋　Joachim Bouvet
印度司乞特人　Indo-Soythians
印度库什语　Hindu-Kush
汉纳尔　Haner
汉柏雷　D. Hanbury
汉森　N. E. Hansen
司卡慈史果夫　Skattschkoff
司徒亚特　G. A. Stuart
尼沙(城)　Nysa
尼沙不耳　Nišapur
尼格利多族　Negrito
尼萨米　Nizāmī
尼堪德剌斯　Nicandrus
弗莱尔　J. Fryer
弗勒司　J. A. Vullers
弗雷恰尔　G. Fletcher
加韦尔　Garver
加贝连兹　H. C. v. d. Gabelentz
加尔那的　Carnati
加兰加特瓦齐　Kalankatvaci
加西亚达奥塔　Garcia da Orta
加连纳斯　Gallenus
加利亚　Gallia
加的斯　Cadiz
加兹尼,加兹那　Gazni, Gazna
加勒斯　Aelius Gallus
皮丁登　Piddington
皮拉德　F. Pyrard
皮洛　E. Perrot
发苏　Vasu
发斯哥·达加玛　Vasco da Gama
圣通尼克　Santonique
幼发拉底河　Euphrates

**六画**

吉儿吉思　Kirgiz
吉尔亚克族　Gilyak
吉兰　Gilan, Ghilan
吉拉德　J. Gerarde
亚丁　Aden
亚力山大里亚　A lexandria
亚齐　Acheh
亚里斯多布勒斯　Aristobulus
亚剌伯·菲力克斯　Arabia felix
亚美尼亚　Armenia
亚菲德　Jafite
西米恩·赛特　Symeon Seth
西牟卡塔　T. Simocatta
西里伯　Celebes
西纳　Sinah
西肯伯格　Sickenberger
西姆拉　Simla
百泄波里　Persepolis
达木干　Damgham
达安那山　Daena
达里　Dal´
达拉比吉尔德　Darabejird
达柯斯塔　Da Costa
达都　Dardu
达隆　Daron

达瑚尔　Daur，Dahur
列什木　Reshm
列夷　Rei
迈尔　F.N.Meyer
托约黑　Toyoq
托罗格罗戴提　Troglodytae
托勒密　Ptolemy
扬甘　Yangan
毕达哥拉斯　Pythagoras
毕里亚得　R.Billiard
毕勒　S.Beal
毕提阿司　Pythius
当巴温德　Donbawend
吐火罗　Tokharestan
吐鲁番　Turfan
回鹘　Uigur
刚康　Konkan
伍德　Wood
伍德维勒　W.Woodville
伦菲阿斯　Rumphius
华特　G. Watt
伊儿汗系　Il-Khans
伊那斯特朗捷夫　Inostrantsev
伊里美斯　EIymais
伊利安　Aelion
伊拉瓦底河　Itawaddy
伊思塔忽里　Istaxri
伊宾·巴图塔　Ibn Baṭuṭa
伊宾·艾勒·阿巴斯　Ibn el-Abbas
伊宾·艾勒·哈生　Hobeich Ibn elHacen
伊宾·西纳　Ibn Sīna（即 Avicenna）
伊宾·玛沙·阿勒巴司利　Ibn Massa el-Basri
伊宾·沙义德　Ibn Sa'id
伊宾·阿尔发鸠　Ibn al-Faqīh
伊宾·阿尔拜塔尔　Ibn al-Baitar
伊宾·阿吉　Ibn Haddjaj
伊宾·阿勒·阿卫木　Ibn al-Awwām
伊宾·法德兰　Ibn Fadlan
伊宾·哈山　Ibn Hassan
伊宾·洛士德　Ibn Rosteh
伊宾·贺柯尔　Ibn Haukal
伊宾·赫达日贝　Ibn Khordadzbeh
伊策吉勒　Ezekiel
伊撒克·伊宾·阿姆阑　Išak Ibn Amran
合不勒　Kabul
合剌伯克　Karabag
合剌沙尔（焉耆）　Karasar
旭烈兀　Hulagu
多西　R.Dozy
多德　Daud
多德安斯　D.R，Dodens
邬尼格　F.Woenig
色诺芬　Xenophen
交河　Yarkhoto

亦思法杭　Ispahan
米尔咱·海达尔　Mrza Haidar
米地尼　Medimni
米地亚　Media
米克罗什　F.Miklosich
兴德　Hind
汤玛薛克　W.Tomaschek
安达曼群岛　Andamans
安那托里亚　Anatolia
安得孙　J.Anderson
安塔基　Antāki
安斯理　W.Ainslie
安葵提勒　Anquetil
安提欧齐亚　Antiochia
安集延　Andijan
那巴提耶　Nabathaea
那曼加　Namanga
牟地　J.J.Modi
约巴利　Jawbarī
约里　J.Jolly
约勒　C.Joret
约瑟福斯　F.Josephus
纪尔兹　A.J.C. Geerts
纪里安　Bernard Kilian Stumpf

## 七画

麦加　Mecca
麦加曾尼斯　Megasthenes
麦地那　Medina
麦克唐内勒　Macdonell
麦克朗　Makran
麦格纳斯　A.Magnus
玛达利埃　Matarich
玛玛利　Mamali
玛纳斯　Manas
玛金　Majin
玛特拉　Mathera
玛勒坎　J.Malcolm
玛勒戴弗岛　Maldive
玛赛基特　Massagetae
坎贝　Cambay
坎弗尔　Kampfer
坎多勒　A.de Candolle
却特柯勒　Chotkal
花剌子模　Khwarezm
花剌子模人　Chorasrnian
芬兰·回鹘语　Finno-Ugrian
劳贺雷　V.Loret
克木弗尔　E.Kaempfer
克可巴特里克　Kirkpatrick
克伦　Charles R.Crane
克劳弗特　J.Crawfurd
克里特　Crete
克拉卜罗斯　Klaproth
克罗萨斯　Croesus
克恩　Kain
克鲁细阿斯　Clusius
苏贝伦　J.L.Soubeiran
苏来曼　Soleiman
苏细安那　Susiana

苏细斯　Susis
苏鲁支　Zoroaster
苏霖　Joseph Suarez
杜·坎治　Du Cange
杜·阿尔德　Du Halde
杜沙雷　Duchalais
杜鲁勃朗　Daruperan
李希霍芬　Richthofen
李特耳　C. Ritter
里窝尼亚　Livonia
别失八里　Bišbalik
利比亚　Libya
利班　Liban
利特雷　Littré
利普曼　E. O. Lippmann
何司克内特　Haussknecht
佐阿斯佩斯山　Xoaspes
伯希和　Pelliot
佛郎机　Farangī
佛哲(苏门答腊)　Bhoja
佛朗西斯格·迈克勒　Francisque-Michel
希罗多德　Herodotus
希波克莱特斯　Hippocrates
犹地亚　Judœa
鸠摩罗什　Kumārajīva
条支　Chaldæa
亨因　V. Hehn
亨利　A. Henry
亨穆斯累　W. B. Hemsley
库·基鲁耶　Kuh Kiluye
库车(龟兹) Kuča
库咱拉特　Guzarat
库诺斯　I. Kunos
库勒·乞鲁耶　Kul-Kiluyeh
沙马其亚　Schamachia
沙尔德斯　Sardes
沙伦儿亚人　Sarangian
沙那美　Šahnāmeh
沙克塞　Sarker
沙利波尼亚　Chalybouia
沙拉叙斯　Saraches
沙威　Sawe
沙班　Sabaeans
沙勒塞提　Salsette
沙曼奈德斯　Samanides
沙鹿海牙　Shahrokia
启提贝那 Kitibaina
阿不拉顿　Ablatum
阿瓦山　Ava Hills
阿布·发子勒·阿拉米　Abn Fazl 'Allami
阿布·杜拉弗　Abu Dulaf
阿布·阿勒·玛阿尼　Abu al Ma'āni
阿布·拉巴斯　Abn'l Abbās
阿布·韩尼发　Abu Hanifa
阿布·满速儿　Abu Mansur
阿布勒菲达　Abulfeda
阿布德·阿勒·拉第弗　Abd al-

Latif
阿布德拉 Abdera
阿司发利蒂斯湖 Asphalitis
阿母河外地 Transoxania
阿吉·穆罕默德 Hajji Mahomed
阿伦 Arran
阿合马·昔拔不丁 Ahmed Šibab Fddin
阿米安努 Ammianus
阿那克里温 Anakreon
阿玛纳斯山 Amanus
阿克门王朝 Achaemenides
阿克巴尔皇帝 Akbar
阿克苏 Aksu
阿里亚 Aria
阿拉米亚 Aramean
阿拉罗·卡斯宾 Aralo-Caspian
阿波伦尼斯 Appolonius
阿柯斯塔 Chr. Acosta
阿剌吉 Araki
阿剌拉 Ararat
阿剌海 Aral
阿剌疆 Arrajān
阿洪多夫 Achundow
阿勒·阿克发尼 Al-Akfanī
阿勒·哲菲其 Al-Jafiki
阿勒·梅金 al-Makīm
阿勒·塔阿利比 al-Ta'ālibī
阿勒波 Aleppo
阿勒美里亚 Almeria
阿勒温德 Alwend
阿萨塞德王朝 Arsacides
阿曼 Oman
阿婆布琅沙 Apábhramça
阿维森纳 Avicenna (Ibn Sina)
阿塔利细斯 Attalicis
阿塔薛西 Artax-erxes
阿斯特拉巴 Astrabad
阿斯提亚治 Astyages
阿提喀 Atlic
阿登尼厄斯 Athenaens
阿雷维 J. Halévy
阿塞拜疆 Azerbeijan
阿撒姆 Assam
努布剌 Nubra

## 八画

耶史克 Jäschke
耶槃那 Yavana
昔兰尼加 Cyrenaica
英格勒斯 W. R. Ingalls
林兹 H. O. Lenz
林聂 Linné
雨利哀 P. Hurrier
欧立阿里兀斯 A. Olearius
欧多利克 Odoric
欧克雷 Oakley
欧利 K. Hori
欧斯别克 P. Osbeck
拔汗那(大宛) Fergana

押失　Yas
押忽特　Yaqūt
拉尔　Laar
拉加叙　Lagash
拉达克　Ladākh
拉伦斯　Larens
拉利斯坦　Laristan
拉伯雷　Rabelais
拉姆塞　H. Ramsay
拉胡勒　Lahūl
拉谟贝西　Lambesi
拉穆西奥　Ramusio
叔特　W. Schott
叔曼　O. Schumann
卓利　H. L. Jolly
昆本山　Kumbum
昆纳发　Kunawar
明治　Bunge
迪马石奎　Dimašqi
迪玛史基　Dimaški
迪玛温德　Dimawend
迪欧斯柯利兹　Dioscorides
迪明登　Dimindān
迪剌楚扬　P. N. Diratzsuyan
呼罗珊　Khorasan
罗木斯忒德　Ramstedt
罗克斯柏　W. Roxburgh
罗甫　L. Loew
罗迪格　R. Roediger
罗威斯坦　Lawistan
罗逊　I. Lawson
罗斯　E. D. Ross
帕皮利　Papyri
帕西　Parsī
帕拉发　Palava
帕拉第阿斯　Palladius
帕提亚(安息)　Pathia
佩洛斯　Paros
金　F. H. King
金斯米勒　Kingsmill
忽毡　Khojand
忽兹　Huz
忽鲁模斯　Ornmz (Hormuz)
庞迪我　Pantoja
庞培　Pompey
底班　Theban
法尔思　Fars
法拉　Farrāh
法勒空纳尔　Falconer
法雷丹　Faraidan
波西多涅斯　Posidonius
波页特林克　O. Boehtlingk
波伊细尔　E. Boissier
波利欧纳斯　Polyoenus
波细克　Persique
波洛格那　Bologna
波恩提兀斯　Bontius
波特　F. A. Pott
波提尔　G. Pauthier
泼·欧玛·格得兰山　Pir Omar

Gudrum
泽雅河　Dseya
居瓦昔尔　Guwaršir
居尔特卡　Celtica
居尔雷　G. Curlet
居鲁士　Cyrus
弥臣国　Midžen
迦太基　Carthage
迦腻色迦　Kaniska
孟地勒　Mendjil

九画

契丹　Kitan
契康　Kikān
故临　Guilon
胡布史曼　Hübschmann
胡西斯坦　Khuzistan
胡克　J.D. Hooker
南怀仁　F.S.J. Verbist
药杀河　Yaxartes
柯山　Košan
柯厄　H. Kern
柯辛斯基　Koržinski
柯罗伊尔　Coloiere
柯罗芬　Colophon
柯莱勒巴斯　Collalebus
查巴勒　Jebal
柏尼尔　Bernier
柏柏拉海岸　Berbera
柏德乌德　G. Birdwood
勃斯佐夫　E. Borszczow
剌古王　Raghu
剌失德丁　Rasid-eddin
剌河　Rha
剌给特　G. Raquette
威尔逊　Wilson
品多　Fernão Pinto
哈马丹　Hamaden
哈只·穆罕默德　Hajji Muhamed (mahomed)
哈烈国　Herat
哈菲兹　Hafiz
哈德拉穆特　Hadramyt
拜占庭　Byzantine
拜哈其　Baihaki
科尔巴勒　Korbal
科尔河　Cuur
科发列夫斯基　Kovalevski
科克恰河　Kokcha
科林斯　Corinth
科斯玛司　Cosmas
信德　Sind
信德·沙格尔·兜不　Sind Sagar Doab
叙利亚(拂林)　Syria
叙德拉西人　Sydracae
施华兹　P. Schwarze
施温格　W.T. Swingle
恰姆甘　Čarmgān
美雷斯　Meleses

派克 E. H. Parker
洛乌夫 L. Rauwolf
洛本豪森 Robenhausen
洛尔·式列斯坦内克 Lor-šehrestanek
洛伦柴提 I. B. Lorenzetti
洛克哈特 Lockhart
济次 A. B. Keith
弭秣贺(米国) Māimāgh
费 Fee
费尔都西 Firdausi
费琅 G. Ferrand
贺厄恩勒 A. F. R. Hoernle
贺拉西 Horace
柔克义 W. Rockhill
逊加里亚 Sungaria

十画

泰安那 Tyana
泰塔斯 Titus
班,W. W. Bang
起儿曼 Kerman, Kirman
起儿曼萨 Kermanshah
起利罕 Khereghan
埃拉克 Erak
埃塞俄比亚 Ethiopia
莫伊 Mois
莫斯科 Muscovy
莎·乌特波拉山 Sa-utepolagh
桃鲁斯 Taurus
格色尔,格撒尔 Gesser, Gessar
格利尼 G. E. Gerini
格勒斯东斯基 Golstunski
格得罗西亚 Gedrosia
格意加 W. Geiger
根地塞波 Gundēšapūr
索马利 Somali
索利纳斯 Solinus
索柯特拉 Socotra
索勒丹尼亚 Soltania
索谟司·罗巴哈 Solms-Laubach
哥瓦利斯基 Kovaliaki
哥尔斯登斯基 Golstunski
哥尔德族 Golde
哥伦美拉 Columella
哥利尔生 G. A. Grierson
哥疾云 Caswin (Qaswin)
哥提欧 Gauthiot
夏德 F. Hirth
烈夷 Rei
烈维 S. Lévi
烈缪萨 A. Rémusat
哲利科 Gericho, Jericho
哲刻布 G. Jacob
恩加地 Engadi
恩格勒 A. Engler
特比斯 Tebbes
特剌凡科耳 Travancore
特黎波里 Tripoli
俾路支斯坦 Baluchistan

息剌索 Sjirasô
爱沙尼亚 Esthonia
爱德金斯 J. Edkins
高卢 Gaul
高亨利(高狄哀) H. Cordier
席弗辆尔 A. Schiefner
唐兀(西夏) Tangut
旁泼 Pämpur
准噶尔地区 Dsungaria
浦尼克 Punic
海尔卡尼亚 Hyrcania
海德拉谟特 Hadramaut
诺亚 Noah
诺勒笛克 T. Nōldeke

## 十一画

培卓拉 Pechora
勒卜察 Lepcha
勒苛克 A. v. Lecoq
菲里蒙 Philemon
菲罗斯特拉塔 Philostratus
萧,R,B. R. B. Shaw
萨巴女皇 Saba
萨布尔 Sābūr
萨布利斯坦 Zābnlistan
萨贡尼克 Sargonic
萨珊王朝 Sasanian
萨哈罗夫 Sakharov
萨真特 C. S. Sargent
萨宾 Sabine
萨勒曼 C. Salemann
萨曼王朝 Samanides
梅叶 A. Meillet
梅尔斯 W. F. Mayers
梅里那卫 Melinawi
梅利 F. de Mely
梅纳德 C, B. Maynard
梅特尔 H. Maitre
硕弗 W. H. sohoff
掸国 Shan
曼都拉巴坦 Mandurapatan
曼德勒斯罗 Mandelslo
鄂尔多斯 Ordos
鄂尔浑 Orkhon
第欧多拉斯 Diodorus
第格登 De Gerdon
得坎 Deccan
阇耶·卢达罗·跋摩 Jays-Rudra-varman
阇耶范曼 Jayavarman
盖利亚 Gallia
盖冷纳斯 Galenus
盖兹温 Gazwin, Ghezwin
盖森尼阿斯 Gesenius
密失密 Mishmi
密提里达提 Mithridate
谋第 Modi
屠纳 W. Turner
维希 Vihi
维特曼 Veltman

维塞罗夫斯基　Veselovski

## 十二画

塔门尼亚人　Thamenean
塔不利思　Tabriz
塔什干(石国)　Tashkend
塔巴里斯坦　Tabaristan
塔弗尼尔　Tavernier
塔西佗　Tacitue
塔那　Tāna
塔弥勒　Tamil
博甘那　Bergaigne
博斯特　Bost
博斯普鲁斯　Bosporus
喜尔岛　Hiere
彭培阿斯　F. Pompeius
斯卜兰格 Sprengal
斯太卜登　H. E. Stapleton
斯旦莫　A. Stummer
斯多伊兹恰慈　Stoechades
斯坦因　A. Stein
斯坦格司　F. Steingass
斯肯　Pskem
斯特西亚斯　Ctesias
斯特拉波　Strabo
斯宾登　H. J. Spinden
葛罗尼费特　W. P. Groeneveldt
森生　C. Sainson
惠思葩西安　Vespasian
粟特(康国)　Sogdiana
提奥夫剌斯塔　Theophrastus
雅兹德　Yazd
斐居诺　A. Beguinot
斐格勒提　Pegoletti
喀马尼亚　Carmania
喀不勒　Kabul
喀什米尔(罽宾)　Kashmir
喀什噶尔(疏勒)　Kashgar
喀尔木克人　Kalmuk
喀弗尔　Kaver
喀兹微尼　Qazwīnī
黑斯塔斯普　D. Hystaspes
奥罗梭　L. Aurousseau
奥特　A. Hort
奥曼那　Ommana
奥腾·式因德勒　A. Houtum-Schindler
腓尼基人　Phoenician
鲁木　Rum
鲁不鲁克　Rubruk
鲁尔　Rūr
鲁里斯坦　Luristan
普利思　J. R. Preece
普林尼　Pliny
普洛科匹　Procopius
普莱尔　Prior
道克斯·马克西摩司　Daucus Maximus
巽地岛　Sundae Isles

十三画

蒲山　G. Buschan
蒙加地诺　Mongardino
蒙纳兹　N. de Monardes
蒙哥　Mangu
蒙德勒斯洛　J. A. Mandelslo
雷克勒柯　L. Leclerc
路德·达拉维尔　Rud-Derawer
路德沙巴　Rudzabar
锡兰　Zeilon（即 Ceylon）
锡金（哲孟雄）　Sikkim
锡剌甫　Sīrāf
锡勒特　Silhet
满纳格　Managir
满速儿·伊宾·讷黑　Mansur Ibn Nūh
塞巴里西亚　Cyparissia
塞伊地　Seyidieh
塞伊斯坦　Seistan
塞利格曼　R. Seligmann
塞拉木　Selam
塞特鲁士德　Setrusteh
塞浦路斯　Cyprus
塞勒堡　Saalbury
塞族　Sacae
塞维拉　Sevilla
塞德勒　E. Seidel
窦特里墨　J. Dautremer
福尔布斯　F. B. Forbes
福兰阁　O. Franke
福劳伦兹　Florenz
福特　C. Ford
福勒吉格尔　F. A. Flückiger

十四画

赫尔卡尼亚人　Hyrcanian
赫尔兹费勒德　Herzfeld
赫安沙　Khunsar, Konsar
赫查兹　Hedjaz
赫恩　P. Horn
漕矩达　Jāguda
赛米恩尼司　Symon Semeonis
赛耐半岛　Sinai
察合台语　Djagatai
察哈尔·玛何勒　Chahar-mahal
翟理士　Giles
缪莱　F. W. K. Müller

十五画

鞑靼地方　Tartary
墨石德　Meshed
墨克吉　N. G. Mukerji
墨隆山　Meron
德·尔贝洛　D'Herbelot
德列古姆　Dereghum
德里　Deli
德拉皮其尔特　Dārābejird
德拉坚多夫　Dragendorff
德罗赫达　Droheda

德维克　Devic
德斯库恩　Descoon
德微理亚　Dévéria
摩尔根　J. de Morgan
摩西(赫里林人)　Moses of Khorene
摩朗吉　Morange
摩鹿加　Moluccaes
摩揭陀　Magadha

## 十六画

薛弗尔　Ch. Schefer
薛西斯　Xerxes
霍司鲁　Khosrau, Khosrau
霍昂　P. Horn
霍默勒　Hommel
赞齐巴　Zanzibar
穆合达西　Muqaddasī
穆查法加　Muzaffargarh
穆斯·阿诺特　Muss-Arnolt
儒莲　S. Julien
嚈哒　Ephthalite

## 十七画

戴维丝　J. F. Davis
魏斯纳　J. Wiesner
魏斯特　E. W. West

**图书在版编目(CIP)数据**

中国伊朗编:中国对古代伊朗文明史的贡献　着重于栽培植物及产品之历史/(美)劳费尔著;林筠因译.—北京:商务印书馆,2017
(汉译世界学术名著丛书:120年纪念版:珍藏本)
ISBN 978-7-100-14403-2

Ⅰ.①中…　Ⅱ.①劳…　②林…　Ⅲ.①中外关系—文化交流—文化史—伊朗　Ⅳ.①K203②K373.03

中国版本图书馆CIP数据核字(2017)第153906号



汉译世界学术名著丛书
(120年纪念版·珍藏本)
**中国伊朗编**
中国对古代伊朗文明史的贡献
着重于栽培植物及产品之历史
〔美〕劳费尔　著
林筠因　译

商　务　印　书　馆　出　版
(北京王府井大街36号　邮政编码100710)
商　务　印　书　馆　发　行
北京中科印刷有限公司印刷
ISBN 978-7-100-14403-2

2017年12月第1版　　开本710×1000　1/16
2017年12月北京第1次印刷　　印张31½
定价:155.00元